Egbert Rumpf-Rometsch

u.a.

Die Fälle

Verwaltungsrecht

Klagearten
und
Allgemeines
Verwaltungsrecht

36 Fälle
mit Lösungsskizzen
und
Formulierungsvorschlägen

7. Auflage

der fall fallag

!!!!!!!!!!

Für dich !

Autoren

Egbert Rumpf-Rometsch ist Mitautor der 1. Auflage, hat an der Durchsicht der 1. und 2. Auflage mitgewirkt und die Folgeauflagen überarbeitet.

Oliver Stumm ist Mitautor der 1. Auflage und hat an deren Erstellung maßgeblich mitgearbeitet.

Barbara Bruhn (früher **Gärtner**) hat an der Durchsicht der 1. und 2. Auflage mitgewirkt.

Credits

Immer noch vielen Dank an Rechtsanwältin Anja Bollmann für ihre Anregungen und Hinweise.

Herzlichen Dank an Frauke Rögler und Prof. Dr. Christoph Gusy für die milde Kritik zur 1. Auflage.

Druck und Verarbeitung

CPI – Ebner & Spiegel, Ulm

Umschlag

Marion Volkmer visuelle kommunikation, Düsseldorf

Internet

www.fall-fallag.de

Bezug (leider nur) für den Buchhandel

SIGLOCH Distribution, Blaufelden

ISBN 978-3-932944-49-9

Rumpf-Rometsch u.a • Die Fälle – Verwaltungsrecht • 7. Auflage • 2014

Aus dem Vorwort zur 1. Auflage

Wir haben lange sinniert, um zu einem Konzept zu gelangen, das nahezu alle unsere (und eure) Wünsche unter einen Hut bringt. Vorherrschendes Ziel des Buches sollte und soll es nämlich sein, Anfänger in die oft und heftig gehasste Materie des Verwaltungsrechts einzuführen. Eben dieses Verwaltungsrecht hat schon viele fast in den Wahnsinn getrieben und/oder einfach resignieren lassen. Das muss nicht sein!

Wegen der – im Gegensatz zu Zivil- oder Strafrechtsklausuren – zu beachtenden prozessualen Seite des Verwaltungsrechts haben wir uns insbesondere mit dem systematischen Aufbau der Klagearten beschäftigt. Auch dem einstweiligen Rechtsschutz und dem Widerspruchsverfahren konnten wir uns nicht verschließen. Der Aufbau einer Klausur (z.B. Trennung in Zulässigkeit und Begründetheit der Klage) bereitet innerhalb der Klausuren erfahrungsgemäß immer wieder Kopfzerbrechen. In die Klausuren haben wir dann jeweils Probleme des Allgemeinen Verwaltungsrechts eingestreut. Aber nicht etwa „wild drauflos“, sondern wiederum Schritt für Schritt. Is' das nix? ...

Köln, im späten Schmuddelsommer 1996

Oliver Stumm
Egbert Rumpf-Rometsch

Aus dem Vorwort zur 5. Auflage

Abermals habe ich diverse Kleinigkeiten verändert, ergänzt oder gestrichen, um euch den Inhalt des Buchs noch transparenter präsentieren zu können.

Umfangreiche Änderungen im gesamten Buch waren notwenig, weil in einigen Bundesländern (etwa in Nordrhein-Westfalen) abweichend von § 68 I 1 bzw. § 68 II i.V.m. I 1 VwGO grundsätzlich kein Vorverfahren mehr erforderlich ist, also nicht mehr erfolglos ein Widerspruchsverfahren durchgeführt werden muss. Wie sich das auf die Fälle auswirkt, werdet ihr sehen. Wo es relevant erscheint, habe ich im Fazit der Fälle vermerkt, wie die jeweils „andere“ Lösung aussehen muss. ...

Köln, im Herbst nach einem (zumindest gefühlt) verregneten Sommer 2008

Egbert Rumpf-Rometsch

Aus dem Vorwort zur 6. Auflage

...
In Nordrhein-Westfalen – und dort gibt es die meisten Jurastudenten – ist ... zu beachten, dass das AG VwGO NW durch das JustG NRW ersetzt worden ist. Und diese Änderung hat nicht nur Auswirkungen hinsichtlich der Benennung der korrekten Normen bei der Entbehrlichkeit des Vorverfahrens. Ihr werdet sehen ...

Köln, einige Wochen nach dem Japan-Super-GAU im Frühjahr 2011

Egbert Rumpf-Rometsch

Vorwort zur 7. Auflage

Wie bei den Vorauflagen haben mir diverse gesetzliche Veränderungen und Neuregelungen auch in der Überarbeitung der 6. Auflage lustige Tage beschert. ...

Nun ja: An der Vorverfahren-Entbehrlichkeits-Front (siehe bereits Vorwort zur 5. Auflage) hat sich – entgegen meiner Prognose – bislang nicht allzu viel getan. Anders als von mir erwartet ist in den meisten Bundesländern vor der Erhebung bestimmter Klagen immer noch ein erfolgloses Widerspruchsverfahren durchzuführen. Tut sich da endlich 'mal etwas? In die eine oder in die andere Richtung? Ich warte ...

Sollte sich in der Sache – insbesondere in Nordrhein-Westfalen – etwas tun, dürft ihr auf der Webseite des Verlags (www.fall-fallag.de) nach modifizierten Fall-Lösungen suchen.

Wie immer bitte ich euch flehentlich um konstruktive Kritik! Nutzt die unten angegebene E-Mail-Adresse und schreibt an den Verlag. Ich bemühe mich, eure Vorschläge in den Folgeauflagen zu berücksichtigen. Und nun viel Spaß.

Köln, kurz nach der Winterolympiade im Frühjahr 2014

Egbert Rumpf-Rometsch

Kontakt: lobundtadel@fall-fallag.de

www.fall-fallag.de

Inhaltsverzeichnis

Allgemeine Leistungsklage

Feststellungsklage

Fortsetzungsfeststellungsklage

Vorläufiger Rechtsschutz

Widerspruchsverfahren

Einführung in die Handhabung des Buches

Wie jedes Buch der Reihe beginnt auch dieses mit einem gut gemeinten Befehl: Ihr müsst immer die genannten ***Vorschriften lesen!!!***

Wenn es im Buch etwa „§ 48 II 3 Nr. 2 VwVfG“ heißt, bedeutet das Folgendes: Anhand der römischen Ziffer 2 („II“) wird klar, dass Absatz 2 gemeint ist. Die sich anschließende arabische Ziffer 3 („3“) weist auf Satz 3 des zweiten Absatzes hin. Und mit „Nr. 2“ ist die dem dritten Satz des zweiten Absatzes zugeordnete Nummer 2 bezeichnet. Also handelt es sich um § 48 Absatz 2 Satz 3 Nummer 2 VwVfG.

Achtet auf die ***Kopfzeilen***. Sie beschreiben, wo ihr euch gerade befindet.

Zunächst sind in der Rubrik ***Alle Fälle auf einmal*** sämtliche Sachverhalte hintereinander abgedruckt. Ihr solltet euch für den Anfang damit begnügen, den ersten Fall zu lesen und euch dann mit der Erstellung einer Lösungsskizze herumzuquälen. Eventuell könnt ihr anschließend einen Formulierungsversuch wagen.

Direkt danach solltet ihr aber hurtig in den ***Lösungsteil*** des Buches wechseln und überprüfen, ob ihr alles richtig gemacht habt. Der Lösungsteil selbst ***besteht aus mehreren Abschnitten***. Die einzelnen Abschnitte beschäftigen sich mit Fällen aus den Bereichen ***Anfechtungsklage***, ***Verpflichtungsklage***, ***Allgemeine Leistungsklage***, ***Feststellungsklage***, ***Fortsetzungsfeststellungsklage***, ***Vorläufiger Rechtsschutz*** und ***Widerspruchsverfahren***.

Jeder der Bereiche beginnt mit einer ***Einführung*** in die auftauchenden Probleme.

Dann erscheinen ***alle Fälle*** noch einmal getrennt ***in der Reihenfolge***

Fall – Lösungsskizze – Formulierungsvorschlag – Fazit

Die Fälle beginnen recht einfach und werden unverschämterweise immer schwerer.

In den recht ausführlichen ***Lösungsskizzen*** finden sich viele (klausur-)relevante Probleme der angesprochenen Bereiche.

Die Formulierungsvorschläge sind – wie das Wort schon verrät – lediglich Vorschläge, die euch zeigen sollen, wie ihr eine Ausformulierung angehen könnt (wie sage ich es meinem Korrektor?)

Das jeweilige Fazit spricht noch einmal Probleme des konkreten Falles an, den ihr gerade bearbeitet habt. Es geht dort nicht nur um juristische Finessen, sondern auch um Aufbaufragen etc.

Am Ende des Buches findet ihr ein ***Gesetzesverzeichnis*** und ein ***Sachverzeichnis***.

Eine Gebrauchsanleitung

In eurem bisherigen Studium habt ihr überwiegend zivilrechtliche und strafrechtliche Klausuren kennengelernt. In diesen Rechtsgebieten musstet ihr euch fast nur mit den materiell-rechtlichen Problemen des Falles – also mit der Begründetheit eines gerichtlichen Verfahrens (im Zivilrecht vor allem mit dem Vorliegen eines Anspruchs und im Strafrecht mit dem Strafanspruch des Staates gegenüber dem Täter) – auseinandersetzen. Ob eine Klage oder ein Strafverfahren zulässig war, hat euch damals nicht interessieren müssen. Dies liegt daran, dass das Prozessrecht im Zivilrecht und im Strafrecht an der Universität erst später gelehrt wird.

Im Verfassungsrecht habt ihr aber (hoffentlich) die ***Zweigliederung von Klausuren*** kennengelernt, also die Differenzierung zwischen ***Zulässigkeit und Begründetheit***.

In verwaltungsrechtlichen Klausuren ist ***genauso*** zu verfahren. Auch hier muss meist zunächst die Zulässigkeit des Rechtsbehelfs – einer Klage, eines Widerspruchs oder eines Antrags auf vorläufigen Rechtsschutz – geprüft werden. Erst wenn die Zulässigkeit bejaht worden ist, könnt ihr euch der Begründetheit widmen. Etwas anderes gilt natürlich nur dann, wenn eine konkrete – einschränkende – Frage gestellt wird (etwa: „Ist die Klage zulässig?“).

Das Buch widmet sich zunächst auf breitem Raum der Anfechtungsklage und beginnt deshalb mit Fällen zu dieser Klageart. Die Anfechtungsklage wird euch im Studium am häufigsten begegnen und bietet – wenn ihr ihre Feinheiten verstanden habt – eine grandiose Ausgangsbasis zur Erarbeitung der übrigen Klagearten, des Vorläufigen Rechtsschutzes und des Widerspruchsverfahrens.

Innerhalb der Rubrik „Anfechtungsklage“ werdet ihr ***erst einmal*** mit Problemen zum ***Verwaltungsrechtsweg*** – der ersten Voraussetzung der Zulässigkeit eines jeden verwaltungsrechtlichen Rechtsmittels – traktiert. Erst ***dann***, wenn ihr euch in der Materie ein bisschen heimisch fühlt, werdet ihr die gesamte ***Zulässigkeit*** der Anfechtungsklage prüfen müssen. Und es kommt, wie es kommen muss. ***Später*** werdet ihr innerhalb der Fälle mit der ***Zulässigkeit und*** mit der ***Begründetheit*** konfrontiert. Die Devise lautet: In kleinen Schritten zum Erfolg!

In den einzelnen Fällen werden euch ***zudem Probleme aus dem Bereich „Allgemeines Verwaltungsrecht“*** über den Weg laufen, die klausurrelevant sind. Auch hier fügt sich im Endeffekt alles zu einem Ganzen.

In den folgenden Rubriken könnt ihr dann schon ganz ganz viel von euch selbst verlangen. Innerhalb der Fälle zur Verpflichtungsklage, zur Allgemeinen Leistungsklage, zur Feststellungsklage, zur Fortsetzungsfeststellungsklage, zum Vorläufigen Rechtsschutz und zum Widerspruchsverfahren wird euch so manches Altbekannte begegnen. Und einige neue Schweinereien.

Übrigens: Soweit Fälle aufgrund Normen des jeweiligen Landesrechts zu lösen sind, sind überwiegend die Gesetze des Landes Nordrhein-Westfalen (NRW) berücksichtigt worden. Vergleichbare Normen existieren regelmäßig in den anderen Landesgesetzen. In anderen Bundesländern angesiedelt sind Fälle, deren Lösung oder Lösungsweg von aktuellem NRW-Recht abweicht.

Wie sagt der Kölner? Et kütt, wie et kütt (Es kommt, wie es kommt)! Vamos ..

Einführung in die Fallbearbeitungstechnik

Wenn ihr Anfänger im Jura-Dschungel seid, solltet ihr euch mit den folgenden Seiten zur Fallbearbeitungstechnik quälen. Immer wieder. Es nützt.

Eine gute Arbeit lebt von der ***Schwerpunktsetzung***, vom ***Stil*** und der ***Argumentation***.

Die Darstellung macht's!!

Was ihr in dieser Hinsicht beherrscht, kommt euch in jeder Klausur oder Hausarbeit zugute. Dagegen begegnet euch ein mühevoll auswendig gelernter Meinungsstreit unter Umständen nie wieder. In der immer weiter steigenden Flut der juristischen Einzelprobleme kann man sich letztlich nur durch eine fundierte Fallbearbeitungstechnik über Wasser halten.

Worum geht es ?

In der Klausur oder Hausarbeit soll ein Fall gutachterlich gelöst werden. Das klingt völlig banal, wird aber oft genug nicht beachtet. Es geht nicht darum, möglichst viel Wissen in Form von Meinungsstreitigkeiten abzuladen. Wer auf die „Ich weiß was"-Tour kommt, fängt sich Randbemerkungen wie „Fallbezug?" oder „überflüssige Lehrbuchausführungen" ein.

Auf Streitfragen darf nur eingegangen werden, wenn es für die Fall-Lösung darauf ankommt.

Häufig liegt der Schwerpunkt der Arbeit auf der Auswertung der im Sachverhalt enthaltenen Angaben, nicht auf dem leidigen Abspulen von Meinungsstreitigkeiten.

Wie gehe ich an die Sache heran ?

- Die Erfassung des Sachverhalts

Zunächst einmal muss also der Sachverhalt gründlich erfasst werden. Das gelingt nur bei sehr kurzen und übersichtlichen Klausuren durch einmaliges Lesen. In aller Regel solltet ihr den ***Text*** mindestens zweimal oder besser dreimal ***aufmerksam lesen***. Viele bearbeiten das Aufgabenblatt schon in diesem Stadium mit allen möglichen ***Markierungen***, ***Einteilungen*** und ***Randbemerkungen***.

Das ist nicht unbedenklich:

In der Regel enthält der Sachverhalt keine überflüssigen Passagen. Es besteht die Gefahr, dass vor lauter Konzentration auf die hervorgehobenen Teile Wichtiges unter den Tisch fällt. Vor allem aber könnt ihr zum Zeitpunkt der Erst- oder Zweitlektüre ei-

nes unbekannten Falles noch gar nicht zielsicher entscheiden, was nun besonders wichtig ist. Die Fehlerquote kann ziemlich hoch liegen.
Außerdem darf bezweifelt werden, dass die Angelegenheit durch – womöglich vielfarbige – Markierungen wirklich übersichtlicher wird.

Wer es partout nicht lassen kann, sollte sich jedenfalls der genannten Nachteile bewusst sein.

Besonders zu beachten sind natürlich ***Fallfragen***. Im Rahmen einer Verwaltungsrechtsklausur oder -hausarbeit könnt ihr gefragt werden, ob die Klage / der Widerspruch / der Antrag auf einstweiligen Rechtsschutz zulässig und begründet ist. Dann ist vorgezeichnet, wie ihr weiterarbeiten müsst. Zuerst ist die Zulässigkeit, dann die Begründetheit der Klage / des Widerspruchs / des Antrags ... zu prüfen. Auch die umgekehrte Fragestellung kann euch jeweils ereilen. Dann ist zuerst die Begründetheit und erst dann die Zulässigkeit der Klage / des Widerspruchs / des Antrags ... zu prüfen. Wer hätt's gedacht?! Außerdem werdet ihr häufig mit der so oder ähnlich gestellten Fallfrage „Hat XY mit seiner Klage (... mit seinem Widerspruch / ... mit seinem Antrag ...) Erfolg?“ konfrontiert werden. Der Einstieg in die Fall-Lösung ist auch hier leicht. XY hat mit seiner Klage / seinem Widerspruch / seinem Antrag ... Erfolg, wenn die Klage / der Widerspruch / der Antrag ... zulässig und begründet ist. Na also.

Manchmal ist durch ***Bearbeiterhinweis*** die Prüfung bestimmter Voraussetzungen ausgeschlossen.

Die – gar nicht so seltene – ***Missachtung*** solcher Hinweise erregt den Unmut des Korrektors, ***sollte*** also ***tunlichst vermieden werden***. Achtet darauf!

- Die Suche nach den Vorschriften im Verwaltungsrecht

Anders als etwa im Grundrechtsbereich seht ihr euch in der Verwaltungsrechtsklausur oder -hausarbeit nicht selten von einer Vielzahl von Vorschriften (Paragrafen) umzingelt. Und die stammen zu allem Überfluss auch noch aus unterschiedlichen Gesetzen. Ups ...

Bitte habt keine Angst: In vielen Fällen benennt der Fallsteller konkrete Paragrafen oder Gesetze, die der Fall-Lösung durchaus zuträglich sind.

Und wenn nicht, ist das üblicherweise auch nicht so schlimm. Sobald ihr euch intensiver mit üblichen Fallgestaltungen beschäftigt, werdet ihr sehen, dass gängige Vorschriften immer wieder auftauchen. So werdet ihr in nahezu allen Fällen mit der VwGO (Verwaltungsgerichtsordnung) und mit dem VwVfG (Verwaltungsverfahrensgesetz) arbeiten müssen.

Oft bietet der Sachverhalt eines Falles indirekte Hinweise auf Gesetze, deren Berücksichtigung bei der konkreten Fall-Lösung zum Erfolg führen können (aber nicht unbedingt müssen). Dazu ein Beispiel: Die Heranziehung welcher Gesetze drängt sich auf, wenn einem Gastwirt der weitere Betrieb seiner Gaststätte untersagt wird, weil er Alkohol an Minderjährige ausgeschenkt hat? Hier bietet es sich auch ohne genaue Benennung von Gesetzen an, das GastG (Gaststättengesetz) und das JuSchG (Jugendschutzgesetz) zu Rate zu ziehen. Hättet ihr's gewusst? Wenn nicht, solltet ihr euch nicht grämen. Ihr werdet ziemlich schnell ein Gespür für das Auffinden wichtiger Gesetze und Vorschriften entwickeln.

Ein letzter – aber ungemein wichtiger – Hinweis zur Gesetzes- und Paragrafensuche: Es erscheint sinnvoll, in jedem Fall das Sachverzeichnis eurer zur Fall-Lösung herangezogenen Gesetzessammlung heranzuziehen. Oft heißt es: „Ein Blick ins Gesetz erleichtert die Rechtsfindung.“ Wir modifizieren: „Auch ein Blick ins Sachverzeichnis der Gesetzessammlung erleichtert die Rechtsfindung.“ Und zwar ungemein ...

Die Lösungsskizze / Zeiteinteilung

Das Erstellen einer sauberen ***Lösungsskizze*** wird oft vernachlässigt. Sie ist die Basis der späteren Klausur und muss ***möglichst detailliert, vor allem aber vollständig*** sein.

Erst wenn der Fall von vorne bis hinten skizziert ist, kann in der Reinschrift eine vernünftige Schwerpunktsetzung erfolgen. Deswegen ist von der ***Unsitte des „Drauflosschreibens“*** klar abzuraten. Hinter diesem stark verbreiteten Verhalten steht wohl der auf den ersten Blick beruhigende Gedanke, schon mal etwas zu Papier gebracht zu haben.

Das ist deshalb gefährlich, weil im noch nicht durchdachten Teil der Arbeit die Hauptschwerpunkte liegen können. „Frühschreiber“ merken das dann zu spät. Das Ergebnis ist eine Arbeit, die zum Ende hin bestenfalls immer dünner wird, schlimmstenfalls ganze Teile der Prüfung gar nicht mehr enthält.

Lasst euch also nicht von den Nachbarn verunsichern, die schon mehrere Seiten geschrieben haben, während ihr noch mit der Lösungsskizze beschäftigt seid. ***Abgerechnet wird zum Schluss!!***

Wann spätestens mit dem Schreiben der Klausur begonnen werden sollte, kann nicht pauschal beantwortet werden. Hier zählen individuelle Erfahrungswerte.

Als ***Faustformel*** mag die sogenannte ***Drittelregel*** dienen:

Auf jeden Fall mindestens das erste Drittel der Bearbeitungszeit für die Skizze verwenden. Andererseits spätestens nach Ablauf von zwei Dritteln der Bearbeitungszeit mit dem Schreiben beginnen, sonst werdet ihr nicht fertig (Oh Ärger).

Bei den Überlegungen zur Lösungsskizze muss der ***Sachverhalt genau im Auge behalten*** werden. Bei einem gut gestellten Fall hat jeder Teil seine Bedeutung. Überflüssige Füllpassagen sind wie gesagt recht selten.

Deshalb ist es sehr hilfreich, folgende ***Kontrollüberlegung*** anzustellen:

Habe ich den gesamten Sachverhalt in die Lösungsskizze einbezogen? Wenn ja, spricht einiges für die Vollständigkeit (nicht notwendig für die Richtigkeit) der Lösung.

Oder umgekehrt: Kann eine bestimmte Textpassage ersatzlos gestrichen werden, ohne dass es sich auf meine Lösung auswirkt? Wenn ja, muss die Lösung im Hinblick auf den betreffenden Teil überdacht werden.

Der Gesamtaufbau

Bereits beim Erstellen der Lösungsskizze solltet ihr euch über den Aufbau klar werden. In verwaltungsrechtlichen Fallgestaltungen will oft nur eine Person sich gegen etwas wehren oder etwas haben. Ihr könnt aber auch mit einem Fall konfrontiert werden, in dem mehrere Personen mitspielen, die sich gegen etwas wehren wollen oder etwas haben wollen. Dann ist genau darauf zu achten, ***wer was will***. Das ergibt sich im Regelfall aus dem Sachverhalt, der/den sich anschließenden Fallfrage/n und aus eventuellen Bearbeiterhinweisen.

Die Darstellung im Allgemeinen

- Die äußere Form

Hierzu gibt es nicht so furchtbar viel zu sagen. Dass die ***Schrift*** in der Klausur ***möglichst leserlich*** sein sollte, kann sich jeder denken. Wer also eine Sauklaue hat, sollte nach Möglichkeit daran arbeiten. Schreibt ***nicht mit Bleistift***, damit werden üblicherweise die Korrekturbemerkungen gemacht. Lasst ***genügend Rand***, sonst gilt das Motto „Kein Rand – keine Randbemerkungen". Beschreibt die ***Blätter*** nur ***einseitig und nummeriert*** sie. Wenn ihr die Seiten in der Hektik der letzten Sekunden vor Abgabe in der falschen Reihenfolge zusammengeheftet habt, fällt dem Korrektor so die Zuordnung leichter. An einer fehlenden Unterschrift ist wohl noch keine Klausur oder Hausarbeit gescheitert. Versucht trotzdem daran zu denken. Für die erste juristische Prüfung (Examen) müsst ihr euch die Unterschrift im Übrigen wieder abgewöhnen. Dort werden die Arbeiten anonym unter einer Kennziffer geschrieben.

- Gutachtenstil

Von euch wird in der Klausur – wie auch in Hausarbeiten – der anfänglich stark gewöhnungsbedürftige ***Gutachtenstil*** erwartet. Er besteht aus vier Schritten, die anhand eines bewusst vereinfachten Beispiels verdeutlicht werden sollen:

1. Schritt: Frage aufwerfen

„Die Maßnahme der Behörde, also das Mittel, müsste zur Zielerreichung geeignet sein."

2. Schritt: Voraussetzung bzw. Definition

„Geeignet ist das Mittel, wenn es den erstrebten Zweck erreicht."

3. Schritt: Subsumtion

„Der Zweck besteht darin, die Geräuschbelästigung der Nachbarn durch die Tanzschule zu unterbinden. Mittel ist das Verbot, weiter Tanzkurse durchzuführen. Die Geräuschbelästigung wird durch das Verbot unterbunden."

4. Schritt: Ergebnis

„Damit ist das Mittel, also die Maßnahme der Behörde, geeignet."

Um Missverständnissen vorzubeugen: Wenn ein unproblematischer Normalfall vorliegt, wirkt es albern, den umständlichen Gutachtenstil anzuwenden. Man beschränkt sich dann auf eine ***kurze Feststellung***. Das ist vom Fallsteller durchaus vorgesehen. Die Bearbeitungszeit ist so bemessen, dass ihr unmöglich die ganze Klausur konsequent im Gutachtenstil schreiben könnt.

Also:

Unproblematisches kurz feststellen!

Problematisches im Gutachtenstil darstellen!

Wenn ihr euch bei einer bestimmten Prüfungsvoraussetzung für den ***Gutachtenstil*** entschieden habt, ***dann*** muss er ***sauber und vollständig*** sein!

Also nicht: „Das Mittel müsste zur Zielerreichung geeignet sein. Geeignet ist jede Maßnahme, die das angestrebte Ziel erreicht. Dies ist hier der Fall."

In diesem – so oder ähnlich leider sehr oft anzutreffenden – Negativbeispiel fehlt der Subsumtionsschritt und damit der Fallbezug. Das ist nichts Halbes und nichts Ganzes!

Vernachlässigt die Schwerpunktsetzung nicht! Klausuren und Hausarbeiten, in denen alles etwa gleich breit geprüft wird, nerven den Korrektor. Versetzt euch einmal in die Lage eines Korrekturassistenten, der einen Stapel mit über 50 Arbeiten vor sich liegen hat. Stellt euch seine Erleichterung vor, wenn er in der 47. Klausur oder Hausarbeit endlich einmal den geradezu erlösend knappen Satz „Der Kläger hat erfolglos Widerspruch eingelegt und damit das Vorverfahren (§§ 68 ff VwGO) erfolglos durchgeführt." Das gibt einen dicken Haken am Rand, die ersten Sympathiepunkte werden eingefahren. ***Wenn die Schwerpunktsetzung stimmt, wird euch die ein oder andere inhaltliche Schwäche locker verziehen!***

Die Schwierigkeit bei der ganzen Angelegenheit liegt natürlich darin, die ***Spreu vom Weizen*** zu ***trennen***, also herauszufinden, was problematisch und was unproblematisch ist.

Das ist immer eine ***unvermeidliche Gratwanderung:*** Wer aus Sicht des Korrektors Unproblematisches im Gutachtenstil prüft, langweilt ihn. Wer andererseits Problematisches nur kurz feststellt, muss sich den Vorwurf des fehlenden Problembewusstseins gefallen lassen.

Es lohnt sich also, ein Fingerspitzengefühl für die richtige Schwerpunktsetzung zu entwickeln.

Im Gutachten spielt die ***Wortwahl*** eine entscheidende Rolle. ***Warnzeichen für unangebrachten Urteilsstil*** sind Wörter wie ***„da", „weil" oder „denn"***. Sobald über die bloße Feststellung hinaus etwas erklärt werden muss, ist der Urteilsstil tabu!

Der reine ***Gutachtenstil*** zeichnet sich wie gezeigt ***im 1. Schritt*** durch Wendungen wie ***„müsste", „könnte", „möglicherweise hat" oder „in Betracht kommt"*** aus. ***Im Ergebnis*** (4. Schritt) heißt es dann typischerweise ***„also", „demnach", „somit", „damit" oder „folglich"***.

Um ganz sauber zu bleiben, solltet ihr mit dem Wort ***„müsste“*** vorsichtig umgehen. Es ist immer dann unangebracht, wenn strukturell noch eine andere Variante in Betracht kommt.

Wie stelle ich einen Meinungsstreit vorteilhaft dar ?

Nicht immer müssen in einer Klausur Meinungsstreitigkeiten gelöst werden. Das ist schon eher in Hausarbeiten der Fall. An dieser Stelle möchte ich dennoch einige ***grundlegende Hinweise*** geben.

Problemschwerpunkte können überall auftauchen. Dabei muss es sich wie bereits erwähnt keineswegs immer um Meinungsstreitigkeiten handeln. Wenn aber ein Meinungsstreit einschlägig ist, heißt das noch lange nicht, dass er auch entschieden werden muss! An dieser Stelle werden regelmäßig grobe logische Fehler gemacht.

Immer wieder liest man seitenweise von „Theorien“ und ihren Vorzügen oder Nachteilen, ohne dass der Fallbezug auch nur ansatzweise hergestellt worden ist.

Ganz wichtig: Die Argumente für oder gegen eine Meinung dürfen erst ins Spiel gebracht werden, wenn die ***fallbezogene Subsumtion*** ergeben hat, dass die dargestellten Standpunkte zu verschiedenen Ergebnissen führen. Nicht selten besteht die Leistung gerade darin, einer Streitentscheidung aus dem Weg zu gehen.

Bei einer Vielzahl differenzierender Ansichten genügt oft die Auseinandersetzung mit einer bestimmten Meinung, weil die anderen im konkreten Fall auf ein übereinstimmendes Ergebnis hinauslaufen.

Kurz gesagt: ***Niemals mehr entscheiden als unbedingt nötig!***

Wenn es auf eine ***Streitentscheidung*** ankommt, müsst ihr sie ***abstrakt***, also losgelöst vom konkreten Fall treffen.

Von euch wird nicht das entscheidende, noch nie da gewesene Argument erwartet. Erst recht müsst ihr keine neuartigen Lösungswege aus dem Boden stampfen. Verlangt wird lediglich eine fundierte und ***nachvollziehbare Auseinandersetzung mit den vorhandenen Argumenten***. Das gilt übrigens grundsätzlich auch für Hausarbeiten.

Bei umfangreicher Argumentation kann es sich anbieten, in einer Art ***Ping-Pong-Verfahren*** die Argumente einander gegenüberzustellen:

> „Für die enge Auslegung spricht ...
> Dagegen lässt sich anführen, dass ...
> Andererseits ...
> Der Gegeneinwand überzeugt wegen ... nicht.“

Mit einem solchen „Schlagabtausch“ setzt man sich mit den Argumenten der letztlich abgelehnten Auffassung lebendig auseinander.

Je nach Geschmack kann man aber auch die Argumente der einzelnen Auffassungen en bloc bringen, wobei sich anbietet, die später abgelehnte Argumentation zuerst darzustellen. Das wirkt überzeugender.

Setzt euch immer konkret mit den jeweiligen Meinungen auseinander und vermengt die Diskussion nicht zu einem Einheitsbrei. Vor allem in Hausarbeiten findet sich häufig folgende Struktur: 1. „Meinung A", 2. „Meinung B", 3. „Meinung C", 4. „Kritik und eigene Ansicht". Diese Art der Darstellung ist in Aufsätzen und Büchern beliebt, aber erfahrungsgemäß für Hausarbeiten oder gar Klausuren ungeeignet. Die Kandidaten („Das ganze Leben ist ein Quiz ...") verirren sich dabei regelmäßig im Dschungel eigener und fremder Gedankengänge.

Im Grundsatz halte ich es ***nicht*** für ***empfehlenswert***, die ***Meinungen beim Namen zu nennen***.

Also nicht:

> „Das Bundesverwaltungsgericht vertritt die Auffassung ... / Der herrschenden Lehre zufolge ... / Die XY-Theorie besagt ..."

Eine solche Form der Darstellung ist nicht falsch, hat aber einen entscheidenden Nachteil: ***Der Streit wirkt abgespult!***

Aus Sicht des Korrektors werden nur auswendig gelernte Erkenntnisse gebetsmühlenartig zu Papier gebracht, die in der Klausur ohnehin nicht belegbar sind.

Mit der Einordnung der Meinungen in Literatur und Rechtsprechung gewinnt ihr keinen Blumentopf.

Eine Berufung auf die herrschende Lehre oder das Bundesverwaltungsgericht ist keine ***Prüfungsleistung***, die ***besteht in der ansprechenden Argumentation***.

Wesentlich überzeugender ist demgegenüber die ***Darstellung vom Problem her:***

> „Der Gesetzestext legt zunächst eine weite Interpretation des Merkmals XY nahe."
>
> „Aus dem Sinn und Zweck der Norm lässt sich aber ableiten, dass ..."

Derartige Formulierungen suggerieren eine ***eigenständige und lebendige Herleitung*** der Ansichten. Die Lösung stellt sich auf diese Weise als echte Leistung des Bearbeiters dar, sie wird im Idealfall zum Leseerlebnis für den Korrektor. Diese Vorgehensweise bietet sich übrigens ***auch in Hausarbeiten*** an, wobei sich dann die Vertreter der jeweiligen Auffassung zwanglos aus den Fußnoten ergeben.

Nun erwarten euch erst einmal die gesammelten Sachverhalte.

Widersteht – wie immer bei der Erarbeitung von Büchern dieser Reihe – der Verlockung, nach dem Lesen eines Sachverhalts direkt den Lösungsvorschlag zur Hilfe zu nehmen.

Ihr solltet vielmehr ernsthaft versuchen, eine eigenständige Lösung zu erarbeiten.

Und jetzt nahen die Fälle ...

Anfechtungsklage

Fall 1

Der windige Gastwirt G betreibt in der Stadt Köln eine Gaststätte. Zum wiederholten Male wird er strafrechtlich verurteilt, weil er im Hinterzimmer des Etablissements unerlaubtes Glücksspiel zugelassen hat. Nun widerruft die Ordnungsbehörde der Stadt Köln mittels Verfügung die für den Betrieb der Gaststätte erforderliche Gaststättenerlaubnis. G ist empört und möchte klagen.

Frage: Kann G vor dem Verwaltungsgericht Klage erheben ?

Hinweis: Einige Blicke ins Gaststättengesetz (GastG) können nicht schaden.

Fall 2

Der windige Gastwirt G betreibt in der Stadt Köln eine Gaststätte. Dort hat er mehrfach Bier an seinen 14-jährigen Sohn und dessen Schulfreunde ausgeschenkt. Als die Ordnungsbehörde dies erfährt, erlässt sie einen Bußgeldbescheid in Höhe von 2.000 €. Hiergegen will G sich gerichtlich wehren, wenn der von ihm eingelegte Einspruch keinen Erfolg hat.

Frage: Ist der Rechtsweg zum Verwaltungsgericht eröffnet ?

Hinweis: Einige Blicke ins Jugendschutzgesetz (JuSchG) können nicht schaden.

Fall 3

Der nunmehr bekannte Gastwirt G begibt sich nach Erhalt der Ordnungsverfügung zur Ordnungsbehörde. Er will erreichen, dass der zuständige Sachbearbeiter die Ordnungsverfügung zurücknimmt. Als dieser sich weigert, kommt es zu einer heftigen Auseinandersetzung, in deren Verlauf G den Beamten u.a. mit den Kraftausdrücken „Staatsknecht" und „Arschloch" tituliert. Der Behördenleiter erteilt G daraufhin Hausverbot. Hiergegen will G vorgehen.

Frage: Kann G vor dem Verwaltungsgericht Klage erheben ?

Fall 4

Wie so oft verweilt der Obdachlose A auf dem Rathausvorplatz in Wuppertal (Nordrhein-Westfalen). Er hofft inbrünstig, durch Betteln ein wenig Kleingeld für den nächsten Schnaps und eine Portion Kartoffelsalat aufzutreiben. Der Mitarbeiter der Ordnungsbehörde P beobachtet dieses Treiben seit geraumer Zeit. Schließlich spricht er gegenüber A eine zeitlich unbegrenzte „Platzverweisung“ nach Ordnungsrecht aus.

Frage: Ist eine hiergegen gerichtete Klage des A zulässig ?

Hinweise: § 24 OBG NRW (Ordnungsbehördengesetz des Landes Nordrhein-Westfalen) lautet u.a.: „Folgende Vorschriften des Polizeigesetzes des Landes Nordrhein-Westfalen gelten entsprechend für die Ordnungsbehörden, ... : ... Nr. 13: § 34 mit Ausnahme von Absatz 2.“ In § 34 I 1 PolG NRW heißt es: „Die Polizei kann zur Abwehr einer Gefahr eine Person vorübergehend von einem Ort verweisen oder ihr vorübergehend das Betreten eines Ortes verbieten.“
In manchen Bundesländern gibt es keine vergleichbare Vorschrift. Dort wird die Generalklausel zur Gefahrenabwehr herangezogen, also die Norm, die es allgemein den Polizei- und Ordnungsbehörden gestattet, die notwendigen Maßnahmen zu ergreifen, um eine konkrete Gefahr für die öffentliche Sicherheit oder Ordnung abzuwehren. Macht euch gegebenenfalls schlau ...
Beachtet das seit dem 01.01.2011 geltende JustG NRW (Justizgesetz Nordrhein-Westfalen), das das AG VwGO NW ersetzt.

Fall 5

A und B sind Grundstücksnachbarn in einem Vorort von Münster (Nordrhein-Westfalen). A hat einen größeren Nutzgarten angelegt und ist als überzeugter Bio-Gärtner Besitzer eines stattlichen und auch ein wenig stinkenden Komposthaufens. B teilt dies der zuständigen Ordnungsbehörde schriftlich mit und fragt, ob das denn rechtens sei. Der zuständige Sachbearbeiter erkundet die Lage vor Ort und macht sich während des Gespräches mit B einige Notizen. Auf die Frage des kritischen A, warum er sich Notizen mache, antwortet der Sachbearbeiter, dass er wegen des Vorgangs eine Akte angelegt habe und bezüglich des Ortstermins einen Aktenvermerk fertige. A ist hierüber entrüstet. Er fühlt sich in seinen Rechten als umweltbewusster Bürger verletzt. A will sich nun vor dem Verwaltungsgericht mittels einer Anfechtungsklage wehren.

Frage: Ist die Anfechtungsklage zulässig ?

Fall 6

In der Stadt Düsseldorf (Nordrhein-Westfalen) kommt es seit geraumer Zeit wiederholt zu schweren Erkrankungen der Atemwege. Luft- und Wasseruntersuchungen ergeben, dass deren Ursache in einer starken Verseuchung eines kleinen Sees in einem Park zu sehen ist. Auf dessen Grund befinden sich rostende Fässer, ein längst vergessenes Erbe des Wirtschaftswunders nach dem 2. Weltkrieg. Das Ordnungsamt erlässt daraufhin unter Berufung auf § 14 I OBG NRW (Ordnungsbehördengesetz Nordrhein-Westfalen) ein Verbot, den Park zu betreten, bis das Gewässer saniert ist. Für Rentner R ist der tägliche Besuch des Parks aber ein wesentlicher Bestandteil seines Ruhestandes. Er ist der Meinung, dass ihm die Luft nie geschadet habe und will weiterhin auf den Bänken am See die Sonne genießen.

Frage: Ist eine Klage des R vor dem Verwaltungsgericht zulässig ?

Fall 7

B ist Landesbeamtin in einem Verwaltungsamt in Köln. Sie ist dort seit einigen Jahren in einem bestimmten Sachgebiet tätig. Im Laufe der Zeit hat sie sich die Arbeit optimal eingeteilt, sodass sie mit der Arbeitszeit bequem auskommt. Wegen der Finanznot der öffentlichen Kassen werden nun im Verwaltungsamt einige Dienstposten gestrichen. Dann wird der B seitens ihres Behördenvorgesetzten ein weiteres halbes Sachgebiet zur Bearbeitung zugewiesen. B empfindet dies als ungerechte Mehrbelastung im Verhältnis zur Tätigkeitsbelastung ihrer Kollegen.

Frage: Ist eine gegen die Zuweisung gerichtete Anfechtungsklage zulässig ?

Fall 8

Die A-KG (Kommanditgesellschaft) hat vor Jahren in Essen einen Flachbau am Ende einer Einkaufsstraße errichten lassen. Bei einer routinemäßigen Überprüfung stellt die zuständige Ordnungsbehörde erhebliche Mängel in der Statik des Gebäudes fest. Nach vorheriger Anhörung ordnet sie den Abbruch des Hauses auf der Grundlage der Bauordnung des Landes Nordrhein-Westfalen (BauO NRW) an. Die A-KG erhebt gegen die Anordnung Klage vor dem Verwaltungsgericht.

Frage: Ist die Klage zulässig ?

Hinweis: Vorschriften des Handelsgesetzbuches (HGB) sind zu berücksichtigen.

Fall 9

K ist selbstständiger Kfz-Meister in Potsdam (Brandenburg). Da seine Finanzlage generell angespannt ist, besorgt er sich regelmäßig Ersatzteile von Schrottplätzen der näheren Umgebung, u.a. auch Bremsen und Motorteile. Hierdurch kommt es bei den Autos einiger seiner Kunden zu „Verkehrskomplikationen“ mit Sach- und Personenschäden. Der Sachbearbeiter der zuständigen Ordnungsbehörde erlässt, als er von den Zuständen bei K erfährt, am 31.03. eine Ordnungsverfügung, in der dem K die

Ausübung seines Gewerbes ganz untersagt wird. Der Bescheid wird am 03.04. zur Post aufgegeben und erreicht den K am 04.04. per eingeschriebenem Brief. K legt am 08.05. Widerspruch ein. Der zuständige Sachbearbeiter der Widerspruchsbehörde erlässt in Eile den ablehnenden Widerspruchsbescheid. In der Rechtsbehelfsbelehrung vergisst er jedoch, darauf hinzuweisen, innerhalb welcher Frist K Klage gegen den Bescheid erheben kann. Inhaltlich wird der Widerspruch mit der Begründung zurückgewiesen, K habe ihn nicht rechtzeitig eingelegt. Der Widerspruchsbescheid wird dem K gegen Empfangsbekenntnis am 25.09. zugestellt. Gegen den Widerspruchsbescheid erhebt K am 28.10. Klage vor dem Verwaltungsgericht.

Frage: Ist die Klage zulässig ?

Hinweise: Der 06.05. war ein Samstag, der 25.10. war kein Samstag, Sonntag oder gesetzlicher Feiertag. Arbeitet bei der Lösung u.a. mit der Gewerbeordnung (GewO), dem BGB, der ZPO und den Verwaltungszustellungsgesetzen des Bundes (VwZG) und des Landes Brandenburg (BbgVwZG).

Fall 10

B betreibt in Cottbus (Brandenburg) einen Schrottplatz. Um seine Finanzen steht es nicht zum Besten. Deshalb führt er die gesetzlichen Sozialversicherungsbeiträge seiner Angestellten – Arbeitslosenversicherung, Krankenversicherung, Pflegeversicherung, Rentenversicherung – nicht ab. Als die zuständige Ordnungsbehörde von den Zuständen bei B erfährt, erlässt sie am 09.10. eine Ordnungsverfügung, in der dem B die Ausübung seines Gewerbes ganz untersagt wird. Der Bescheid wird dem B am 10.10. durch die Post mit Zustellungsurkunde zugestellt. Hiergegen legt der von B rechtzeitig beauftragte Rechtsanwalt R aus Nachlässigkeit erst am 12.11. Widerspruch ein. Die Widerspruchsbehörde setzt sich mit den zahllosen, aber wenig stichhaltigen Argumenten auseinander. Gegen den ablehnenden Widerspruchsbescheid erhebt B binnen einer Woche Klage.

Frage: Ist die Klage zulässig ?

Hinweise: Der 10.11. ist kein Samstag, Sonntag oder gesetzlicher Feiertag. Arbeitet bei der Lösung u.a. mit der Gewerbeordnung (GewO), dem BGB, der ZPO und den Verwaltungszustellungsgesetzen des Bundes (VwZG) und des Landes Brandenburg (BbgVwZG).

Fall 11

Der windige Gastwirt G betreibt in der Stadt Köln (Nordrhein-Westfalen) eine Gaststätte, in der er mehrfach Bier an seinen 14-jährigen Sohn und dessen Schulfreunde ausgeschenkt hat. Als die Ordnungsbehörde dies erfährt, erlässt sie einen schriftlichen Bußgeldbescheid in Höhe von 2.000 €. Hiergegen wehrt sich G nach erfolglosem Einspruch gerichtlich. Dem Einspruch gegen den Bußgeldbescheid wird vom

Amtsgericht mangels Beweisen stattgegeben. Dennoch widerruft die zuständige Ordnungsbehörde durch schriftliche Ordnungsverfügung nach §§ 15 II, 4 I Nr. 1 GastG (Gaststättengesetz) die Gaststättenerlaubnis des G nach nochmaliger Anhörung mit der Begründung, diesem fehle die erforderliche Zuverlässigkeit, da er alkoholische Getränke auch an Jugendliche ausschenke. Gegen die Ordnungsverfügung erhebt G Klage vor dem Verwaltungsgericht.

Frage: Hat die Klage Erfolg ?

Fall 12

Der in Wuppertal (Nordrhein-Westfalen) lebende A ist ein ehemaliger leidenschaftlicher Hobbyjäger. In seinem Arbeitszimmer hängt neben einschlägigen Jagdtrophäen ein Jagdgewehr. Eines Tages stellt A das Gewehr neben einen im Zimmer befindlichen Schrank, vergisst jedoch, es gänzlich zu entladen. Enkel E, der die Begeisterung seines Opas für Schusswaffen geerbt hat, schleicht in das Arbeitszimmer und fingert an der Flinte herum. Dabei löst sich ein Schuss, der E leicht verletzt. Die zuständige Ordnungsbehörde erhält von dem Vorfall am 05.05. Kenntnis und erklärt mit Bescheid vom 06.05. ohne vorherige Anhörung gemäß §§ 45 II, 10 I, 4 I, 5 I Nr. 2 b) WaffG den Widerruf der Waffenbesitzkarte. Hiergegen erhebt A Klage.

Frage: Hat die Klage Erfolg ?

Fall 13

Bauer B aus Köln (Nordrhein-Westfalen) hat einen Schimmel geerbt. Da er aber bereits seit Kindertagen eine starke Abneigung gegen Reittiere hat, kommt wenig Freude auf. Zwar schafft B mit Rücksicht auf den Familienfrieden in einer Scheune Platz, beim Kauf von Futter ist er aber äußerst sparsam. Zwangsläufig wird das Pferd krank. Der untersuchende Tierarzt weist auf die unzureichende Ernährung als Grund für den schlechten Zustand des Tieres hin. Als nach zwei Wochen keine Änderung eintritt, benachrichtigt der Arzt am 20.09. die zuständige Ordnungsbehörde. Diese ordnet noch am selben Tag unter Berufung auf das Tierschutzgesetz (TierSchG) in einem Bescheid schriftlich an, dass „das Pferd nunmehr angemessen zu ernähren" sei. Hiergegen erhebt B Klage vor dem zuständigen Verwaltungsgericht. In einem dann folgenden seitens der Ordnungsbehörde initiierten Gespräch zeigt sich B uneinsichtig.

Frage: Hat die Klage Erfolg ?

Hinweis: Geht davon aus, dass sich der Zustand des Tieres nicht wesentlich verschlechtert, wenn es noch eine Zeit lang in vergleichbarer Weise gefüttert wird.

Fall 14

M betreibt eine Gaststätte mit Namen „Mad Max“ in einem Wohngebiet in Bochum (Nordrhein-Westfalen). Als die Abzugshaube gegen Küchengerüche ihren Dienst quittiert, glaubt M, die Neuanschaffung um ein Jahr verschieben zu können. Ab nun ist der Küchengeruch, besonders der Geruch nach Bratfett, mittags und abends in der Nähe der Gaststätte sehr stark. Als erste Beschwerden von Nachbarn wegen der ortsunüblichen Gerüche bei der zuständigen Ordnungsbehörde eingehen, ordnet diese die Installation einer neuen Abzugshaube an, nachdem sie den M angehört hat. In der Begründung des Bescheids beschränkt sich die Behörde darauf, den Wortlaut des § 5 I Nr. 3 Gaststättengesetz (GastG) wörtlich zu zitieren. M erhebt fristgerecht Klage vor dem Verwaltungsgericht. Im Rahmen des verwaltungsgerichtlichen Verfahrens legt die Ordnungsbehörde eine detaillierte und inhaltlich richtige Begründung für die Anordnung vor.

Frage: Hat die Klage Erfolg ?

Fall 15

T betreibt eine Tanzschule in Aachen (Nordrhein-Westfalen). Die abgespielte Musik sorgt regelmäßig für eine beachtliche Geräuschkulisse auch nach 20.00 Uhr, die durch den Einbau von Schallschutzmaterial in den Raumwänden und -decken nur zum Teil neutralisiert wird. Auf die Beschwerden vieler Nachbarn, die durch die Musik erheblich gestört werden, fordert die zuständige Ordnungsbehörde den T erfolglos auf, zur Sache Stellung zu nehmen. Daraufhin verbietet die Ordnungsbehörde die Durchführung sämtlicher Tanzkurse. In seiner wirtschaftlichen Existenz bedroht, erhebt T Klage vor dem Verwaltungsgericht.

Frage: Hat die Klage Erfolg ?

Hinweise: Nach § 10 LImschG (Landesimmissionsschutzgesetz Nordrhein-Westfalen) ist u.a. die Benutzung von Tonwiedergabegeräten nur in solcher Lautstärke gestattet, dass unbeteiligte Personen nicht erheblich belästigt werden. § 17 I f, III LImschG eröffnet die Möglichkeit, einen Bußgeldbescheid zu erlassen, wenn gegen § 10 LImschG verstoßen wird. Weitere Vorschriften des Gewerbe- und des Immissionsschutzrechts sind nicht zu berücksichtigen.
§ 14 I OBG NRW lautet: „ ... Voraussetzungen des Eingreifens. (1) Die Ordnungsbehörden können die notwendigen Maßnahmen treffen, um eine im einzelnen Falle bestehende Gefahr für die öffentliche Sicherheit oder Ordnung (Gefahr) abzuwehren ...“

Fall 16

Geplagt von der Diskussion über Rinderwahnsinn, Schweinepest und Hühnersalmonellen wollen Bauern und Metzger in Bonn (Nordrhein-Westfalen) unter freiem Himmel auf ihre Situation aufmerksam machen und demonstrieren. Erwartet werden vom Organisatoren O etwa 2.000 Personen. Gemäß § 14 Versammlungsgesetz (VersG) meldet O die Demonstration an und bespricht mit dem Leiter L der zuständigen Behörde Einzelheiten. L verbietet die Demonstration nach § 15 VersG mit dem Hinweis auf mögliche Gefahren für Personen und Sachwerte. In die Begründung des schriftlichen Bescheids nimmt L dagegen nicht den wahren Grund auf, der ihn zu dem Verbot bewogen hat. Nach seiner persönlichen Auffassung ist eine solche Demonstration wegen der gegenwärtigen Massentierhaltungen und den sich hieraus ergebenden potenziellen Gefahren für die Allgemeinheit höchst unpassend. O erhebt daraufhin Klage.

Frage: Hat die Klage Erfolg ?

Hinweise: Geht davon aus, dass sich die Sache zum Zeitpunkt des Urteils nicht bereits erledigt hat.
Ferner sind die von L in dem Bescheid aufgeführten Gefahren für Personen und Sachwerte zwar vorhanden. Die Gefahren hätten sich aber durch geringfügige Sicherheitsmaßnahmen reduzieren lassen.

Fall 17

A ist Inhaber einer Brauerei in Rostock (Mecklenburg-Vorpommorn). Jährlich werden etwa 8.000 Hektoliter Bier produziert. Eine entsprechende Genehmigung nach dem BImschG liegt vor. Trotz mehrerer Umbauten kommt es des Öfteren zu massiven Geruchsbelästigungen für die Anwohner angrenzender Grundstücke und insbesondere für die Besucher und das Personal eines Kindergartens. Die zuständige Ordnungsbehörde ordnet mit Bescheid vom 01.05. nach einer Anhörung an, Filteranlagen bis zum 30.04. des folgenden Jahres einzubauen. Sie stützt diesen Bescheid auf § 17 I 2 BImschG und begründet ihn hinreichend. Gegen den Bescheid legt A Widerspruch ein. Die Aufsichtsbehörde weist den Widerspruch am 10.08. zurück und ändert den Bescheid dahin gehend, dass der Einbau bereits bis zum 31.12. zu erfolgen habe. A erhebt nunmehr fristgemäß Klage vor dem zuständigen Verwaltungsgericht.

Frage: Hat die Klage Erfolg ?

Hinweise: Es ist davon auszugehen, dass die Aufsichtsbehörde auch ermächtigt ist, die Ausgangsbehörde anzuweisen, einen Verwaltungsakt mit zusätzlicher Belastung – wie hier geschehen – zu erlassen.
Weiter ist davon auszugehen, dass ein solcher Filtereinbau innerhalb von zwei Monaten möglich und auch wirtschaftlich vertretbar ist.
Beachtet hinsichtlich der Zulässigkeit der Klage das GOrgG M-V (Gerichsorganisationsgesetz Mecklenburg-Vorpommern).

Fall 18

Z betreibt einen Kiosk im Kölner Nobelstadtteil Marienburg (Nordrhein-Westfalen). Neben Zeitungen und Zeitschriften bietet er Süßigkeiten, Knabberwaren und Getränke in begrenztem Umfang an. Wegen der starken Konkurrenz mit anderen Geschäften hat er auch sonntags bis 24.00 Uhr geöffnet. Auf Beschwerden von Anwohnern, die sich über sonntägliche Ruhestörungen erregen, weist die zuständige Ordnungsbehörde den Z auf die Öffnungszeiten nach dem einschlägigen Ladenöffnungsgesetz hin und fordert ihn auf, sich zu dem Sachverhalt zu äußern. Gleichzeitig wird Z durch die Behörde informiert, dass ein Bußgeldverfahren gegen ihn eingeleitet sei. Hierauf reagiert Z nicht. Daraufhin erlässt der zuständige Sachbearbeiter einen schriftlichen Bescheid, in dem Z aufgegeben wird, den Kiosk zu schließen. Z fühlt sich ungerecht behandelt. Er weist darauf hin, dass andere Kioske mit vergleichbaren Öffnungszeiten von der Stadt nicht behelligt werden und erhebt Klage vor dem Verwaltungsgericht.

Frage: Hat die Klage Erfolg ?

Hinweise: § 14 I OBG NRW lautet: „ ... Voraussetzungen des Eingreifens. (1) Die Ordnungsbehörden können die notwendigen Maßnahmen treffen, um eine im einzelnen Falle bestehende Gefahr für die öffentliche Sicherheit oder Ordnung (Gefahr) abzuwehren ...“
Nehmt an, dass das in Nordrhein-Westfalen geltende Ladenöffnungsgesetz (LÖG NRW) in § 4 LÖG NRW die Öffnung von Verkaufsstellen grundsätzlich an allen Tagen außer Sonntagen und Feiertagen gestattet und Ausnahmen nicht vorgesehen sind. Für den Fall der Zuwiderhandlung ist in § 13 LÖG NRW die Möglichkeit eines Bußgeldverfahrens normiert.

Fall 19

S ist Inhaber einer Spielhalle in Münster (Nordrhein-Westfalen). Die erforderliche gewerberechtliche Erlaubnis hat er vor Jahren zu Recht erhalten. Im Eingangsbereich der Spielhalle befindet sich ein Hinweisschild, das Personen unter 18 Jahren den Eintritt untersagt. Im Laufe der Zeit tummeln sich dennoch immer mehr Jugendliche unter 18 Jahren an den Automaten, ohne dass S dagegen einschreitet. Trotz eines deutlichen Hinweises der Ordnungsbehörde und der Einleitung eines Bußgeldverfahrens ergreift S weiterhin keine wirksamen Maßnahmen, um den Anforderungen des Jugendschutzgesetzes zu entsprechen. Selbst die Festsetzung eines Zwangsgeldes nach dem Verwaltungsvollstreckungsrecht lässt ihn unbeeindruckt. Daraufhin widerruft die zuständige Ordnungsbehörde nach vorheriger Anhörung die gewerberechtliche Erlaubnis. Hiergegen klagt S vor dem Verwaltungsgericht.

Frage: Hat die Klage Erfolg ?

Fall 20

S eröffnet eine Spielhalle in Leverkusen (Nordrhein-Westfalen). Die erforderliche Erlaubnis ist ihm von der zuständigen Ordnungsbehörde nach einer intensiven Anhörung erteilt worden. Im Verlauf der Anhörung gab S u.a. wahrheitsgemäß an, dass er in den vergangenen Jahren in Stuttgart und Hamburg ähnliche Unternehmen geleitet habe. Er verschwieg jedoch, dass ihm in Münster, wo er vor vielen Jahren auch schon eine Spielhalle geleitet hatte, die Erlaubnis wegen Unzuverlässigkeit entzogen worden war. Ferner verschwieg er, dass gegen ihn vor Kurzem eine Freiheitsstrafe auf Bewährung wegen Unterschlagung verhängt worden war. Durch einen anonymen Hinweis wird die Ordnungsbehörde auf diese Tatsachen aufmerksam. Eine Aufforderung zur Stellungnahme lässt S unbeantwortet. Daraufhin nimmt die zuständige Behörde die in Leverkusen erteilte Erlaubnis zurück. Als Begründung verweist sie auf die Entziehung der Erlaubnis in Münster und die Verurteilung wegen Unterschlagung. Nunmehr klagt S fristgerecht vor dem Verwaltungsgericht.

Frage: Hat die Klage Erfolg ?

Fall 21

Im Land Brandenburg ist im vergangenen Haushaltsjahr ein „Programm zur Förderung des Handwerks in strukturschwachen Regionen“ beschlossen worden. Entsprechende Mittel wurden bereitgestellt. In den Vergaberichtlinien heißt es: „Berechtigt sind nur Handwerksbetriebe, die in ihrer Existenz bedroht sind. In ihrer Existenz sind Handwerksbetriebe insbesondere auch dann bedroht, wenn sie in den vergangenen Jahren keine oder nur geringfügige Gewinne erzielt haben.“ Das Vergabeverfahren ist öffentlich-rechtlich ausgestaltet. A betreibt einen kleinen Handwerksbetrieb in Cottbus. Er hat damals sofort beim zuständigen Landesministerium Fördermittel beantragt und sie erhalten. Im Antrag hat er wahrheitswidrig angegeben, in den vergangenen zwei Jahren keinen Gewinn erzielt zu haben. Das Fördergeld hat A sofort beim Kauf neuer Werkzeuge für den Betrieb verbraucht. Im Nachhinein erfährt das für die Entscheidung über die Vergabe zuständige Landesministerium von den guten wirtschaftlichen Verhältnissen des Betriebs. Daraufhin nimmt das Ministerium den Vergabebescheid mit Wirkung für die Vergangenheit zurück, nachdem es A angehört hat. Hiergegen erhebt A Klage vor dem Verwaltungsgericht.

Frage: Hat die Klage Erfolg ?

Hinweise: Die Vergaberichtlinien verstoßen nicht gegen höherrangiges Recht. Das Ministerium ist eine oberste Landesbehörde.

Verpflichtungsklage

Fall 22

A will in Bonn (Nordrhein-Westfalen) eine neue Spielhalle eröffnen. Geplant sind Flipper, „Einarmige Banditen", Billardtische und Computerspiele. Da A weiß, dass er hierfür eine gewerberechtliche Erlaubnis benötigt, stellt er bei der zuständigen Ordnungsbehörde einen entsprechenden Antrag. Dieser wird jedoch mit der Begründung abgelehnt, dass sich in der Stadtmitte bereits eine Vielzahl vergleichbarer „Örtlichkeiten" befinden. A klagt vor dem Verwaltungsgericht.

Frage: Hat die Klage Erfolg ?

Fall 23

S ist verzweifelt. Die Umsätze seines Gasthauses „Schweinesepp" in Bochum (Nordrhein-Westfalen) sind in letzter Zeit deutlich gesunken. Als die Dunstabzugshaube in der Küche das Zeitliche segnet, hat er den finanziellen Ruin vor Augen. Daher will S die Neuanschaffung um ein Jahr verschieben. Für Nachbarn N, der das Gasthaus wegen der hier verkehrenden Besucher nicht sonderlich schätzt, ist nun das Maß voll. Er wendet sich an die zuständige Ordnungsbehörde und verlangt deren Einschreiten dergestalt, dass S eine neue Dunstabzugshaube einbauen muss. Die Behörde hält die Geruchsemissionen aber für nicht sonderlich gravierend und schreitet nicht ein. Nun erhebt N Klage vor dem Verwaltungsgericht. Weil im „Schweinesepp" mittlerweile wieder mehr gebraten und gekocht wird, kommt ein vom Gericht beauftragter Sachverständiger zu dem Ergebnis, dass die Küchengerüche ein tolerierbares Maß überschritten haben. Zur Beseitigung schlägt er unterschiedliche Maßnahmen vor.

Frage: Hat die Klage Erfolg ?

Hinweis: Immissionsschutzrechtliche Vorschriften sind nicht zu berücksichtigen.

Fall 24

A betreibt eine Schlosserei in Dortmund (Nordrhein-Westfalen). In der Nähe betreibt B ein Eisenwarengeschäft. A weiß aus sicherer Quelle, dass B nicht nur im Verkauf tätig ist, sondern auch Schlosserarbeiten vornimmt. Dies ist ihm jedoch nur gestattet, wenn er als Schlosser in die Handwerksrolle eingetragen wäre. Daher informiert A die zuständige Handwerkskammer, um eine Untersagung der Tätigkeiten des B zu erreichen. Die Handwerkskammer leitet aber keine weiteren Schritte ein. A sieht den guten Ruf des Handwerks in Gefahr. Außerdem fühlt er sich im Wettbewerb benachteiligt, weil er durch die Pflichtmitgliedschaft in der Handwerkskammer zusätzliche Kosten und Verpflichtungen hat, die er auf seine Preise umlegen muss. Nachdem er in einer einschlägigen Gesetzessammlung § 16 III Handwerksordnung (HwO) gelesen hat, stellt er bei der zuständigen Ordnungsbehörde den Antrag, dem B die Fortsetzung des Betriebes zu untersagen. Die Ordnungsbehörde lehnt den Antrag ab. A erhebt Klage vor dem Verwaltungsgericht.

Frage: Ist die Klage zulässig ?

Hinweis: Geht davon aus, dass das Schlosserhandwerk tatsächlich ein Handwerk im Sinne des § 1 HwO bzw. der Anlage A zur HwO ist.

Fall 25

A will eine Speisewirtschaft in Heidelberg (Baden-Württemberg) betreiben. Einen entsprechenden Antrag stellt er bei der hierfür zuständigen Ordnungsbehörde. Nach einem halben Jahr liegt immer noch keine Reaktion der Behörde vor. Auf eine erneute Anfrage des A weist die Ordnungsbehörde darauf hin, dass der zuständige Sachbearbeiter derzeit überlastet sei. A fragt seinen Rechtsanwalt, was er tun könne, um das Verfahren zu beschleunigen. Dieser rät ihm zur Klage.

Frage: Ist die Klage zulässig ?

Fall 26

S betreibt einen kleinen bäuerlichen Betrieb in Nordrhein-Westfalen. Der nordrheinwestfälische Landtag hatte im Haushaltsgesetz für das laufende Haushaltsjahr ein Programm zur „Förderung der Bauernschaft in strukturarmen Regionen“ beschlossen und im Haushaltsplan entsprechende Mittel bereitgestellt. Die Voraussetzungen für die Vergabe zinsgünstiger Darlehen sind in einer ministeriellen Richtlinie geregelt und veröffentlicht. Die Abwicklungsmodalitäten sind zivilrechtlich. S glaubt zu Recht, die Kriterien zu erfüllen und beantragt ein Darlehen. Die nach § 20 der Vergaberichtlinie zuständige Kreisbehörde lehnt den Antrag jedoch mit der zutreffenden Begründung ab, die für dieses Projekt zur Verfügung stehenden Mittel seien bereits vergeben. Daraufhin erhebt S Klage vor dem Verwaltungsgericht.

Frage: Hat die Klage Erfolg ?

Allgemeine Leistungsklage

Fall 27

N hat eine Villa in Dortmund gebaut. In der Nähe errichtet die Stadt für Kinder einen kleinen öffentlichen Bolzplatz zum Ballspielen, der von einer einen Meter hohen Hecke umrahmt wird. Sofort wird der Platz von den Kindern der Umgebung intensiv genutzt. Nachdem mehrmals Bälle auf das Villengrundstück des N geflogen sind und dabei immer wieder Rosenstöcke umgeknickt werden, verlangt N von der Stadtverwaltung, dass sie geeignete Maßnahmen zum Schutz seines Grund und Bodens ergreift, da die Störungen von einer öffentlichen Einrichtung – nämlich dem Bolzplatz – ausgehen. Die Stadtverwaltung teilt ihm aber mit, dass sie derzeit keine Mittel für die Errichtung von Ballfanggittern an den Toren freigeben könne. Daraufhin erhebt N Klage vor dem Verwaltungsgericht mit dem Antrag, die Stadt zu verpflichten, Ballfanggitter aufzustellen.

Frage: Hat die Klage Erfolg ?

Hinweise: Baurechtliche Vorschriften sind nicht zu beachten. Geht davon aus, dass die Errichtung von Ballfanggittern die einzige Möglichkeit ist, um das Grundstück des N zu schützen. Das BGB sollte griffbereit sein.

Fall 28

T ist Beamter im Bundesverwaltungsamt. Seit mehreren Jahren leitet er ein Sachgebiet in einer bestimmten Abteilung. Nach vorheriger Anhörung wird er vom Präsidenten des Amts angewiesen, nunmehr ein anderes Sachgebiet der Abteilung zu übernehmen, da sich dessen Sachbearbeiter in den einstweiligen Ruhestand geflüchtet hat. T scheut die Umstellung und legt erfolglos Widerspruch ein. Schließlich erhebt er Klage vor dem Verwaltungsgericht.

Frage: Hat die Klage Erfolg ?

Hinweis: Der Präsident des Bundesverwaltungsamts ist eine Behörde.

Feststellungsklage

Fall 29

Der 18 Jahre alte Schüler C ist Sohn eines evangelischen Pfarrers. Weil ein Spannungsfall im Sinne des § 2 Wehrpflichtgesetz (WPflG) besteht, erhält C ein Schreiben des zuständigen Kreiswehrersatzamts. Darin wird er für einen konkreten Termin zur Musterung geladen. Nur der Ort und die Zeit der Untersuchungen sowie einige nichtssagende Floskeln sind dem Brief zu entnehmen. Eine Rechtsbehelfsbelehrung fehlt. C ist darüber empört, dass er zur Musterung geladen wird, obwohl er aus einer Pfarrersfamilie stammt und deshalb davon ausgeht, er sei sowieso nicht wehrpflichtig. Überdies will er sich nicht der Gefahr aussetzen, irgendwann Wehrdienst oder irgendeinen anderen Dienst leisten zu müssen. In heiligem Zorn stürmt er zum Verwaltungsgericht, wo er dem Urkundsbeamten der Geschäftsstelle die Klage diktiert.

Frage: Ist die Klage zulässig ?

Fall 30

Bauer B aus Mettmann (Nordrhein-Westfalen) will nach längerer Zeit zu einer entfernt liegenden Weide seines Grundbesitzes fahren. Zu ihr führt eine kleine öffentliche Straße, die sonst fast nicht mehr genutzt wird. An der Einfahrt zur Straße steht nun jedoch ein Verkehrsschild, das die Durchfahrt nur Forstfahrzeugen gestattet. Zu Hause angekommen, findet B bei der Durchsicht seiner Unterlagen bezüglich des Weidegrundstücks ein Schreiben der Forstbehörde. Darin wurde ihm vor mehreren Monaten mitgeteilt, dass ein entsprechendes Verkehrsschild aufgestellt werde, um eine nahe gelegene Ansiedlung seltener Kröten zu schützen. Dem Schreiben ist eine Rechtsbehelfsbelehrung beigefügt. Höchst verärgert erhebt B Klage vor dem Verwaltungsgericht. Er will, dass das Gericht die Nichtigkeit des Verkehrsschildes feststellt.

Frage: Hat die Klage Erfolg ?

Hinweise: § 45 I 1 Straßenverkehrsordnung (StVO) lautet: „Die Straßenverkehrsbehörden können die Benutzung bestimmter Straßen oder Straßenstrecken aus Gründen der Sicherheit oder Ordnung des Verkehrs beschränken oder verbieten und den Verkehr umleiten."
Geht weiterhin davon aus, dass das Verkehrsschild bestandskräftig ist und dass deshalb eine Anfechtungsklage nicht mehr zulässig ist, weil die Rechtsbehelfsfrist abgelaufen ist.
Gemäß §§ 52 und 60 LFoG (Forstgesetz des Landes Nordrhein-Westfalen) sind die Forstbehörden zuständig für das Bewirtschaften und die Gefahrenabwehr im Waldbereich.

Fortsetzungsfeststellungsklage

Fall 31

In der Altstadt von Köln (Nordrhein-Westfalen) wiederholt sich alljährlich dasselbe Spektakel. Im Zuge des wegen der Schneeschmelze eintretenden Frühjahrshochwassers versammeln sich abertausende Schaulustige, um zu erleben, wann das schmutzige Nass des Rheins die Hochwasserwände überflutet. Auch der Voyeur V ist mit seiner Kamera immer dabei. Im vergangenen Jahr behinderte er durch seine Anwesenheit wiederholt und in besonders rücksichtsloser Weise die durchzuführenden Hilfs- und Rettungsarbeiten. Als sich in diesem Jahr abzeichnet, dass es mit Sicherheit zu einem erneuten Hochwasser kommen wird, erkundigt sich der Mitarbeiter der Ordnungsbehörde P bei dem ihm namentlich bekannten V, ob dieser abermals dem Hochwassertourismus frönen wolle. V bejaht das und bemerkt, die Kameraausrüstung mit Stativ und Beleuchtungskörpern liege schon bereit. Es werde ihm nichts entgehen, koste es, was es wolle. Daraufhin erlässt P vorsorglich eine Ordnungsverfügung, in der er gegenüber V für die Zeit des Hochwassers und für einen abgegrenzten Teil des Rheinuferbereichs der Altstadt eine befristete „Platzverweisung" ausspricht. V erhebt umgehend Klage vor dem Verwaltungsgericht. Bevor eine gerichtliche Entscheidung ergehen kann, beruhigt sich der Rhein. Der Wasserpegel normalisiert sich. V will aber weiterhin seinem Voyeurismus frönen und daher in der Sache eine gerichtliche Entscheidung erwirken.

Frage: Hat die Klage Erfolg ?

Hinweise: § 24 OBG NRW (Ordnungsbehördengesetz des Landes Nordrhein-Westfalen) lautet: „Folgende Vorschriften des Polizeigesetz des Landes Nordrhein-Westfalen gelten entsprechend für die Ordnungsbehörden, ... : ... Nr. 13: § 34 mit Ausnahme von Absatz 2."
Lest § 34 I 2 PolG NRW (Polizeigesetz des Landes Nordrhein-Westfalen) bitte geringfügig ergänzt, um die Lösung nicht unnötig zu komplizieren. In der Norm heißt es nun: „Die Platzverweisung kann ferner gegen eine Person angeordnet werden, die den Einsatz der Feuerwehr oder der Hilfs- und Rettungsdienste behindert oder voraussichtlich behindern wird."

Fall 32

Geplagt von der Diskussion über Rinderwahnsinn, Schweinepest und Hühnersalmonellen wollen Bauern und Metzger in Berlin unter freiem Himmel auf ihre Situation aufmerksam machen und demonstrieren. Erwartet werden vom Organisatoren M etwa 2.000 Personen. Gemäß § 14 Versammlungsgesetz (VersG) meldet M die Demonstration für den 17.06. an und bespricht mit dem Leiter der zuständigen Ordnungsbehörde Einzelheiten. Am 30.05. verbietet die Ordnungsbehörde die Demonstration nach § 15 VersG mit dem Hinweis auf mögliche Gefahren für Personen und Sachwerte. Ihr war das Kommuniqué einer Terrorgruppe zugespielt worden, in dem ein Anschlag gegen die Demonstration glaubhaft angedroht wurde. Der Bescheid ist mit einer Rechtsbehelfsbelehrung bezüglich der einzuhaltenden Widerspruchsfrist versehen. M legt gegen den Bescheid umgehend Widerspruch ein. Bis zum 17.06. ergeht kein Widerspruchsbescheid. Obwohl die geplante Demonstration nun nicht mehr stattfinden kann, klagt M am 11.07., da er nicht ausschließen kann, dass er eine Demonstration zu demselben Thema in nächster Zeit organisieren wird.

Frage: Ist die Klage zulässig ?

Fall 33

Alljährlich findet in Bonn (Nordrhein-Westfalen) im sogenannten „Hofgarten“ ein Volksfest statt. Veranstalter ist die Stadt Bonn. Auf dem Fest präsentieren nur in der Stadt ansässige Schausteller ihre Attraktionen. Der in der Stadt lebende Schausteller S entschließt sich spontan, in diesem Jahr seine neue Achterbahn aufzubauen. Deshalb beantragt er zwei Monate vor dem beliebten Ereignis eine entsprechende Erlaubnis bei der Stadt Bonn. Diese wird jedoch von der Stadt mit der zutreffenden Begründung abgelehnt, die räumlichen Kapazitäten des Festes seien erschöpft. Es seien schon vor dem Gesuch des S zahlreiche Anmeldungen eingegangen, sodass das gesamte zur Verfügung stehende Areal vollständig belegt sei. Die Ablehnung wird dem S am 07.06. bekannt gegeben. Noch bevor S Klage erheben kann, findet das Volksfest statt. S will nun eine gerichtliche Entscheidung und klagt am 15.07. beim zuständigen Verwaltungsgericht. Er will dadurch verhindern, dass er als Einwohner der Stadt in den folgenden Jahren von der Veranstaltung ausgeschlossen wird. Außerdem überlegt er, ob er einen Schadensersatzprozess gegen die Stadt führen soll. Um die Erfolgsaussichten abschätzen zu können, möchte er eine Entscheidung des Verwaltungsgerichts, die im Hinblick auf anfallende Gerichts- und Anwaltsgebühren für ihn günstiger ist.

Frage: Ist die Klage zulässig ?

Hinweise: Vorschriften der Gewerbeordnung, insbesondere § 70 GewO bleiben außer Betracht.
§ 8 GO NRW (Gemeindeordnung des Landes Nordrhein-Westfalen)) lautet: „§ 8 Gemeindliche Einrichtungen und Lasten. (1) Die Gemeinden schaffen innerhalb der Grenzen ihrer Leistungsfähigkeit die für die wirtschaftliche, soziale und kulturelle Betreuung ihrer Einwohner erforderlichen öffentlichen Einrichtungen. (2) Alle Einwohner einer Gemeinde sind im Rahmen des geltenden Rechts berechtigt, die öffentlichen Einrichtungen der Gemeinde zu benutzen und verpflichtet, die Lasten zu tragen, die sich aus ihrer Zugehörigkeit zu der Gemeinde ergeben ...“

Vorläufiger Rechtsschutz

Fall 34

Die seit Jahren gespannte Haushaltslage bei Bund und Ländern führt im Herbst zu weiteren Übereinkünften der sogenannten Volksparteien über einschneidende Reformen im Gesundheitswesen. Vor diesem Hintergrund will B in Bonn (Nordrhein-Westfalen) eine Großdemonstration veranstalten. Erwartet werden mehr als 500.000 Personen. Gemäß § 14 Versammlungsgesetz (VersG) meldet B die Demonstration an. Als die Demonstrationspläne publik werden, droht eine bekannte Untergrundorganisation mit massiven Gegenmaßnahmen, wenn die Versammlung stattfinden sollte. Daraufhin verbietet die Ordnungsbehörde nach vorheriger Anhörung des B die Demonstration nach § 15 VersG mit dem Hinweis auf mögliche Gefahren für Personen und Sachwerte und ordnet die sofortige Vollziehung an. B erhebt Anfechtungsklage und stellt einen Antrag auf Wiederherstellung der aufschiebenden Wirkung.

Frage: Hat der Antrag auf Erlass einer Anordnung auf Wiederherstellung der aufschiebenden Wirkung Erfolg ?

Hinweis: Es ist davon auszugehen, dass die Demonstration anders als durch ein Verbot nicht zu schützen ist.

Fall 35

V ist Vorsitzender der Ortsgruppe Köln der konservativen, aber nicht rechtsextremen Partei „Der rechte Weg“. In seinen Wahlveranstaltungen präsentiert er sich als strammer Vertreter des „law-and-order“-Staates und eines rigiden Kurses in der Ausländerpolitik. Vor sechs Jahren ist er wegen einer vorsätzlichen Tätlichkeit mit einem „Totschläger“ gegen Punks zu einer Gefängnisstrafe von einem Jahr rechtskräftig verurteilt worden. Jetzt fühlt V sich wegen seiner politischen Funktion gefährdet und will zum Selbstschutz eine Schusswaffe tragen. Folglich beantragt er bei der zuständigen Behörde die Ausstellung eines Waffenscheins. Diese lehnt jedoch ab. V erhebt Verpflichtungsklage. Da er aber befürchtet, dass eine positive Entscheidung zu spät kommen wird, stellt er beim zuständigen Verwaltungsgericht einen Antrag auf Erlass einer einstweiligen Anordnung nach § 123 VwGO. Unter anderem weist er darauf hin, dass einige Bekannte, die ebenfalls mit dem Gesetz in einschlägiger Form in Konflikt geraten sind, mit der Erteilung ihrer Waffenscheine keine Probleme hatten.

Frage: Hat der Antrag auf Erlass einer einstweiligen Anordnung Erfolg ?

Widerspruchsverfahren

Fall 36

Der schwerhörige, alleinstehende M hat vor Jahren eine Villa in einem Randbezirk von Potsdam (Brandenburg) erworben. Da er besonders naturverbunden ist und Seerosen sowie Schilf über alles liebt, hat er auf dem Grundstück einen durchaus beachtlichen Teich angelegt. Von einem Freund erhält er im Frühjahr als Geschenk einen Ochsenfrosch. Diese nordamerikanische Froschart zeichnet sich durch ihre tiefe und durchdringende Stimme aus, die grundsätzlich jeglichem Schallschutz trotzt. Besonders während der Paarungszeit im Frühjahr zeigt das Froschmännchen jede Nacht eine bemerkenswerte Ausdauer beim vergeblichen Rufen nach einer Partnerin. Bereits nach kurzer Zeit fühlt sich nicht nur die nähere Nachbarschaft in ihrer Nachtruhe massiv beeinträchtigt. Bei älteren Anwohnern treten Gesundheitsbeeinträchtigungen durch Schlafmangel auf. Daraufhin schreitet die zuständige Ordnungsbehörde ein und erlässt nach einer kurzfristig durchgeführten Anhörung eine Ordnungsverfügung, in der M aufgefordert wird, das Tier zu entfernen. M, der sich keiner Schuld bewusst ist, legt umgehend Widerspruch ein.

Frage: Hat der Widerspruch Erfolg ?

Hinweise: Geht davon aus, dass vorläufiger zivilrechtlicher Rechtsschutz gegen das Quaken nicht erreichbar ist.
§ 13 I OBG Bbg (Ordnungsbehördengesetz des Landes Brandenburg) lautet: „... Voraussetzungen des Eingreifens. (1) Die Ordnungsbehörden können die notwendigen Maßnahmen treffen, um eine im einzelnen Falle bestehende Gefahr für die öffentliche Sicherheit oder Ordnung (Gefahr) abzuwehren."

Anfechtungsklage

- Eine kleine Einführung

1. Vorgeplänkel

Die ***Anfechtungsklage*** ist die Klageart, die ihr mit absoluter Sicherheit in mehreren Klausuren eurer juristischen Ausbildung und in beiden Examina werdet bearbeiten dürfen. Dies liegt wohl daran, dass „beliebte" klausurtaugliche Probleme des Allgemeinen und des Besonderen Verwaltungsrechts sowie des Verwaltungsprozessrechts bei dieser Klageart besonders gut einzubauen sind. Hierüber herrscht wohl ein Grundkonsens bei den Aufgabenstellern im Studium und im Referendardienst.

2. Der Sinn der Anfechtungsklage

Die charakteristische Besonderheit der Anfechtungsklage im Verhältnis zu anderen Klagearten liegt im Klagegegenstand und im Klageziel.

Klagegegenstand ist ein Verwaltungsakt (VA). Diese Form verwaltungsmäßigen Handelns ist in § 35 VwVfG des Bundes und in § 35 VwVfG der meisten Bundesländer definiert. ***Klageziel*** der Anfechtungsklage ist die Aufhebung des VA. Und warum will der Kläger den VA wohl aufheben lassen? Na klar: Weil es sich um einen ihn belastenden VA handelt. Gegen einen ihn begünstigenden VA wird er im Regelfall nicht vorgehen.

3. Die Prüfung

Wie ihr die ***Zulässigkeitsprüfung*** konkret gestaltet, werdet ihr in den folgenden Fällen sehen. So viel aber schon jetzt:

Zunächst wird zu ergründen sein, ob der ***Rechtsweg zum Verwaltungsgericht*** gegeben ist. Da das problematisch sein kann, beschränken sich die ersten Fälle auf diesen Prüfungspunkt.

Dann müsst ihr euch die Frage nach der ***statthafte***n ***Klageart*** stellen. Eine Anfechtungsklage kann es nur sein, wenn sich der Kläger gegen einen ihn belastenden VA wehrt und dessen Aufhebung begehrt. Ob ein VA vorliegt, kann wiederum problematisch sein.

Anschließend solltet ihr euch mit den ***speziell***en ***Voraussetzungen*** und u.U. mit den ***sonstige***n ***Voraussetzungen*** der Anfechtungsklage beschäftigen. Achtung: Eine derartige Trennung erscheint sinnvoll, weil es Voraussetzungen gibt, die in jeder Zulässigkeitsprüfung zumindest angesprochen werden sollten. Andererseits gibt es auch

Voraussetzungen, die zwar vorliegen müssen, aber nur im Problemfall anzusprechen sind. Bei den letzten handelt es sich üblicherweise um die schon erwähnten sonstigen Voraussetzungen.

Die ***Begründetheit*** der Anfechtungsklage richtet sich nach § 113 I 1 VwGO (lesen!!!) Folglich muss der Obersatz folgendermaßen lauten: „Begründet ist die Anfechtungsklage, wenn der Verwaltungsakt rechtswidrig ist und der Kläger dadurch in seinen Rechten verletzt ist, § 113 I 1 VwGO."

Die ***Begründetheitsprüfung*** gliedert sich also in ***zwei Abschnitte***:

I. die ***Rechtswidrigkeit des Verwaltungsakts*** und
II. die daraus resultierende ***Verletzung von Rechten*** des Klägers.

Die Prüfung der ***I. Rechtswidrigkeit*** des Verwaltungsakts gliedert sich in ***drei Oberpunkte***:

1. die Nennung der in Betracht kommenden ***Ermächtigungsgrundlage***,
2. die ***formelle Rechtmäßigkeit*** und
3. die ***materielle Rechtmäßigkeit***.

Vorab: In der ***I.*** Rechtswidrigkeit wird regelmäßig ein Schwerpunkt der Klausur liegen.

Die ***I. 1.*** Nennung der in Betracht kommenden ***Ermächtigungsgrundlage*** wird selten Probleme bereiten.

Bei der ***I. 2. formelle***n ***Rechtmäßigkeit*** könnt ihr die Punkte Zuständigkeit, Verfahren und Form prüfen. Die Zuständigkeit ist nur dann besonders sorgfältig zu prüfen, wenn der Sachverhalt nicht ohnehin vorgibt, dass die zuständige Behörde gehandelt hat. Bei Verfahren und Form ist stets an eine eventuelle Heilung der Fehler durch die Behörde zu denken.

Dann prüft ihr bei der ***I. 3. materielle***n ***Rechtmäßigkeit*** ein Tatbestandsmerkmal der Ermächtigungsgrundlage nach dem anderen.

Und: Seht euch noch einmal den Obersatz zur Begründetheit an. Eigentlich müsste euch eine Inkonsequenz übel aufstoßen. Die Oberpunkte der Rechtwidrigkeitsprüfung heißen nicht etwa „formelle Rechtswidrigkeit" bzw. „materielle Rechtswidrigkeit", sondern „formelle Rechtmäßigkeit" bzw. „materielle Rechtmäßigkeit". Warum das so ist und wie ihr eine Überleitung findet, erschließt sich anhand der (späteren) Fälle, in der ihr die Begründetheit prüfen müsst und werdet.

Genug der Laberei…

Fall 1

Der windige Gastwirt G betreibt in der Stadt Köln eine Gaststätte. Zum wiederholten Male wird er strafrechtlich verurteilt, weil er im Hinterzimmer des Etablissements unerlaubtes Glücksspiel zugelassen hat. Nun widerruft die Ordnungsbehörde der Stadt Köln mittels Verfügung die für den Betrieb der Gaststätte erforderliche Gaststättenerlaubnis. G ist empört und möchte klagen.

Frage: Kann G vor dem Verwaltungsgericht Klage erheben ?

Hinweis: Einige Blicke ins Gaststättengesetz (GastG) können nicht schaden.

Lösungsskizze Fall 1

G kann vor dem Verwaltungsgericht Klage erheben, wenn für diesen Streit der Rechtsweg zum Verwaltungsgericht eröffnet ist.

I. Rechtsweg zum Verwaltungsgericht ?

1. *Spezialzuweisung vorhanden ?* (–)

2. *Generalzuweisung des § 40 I VwGO ?*

= öffentlich-rechtliche Streitigkeit nichtverfassungsrechtlicher Art und keine abdrängende Zuweisung

(Vorüberlegung: Worum geht es im Kern? Auszugehen ist vom tatsächlichen Geschehen, das einzugrenzen ist. Hier dreht sich der Streit um den Widerruf einer Gaststättenerlaubnis.***)***

a. öffentlich-rechtliche Streitigkeit ?

= die streitentscheidenden Normen müssen öffentlich-rechtlicher Natur sein, d.h. einen Hoheitsträger als Berechtigten oder Verpflichteten benennen

HIER (+) → die streitentscheidenden Normen sind dem Gaststättenrecht zu entnehmen; die Behörde ist in §§ 15 II, 4 I Nr. 1 GastG als Berechtigte benannt

b. nichtverfassungsrechtlicher Art ?

HIER (+) → weder Beteiligung von Verfassungsorganen oder ihnen gleichgestellten Personen an dem Streit noch Streit über Anwendung und Auslegung von Verfassungsrecht

c. keine Zuweisung zu einem anderen Gericht ?

HIER (+) → anderweitige Zuweisung nicht ersichtlich

***d. also: Generalzuweisung des § 40 I VwGO* (+)**

3. *also: Rechtsweg zum Verwaltungsgericht* (+)

II. Ergebnis:

G kann vor dem Verwaltungsgericht Klage erheben

Formulierungsvorschlag Fall 1

G kann vor dem Verwaltungsgericht Klage erheben, wenn für diesen Streit der Rechtsweg zum Verwaltungsgericht eröffnet ist.

I. Der Rechtsweg zum Verwaltungsgericht müsste eröffnet sein.

1. Eine gesetzliche Spezialzuweisung ist nicht ersichtlich.

2. Die Generalzuweisung des § 40 I VwGO wäre gegeben, wenn es sich bei dem Widerruf der Gaststättenerlaubnis um eine öffentlich-rechtliche Streitigkeit nichtverfassungsrechtlicher Art handelt und keine anderweitige Zuweisung vorliegt.

a. Die streitentscheidenden Normen müssten öffentlich-rechtlicher Natur sein, d.h. einen Hoheitsträger als Berechtigten oder als Verpflichteten benennen. Die Beteiligten streiten über den Widerruf einer Gaststättenerlaubnis. Die streitentscheidenden Normen sind dem GastG zu entnehmen. Die Behörde ist als Berechtigte in §§ 15 II, 4 I Nr. 1 GastG benannt. Die streitentscheidenden Normen sind damit öffentlich-rechtlicher Natur.

b. Da weder Verfassungsorgane oder ihnen gleichgestellte Personen an dem Streit beteiligt sind noch Streit über Anwendung und Auslegung von Verfassungsrecht herrscht, ist die Streitigkeit nichtverfassungsrechtlicher Art.

c. Eine Zuweisung zu einem anderen Gericht ist nicht ersichtlich.

d. Also sind die Voraussetzungen der Generalzuweisung des § 40 I VwGO erfüllt.

3. Der Rechtsweg zum Verwaltungsgericht ist eröffnet.

II. G kann demnach vor dem Verwaltungsgericht Klage erheben.

Fazit

1. Das war ein ganz ***einfacher Fall***, der euch in ziemlicher Breite darstellen soll, wie der Prüfungspunkt ***Rechtsweg zum Verwaltungsgericht*** anzugehen ist. Anhand der einzelnen Punkte könnt ihr sehen, was grundsätzlich problematisiert werden kann.

   Um Missverständnissen vorzubeugen: Ein so kurzer und einfacher Fall wird euch im Klausuralltag schwerlich über den Weg laufen. Denn dann wäre die Klausur ja denkbar schnell zu Ende. Aber es erscheint sinnvoll, euch langsam an die Materie heranzuführen und euer Problembewusstsein zu schärfen.

2. Bevor ihr euch der Frage zuwendet, ob der Rechtsweg über die Generalklausel des § 40 I VwGO gegeben ist, solltet ihr euch zurücklehnen und sinnieren. Denn vorher gilt es zu überlegen, ob eine ***gesetzliche Spezialzuweisung*** zu finden ist. Wenn das so ist, könnt ihr die restlichen Prüfungspunkte sofort über Bord werfen. Ausführungen zur in § 40 I VwGO geregelten Generalklausel sind dann nicht nur verfehlt, sondern falsch!

Spezialzuweisende Normen sind etwa § 126 I BBG (Bundesbeamtengesetz), § 54 I BeamtStG (Beamtenstatusgesetz), § 25 JuSchG (Jugendschutzgesetz), § 72 b TierSG (Tierseuchengesetz), § 32 WPflG (Wehrpflichtgesetz), § 54 BAföG (Bundesausbildungsförderungsgesetz), § 8 IV und § 12 HwO (Handwerksordnung) ...

3. Wenn ihr keine spezielle Norm findet, kommt die ***Generalklausel des § 40 I VwGO*** ins Spiel. Ihr habt in der Prüfung des § 40 VwGO den kurzen Hinweis gefunden, dass eine Spezialzuweisung nicht vorliegt. Das geschah, um aufzuzeigen, dass es auf eine Spezialzuweisung ankommen kann. Manche Korrektoren sehen allerdings rot, wenn sie den entsprechenden Satz lesen und reagieren mit Punktabzug. Da bleibt nichts anderes, als beim Dozenten freundlich nachzufragen, wie er's denn gerne hätte und dann entsprechend zu verfahren.

Zuerst ist immer der Streitgegenstand (hier: Widerruf einer Gaststättenerlaubnis) herauszustellen. Wenn der Streitgegenstand öffentlich-rechtlicher Natur ist, handelt es sich auch um eine öffentlich-rechtliche Streitigkeit.

4. Die Prüfung, ob der ***Streit nichtverfassungsrechtlicher Art*** ist, fällt in der Regel kurz aus. Ihr könnt das, wie in Formulierungsvorschlag geschehen, einfach feststellen oder die Prüfung ganz weglassen. Wenn's problematisch ist, solltet ihr ein wenig mehr schreiben.

5. Außerdem darf keine ***Zuweisung zu einem anderen Gericht*** vorliegen. Dieser Prüfungspunkt beschäftigt sich mit der sogenannten abdrängenden Sonderzuweisung. Das klingt zunächst komisch, bedeutet aber Folgendes: Selbst wenn streitentscheidende Normen öffentlich-rechtliche sind, kann durch Gesetz die Zuständigkeit eines anderen Gerichtes begründet werden, insbesondere zu einer Spezialgerichtsbarkeit wie Finanzgericht, Sozialgericht, Arbeitsgericht usw.

6. Zur Beruhigung: Grämt euch nicht, wenn ihr mit dem GastG noch nie vorher gearbeitet habt. Es ist der Anschaulichkeit halber in dieses Buch eingearbeitet worden.

Fall 2

Der windige Gastwirt G betreibt in der Stadt Köln eine Gaststätte. Dort hat er mehrfach Bier an seinen 14-jährigen Sohn und dessen Schulfreunde ausgeschenkt. Als die Ordnungsbehörde dies erfährt, erlässt sie einen Bußgeldbescheid in Höhe von 2.000 €. Hiergegen will G sich gerichtlich wehren, wenn der von ihm eingelegte Einspruch keinen Erfolg hat.

Frage: Ist der Rechtsweg zum Verwaltungsgericht eröffnet ?

Hinweis: Einige Blicke ins Jugendschutzgesetz (JuSchG) können nicht schaden.

Lösungsskizze Fall 2

I. Rechtsweg zum Verwaltungsgericht ?

1. Spezialzuweisung vorhanden ? **(–)**

2. Generalzuweisung des § 40 I VwGO ?

= öffentlich-rechtliche Streitigkeit nichtverfassungsrechtlicher Art und keine abdrängende Zuweisung

(Vorüberlegung: Worum geht es im Kern? Auszugehen ist vom tatsächlichen Geschehen, das einzugrenzen ist. Hier dreht sich der Streit um den Erlass des Bußgeldbescheids.***)***

a. öffentlich-rechtliche Streitigkeit ?

= die streitentscheidenden Normen müssen öffentlich-rechtlicher Natur sein, d.h. einen Hoheitsträger als Berechtigten oder Verpflichteten benennen

HIER (+) → die streitentscheidenden Normen sind dem JuSchG zu entnehmen; die Behörde ist in § 28 I Nr. 10 und V JuSchG i.V.m. § 9 I Nr. 2 JuSchG als Berechtigte benannt

b. nichtverfassungsrechtlicher Art ?

HIER (+) → weder Beteiligung von Verfassungsorganen oder ihnen gleichgestellten Personen an dem Streit noch Streit über Anwendung und Auslegung von Verfassungsrecht

c. keine Zuweisung zu einem anderen Gericht ?

HIER (–) → der Bescheid ist – wie bei allen Ordnungswidrigkeiten – auf die Zahlung eines Bußgelds gerichtet; gemäß § 68 I 1 OWiG (Ordnungswidrigkeitengesetz) entscheidet das Amtsgericht – und nicht etwa das Verwaltungsgericht – über den Einspruch gegen den Bußgeldbescheid

d. also: Generalzuweisung des § 40 I VwGO **(–)**

3. also: Rechtsweg zum Verwaltungsgericht **(–)**

II. Ergebnis:

G kann nicht vor dem Verwaltungsgericht Klage erheben

Formulierungsvorschlag Fall 2

I. Der Rechtsweg zum Verwaltungsgericht müsste eröffnet sein.

1. Eine gesetzliche Spezialzuweisung ist nicht ersichtlich.

2. Die Generalzuweisung des § 40 I VwGO wäre gegeben, wenn es sich bei dem Erlass des Bußgeldbescheids um eine öffentlich-rechtliche Streitigkeit nichtverfassungsrechtlicher Art handelt und keine anderweitige Zuweisung vorliegt.

a. Die streitentscheidenden Normen müssten öffentlich-rechtlicher Natur sein, d.h. einen Hoheitsträger als Berechtigten oder als Verpflichteten benennen. Die Beteiligten streiten über den Erlass eines Bußgeldbescheids wegen des Ausschanks alkoholischer Getränke an Jugendliche. Die streitentscheidenden Normen sind dem JuSchG zu entnehmen. Die Behörde ist als Berechtigte in § 28 I Nr. 10 und V JuSchG i.V.m. § 9 I Nr. 2 JuSchG benannt. Die streitentscheidenden Normen sind damit öffentlich-rechtlicher Natur.

b. Da weder Verfassungsorgane oder ihnen gleichgestellte Personen an dem Streit beteiligt sind noch Streit über Anwendung und Auslegung von Verfassungsrecht herrscht, ist die Streitigkeit nichtverfassungsrechtlicher Art.

c. Der Rechtsstreit könnte aber einem anderen Gericht zugewiesen sein. Der Bescheid ist – wie bei allen Ordnungswidrigkeiten – auf die Zahlung eines Bußgelds gerichtet. Gemäß § 68 I 1 OWiG entscheidet jedoch nicht das Verwaltungsgericht, sondern das Amtsgericht über den Einspruch gegen den Bußgeldbescheid.

d. Demnach sind nicht alle Voraussetzungen der Generalzuweisung des § 40 I VwGO erfüllt.

3. Der Rechtsweg zum Verwaltungsgericht ist nicht eröffnet.

II. G kann demnach nicht vor dem Verwaltungsgericht Klage erheben.

Fazit

1. Das war ein kurzer Abstecher ins Ordnungswidrigkeitenrecht. In der verwaltungsrechtlichen Klausur ist nur darauf hinzuweisen, dass hier wegen ***§ 68 I OWiG*** nicht das Verwaltungsgericht, sondern das ***Amtsgericht*** zuständig ist.

   Lest zum Ablauf des Ordnungswidrigkeitenverfahrens (Bußgeldverfahrens) zunächst § 67 I (und II) OWiG und dann § 69 OWiG in seiner ganzen epischen Länge. Tut euch den Gefallen.

2. Da Fälle wie dieser sich nicht im Verwaltungsrecht abspielen, werdet ihr in einer Verwaltungsrechtsklausur eher selten mit einer derartigen Sachverhaltskonstellation konfrontiert werden. Denkbar ist ein solcher Fall allerdings bei der Stellung mehrerer Fragen innerhalb einer Klausur.

3. ***Zuweisungen zu einem anderen Gericht*** sind natürlich auch in anderen Gesetzen zu finden. Zu denken ist in diesem Zusammenhang insbesondere an § 33 FGO (Finanzgerichtsordnung), § 51 SGG (Sozialgerichtsgesetz), Art. 14 III 4 GG, Art. 34 S. 3 GG, § 40 II 1 VwGO, § 23 EGGVG (Einführungsgesetz zum Gerichtsverfassungsgesetz).

Lest dazu noch einmal Fall 1, Fazit 5.

Fall 3

Der nunmehr bekannte Gastwirt G begibt sich nach Erhalt der Ordnungsverfügung zur Ordnungsbehörde. Er will erreichen, dass der zuständige Sachbearbeiter die Ordnungsverfügung zurücknimmt. Als dieser sich weigert, kommt es zu einer heftigen Auseinandersetzung, in deren Verlauf G den Beamten u.a. mit den Kraftausdrücken „Staatsknecht" und „Arschloch" tituliert. Der Behördenleiter erteilt G daraufhin Hausverbot. Hiergegen will G vorgehen.

Frage: Kann G vor dem Verwaltungsgericht Klage erheben ?

Lösungsskizze Fall 3

G kann vor dem Verwaltungsgericht Klage erheben, wenn für diesen Streit der Rechtsweg zum Verwaltungsgericht eröffnet ist.

I. Rechtsweg zum Verwaltungsgericht ?

1. Spezialzuweisung vorhanden ? **(–)**

2. Generalzuweisung des § 40 I VwGO ?

= öffentlich-rechtliche Streitigkeit nichtverfassungsrechtlicher Art und keine abdrängende Zuweisung

(Vorüberlegung: Worum geht es im Kern? Auszugehen ist vom tatsächlichen Geschehen, das einzugrenzen ist. Hier dreht sich der Streit nicht um den Widerruf der Gaststättenerlaubnis. Er war nur der Anlass für G, sich zur Ordnungsbehörde zu begeben. Der Streit dreht sich konkret um die Erteilung des Hausverbots.***)***

a. öffentlich-rechtliche Streitigkeit ?

= die streitentscheidenden Normen müssen öffentlich-rechtlicher Natur sein, d.h. einen Hoheitsträger als Berechtigten oder Verpflichteten benennen

HIER (+) → eine (eindeutig) streitentscheidende Norm ist nicht auffindbar; grundsätzlich ist es möglich, dass ein Hausverbot zum einen auf das privatrechtliche Besitz- und Eigentumsrecht der §§ 859, 903, 1004 BGB gestützt wird (dann zivilrechtliche Streitigkeit, also Privatrecht); zum anderen kann das Hausverbot aber auch auf die sogenannte „öffentlich-rechtliche Sachherrschaft", die dem Schutz der öffentlichen Einrichtung (Behörde) dient, gestützt werden (dann öffentlich-rechtliche Streitigkeit);

nach einer Auffassung richtet sich die Rechtsnatur des Hausverbots danach, weshalb die Behörde aufgesucht wurde und aus welchem Grund das Hausverbot erteilt worden ist; betritt ein Bürger die Behörde in privatrechtlichen Angelegenheiten (z.B. Handelsvertreter will Bleistifte verkaufen), ist die Rechtsnatur des Hausverbots privatrechtlich; betritt ein Bürger die Behorde in öffentlich-rechtlichen Angelegenheiten (z.B. wegen einer Antragstellung oder einer Anhörung), ist auch die Rechtsnatur öffentlich-rechtlich; G hat das Gebäude betreten, um in behördlichen Angelegenheiten (Gaststättenerlaubnis) vorstellig zu werden; nach dieser Ansicht wäre die Rechtsnatur des Hausverbots öffentlich-rechtlich;

nach einer anderen Auffassung werden Hausverbote zur Erreichung des Widmungszwecks des Amtsgebäudes erteilt (Annex zur Sachkompetenz); sie werden daher auf öffentlich-rechtliche Sachherrschaft gestützt und sind grundsätzlich öffentlich-rechtlicher Natur;

das Hausverbot ist demnach nach beiden Ansichten öffentlich-rechtlich

b. nichtverfassungsrechtlicher Art ?

HIER (+) → weder Beteiligung von Verfassungsorganen oder ihnen gleichgestellten Personen an dem Streit noch Streit über Anwendung und Auslegung von Verfassungsrecht

c. keine Zuweisung zu einem anderen Gericht ?

HIER (+) → anderweitige Zuweisung nicht ersichtlich

d. also: Generalzuweisung des § 40 I VwGO **(+)**

3. also: Rechtsweg zum Verwaltungsgericht **(+)**

II. Ergebnis:

G kann vor dem Verwaltungsgericht Klage erheben

Formulierungsvorschlag Fall 3

G kann vor dem Verwaltungsgericht Klage erheben, wenn für diesen Streit der Rechtsweg zum Verwaltungsgericht eröffnet ist.

I. Der Rechtsweg zum Verwaltungsgericht müsste eröffnet sein.

1. Eine gesetzliche Spezialzuweisung ist nicht ersichtlich.

2. Die Generalzuweisung des § 40 I VwGO wäre gegeben, wenn es sich bei der Erteilung des Hausverbots um eine öffentlich-rechtliche Streitigkeit nichtverfassungsrechtlicher Art handelt und keine anderweitige Zuweisung vorliegt.

a. Die streitentscheidenden Normen müssten öffentlich-rechtlicher Natur sein, d.h. einen Hoheitsträger als Berechtigten oder als Verpflichteten benennen.

Im Falle eines Hausverbots ist aber keine (eindeutig) streitentscheidende Norm auffindbar. Vielmehr ist es möglich, dass ein Hausverbot zum einen auf das privatrechtliche Besitz- und Eigentumsrecht der §§ 859, 903, 1004 BGB gestützt wird (dann Privatrecht). Zum anderen kann das Hausverbot aber auch auf die sogenannte „öffentlich-rechtliche Sachherrschaft", die dem Schutz der öffentlichen Einrichtung (Behörde) dient, gestützt werden (dann öffentliches Recht).

Nach einer Auffassung richtet sich die Rechtsnatur des Hausverbots danach, weshalb die Behörde aufgesucht wurde und aus welchem Grund das Hausverbot erteilt worden ist. Betritt ein Bürger die Behörde in privatrechtlichen Angelegenheiten (z.B. Handelsvertreter will Bleistifte verkaufen), ist die Rechtsnatur des Hausverbots privatrechtlich. Betritt der Bürger die Behörde in öffentlich-rechtlichen Angelegenheiten, ist auch die Rechtsnatur öffentlich-rechtlich. G hat das Gebäude betreten, um in behördlichen Angelegenheiten (Gaststättenerlaubnis) vorstellig zu werden. Nach dieser Ansicht wäre die Rechtsnatur des Hausverbots öffentlich-rechtlich.

Andererseits wird angenommen, dass Hausverbote zur Erreichung des Widmungszwecks des Amtsgebäudes erteilt werden (Annex zur Sachkompetenz). Sie werden daher auf die öffentlich-rechtliche Sachherrschaft und die Aufrechterhaltung des öffentlichen Zwecks gestützt und sind grundsätzlich öffentlich-rechtlicher Natur.

Das Hausverbot ist demnach nach beiden Ansichten öffentlich-rechtlich.

b. Da weder Verfassungsorgane oder ihnen gleichgestellte Personen an dem Streit beteiligt sind noch Streit über Anwendung und Auslegung von Verfassungsrecht herrscht, ist die Streitigkeit nichtverfassungsrechtlicher Art.

c. Eine Zuweisung zu einem anderen Gericht ist nicht ersichtlich.

d. Demnach sind die Voraussetzungen der Generalzuweisung des § 40 I VwGO erfüllt.

3. Der Rechtsweg zum Verwaltungsgericht ist eröffnet.

II. G kann also vor dem Verwaltungsgericht Klage erheben.

Fazit

1. Wenn ihr Anfänger seid, konntet ihr den Fall wohl nicht lösen. Denn hier waren Spezialkenntnisse gefragt. Und das ist die Tücke des Öffentlichen Rechts. Aber jetzt wisst ihr ja, wie das Ganze funktioniert. Also noch einmal: Nicht immer findet man die streitentscheidende Norm. Die für die ***Abgrenzung zwischen privatrechtlicher und öffentlich-rechtlicher Streitigkeit*** entwickelten Abgrenzungskriterien (hierzu noch später) helfen oft nicht weiter.

2. Es erscheint sinnvoll, logisch an das Problem herangehen: Wenn ihr im Zweifel seid, ob die Streitigkeit privatrechtlich oder öffentlich-rechtlich ist, liegt in nahezu allen Klausuren die Lösung auf der Hand. Fast immer wird es sich um eine öffentlich-rechtliche Streitigkeit handeln. Warum das so ist, dürfte einleuchten. Ihr schreibt eine Klausur im Verwaltungsrecht. Warum sollte dann eine privatrechtliche Streitigkeit vorliegen? Das würde den Fall „sprengen". Ihr müsstet z.B. plötzlich mit Normen des BGB arbeiten. Das wäre aber grober Unfug. Eine Ausnahme gilt für den Bereich des Staatshaftungsrechts (§ 839 BGB). Aber auch dort ist ein Anspruch aus § 839 BGB i.V.m. Art. 34 GG nur gegeben, wenn der Beamte hoheitliche, also öffentlich-rechtliche Aufgaben wahrnimmt. Zuständig ist hier aber die ordentliche Gerichtsbarkeit.

3. Leider ist es mühsam, sich den Weg zur (offensichtlichen) Lösung einzuprägen. Aber das muss sein. Diesen dornigen Weg erspart euch leider niemand.

In euren Gehirnen sollte es aufblitzen, wenn folgende ***Fallgruppen*** in einer Klausur oder Hausarbeit erscheinen. Dann ist die oben genannte Unterscheidung wichtig und problematisierungswert:

- Widerruf ehrkränkender Behauptungen durch Beamte
- Zugang und Benutzung öffentlicher Einrichtungen
- Vergabe von Subventionen
- Immissionen von Einrichtungen eines Hoheitsträgers.

Prägt euch die vorgenannten Fallgruppen ein. Ihr werdet in den noch folgenden Fällen abermals mit der Problematik konfrontiert.

4. Abschließend wie versprochen ein paar Worte zu den Abgrenzungskriterien zwischen privatrechtlicher und öffentlich-rechtlicher Streitigkeit. In aller Regel reicht es aus, wenn ihr prüft, ob die streitentscheidenden Normen einen Hoheitsträger als Berechtigten oder als Verpflichteten benennen (sog. ***modifizierte Subjektstheorie***). Fehlt eine streitentscheidende öffentlich-rechtliche Norm, dann kommt es auf den Sachzusammenhang an.

Die anderen Theorien, nämlich die ***Interessentheorie*** (Ist das Interesse des Gemeinwesens betroffen?) und die ***Subordinationstheorie*** (Besteht ein Über- ordnungs- und Unterordnungsverhältnis zwischen den Beteiligten?) kommen in den meisten Fällen zwar zum selben Ergebnis. In Problemfällen sind sie aber oft unbrauchbar, weil entweder das Interesse des Gemeinwesens in den meisten Fällen betroffen ist oder ein Überordnungs- / Unterordnungsverhältnis auch im Zivilrecht (etwa im Dienstvertragsrecht) besteht. Insofern würdet ihr mit den gerade genannten Theorien nicht unbedingt zum richtigen Ergebnis gelangen.

Wichtig ist letztlich – hier wie in jeder anderen Klausur – die Arbeit am Sachverhalt. Welche Anhaltspunkte liefert der Sachverhalt? Hat sich die Behörde eines typisch öffentlich-rechtlichen Mittels bedient, wie beispielsweise des Verwaltungsakts (VA)? Ist sie aufgrund einer öffentlich-rechtlichen Satzung tätig geworden? Und so weiter und so fort.

Fall 4

Wie so oft verweilt der Obdachlose A auf dem Rathausvorplatz in Wuppertal (Nordrhein-Westfalen). Er hofft inbrünstig, durch Betteln ein wenig Kleingeld für den nächsten Schnaps und eine Portion Kartoffelsalat aufzutreiben. Der Mitarbeiter der Ordnungsbehörde P beobachtet dieses Treiben seit geraumer Zeit. Schließlich spricht er gegenüber A eine zeitlich unbegrenzte „Platzverweisung" nach Ordnungsrecht aus.

Frage: Ist eine hiergegen gerichtete Klage des A zulässig ?

Hinweise: § 24 OBG NRW (Ordnungsbehördengesetz des Landes Nordrhein-Westfalen) lautet u.a.: „Folgende Vorschriften des Polizeigesetzes des Landes Nordrhein-Westfalen gelten entsprechend für die Ordnungsbehörden, ... : ... Nr. 13: § 34 mit Ausnahme von Absatz 2." In § 34 I 1 PolG NRW heißt es: „Die Polizei kann zur Abwehr einer Gefahr eine Person vorübergehend von einem Ort verweisen oder ihr vorübergehend das Betreten eines Ortes verbieten."
In manchen Bundesländern gibt es keine vergleichbare Vorschrift. Dort wird die Generalklausel zur Gefahrenabwehr herangezogen, also die Norm, die es allgemein den Polizei- und Ordnungsbehörden gestattet, die notwendigen Maßnahmen zu ergreifen, um eine konkrete Gefahr für die öffentliche Sicherheit oder Ordnung abzuwehren. Macht euch gegebenenfalls schlau ...
Beachtet das seit dem 01.01.2011 geltende JustG NRW (Justizgesetz Nordrhein-Westfalen), das das AG VwGO NW ersetzt.

Lösungsskizze Fall 4

- Zulässigkeit der Klage

I. Rechtsweg zum Verwaltungsgericht ?

1. Spezialzuweisung vorhanden ? (–)

2. Generalzuweisung des § 40 I VwGO ?

= öffentlich-rechtliche Streitigkeit nichtverfassungsrechtlicher Art und keine abdrängende Zuweisung

*(**Vorüberlegung:** Worum geht es im Kern? Die Prozessbeteiligten streiten über die Rechtmäßigkeit einer Platzverweisung durch einen Mitarbeiter der Ordnungsbehörde)*

a. öffentlich-rechtliche Streitigkeit ?

= die streitentscheidenden Normen müssen öffentlich-rechtlicher Natur sein, d.h. einen Hoheitsträger als Berechtigten oder Verpflichteten benennen

HIER (+) → die streitentscheidenden Normen sind dem Ordnungsbehördenrecht des Landes Nordrhein-Westfalen zu entnehmen; in § 24 OBG NRW i.V.m. § 34 I 1 PolG NRW (Polizeigesetz des Landes Nordrhein-Westfalen) ist eine Behörde als Berechtigte benannt *b. nichtverfassungsrechtlicher Art ?*

HIER (+) → weder Beteiligung von Verfassungsorganen oder ihnen gleichgestellten Personen an dem Streit noch Streit über Anwendung und Auslegung von Verfassungsrecht

c. keine Zuweisung zu einem anderen Gericht ?

HIER (+) → anderweitige Zuweisung nicht ersichtlich

d. also: Generalzuweisung des § 40 I VwGO (+)

3. also: Rechtsweg zum Verwaltungsgericht (+)

II. Statthafte Klageart = Anfechtungsklage, § 42 I VwGO ?

= Kläger begehrt Aufhebung eines Verwaltungsakts (VA)

*(**Vorüberlegung:*** Was will der Kläger? Er will entgegen der Platzverweisung weiterhin den Rathausvorplatz betreten und dort verweilen, was ihm derzeit wegen der Platzverweisung durch P unmöglich ist. Also will A die Platzverweisung beseitigen. Das kann er möglicherweise mit einer Anfechtungsklage gemäß § 42 I VwGO erreichen. Die Anfechtungsklage ist die statthafte Klageart, wenn der Betroffene die Aufhebung eines VA begehrt.*)*

1. Verwaltungsakt gemäß § 35 S. 1 VwVfG ?

= hoheitliche Maßnahme einer Behörde auf dem Gebiet des öffentlichen Rechts zur Regelung eines Einzelfalls mit unmittelbarer Außenwirkung

a. hoheitliche Maßnahme einer Behörde ?

= jede Handlung mit Erklärungsinhalt durch eine Stelle, die Aufgaben der öffentlichen Verwaltung wahrnimmt, § 1 IV VwVfG

HIER (+) → Erklärung eines Mitarbeiters der Ordnungsbehörde, A dürfe den Vorplatz nicht mehr betreten

b. auf dem Gebiet des öffentlichen Rechts ?

HIER (+) → auf dem Gebiet des Ordnungsrechts

c. zur Regelung ?

= Maßnahme ist auf das Setzen einer Rechtsfolge gerichtet

HIER (+) → Aufenthaltsverbot auf dem Platz

d. eines Einzelfalls ?

= Maßnahme richtet sich an einen bestimmten Adressaten in einer konkreten Situation

HIER (+) → Adressat ist A; konkrete Situation ist das Aufenthaltsverbot auf dem Platz

e. mit Außenwirkung ?

= Regelung muss dazu bestimmt sein, unmittelbar auf Rechte einer außerhalb der handelnden Verwaltung stehenden Person einzuwirken

HIER (+) → die Regelung soll direkt das Recht des A als Privatperson, sich auf einem öffentlichen Platz aufzuhalten, betreffen

f. also: VA (+)

2. *also*: *Kläger begehrt die Aufhebung des VA → Anfechtungsklage* (+)

III. Spezielle Voraussetzungen der Anfechtungsklage ?

1. Klagebefugnis, § 42 II VwGO ?

= Kläger muss geltend machen, durch den VA in seinen Rechten verletzt zu sein

HIER (+) → eine Privatperson als Adressat eines belastenden VA ist stets klagebefugt, da in ihre subjektiv-öffentlichen Rechte eingegriffen wird (Adressatentheorie); es ist zumindest ein Eingriff in die Rechte des Betroffenen aus Art. 2 I GG (allgemeine Handlungsfreiheit) denkbar

2. (Erfolgloses) Vorverfahren, §§ 68 ff VwGO ?

HIER (–), aber: gemäß § 110 I 1 JustG NRW bedarf es – in NRW – vor der Erhebung einer Anfechtungsklage entgegen § 68 I 1 VwGO grundsätzlich nicht der Nachprüfung in einem Vorverfahren

3. Einhaltung der Klagefrist, § 74 I VwGO ?

= hier § 74 I 2 VwGO (weil kein Vorverfahren erforderlich): Klageerhebung innerhalb eines Monats nach Bekanntgabe des VA

HIER (+) → mangels entgegenstehender Anhaltspunkte zu unterstellen

4. Richtiger Klagegegner, § 78 VwGO ?

HIER → gemäß § 78 I Nr. 1 VwGO die Körperschaft, deren Behörde den angefochtenen VA erlassen hat, also die Stadt Wuppertal

5. *also*: *spezielle Voraussetzungen der Anfechtungsklage* (+)

IV. Sonstige Zulässigkeitsvoraussetzungen ? (+)

V. Ergebnis:

Zulässigkeit der Klage (+)

Formulierungsvorschlag Fall 4

Die Klage des A müsste zulässig sein.

I. Der Rechtsweg zum Verwaltungsgericht müsste eröffnet sein.

1. Eine gesetzliche Spezialzuweisung ist nicht ersichtlich.

2. Die Generalzuweisung des § 40 I VwGO wäre gegeben, wenn es sich bei der Platzverweisung um eine öffentlich-rechtliche Streitigkeit nichtverfassungsrechtlicher Art handelt und keine anderweitige Zuweisung vorliegt.

a. Die streitentscheidenden Normen müssten öffentlich-rechtlicher Natur sein, d.h. einen Hoheitsträger als Berechtigten oder als Verpflichteten benennen. Die Beteiligten streiten über die Rechtmäßigkeit einer Platzverweisung. Die streitentscheidenden Normen sind dem OBG NRW zu entnehmen. In § 24

OBG NRW i.V.m. § 34 I 1 PolG NRW ist eine Behörde als Berechtigte benannt. Die streitentscheidenden Normen sind damit öffentlich-rechtlicher Natur.

b. Da weder Verfassungsorgane oder ihnen gleichgestellte Personen an dem Streit beteiligt sind noch Streit über Anwendung und Auslegung von Verfassungsrecht herrscht, ist die Streitigkeit nichtverfassungsrechtlicher Art.

c. Eine Zuweisung zu einem anderen Gericht ist nicht ersichtlich.

d. Demnach sind die Voraussetzungen der Generalzuweisung des § 40 I VwGO erfüllt.

3. Der Rechtsweg zum Verwaltungsgericht ist eröffnet.

II. Statthafte Klageart könnte die Anfechtungsklage sein, § 42 I VwGO. Dann müsste der Kläger die Aufhebung eines Verwaltungsakts begehren. A will – entgegen der Platzverweisung – weiterhin den Rathausvorplatz betreten und dort verweilen.

1. Die Platzverweisung müsste einen Verwaltungsakt darstellen, also eine hoheitliche Maßnahme einer Behörde auf dem Gebiet des öffentlichen Rechts zur Regelung eines Einzelfalls mit unmittelbarer Außenwirkung, § 35 S. 1 VwVfG.

a. Die Erklärung des P, A dürfe den Vorplatz nicht mehr betreten, müsste eine hoheitliche Maßnahme einer Behörde sein. P hat als Mitarbeiter der Ordnungsbehörde, also als Stelle, die Aufgaben der öffentlichen Verwaltung wahrnimmt (§ 1 IV VwVfG), mit Erklärungsinhalt gehandelt. Es handelt sich somit um die hoheitliche Maßnahme einer Behörde.

b. Der Mitarbeiter der Ordnungsbehörde handelte auf Basis des OBG NRW, also auf dem Gebiet des öffentlichen Rechts.

c. Das Aufenthaltsverbot ist eine Maßnahme, die auf das Setzen einer Rechtsfolge gerichtet ist. Es stellt mithin eine Regelung dar.

d. Die Maßnahme richtete sich gegen A, also eine Einzelperson in einer konkreten Situation. Sie regelt demnach einen Einzelfall.

e. Die Regelung sollte direkt das Aufenthaltsrecht des A, eine außerhalb der handelnden Verwaltung stehende Person, betreffen. Sie hat demnach auch Außenwirkung.

f. Also stellt die Platzverweisung einen Verwaltungsakt dar.

2. Der Kläger begehrt die Aufhebung des Verwaltungsakts. Also ist die Anfechtungsklage die statthafte Klageart.

III. Außerdem müssten die weiteren speziellen Voraussetzungen der Anfechtungsklage vorliegen.

1. Zunächst müsste der Kläger klagebefugt sein, § 42 II VwGO. Er muss geltend machen, durch den Verwaltungsakt in seinen Rechten verletzt zu sein. Eine Privatperson als Adressat eines belastenden Verwaltungsakts ist stets klagebefugt, da in ihre subjektiv-öffentlichen Rechte eingegriffen wird (Adressatentheorie). Es ist zumindest ein Eingriff in die Rechte des Betroffenen aus Art. 2 I GG (allgemeine Handlungsfreiheit) denkbar.

A ist Adressat eines belastenden Verwaltungsakts. Folglich ist er klagebefugt.

2. A hat zwar das nach § 68 I 1 VwGO an sich erforderliche Vorverfahren nicht (erfolglos) durchgeführt. In Nordrhein-Westfalen bedarf es aber vor der Erhebung einer Anfechtungsklage grundsätzlich nicht der Nachprüfung in einem Vorverfahren, § 110 I 1 JustG NRW.

3. Von der Einhaltung der Klagefrist (hier § 74 I 2 VwGO) ist auszugehen.

4. Richtiger Klagegegner ist die Körperschaft, deren Behörde den angefochtenen Verwaltungsakt erlassen hat (§ 78 I Nr. 1 VwGO), also die Stadt Wuppertal.

5. Demnach liegen die speziellen Voraussetzungen der Anfechtungsklage vor.

IV. Am Vorliegen der sonstigen Voraussetzungen bestehen keine Zweifel.

V. Also ist die Klage zulässig.

Fazit

1. Dieser Fall zeigt euch den ***Aufbau*** der ***Zulässigkeit einer Anfechtungsklage*** vor dem Verwaltungsgericht. Die wesentlichen Prüfungspunkte sind aufgeführt. Im Mittelpunkt stand diesmal der VA. Er ist die wichtigste Handlungsmöglichkeit der Verwaltung, zumindest die häufigste. Der VA konkretisiert die durch Gesetz nur abstrakt geregelten Normen. Er öffnet den Rechtsweg zu den Verwaltungsgerichten und natürlich auch den Weg zum (in einigen Bundesländern erforderlichen) Widerspruchsverfahren.

2. Das Vorliegen des ***VA*** ist hier extrem breit ausgeführt worden. Euch sollten anhand eines wahrlich simplen Falles die einzelnen Merkmale mit Definition aufgezeigt werden. In der Klausur benennt und problematisiert ihr die Merkmale möglichst nur, wenn sie zweifelhaft erscheinen. Die Lösungen dieses Buchs fallen demgegenüber allerdings zunächst sehr breit aus, weil ihr die Grundlagen erlernen und beherrschen sollt. Auch in den folgenden Fällen bietet es sich an, den VA „zu breit“ darzustellen, um Sicherheit im Umgang mit § 35 S. 1 VwVfG zu erlangen. Erst dann wird es um eine sinnvolle „Reduzierung“ der Prüfung gehen. Wie das im Einzelfall aussieht, werdet ihr noch sehen.

3. Der Fall spielt in Wuppertal. Anwendbares Recht ist das VwVfG NRW (jaja: Nordrhein-Westfalen). Warum? Ganz einfach! Zuständig für behördliches Handeln nach dem ***Polizei- und Ordnungsrecht*** sind Landesbehörden. Nach § 1 I VwVfG NRW ist damit das VwVfG NRW anwendbar. Eine entsprechende Regelung über den Anwendungsbereich findet ihr im VwVfG jedes Landes und des Bundes. Für das vorliegende Buch ergeben sich hieraus jedoch keine Probleme. Ihr könnt getrost die Kommentierungen zum VwVfG des Bundes nutzen. Denn die VwVfGe sind in aller Regel bis auf geringfügige Ausnahmen deckungsgleich. Ein Blick in das anzuwendende Gesetz kann aber nie schaden.

4. Eine Randnotiz zur ***Klagebefugnis***: Im Regelfall könnt ihr bei der Anfechtungsklage auf die sog. ***Adressatentheorie*** zurückgreifen, nach der eine Privatperson als Adressat eines belastenden VA immer klagebefugt ist. Betroffenes Recht ist im Zweifel Art. 2 GG (allgemeine Handlungsfreiheit). Eine ***Ausnahme***

gilt aber, wenn sich der Kläger gegen einen VA wendet, der einen Dritten begünstigt und ihn selbst nur indirekt belastet (sog. VA mit Drittwirkung). In derartigen Fällen müsst ihr wohl oder übel ein konkretes Recht des Klägers aus dem Hut zaubern, das betroffen sein könnte.

5. ***Achtung:*** Gemäß §§ 68 ff VwGO ist vor der Erhebung der Anfechtungsklage wie auch der Verpflichtungsklage das dort beschriebene ***Vorverfahren bzw. Widerspruchsverfahren*** zu durchlaufen. Das hat der hier Klagewillige jedoch unterlassen.

Denkt in diesem Zusammenhang immer an etwaige Sonderregelungen in eurem jeweiligen Bundesland.

Unser Fall spielte in ***Nordrhein-Westfalen***. Lest bitte spätestens jetzt ***§ 110 JustG NRW*** (Justizgesetz / gültig ab Anfang 2011) bzw. ***§ 6 AG VwGO NW*** (Ausführungsgesetz zur VwGO / gültig bis Ende 2010). Na? In Nordrhein-Westfalen bedarf es der Nachprüfung in einem Vorverfahren – nunmehr „befristet" bis zum 31.12.2014 – entgegen § 68 I 1 VwGO grundsätzlich nicht. Das ist in § 110 I 1 JustG NRW (früher § 6 I 1 AG VwGO NW) für die zu erhebende Anfechtungsklage normiert und in § 110 I 2 JustG NRW (früher § 6 I 2 AG VwGO NW) für die Verpflichtungsklage. Spaßeshalber solltet Ihr nun § 110 II und III und zuletzt IV JustG NRW (früher § 6 II, III und IV AG VwGO NW) lesen. Hier sind viele lustige Ausnahmen (von der Ausnahme) aufgeführt. Und wie sieht es in den anderen Bundesländern aus?

In ***Niedersachsen*** findet sich in ***§ 8 a I und II Nds. AG VwGO*** eine fast gleichlautende, inhaltlich übereinstimmende Regelung. Auch hier ist die Entbehrlichkeit des Vorverfahrens – mittlerweile nicht mehr zeitlich begrenzt – normiert. Lest bitte ergänzend § 8 a III und IV Nds. AG VwGO.

In ***Bayern*** formuliert der Gesetzgeber anders. Nach ***Art. 15 I BayAGVwGO*** „kann" der Betroffene in bestimmten Fällen (Ausnahmen) Widerspruch einlegen oder Klage erheben. Der folgende ***Art. 15 II BayAGVwGO*** (Regelfall) normiert, dass das Vorverfahren in allen anderen Konstellationen entfällt. Hey!

Recherchiert bitte aktuell in eurem Bundesland.

Aber: Wenn nach dem euch betreffenden Landesrecht (doch oder in NRW vielleicht ab Anfang 2015 wieder) ein Vorverfahren durchgeführt werden muss, könnt ihr – wenn das Vorverfahren keine Probleme aufweist – üblicherweise kurz und knapp wie folgt formulieren: „XY hat auch das erforderliche Vorverfahren (§§ 68 ff VwGO) erfolglos durchgeführt." So einfach kann Jura sein.

6. Eine wichtige Anmerkung zum ***Klagegegner***: Üblicherweise ist der richtige Klagegegner gemäß § ***78 I Nr. 1 VwGO*** (insbesondere) die ***Körperschaft***, deren Behörde den angefochtenen VA erlassen hat. Hier war das die Stadt Wuppertal. Aber: In einigen Bundesländern ist ***§ 78 I Nr. 2 VwGO*** zu beachten. Danach ist die Klage gegen die ***Behörde*** selbst zu richten, wenn das Landesrecht dies bestimmt. So etwa in Brandenburg (vgl. § 8 II BbgVwGG = Brandenburgisches Verwaltungsgerichtsgesetz), in ***Mecklenburg-Vorpommern*** (§ 14 II GOrgG) und im ***Saarland*** (§ 19 II AG VwGO). Früher – bis Ende 2010 – gab es auch in Nordrhein-Westfalen eine entsprechende Norm, nämlich § 5 II AG VwGO NW. Seit Anfang 2011 gilt aber das JustG NRW (s.o.), das eine entsprechende Regelung nicht (mehr) enthält.

Fall 5

A und B sind Grundstücksnachbarn in einem Vorort von Münster (Nordrhein-Westfalen). A hat einen größeren Nutzgarten angelegt und ist als überzeugter Bio-Gärtner Besitzer eines stattlichen und auch ein wenig stinkenden Komposthaufens. B teilt dies der zuständigen Ordnungsbehörde schriftlich mit und fragt, ob das denn rechtens sei. Der zuständige Sachbearbeiter erkundet die Lage vor Ort und macht sich während des Gespräches mit B einige Notizen. Auf die Frage des kritischen A, warum er sich Notizen mache, antwortet der Sachbearbeiter, dass er wegen des Vorgangs eine Akte angelegt habe und bezüglich des Ortstermins einen Aktenvermerk fertige. A ist hierüber entrüstet. Er fühlt sich in seinen Rechten als umweltbewusster Bürger verletzt. A will sich nun vor dem Verwaltungsgericht mittels einer Anfechtungsklage wehren.

Frage: Ist die Anfechtungsklage zulässig ?

Lösungsskizze Fall 5

- Zulässigkeit der Klage

I. Rechtsweg zum Verwaltungsgericht ?

1. Spezialzuweisung vorhanden ? (–)

2. Generalzuweisung des § 40 I VwGO ?

= öffentlich-rechtliche Streitigkeit nichtverfassungsrechtlicher Art und keine abdrängende Zuweisung

(Vorüberlegung: Worum geht es im Kern? Hier dreht sich der Streit um das Anlegen einer Akte***)***

a. öffentlich-rechtliche Streitigkeit ?

= die streitentscheidenden Normen müssen öffentlich-rechtlicher Natur sein, d.h. einen Hoheitsträger als Berechtigten oder Verpflichteten benennen

HIER (+) → Streit über das Anlegen einer behördlichen Akte; es geht also um das hoheitliche Tätigwerden einer Behörde; das Anlegen einer Akte ist Teil des Verwaltungsverfahrens; das Verwaltungsverfahren ist im VwVfG NRW (Verwaltungsverfahrensgesetz des Landes Nordrhein-Westfalen) geregelt; dessen Vorschriften sind öffentlich-rechtlicher Natur

b. nichtverfassungsrechtlicher Art ?

HIER (+) → weder Beteiligung von Verfassungsorganen oder ihnen gleichgestellten Personen an dem Streit noch Streit über Anwendung und Auslegung von Verfassungsrecht

c. keine Zuweisung zu einem anderen Gericht ?

HIER (+) → anderweitige Zuweisung nicht ersichtlich

d. also: Generalzuweisung des § 40 I VwGO **(+)**

3. also: Rechtsweg zum Verwaltungsgericht **(+)**

II. Statthafte Klageart = Anfechtungsklage, § 42 I VwGO ?

= Kläger begehrt Aufhebung eines Verwaltungsakts (VA)

(Vorüberlegung: Was will der Kläger? Er will das Anlegen der Akte unterbinden. Dies kann er möglicherweise mit einer Anfechtungsklage gemäß § 42 I VwGO erreichen. Die Anfechtungsklage ist die statthafte Klageart, wenn der Betroffene die Aufhebung eines VA begehrt.***)***

1. Verwaltungsakt gemäß § 35 S. 1 VwVfG ?

= Maßnahme einer Behörde auf dem Gebiet des öffentlichen Rechts zur Regelung eines Einzelfalls mit unmittelbarer Außenwirkung

a. hoheitliche Maßnahme einer Behörde ?

= jede Handlung mit Erklärungsinhalt durch eine Stelle, die Aufgaben der öffentlichen Verwaltung wahrnimmt, § 1 IV VwVfG

HIER (+) → Anlegen einer Akte durch die Ordnungsbehörde

b. auf dem Gebiet des öffentlichen Rechts ?

HIER (+) → auf dem Gebiet des Verwaltungsverfahrensrechts

c. zur Regelung ?

= Maßnahme ist auf das Setzen einer Rechtsfolge gerichtet

HIER (−) → das Anlegen einer Akte dient lediglich dem organisierten Verfahrensablauf innerhalb einer Behörde; hierdurch wird aber noch keine Rechtsfolge gesetzt; vielmehr handelt sich um ein sogenanntes schlichtes Verwaltungshandeln (Realakt)

d. also: VA **(−)**

2. also: Kläger begehrt nicht Aufhebung eines VA → Anfechtungsklage **(−)**

III. Ergebnis:

Zulässigkeit der Anfechtungsklage (−)

Formulierungsvorschlag Fall 5

Die Anfechtungsklage des A müsste zulässig sein.

I. Dann müsste zunächst der Rechtsweg zum Verwaltungsgericht eröffnet sein.

1. Eine gesetzliche Spezialzuweisung ist nicht ersichtlich.

2. Die Generalzuweisung des § 40 I VwGO wäre gegeben, wenn es sich bei dem Anlegen der Akte um eine öffentlich-rechtliche Streitigkeit nichtverfassungsrechtlicher Art handelt und keine anderweitige Zuweisung vorliegt.

a. Die streitentscheidenden Normen müssten öffentlich-rechtlicher Natur sein, d.h. einen Hoheitsträger als Berechtigten oder als Verpflichteten benennen. Die Beteiligten streiten über die Rechtmäßigkeit des Anlegens einer behördlichen Akte durch einen Mitarbeiter der Ordnungsbehörde. Es geht also um das hoheitliche Tätigwerden einer Behörde. Das Anlegen einer Akte ist Teil des Verwaltungsverfahrens. Das Verwaltungsverfahren ist im VwVfG NRW geregelt. Dessen Vorschriften sind öffentlich-rechtlicher Natur.

b. Da weder Verfassungsorgane oder ihnen gleichgestellte Personen an dem Streit beteiligt sind noch Streit über Anwendung und Auslegung von Verfassungsrecht herrscht, ist die Streitigkeit nichtverfassungsrechtlicher Art.

c. Eine Zuweisung zu einem anderen Gericht ist nicht ersichtlich.

d. Demnach sind die Voraussetzungen der Generalzuweisung des § 40 I VwGO erfüllt.

3. Der Rechtsweg zum Verwaltungsgericht ist eröffnet.

II. Statthafte Klageart könnte die Anfechtungsklage sein, § 42 I VwGO. Dann müsste der Kläger die Aufhebung eines Verwaltungsakts begehren. A will das Anlegen der Akte unterbinden.

1. Das Anlegen der Akte müsste einen Verwaltungsakt darstellen, also eine hoheitliche Maßnahme einer Behörde auf dem Gebiet des öffentlichen Rechts zur Regelung eines Einzelfalls mit unmittelbarer Außenwirkung, § 35 S. 1 VwVfG.

a. Das Anlegen der Akte müsste eine hoheitliche Maßnahme einer Behörde sein. Der Sachbearbeiter hat als Mitarbeiter der Ordnungsbehörde, also als Stelle, die Aufgaben der öffentlichen Verwaltung wahrnimmt (§ 1 IV VwVfG), gehandelt. Es handelt sich somit um die hoheitliche Maßnahme einer Behörde.

b. Der Mitarbeiter der Ordnungsbehörde handelte auf Basis des VwVfG NRW, also auf dem Gebiet des öffentlichen Rechts.

c. Weiterhin müsste das Anlegen der Akte eine Regelung darstellen. Regelung ist eine Maßnahme, die auf das Setzen einer Rechtsfolge gerichtet ist. Das Anlegen einer Akte dient lediglich dem organisierten Verfahrensablauf innerhalb einer Behörde. Hierdurch wird aber noch keine Rechtsfolge gesetzt. Vielmehr handelt sich um ein sogenanntes schlichtes Verwaltungshandeln (Realakt). Mithin fehlt es an einer Regelung.

d. Somit stellt das Anlegen der Akte keinen Verwaltungsakt dar.

2. Der Kläger begehrt demnach nicht die Aufhebung eines Verwaltungsakts. Mithin ist die Anfechtungsklage nicht die statthafte Klageart.

III. Also ist die Anfechtungsklage nicht zulässig.

Fazit

1. Hier seid ihr mit dem ersten Fall konfrontiert worden, in dem ein Merkmal des VA fraglich ist.

2. Bisweilen fehlt einer behördlichen Maßnahme der ***Regelung***sinhalt. „Geregelt" wird nur dann etwas, wenn eine Rechtsfolge ausgelöst wird, also wenn eine Person zu einem Tun, Dulden oder Unterlassen verpflichtet oder aber ein Rechtsverhältnis festgestellt wird. Hiervon ist das schlichte Verwaltungshandeln, also der Realakt zu unterscheiden, das bzw. der nicht auf einen rechtlichen, sondern auf einen tatsächlichen Erfolg gerichtet ist. Weitere Beispiele für schlichtes Verwaltungshandeln sind etwa: reine Wissenserklärungen (z.B. Auskünfte, Warnungen und Berichte), tatsächliche Handlungen (z.B. Auszahlungen und Immissionen).

3. Das schlichte Verwaltungshandeln ist u.U. mit der Allgemeinen Leistungsklage angreifbar. Die werdet ihr in diesem Buch aber erst später kennenlernen.

Fall 6

In der Stadt Düsseldorf (Nordrhein-Westfalen) kommt es seit geraumer Zeit wiederholt zu schweren Erkrankungen der Atemwege. Luft- und Wasseruntersuchungen ergeben, dass deren Ursache in einer starken Verseuchung eines kleinen Sees in einem Park zu sehen ist. Auf dessen Grund befinden sich rostende Fässer, ein längst vergessenes Erbe des Wirtschaftswunders nach dem 2. Weltkrieg. Das Ordnungsamt erlässt daraufhin unter Berufung auf § 14 I OBG NRW (Ordnungsbehördengesetz Nordrhein-Westfalen) ein Verbot, den Park zu betreten, bis das Gewässer saniert ist. Für Rentner R ist der tägliche Besuch des Parks aber ein wesentlicher Bestandteil seines Ruhestandes. Er ist der Meinung, dass ihm die Luft nie geschadet habe und will weiterhin auf den Bänken am See die Sonne genießen.

Frage: Ist eine Klage des R vor dem Verwaltungsgericht zulässig ?

Lösungsskizze Fall 6

- Zulässigkeit der Klage

I. Rechtsweg zum Verwaltungsgericht ?

1. Spezialzuweisung vorhanden ? (–)

2. Generalzuweisung des § 40 I VwGO ?
= öffentlich-rechtliche Streitigkeit nichtverfassungsrechtlicher Art und keine abdrängende Zuweisung

(Vorüberlegung: Worum geht es im Kern? Die Prozessbeteiligten streiten über das von der Ordnungsbehörde ausgesprochene Zugangsverbot.***)***

a. öffentlich-rechtliche Streitigkeit ?
= die streitentscheidenden Normen müssen öffentlich-rechtlicher Natur sein, d.h. einen Hoheitsträger als Berechtigten oder Verpflichteten benennen

HIER (+) → die streitentscheidende Norm ist dem Ordnungsrecht zu entnehmen; die Behörde ist als Berechtigte in § 14 I OBG NRW benannt

b. nichtverfassungsrechtlicher Art ?

HIER (+) → weder Beteiligung von Verfassungsorganen oder ihnen gleichgestellten Personen an dem Streit noch Streit über Anwendung und Auslegung von Verfassungsrecht

c. keine Zuweisung zu einem anderen Gericht ?

HIER (+) → anderweitige Zuweisung nicht ersichtlich

d. also: Generalzuweisung des § 40 I VwGO (+)

3. also: Rechtsweg zum Verwaltungsgericht (+)

II. Statthafte Klageart = Anfechtungsklage, § 42 I VwGO ?

– Kläger begehrt Aufhebung eines Verwaltungsakts (VA)

(Vorüberlegung: Was will der Kläger? Er will den freien Zugang zu dem Park. Dies kann er möglicherweise mit einer Anfechtungsklage gemäß § 42 I VwGO erreichen. Die Anfechtungsklage ist die statthafte Klageart, wenn der Betroffene die Aufhebung eines VA begehrt.*)*

1. Verwaltungsakt gemäß § 35 S. 1 VwVfG ?

= hoheitliche Maßnahme einer Behörde auf dem Gebiet des öffentlichen Rechts zur Regelung eines Einzelfalls mit unmittelbarer Außenwirkung

a. hoheitliche Maßnahme einer Behörde?

= jede Handlung mit Erklärungsinhalt durch eine Stelle, die Aufgaben der öffentlichen Verwaltung wahrnimmt, § 1 IV VwVfG

HIER (+) → Zugangsverbot durch das städtische Ordnungsamt

b. auf dem Gebiet des öffentlichen Rechts ?

HIER (+) → auf dem Gebiet des Ordnungsrechts

c. zur Regelung ?

= Maßnahme ist auf das Setzen einer Rechtsfolge gerichtet

HIER (+) → das Verbot, den Park zu betreten

d. eines Einzelfalls ?

= Maßnahme richtet sich an einen bestimmten Adressaten oder Adressatenkreis in einer konkreten Situation

HIER (+) → Maßnahme ist auf das Betreten eines bestimmten Orts (Park), also auf eine konkrete Situation bezogen; zwar fehlt ein bestimmter Adressatenkreis, da die Besucher des Parks zum Zeitpunkt des Verbots noch nicht feststehen; § 35 S. 2 VwVfG (Allgemeinverfügung) trifft aber eine Sonderregelung beim Tatbestandsmerkmal „Einzelfall"; ein nach allgemeinen Merkmalen bestimmter oder bestimmbarer Personenkreis reicht aus; hier sind dies alle Personen, die den Park betreten wollen

e. mit Außenwirkung ?

= Regelung muss dazu bestimmt sein, unmittelbar auf Rechte einer außerhalb der handelnden Verwaltung stehenden Person einzuwirken

HIER (+) → Recht des R als Privatperson, einen öffentlichen Platz zu betreten

f. also: VA (+)

2. also: Kläger begehrt die Aufhebung des VA → Anfechtungsklage (+)

III. Spezielle Voraussetzungen der Anfechtungsklage ?

1. Klagebefugnis, § 42 II VwGO ?

= Kläger muss geltend machen, durch den VA in seinen Rechten verletzt zu sein

HIER (+) → eine Privatperson als Adressat eines belastenden VA ist stets klagebefugt, da in ihre subjektiv-öffentlichen Rechte eingegriffen wird (Adressatentheorie); es ist zumindest ein Eingriff in die Rechte des Betroffenen aus Art. 2 I GG (allgemeine Handlungsfreiheit) denkbar; die Adressatentheorie passt, obwohl sich das Verbot der Ordnungsbehörde nicht direkt gegen R richtet, denn R gehört zu dem bestimmbaren Adressatenkreis

2. (Erfolgloses) Vorverfahren, §§ 68 ff VwGO ?

HIER (–), aber: gemäß § 110 I 1 JustG NRW bedarf es – in NRW – vor der Erhebung einer Anfechtungsklage entgegen § 68 I 1 VwGO grundsätzlich nicht der Nachprüfung in einem Vorverfahren

(vgl. in NRW ab 01/2015 → Fall 4, Fazit 5. = Seite 53)

3. Einhaltung der Klagefrist, § 74 I VwGO ?

= hier § 74 I 2 VwGO (weil kein Vorverfahren erforderlich): Klageerhebung innerhalb eines Monats nach Bekanntgabe des VA

HIER (+) → mangels entgegenstehender Anhaltspunkte zu unterstellen

4. Richtiger Klagegegner, § 78 VwGO ?

HIER → gemäß § 78 I Nr. 1 VwGO die Körperschaft, deren Behörde den angefochtenen VA erlassen hat, also die Stadt Düsseldorf

***5. also: spezielle Voraussetzungen der Anfechtungsklage* (+)**

***IV. Sonstige Zulässigkeitsvoraussetzungen ?* (+)**

V. Ergebnis:

Zulässigkeit der Klage (+)

Formulierungsvorschlag Fall 6

Die Klage des R müsste zulässig sein.

I. Der Rechtsweg zum Verwaltungsgericht müsste eröffnet sein.

1. Eine gesetzliche Spezialzuweisung ist nicht ersichtlich.

2. Die Generalzuweisung des § 40 I VwGO wäre gegeben, wenn es sich bei dem Verbot, den Park zu betreten, um eine öffentlich-rechtliche Streitigkeit nichtverfassungsrechtlicher Art handelt und keine anderweitige Zuweisung vorliegt.

a. Die streitentscheidenden Normen müssten öffentlich-rechtlicher Natur sein, d.h. einen Hoheitsträger als Berechtigten oder als Verpflichteten benennen. Die Beteiligten streiten über die Rechtmäßigkeit eines durch das Ordnungsamt ausgesprochenen Verbots, den Park zu betreten. Die streitentscheidende Norm ist dem Ordnungsrecht zu entnehmen. In § 14 I OBG NRW ist eine Behörde als Berechtigte benannt. Die streitentscheidende Norm ist damit öffentlich-rechtlicher Natur.

b. Da weder Verfassungsorgane oder ihnen gleichgestellte Personen an dem Streit beteiligt sind noch Streit über Anwendung und Auslegung von Verfassungsrecht herrscht, ist die Streitigkeit nichtverfassungsrechtlicher Art.

c. Eine Zuweisung zu einem anderen Gericht ist nicht ersichtlich.

d. Demnach sind die Voraussetzungen der Generalzuweisung des § 40 I VwGO erfüllt.

3. Der Rechtsweg zum Verwaltungsgericht ist eröffnet.

II. Statthafte Klageart könnte die Anfechtungsklage sein, § 42 I VwGO. Dann müsste der Kläger die Aufhebung eines Verwaltungsakts begehren. R will – entgegen dem Verbot – weiterhin den Park betreten und dort verweilen.

1. Das Verbot, den Park zu betreten, müsste einen Verwaltungsakt darstellen, also eine hoheitliche Maßnahme einer Behörde auf dem Gebiet des öffentlichen Rechts zur Regelung eines Einzelfalls mit unmittelbarer Außenwirkung, § 35 S. 1 VwVfG.

a. Das Verbot der Ordnungsbehörde, den Park zu betreten, müsste eine hoheitliche Maßnahme einer Behörde sein. Die Ordnungsbehörde ist eine Stelle, die Aufgaben der öffentlichen Verwaltung wahrnimmt (§ 1 IV VwVfG) und durch das Verbot mit Erklärungsinhalt gehandelt hat. Das Verbot ist somit eine hoheitliche Maßnahme einer Behörde.

b. Der Mitarbeiter der Ordnungsbehörde handelte auf Basis des OBG NRW, also auf dem Gebiet des öffentlichen Rechts.

c. Das Aufenthaltsverbot ist eine Maßnahme, die auf das Setzen einer Rechtsfolge gerichtet ist. Es stellt mithin eine Regelung dar.

d. Die ordnungsbehördliche Maßnahme müsste einen Einzelfall regeln. Dann müsste sie sich an einen bestimmten Adressaten oder Adressatenkreis in einer konkreten Situation richten.

Die Maßnahme ist auf das Betreten eines bestimmten Orts (Park), also auf eine konkrete Situation bezogen.

Das Verbot der Ordnungsbehörde richtet sich aber nicht an eine bestimmte, namentlich bekannte Person. Es könnte daher an der Einzelfallregelung fehlen. Andererseits gilt das Verbot jedoch für einen bestimmten Adressatenkreis, der zwar zum Zeitpunkt des Verbots noch nicht feststeht, aber genau eingegrenzt ist. Der Adressatenkreis ist also nicht abstrakt, sondern bestimmbar, betrifft das Verbot doch alle Personen, die den Park betreten wollen. § 35 S. 2 VwVfG (Allgemeinverfügung) trifft eine Sonderregelung beim Tatbestandsmerkmal „Einzelfall", wonach ein nach allgemeinen Merkmalen bestimmter oder bestimmbarer Personenkreis ausreicht. Hier sind dies die Personen, die den Park betreten wollen.

Also regelt die Maßnahme einen Einzelfall.

e. Die Regelung sollte direkt das Aufenthaltsrecht des R, eine außerhalb der handelnden Verwaltung stehende Person, betreffen. Sie hat demnach auch Außenwirkung.

f. Also stellt das Verbot einen Verwaltungsakt dar.

2. Der Kläger begehrt die Aufhebung des Verwaltungsakts. Also ist die Anfechtungsklage die statthafte Klageart.

III. Außerdem müssten die weiteren speziellen Voraussetzungen der Anfechtungsklage vorliegen.

1. Zunächst müsste der Kläger klagebefugt sein, § 42 II VwGO. Er muss geltend machen, durch den Verwaltungsakt in seinen Rechten verletzt zu sein. Eine Privatperson als Adressat eines belastenden Verwaltungsakts ist stets klagebefugt, da in ihre subjektiv-öffentlichen Rechte eingegriffen wird (Adressatentheorie). Es ist zumindest ein Eingriff in die Rechte des Betroffenen aus Art. 2 I GG (allgemeine Handlungsfreiheit) denkbar. An dieser Beurteilung ändert sich auch nichts, weil sich das Verbot der Ordnungsbehörde nicht direkt gegen R richtet. R gehört nämlich zu dem bestimmbaren Adressatenkreis.

2. R hat zwar das nach § 68 I 1 VwGO an sich erforderliche Vorverfahren nicht (erfolglos) durchgeführt. In Nordrhein-Westfalen bedarf es aber vor der Erhebung einer Anfechtungsklage grundsätzlich nicht der Nachprüfung in einem Vorverfahren, § 110 I 1 JustG NRW.

3. Von der Einhaltung der Klagefrist (hier § 74 I 2 VwGO) ist auszugehen.

4. Richtiger Klagegegner ist die Körperschaft, deren Behörde den angefochtenen Verwaltungsakt erlassen hat (§ 78 I Nr. 1 VwGO), also die Stadt Düsseldorf.

5. Demnach liegen die speziellen Voraussetzungen der Anfechtungsklage vor.

IV. Am Vorliegen der sonstigen Voraussetzungen bestehen keine Zweifel.

V. Also ist die Klage zulässig.

Fazit

1. Problempunkt des Falles war die Frage, ob ein ***Einzelfall*** vorliegt. Das Aufenthaltsverbot richtet sich ja nicht gegen bekannte Personen, sondern gegen solche Personen, die den Park irgendwann betreten wollen. Wer zu diesem Personenkreis gehört, steht zum Zeitpunkt des Erlasses des VA nicht fest.

2. Um in solchen Fällen Probleme auszuräumen, hat der weise Gesetzgeber in ***§ 35 S. 2 VwVfG*** durch die sogenannte ***Allgemeinverfügung*** den Einzelfall „erweitert“ (lesen!). Drei Fälle sind geregelt:

   - der Adressatenkreis, den die Allgemeinverfügung betrifft, ist bestimmt oder bestimmbar, d.h. er ist nach allgemeinen Kriterien abgrenzbar (dieser Fall)
   - die Allgemeinverfügung betrifft die öffentlich-rechtliche Eigenschaft einer Sache (z.B. Widmung einer Straße zur „Spielstraße“)
   - die Allgemeinverfügung regelt die Benutzung einer Sache durch die Allgemeinheit (z.B. Benutzungsordnung von öffentlichen Bibliotheken).

3. In Klausuren wird euch im Problemkreis „Allgemeinverfügung“ oft das Verkehrszeichen über den Weg laufen. Dazu später mehr.

Fall 7

B ist Landesbeamtin in einem Verwaltungsamt in Köln. Sie ist dort seit einigen Jahren in einem bestimmten Sachgebiet tätig. Im Laufe der Zeit hat sie sich die Arbeit optimal eingeteilt, sodass sie mit der Arbeitszeit bequem auskommt. Wegen der Finanznot der öffentlichen Kassen werden nun im Verwaltungsamt einige Dienstposten gestrichen. Dann wird der B seitens ihres Behördenvorgesetzten ein weiteres halbes Sachgebiet zur Bearbeitung zugewiesen. B empfindet dies als ungerechte Mehrbelastung im Verhältnis zur Tätigkeitsbelastung ihrer Kollegen.

Frage: Ist eine gegen die Zuweisung gerichtete Anfechtungsklage zulässig ?

Lösungsskizze Fall 7

- Zulässigkeit der Klage

I. Rechtsweg zum Verwaltungsgericht ?

(Vorüberlegung: Worum geht es im Kern? Die Beteiligten streiten darüber, ob der Dienstherr einer Beamtin deren Arbeitsbereich erweitern darf.*)*

1. Spezialzuweisung vorhanden ?

HIER (+) → § 54 I i.V.m. § 1 BeamtStG (Beamtenstatusgesetz); Klage einer (Landes-)Beamtin aus dem Beamtenverhältnis; hier das Aufgabengebiet betreffend

2. also: Rechtsweg zum Verwaltungsgericht (+)

II. Statthafte Klageart = Anfechtungsklage, § 42 I VwGO ?

= Kläger begehrt Aufhebung eines Verwaltungsakts (VA)

(Vorüberlegung: Was will die Klägerin? Sie will vermeiden, zusätzliche Tätigkeiten zu verrichten. Sie kann die entsprechende Anordnung ihres Vorgesetzten möglicherweise mit einer Anfechtungsklage gemäß § 42 I VwGO aus der Welt schaffen. Die Anfechtungsklage ist die statthafte Klageart, wenn ein Betroffener die Aufhebung eines VA begehrt.*)*

1. Verwaltungsakt gemäß § 35 S. 1 VwVfG ?

= hoheitliche Maßnahme einer Behörde auf dem Gebiet des öffentlichen Rechts zur Regelung eines Einzelfalls mit unmittelbarer Außenwirkung

a. hoheitliche Maßnahme einer Behörde ?

= jede Handlung mit Erklärungsinhalt durch eine Stelle, die Aufgaben der öffentlichen Verwaltung wahrnimmt, § 1 IV VwVfG

HIER (+) → die Anordnung des Behördenvorgesetzten, ein weiteres halbes Sachgebiet zu bearbeiten *b. auf dem Gebiet des öffentlichen Rechts ?*

HIER (+) → auf dem Gebiet des Beamtenrechts

c. zur Regelung ?
= Maßnahme ist auf das Setzen einer Rechtsfolge gerichtet

HIER (+) → Anordnung, ein weiteres halbes Sachgebiet zu bearbeiten, wirkt bindend

d. eines Einzelfalls ?
= Maßnahme richtet sich an einen bestimmten Adressaten in einer konkreten Situation

HIER (+) → Adressat ist B; konkrete Situation ist Anordnung, weitere Akten zu bearbeiten

e. mit Außenwirkung ?
= Regelung muss dazu bestimmt sein, unmittelbar auf Rechte einer außerhalb der handelnden Verwaltung stehenden Person einzuwirken

HIER (–) → im Bereich des Beamtenrechts sind zwei Konstellationen denkbar, bei denen eine Außenwirkung entweder zu bejahen oder zu verneinen ist:

betrifft die Weisung durch Anordnungen des Vorgesetzten nur die dienstliche Stellung und Tätigkeit des Beamten als Glied der Verwaltungsorganisation (sog. Amtswalter), dann fehlt die Außenwirkung (sog. innerdienstliche = verwaltungsinterne Weisung);

betrifft eine Weisung den Beamten als selbstständige Rechtsperson, dann besteht die Außenwirkung;

hier geht es um zusätzlich zu bearbeitende Akten; dadurch sind keine eigenen Rechte betroffen, da die Arbeitszeiten, der Status, die Besoldung oder Ähnliches durch die Regelung nicht berührt sind, sondern nur die Aufgabenverteilung; also handelt es sich nur um eine verwaltungsinterne Weisung

f. also: VA (–)

2. also: Klägerin begehrt nicht Aufhebung eines VA → Anfechtungsklage (–)

III. Ergebnis:
Zulässigkeit der Anfechtungsklage (–)

Formulierungsvorschlag Fall 7

Die Klage der B müsste zulässig sein.

I. Der Rechtsweg zum Verwaltungsgericht müsste eröffnet sein.

1. Die gesetzliche Spezialzuweisung des § 54 I i.V.m. § 1 BeamtStG weist alle Klagen der (Landes-)Beamten aus dem Beamtenverhältnis dem Verwaltungsgericht zu.

2. Der Rechtsweg zum Verwaltungsgericht ist eröffnet.

II. Statthafte Klageart könnte die Anfechtungsklage sein, § 42 I VwGO. Dann müsste die Klägerin die Aufhebung eines Verwaltungsakts begehren. B will – entgegen der Anordnung – zusätzliche Akten nicht bearbeiten.

1. Die Zuweisung eines neuen Arbeitsbereichs müsste einen Verwaltungsakt darstellen, also eine hoheitliche Maßnahme einer Behörde auf dem Gebiet des öffentlichen Rechts zur Regelung eines Einzelfalls mit unmittelbarer Außenwirkung, § 35 S. 1 VwVfG.

a. Die Anweisung müsste eine hoheitliche Maßnahme einer Behörde sein. Mit der Anweisung des Behördenvorgesetzten, ein weiteres Aufgabengebiet zu übernehmen, handelte dieser als Stelle, die Aufgaben der öffentlichen Verwaltung wahrnimmt (§ 1 IV VwVfG). Es handelt sich somit um die hoheitliche Maßnahme einer Behörde.

b. Der Vorgesetzte handelte auf Basis des Beamtenrechts, also auf dem Gebiet des öffentlichen Rechts.

c. Die Anordnung, ein weiteres halbes Sachgebiet zu bearbeiten, wirkt bindend und ist daher eine Maßnahme, die auf das Setzen einer Rechtsfolge gerichtet ist. Sie stellt mithin eine Regelung dar.

d. Die Maßnahme richtete sich gegen B, also eine bestimmte Person in einer konkreten Situation. Sie regelt demnach einen Einzelfall.

e. Schließlich müsste die Maßnahme Außenwirkung entfalten. Dann müsste die Regelung dazu bestimmt sein, unmittelbar auf Rechte einer außerhalb der handelnden Verwaltung stehenden Person einzuwirken.

Ob ein Beamter von der Regelung außerhalb der Verwaltung betroffen ist, hängt von der konkreten Situation ab. Betrifft die Weisung durch Anordnungen des Vorgesetzten nur die dienstliche Stellung und Tätigkeit des Beamten als Glied der Verwaltungsorganisation (sog. Amtswalter), dann fehlt die Außenwirkung (sog. innerdienstliche = verwaltungsinterne Weisung). Betrifft die Weisung den Beamten als selbstständige Rechtsperson, dann besteht die Außenwirkung.

Hier geht es um zusätzlich zu bearbeitende Akten. Dadurch sind keine eigenen Rechte der B betroffen, da die Arbeitszeiten, der Status, die Besoldung oder Ähnliches durch die Regelung nicht berührt sind, sondern nur die Aufgabenverteilung. Also handelt es sich nur um eine verwaltungsinterne Weisung. Insofern fehlt es an der erforderlichen Außenwirkung.

f. Somit stellt die Weisung des Vorgesetzten keinen Verwaltungsakt dar.

2. Die Klägerin begehrt demnach nicht die Aufhebung eines Verwaltungsakts. Mithin ist die Anfechtungsklage nicht die statthafte Klageart.

III. Also ist die Anfechtungsklage nicht zulässig.

Fazit

1. Immer wenn ein Beamter klagt, sollte es bei euch klingeln. Oft müsst ihr dann eine ***Spezialzuweisung*** zum Verwaltungsgericht berücksichtigen.

Wenn ein ***Bundesbeamter*** klagt, ist § 126 i.V.m. § 1 BBG (Bundesbeamtengesetz) zu beachten.

Wenn ein ***anderer Beamter***, insbesondere ein Landesbeamter klagt, findet sich – wie in unserem Fall – in § 54 I i.V.m. § 1 BeamtStG eine Spezialzuweisung.

2. Dieser Fall streift – wer hätt's gedacht – das ***Beamtenrecht***. Im Beamtenrecht wurde früher ein „besonderes Gewaltverhältnis" angenommen. Zwischen dem Beamten und seinem Arbeitgeber, dem Staat, sollte ein besonderes Verhältnis bestehen. Dieses sollte rechtfertigen, dass im Bereich des Beamtenrechts überhaupt kein gerichtlicher Schutz gewährt wurde. Gleiches galt auch für Strafgefangene und im Schulwesen. Im Anschluss an das Strafgefangenenurteil des Bundesverfassungsgerichtes von 1972 (BVerfGE 33, 1) wurde diese Ansicht aufgegeben.

Früher unterschied man zwischen Grund- und Betriebsverhältnis. Auch diese Unterscheidung ist nicht mehr zeitgemäß, da sie von dem Bestehen eines besonderen Gewaltverhältnisses ausgeht, auch wenn sie überwiegend zu den gleichen Ergebnissen kommt, wie der heutige Lösungsweg.

Beispiele für den Fall, dass im ***Beamtenrecht*** ein ***VA*** vorliegt: frühzeitige Pensionierung, angeordnete Überstunden, Festsetzung von Bezügen nach dem Bundesbesoldungsgesetz.

Beispiele aus dem ***Schulwesen*** sind: Versetzung, Schulverweis, die Frage der Meinungsfreiheit in der Schülerzeitung.

Beispiele aus dem ***Strafvollzug***: Kontrolle der Gefangenenpost, Zuweisung von Arbeit.

3. Ist eine Anfechtungsklage wegen fehlender Außenwirkung abzulehnen, heißt dies aber nicht automatisch, dass kein gerichtlicher Schutz besteht. Maßnahmen des Vorgesetzten, sind mit der ***Allgemeinen*** ***Leistungsklage*** überprüfbar, die erst später näher beleuchtet werden soll.

4. Ein weiterführender Hinweis: Zur Entbehrlichkeit eines ***Vorverfahren***s (Widerspruchs) enthalten die Landesbeamtengesetze in Nordrhein-Westfalen und Niedersachsen besondere Regelungen. Lest – so ihr örtlich betroffen seid – § 104 I LBG NRW und § 105 NBG.

Fall 8

Die A-KG (Kommanditgesellschaft) hat vor Jahren in Essen einen Flachbau am Ende einer Einkaufsstraße errichten lassen. Bei einer routinemäßigen Überprüfung stellt die zuständige Ordnungsbehörde erhebliche Mängel in der Statik des Gebäudes fest. Nach vorheriger Anhörung ordnet sie den Abbruch des Hauses auf der Grundlage der Bauordnung des Landes Nordrhein-Westfalen (BauO NRW) an. Die A-KG erhebt gegen die Anordnung Klage vor dem Verwaltungsgericht.

Frage: Ist die Klage zulässig ?

Hinweis: Vorschriften des Handelsgesetzbuches (HGB) sind zu berücksichtigen.

Lösungsskizze Fall 8

- Zulässigkeit der Klage

I. Rechtsweg zum Verwaltungsgericht ?

1. Spezialzuweisung vorhanden ? **(–)**

2. Generalzuweisung des § 40 I VwGO ?
= öffentlich-rechtliche Streitigkeit nichtverfassungsrechtlicher Art und keine abdrängende Zuweisung

(***Vorüberlegung:*** Worum geht es im Kern? Die Prozessbeteiligten streiten über die Frage, ob die Abbruchanordnung der Ordnungsbehörde rechtmäßig ist.)

a. öffentlich-rechtliche Streitigkeit ?
= die streitentscheidenden Normen müssen öffentlich-rechtlicher Natur sein, d.h. einen Hoheitsträger als Berechtigten oder Verpflichteten benennen

HIER (+) → die streitentscheidende Norm ist dem öffentlichen Baurecht zu entnehmen; die Behörde ist als Berechtigte in der Bauordnung des Landes Nordrhein-Westfalen (BauO NRW) benannt

b. nichtverfassungsrechtlicher Art ?

HIER (+) → weder Beteiligung von Verfassungsorganen oder ihnen gleichgestellten Personen an dem Streit noch Streit über Anwendung und Auslegung von Verfassungsrecht

c. keine Zuweisung zu einem anderen Gericht ?

HIER (+) → anderweitige Zuweisung nicht ersichtlich

d. also: Generalzuweisung des § 40 I VwGO **(+)**

3. also: Rechtsweg zum Verwaltungsgericht **(+)**

II. Statthafte Klageart = Anfechtungsklage, § 42 I VwGO ?

= Kläger begehrt Aufhebung eines Verwaltungsakts (VA)

*(**Vorüberlegung:*** Was will die Klägerin? Sie will die Ordnungsverfügung beseitigen, um das Haus nicht abbrechen zu müssen. Das kann sie möglicherweise mit einer Anfechtungsklage gemäß § 42 I VwGO erreichen. Die Anfechtungsklage ist die statthafte Klageart, wenn der Betroffene die Aufhebung eines VA begehrt.*)*

1. Verwaltungsakt gemäß § 35 S. 1 VwVfG ?

HIER (+) → hoheitliche Maßnahme einer Behörde auf dem Gebiet des öffentlichen Rechts zur Regelung eines Einzelfalls mit unmittelbarer Außenwirkung

2. also: Kläger begehrt die Aufhebung des VA → Anfechtungsklage **(+)**

III. Spezielle Voraussetzungen der Anfechtungsklage ?

1. Klagebefugnis, § 42 II VwGO ?

= Kläger muss geltend machen, durch den VA in seinen Rechten verletzt zu sein

HIER (+) → in Betracht kommt eine Verletzung des Rechts auf Eigentum; eine Verletzung dieses Recht kann die A-KG jedoch nur geltend machen, wenn sie selbst rechtsfähig ist; als KG ist sie eine Personengesellschaft und somit eine grundsätzlich nicht rechtsfähige Vereinigung von Personen;

für die KG gibt es jedoch eine gesetzliche Sonderregelung; nach §§ 124 I, 161 II HGB kann eine KG zumindest eigene Rechte erwerben und Verpflichtungen eingehen (Teilrechtsfähigkeit); sie kann also auch Eigentum erwerben und damit in diesem Recht (Art. 14 GG) verletzt werden

2. (Erfolgloses) Vorverfahren, §§ 68 ff VwGO ?

HIER (–), aber: gemäß § 110 I 1 JustG NRW bedarf es – in NRW – vor der Erhebung einer Anfechtungsklage entgegen § 68 I 1 VwGO grundsätzlich nicht der Nachprüfung in einem Vorverfahren

(vgl. in NRW ab 01/2015 → Fall 4, Fazit 5. = Seite 53)

3. Einhaltung der Klagefrist, § 74 I VwGO ? **(+)**

4. Richtiger Klagegegner, § 78 VwGO ?

HIER → gemäß § 78 I Nr. 1 VwGO die Körperschaft, deren Behörde den angefochtenen VA erlassen hat, also die Stadt Essen

5. also: spezielle Voraussetzungen der Anfechtungsklage **(+)**

IV. Sonstige Zulässigkeitsvoraussetzungen ?

1. Beteiligtenfähigkeit, § 61 VwGO ?

HIER (+) → die KG ist eine Vereinigung i.S.d. § 61 Nr. 2 VwGO

2. also: sonstige Zulässigkeitsvoraussetzungen **(+)**

V. Ergebnis:

Zulässigkeit der Anfechtungsklage (+)

Formulierungsvorschlag Fall 8

Die Klage der A-KG müsste zulässig sein.

I. Der Rechtsweg zum Verwaltungsgericht müsste eröffnet sein.

1. Eine gesetzliche Spezialzuweisung ist nicht ersichtlich.

2. Die Generalzuweisung des § 40 I VwGO wäre gegeben, wenn es sich bei der Abrissverfügung um eine öffentlich-rechtliche Streitigkeit nichtverfassungsrechtlicher Art handelt und keine anderweitige Zuweisung vorliegt.

a. Die streitentscheidenden Normen müssten öffentlich-rechtlicher Natur sein, d.h. einen Hoheitsträger als Berechtigten oder als Verpflichteten benennen. Die Beteiligten streiten über die Frage, ob die Abbruchanordnung der Ordnungsbehörde rechtmäßig ist. Die streitentscheidende Norm ist dem öffentlichen Baurecht zu entnehmen. Die Ordnungsbehörde ist gemäß der BauO NRW die zuständige Behörde. Die BauO NRW ist öffentlich-rechtlicher Natur.

b. Da weder Verfassungsorgane oder ihnen gleichgestellte Personen an dem Streit beteiligt sind noch Streit über Anwendung und Auslegung von Verfassungsrecht herrscht, ist die Streitigkeit nichtverfassungsrechtlicher Art.

c. Eine Zuweisung zu einem anderen Gericht ist nicht ersichtlich.

d. Demnach sind die Voraussetzungen der Generalzuweisung des § 40 I VwGO erfüllt.

3. Der Rechtsweg zum Verwaltungsgericht ist eröffnet.

II. Statthafte Klageart könnte die Anfechtungsklage sein, § 42 I VwGO.

Dann müsste die Klägerin die Aufhebung eines Verwaltungsakts begehren. Die A-KG will die Ordnungsverfügung beseitigen, um das Haus nicht abreißen zu müssen.

1. Bei der Verfügung handelt es sich um eine hoheitliche Maßnahme einer Behörde auf dem Gebiet des öffentlichen Rechts zur Regelung eines Einzelfalls mit unmittelbarer Außenwirkung, also um einen Verwaltungsakt im Sinne des § 35 S. 1 VwVfG.

2. Die Klägerin begehrt die Aufhebung des Verwaltungsakts. Also ist die Anfechtungsklage die statthafte Klageart.

III. Außerdem müssten die weiteren speziellen Voraussetzungen der Anfechtungsklage vorliegen.

1. Zunächst müsste die Klägerin klagebefugt sein, § 42 II VwGO. Sie muss geltend machen, durch den Verwaltungsakt in ihren Rechten verletzt zu sein.

In Betracht kommt eine Verletzung des Rechts auf Eigentum. Eine Verletzung dieses Rechts kann die A-KG jedoch nur geltend machen, wenn sie selbst rechtsfähig ist. Als KG ist sie eine Personengesellschaft und somit eine grundsätzlich nicht rechtsfähige Vereinigung von Personen.

Für die KG gibt es aber eine gesetzliche Sonderregelung. Nach §§ 124 I, 161 II HGB kann eine KG zumindest eigene Rechte erwerben und Verpflichtungen eingehen (Teilrechtsfähigkeit). Sie kann also auch Eigentum erwerben und damit in diesem Recht (Art. 14 GG) verletzt werden.

Folglich ist die A-KG klagebefugt.

2. Die A-KG hat zwar das nach § 68 I 1 VwGO an sich erforderliche Vorverfahren nicht (erfolglos) durchgeführt. In Nordrhein-Westfalen bedarf es aber vor der Erhebung einer Anfechtungsklage grundsätzlich nicht der Nachprüfung in einem Vorverfahren, § 110 I 1 JustG NRW.

3. Von der Einhaltung der Klagefrist (hier § 74 I 2 VwGO) ist auszugehen.

4. Richtiger Klagegegner ist die Körperschaft, deren Behörde den angefochtenen Verwaltungsakt erlassen hat (§ 78 I Nr. 1 VwGO), also die Stadt Essen.

5. Demnach liegen die speziellen Voraussetzungen der Anfechtungsklage vor.

IV. Auch die sonstigen Zulässigkeitsvoraussetzungen müssen erfüllt sein.

1. Zweifel könnten sich an der Beteiligtenfähigkeit der A-KG ergeben. Die Kommanditgesellschaft ist jedoch ist eine Vereinigung im Sinne des § 61 Nr. 2 VwGO und damit beteiligtenfähig.

2. Die sonstigen Voraussetzungen der Anfechtungsklage sind somit ebenfalls erfüllt.

V. Also ist die Klage zulässig.

Fazit

1. Der Fall bietet Gelegenheit zu einem kurzen Abstecher ins Gesellschaftsrecht. Nur durch die Klärung der zivilrechtlichen Frage, ob eine KG zumindest teilrechtsfähig ist, kann über das Vorliegen der Klagebefugnis entschieden werden.

   Ihr seht: Zivilrecht, Strafrecht und sonstiges Öffentliches Recht sind nie losgelöst voneinander zu sehen. Sie bilden vielmehr eine Einheit mit zahlreichen Verbindungen untereinander, also eine große Familie.

2. Bei der Frage der ***Beteiligtenfähigkeit*** der ***KG*** brüten einige Autoren über der Frage, ob sie sich aus § 61 Nr. 1 oder aus Nr. 2 VwGO ergibt. Letztlich ist das ein Streit um Kaisers Bart. Daher solltet ihr euch Ausführungen hierzu erparen. Stellt euch einfach auf einen Standpunkt.

Fall 9

K ist selbstständiger Kfz-Meister in Potsdam (Brandenburg). Da seine Finanzlage generell angespannt ist, besorgt er sich regelmäßig Ersatzteile von Schrottplätzen der näheren Umgebung, u.a. auch Bremsen und Motorteile. Hierdurch kommt es bei den Autos einiger seiner Kunden zu „Verkehrskomplikationen“ mit Sach- und Personenschäden. Der Sachbearbeiter der zuständigen Ordnungsbehörde erlässt, als er von den Zuständen bei K erfährt, am 31.03. eine Ordnungsverfügung, in der dem K die Ausübung seines Gewerbes ganz untersagt wird. Der Bescheid wird am 03.04. zur Post aufgegeben und erreicht den K am 04.04. per eingeschriebenem Brief. K legt am 08.05. Widerspruch ein. Der zuständige Sachbearbeiter der Widerspruchsbehörde erlässt in Eile den ablehnenden Widerspruchsbescheid. In der Rechtsbehelfsbelehrung vergisst er jedoch, darauf hinzuweisen, innerhalb welcher Frist K Klage gegen den Bescheid erheben kann. Inhaltlich wird der Widerspruch mit der Begründung zurückgewiesen, K habe ihn nicht rechtzeitig eingelegt. Der Widerspruchsbescheid wird dem K gegen Empfangsbekenntnis am 25.09. zugestellt. Gegen den Widerspruchsbescheid erhebt K am 28.10. Klage vor dem Verwaltungsgericht.

Frage: Ist die Klage zulässig ?

Hinweise: Der 06.05. war ein Samstag, der 25.10. war kein Samstag, Sonntag oder gesetzlicher Feiertag. Arbeitet bei der Lösung u.a. mit der Gewerbeordnung (GewO), dem BGB, der ZPO und den Verwaltungszustellungsgesetzen des Bundes (VwZG) und des Landes Brandenburg (BbgVwZG).

Lösungsskizze Fall 9

- Zulässigkeit der Klage

I. Rechtsweg zum Verwaltungsgericht ?

1. Spezialzuweisung vorhanden ? (–)

2. Generalzuweisung des § 40 I VwGO ?

= öffentlich-rechtliche Streitigkeit nichtverfassungsrechtlicher Art und keine abdrängende Zuweisung

(Vorüberlegung: Worum geht es im Kern? Die Prozessbeteiligten streiten um eine Ordnungsverfügung, durch die dem K die Ausübung seines Gewerbes untersagt wurde.***)***

a. öffentlich-rechtliche Streitigkeit ?

= die streitentscheidenden Normen müssen öffentlich-rechtlicher Natur sein, d.h. einen Hoheitsträger als Berechtigten oder Verpflichteten benennen

HIER (+) → die streitentscheidende Norm ist der Gewerbeordnung (GewO) zu entnehmen; die Behörde ist als Berechtigte in § 35 I 1 GewO benannt

b. nichtverfassungsrechtlicher Art ?

HIER (+) → weder Beteiligung von Verfassungsorganen oder ihnen gleichgestellten Personen an dem Streit noch Streit über Anwendung und Auslegung von Verfassungsrecht

c. keine Zuweisung zu einem anderen Gericht ?

HIER (+) → anderweitige Zuweisung nicht ersichtlich

d. also: Generalzuweisung des § 40 I VwGO (+)

3. also: Rechtsweg zum Verwaltungsgericht (+)

II. Statthafte Klageart = Anfechtungsklage, § 42 I VwGO ?

= Kläger begehrt Aufhebung eines Verwaltungsakts (VA)

*(**Vorüberlegung:*** Was will der Kläger? Er will seinen Kfz-Betrieb weiterbetreiben, was er wegen der Ordnungsverfügung nicht darf. Deshalb muss er die Verfügung beseitigen. Das kann er möglicherweise mit einer Anfechtungsklage gemäß § 42 I VwGO erreichen. Sie ist die statthafte Klageart, wenn der Betroffene die Aufhebung eines VA begehrt.*)*

1. Verwaltungsakt gemäß § 35 S. 1 VwVfG ?

HIER (+) → hoheitliche Maßnahme einer Behörde auf dem Gebiet des öffentlichen Rechts zur Regelung eines Einzelfalls mit unmittelbarer Außenwirkung

2. also: Kläger begehrt die Aufhebung des VA → Anfechtungsklage (+)

III. Spezielle Voraussetzungen der Anfechtungsklage ?

1. Klagebefugnis, § 42 II VwGO ?

= Kläger muss geltend machen, durch den VA in seinen Rechten verletzt zu sein

HIER (+) → eine Privatperson als Adressat eines belastenden VA ist stets klagebefugt, da in ihre subjektiv-öffentlichen Rechte eingegriffen wird (Adressatentheorie); es ist zumindest ein Eingriff in die Rechte des Betroffenen aus Art. 14 I GG (eingerichteter und ausgeübter Gewerbebetrieb) denkbar

2. (Erfolgloses) Vorverfahren, §§ 68 ff VwGO ?

= ordnungsgemäße – aber erfolglose – Durchführung des Vorverfahrens gemäß §§ 68 ff VwGO

HIER (+) → zu fragen ist zunächst immer, ob der Widerspruch fristgerecht eingelegt worden ist; bei nicht fristgerechter Einlegung wäre das Vorverfahren nicht ordnungsgemäß durchgeführt worden; maßgebend ist die Monatsfrist des § 70 I 1 VwGO;

die Ordnungsverfügung ist am 03.04. zur Post aufgegeben worden und hat K am 04.04. per Einschreiben erreicht; nach § 1 I BbgVwZG (Verwaltungszustellungsgesetz des Landes Brandenburg) i.V.m. § 4 VwZG des Bundes gilt der Bescheid folglich erst mit dem dritten Tag nach Aufgabe zur Post als zugestellt; Zustellungstermin ist damit der 06.04.; der Widerspruch wurde am 08.05. eingelegt;

das Fristende bestimmt sich nach §§ 70 I, 57 II VwGO, 222 I ZPO, 188 II BGB; danach endet die Widerspruchsfrist gegen Bescheide nach einem Monat mit Ablauf des Tages, der ziffermäßig mit dem Tag übereinstimmt, an dem der Bescheid zugestellt wurde;

die Frist endete also an sich am 06.05. um 24.00 Uhr; jedoch bestimmt § 222 II ZPO, dass die Frist mit Ablauf des nächsten Werktages endet, wenn das Fristende u.a. auf einen Samstag fällt; da der 06.05. ein Samstag war (siehe Hinweis am Ende des Sachverhalts), endete die Frist erst am 08.05.; diese Frist hat K eingehalten;

dem ordnungsgemäß durchgeführten Widerspruchsverfahren steht auch nicht entgegen, dass die Widerspruchsbehörde den Widerspruch als unzulässig zurückgewiesen hat; eine fehlerhafte Berechnung durch die Widerspruchsbehörde kann sich nicht zulasten des betroffenen Bürgers auswirken

3. Einhaltung der Klagefrist, § 74 I VwGO ?

= hier § 74 I 1 VwGO (weil Vorverfahren erforderlich): Klageerhebung innerhalb eines Monats nach Zustellung des Widerspruchsbescheids

HIER (+) → der Widerspruchsbescheid wurde dem K am 25.09. nach § 1 I BbgVwZG i.V.m. § 5 VwZG des Bundes gegen Unterschrift eines Empfangsbekenntnisses ausgehändigt und damit zugestellt; das Fristende bestimmt sich jetzt nach §§ 74 I, 57 II VwGO, 222 I ZPO, 188 II BGB; danach endet die Klagefrist nach einem Monat mit Ablauf des Tages, der ziffermäßig mit dem Tag übereinstimmt, an dem der Widerspruchsbescheid zugestellt wurde; die Frist endete also am 25.10. um 24.00 Uhr. Da der 25.10. kein Samstag, Sonntag oder gesetzlicher Feiertag war (vgl. nochmals § 222 II ZPO), wäre die Frist an diesem Tag um 24.00 Uhr abgelaufen; K hat erst am 28.10. Klage erhoben;

jedoch gelten die kurzen Fristen für einen Rechtsbehelf nur dann, wenn diesem eine fehlerfreie Rechtsbehelfsbelehrung beigefügt ist; ansonsten verlängert sich die Frist nach § 58 II VwGO grundsätzlich auf ein Jahr; die Rechtsbehelfsbelehrung könnte fehlerhaft sein und sich daher auf den Fristablauf auswirken; gemäß § 58 I VwGO muss die Rechtsbehelfsbelehrung einen Hinweis auf die einzuhaltende Klagefrist enthalten; dies hat der Sachbearbeiter jedoch unterlassen; die Rechtsbehelfsbelehrung war somit unrichtig, sodass die Klageerhebung gemäß § 58 II VwGO innerhalb eines Jahres zulässig war

4. Richtiger Klagegegner, § 78 VwGO ?

HIER (+) → grundsätzlich gemäß § 78 I Nr. 1 VwGO die Körperschaft, deren Behörde (Ordnungsbehörde) den angefochtenen VA erlassen hat; aber nach § 78 I Nr. 2 VwGO i.V.m. § 8 II BbgVwGG (in Brandenburg) die Behörde selbst, die den VA erlassen hat; hier also die Ordnungsbehörde

***5. also: spezielle Voraussetzungen der Anfechtungsklage* (+)**

***IV. Sonstige Zulässigkeitsvoraussetzungen ?* (+)**

V. Ergebnis:

Zulässigkeit der Anfechtungsklage (+)

Formulierungsvorschlag Fall 9

Die Klage des K müsste zulässig sein.

I. Der Rechtsweg zum Verwaltungsgericht müsste eröffnet sein.

1. Eine gesetzliche Spezialzuweisung ist nicht ersichtlich.

2. Die Generalzuweisung des § 40 I VwGO wäre gegeben, wenn es sich bei der Untersagung des Gewerbes um eine öffentlich-rechtliche Streitigkeit nichtverfassungsrechtlicher Art handelt und keine anderweitige Zuweisung vorliegt.

a. Die streitentscheidenden Normen müssten öffentlich-rechtlicher Natur sein, d.h. einen Hoheitsträger als Berechtigten oder als Verpflichteten benennen. Die Beteiligten streiten über die Rechtmäßigkeit eines Verbots der Gewerbeausübung. Die streitentscheidende Norm ist der Gewerbeordnung zu entnehmen. Die Ordnungsbehörde ist gemäß § 35 I 1 GewO die zuständige Behörde. Die GewO ist öffentlich-rechtlicher Natur.

b. Da weder Verfassungsorgane oder ihnen gleichgestellte Personen an dem Streit beteiligt sind noch Streit über Anwendung und Auslegung von Verfassungsrecht herrscht, ist die Streitigkeit nichtverfassungsrechtlicher Art.

c. Eine Zuweisung zu einem anderen Gericht ist nicht ersichtlich.

d. Demnach sind die Voraussetzungen der Generalzuweisung des § 40 I VwGO erfüllt.

3. Der Rechtsweg zum Verwaltungsgericht ist eröffnet.

II. Statthafte Klageart könnte die Anfechtungsklage sein, § 42 I VwGO.

Dann müsste der Kläger die Aufhebung eines Verwaltungsakts begehren. K will weiterhin seinen Kfz-Betrieb betreiben.

1. Bei dem Verbot handelt es sich um eine hoheitliche Maßnahme einer Behörde auf dem Gebiet des öffentlichen Rechts zur Regelung eines Einzelfalls mit unmittelbarer Außenwirkung, also um einen Verwaltungsakt im Sinne des § 35 S. 1 VwVfG.

2. Der Kläger begehrt die Aufhebung des Verwaltungsakts. Also ist die Anfechtungsklage die statthafte Klageart.

III. Außerdem müssten die weiteren speziellen Voraussetzungen der Anfechtungsklage vorliegen.

1. Zunächst müsste der Kläger klagebefugt sein, § 42 II VwGO. Er muss geltend machen, durch den Verwaltungsakt in seinen Rechten verletzt zu sein. Eine Privatperson als Adressat eines belastenden Verwaltungsakts ist stets klagebefugt, da in ihre subjektiv-öffentlichen Rechte eingegriffen wird (Adressatentheorie). Es ist zumindest ein Eingriff in die Rechte des Betroffenen aus Art. 14 I GG (Recht am eingerichteten und ausgeübten Gewerbebetrieb) denkbar. K ist Adressat eines belastenden Verwaltungsakts. Folglich ist er klagebefugt.

2. Weiterhin müsste ein Vorverfahren nach §§ 68 ff VwGO ordnungsgemäß aber erfolglos durchgeführt worden sein. K hat zwar einen Widerspruch gegen den Bescheid der Ordnungsbehörde eingelegt, dieser könnte jedoch verspätet sein.

Maßgebend ist die Monatsfrist des § 70 I 1 VwGO. Die Ordnungsverfügung ist am 03.04. zur Post aufgegeben worden und hat K am 04.04. per Einschreiben erreicht. Nach § 1 I BbgVwZG i.V.m. § 4 VwZG des Bundes gilt der Bescheid erst mit dem dritten Tag nach Aufgabe zur Post als zugestellt. Zustellungstermin ist damit der 06.04., eingelegt wurde der Widerspruch jedoch erst am 08.05.

Das Fristende bestimmt sich nach §§ 70 I, 57 II VwGO, 222 I ZPO, 188 II BGB. Danach endet die Widerspruchsfrist gegen Bescheide nach einem Monat mit Ablauf des Tages, der ziffermäßig mit dem Tag übereinstimmt, an dem der Bescheid zugestellt wurde. Die Frist endete also an sich am 06.05. um 24.00 Uhr.

Jedoch bestimmt § 222 II ZPO, dass die Frist erst mit Ablauf des nächsten Werktages endet, wenn das Fristende u.a. auf einen Samstag fällt. Da der 06.05. ein Samstag war, endete die Frist erst am 08.05. Diese Frist hat K eingehalten.

Dem ordnungsgemäß durchgeführten Widerspruchsverfahren steht auch nicht entgegen, dass die Widerspruchsbehörde den Widerspruch als unzulässig zurückgewiesen hat. Eine fehlerhafte Berechnung durch die Widerspruchsbehörde kann sich nicht zulasten des betroffenen Bürgers auswirken.

Also ist ein ordnungsgemäßes Vorverfahren durchgeführt worden.

3. K müsste die erforderliche Klagefrist eingehalten haben. Nach § 74 I 1 VwGO setzt dies die Klageerhebung innerhalb eines Monats nach Zustellung des Widerspruchsbescheids voraus.

Der Widerspruchsbescheid wurde dem K am 25.09. nach § 1 I BbgVwZG i.V.m. § 5 VwZG des Bundes gegen Unterschrift eines Empfangsbekenntnisses ausgehändigt und damit zugestellt. Das Fristende bestimmt sich jetzt nach §§ 74 I, 57 II VwGO, 222 I ZPO, 188 II BGB. Danach endet die Klagefrist nach einem Monat mit Ablauf des Tages, der ziffermäßig mit dem Tag übereinstimmt, an dem der Widerspruchsbescheid zugestellt wurde. Die Frist endete also am 25.10. um 24.00 Uhr. Da der 25.10. kein Samstag, Sonntag oder gesetzlicher Feiertag war, wäre die Frist an diesem Tag um 24.00 Uhr abgelaufen. K hat erst am 28.10. Klage erhoben.

Jedoch gelten die kurzen Fristen für einen Rechtsbehelf nur dann, wenn diesem eine fehlerfreie Rechtsbehelfsbelehrung beigefügt ist. Ansonsten verlängert sich die Frist nach § 58 II VwGO grundsätzlich auf ein Jahr. Die Rechtsbehelfsbelehrung könnte fehlerhaft sein und sich daher auf den Fristablauf auswirken.

Gemäß § 58 I VwGO muss die Rechtsbehelfsbelehrung einen Hinweis auf die einzuhaltende Klagefrist enthalten. Dies hat der Sachbearbeiter jedoch unterlassen. Die Rechtsbehelfsbelehrung war somit unrichtig, sodass die Klageerhebung gemäß § 58 II VwGO innerhalb eines Jahres zulässig war.

K hat somit die erforderliche Klagefrist beachtet.

4. Richtiger Klagegegner ist die Ordnungsbehörde der Stadt Potsdam gemäß § 78 I Nr. 2 VwGO i.V.m. § 8 II BbgVwGG.

5. Demnach liegen die speziellen Voraussetzungen der Anfechtungsklage vor.

IV. Am Vorliegen der sonstigen Voraussetzungen bestehen keine Zweifel.

V. Also ist die Klage zulässig.

Fazit

1. Tjaja, in Nordrhein-Westfalen wird ein solcher Fall üblicherweise nicht mehr gestellt werden. Denn dort bedarf es nach § 110 I 1 JustG NRW (bis Ende 2010: § 6 I 1 AG VwGO NW) einer Nachprüfung in einem Vorverfahren vor der Erhebung einer Anfechtungsklage entgegen § 68 I 1 VwGO grundsätzlich nicht. Und ohne Widerspruch gibt's keine Widerspruchsfristenproblematik.

Ein solcher Fall durfte aber allein deshalb nicht fehlen, weil nicht wenige Bundesländer an der grundsätzlichen Regelung der §§ 68 ff VwGO festhalten. Damit ist die angesprochene Fristenproblematik im Widerspruchsverfahren nicht vom Tisch. Lest hierzu noch einmal das Fazit zu Fall 4.

2. Grämt euch nicht, wenn ihr den Fall nicht richtig lösen konntet. Selbst Kandidaten im 2. Staatsexamen treibt es den Angstschweiß auf die Stirn, wenn es um die ***Berechnung von Fristen*** geht. Dabei ist die Fristenproblematik gar nicht so schwer. Man muss nur das Gesetz – also die ***§§ 70, 74 VwGO und § 222 ZPO und §§ 187 ff BGB*** – ganz sorgfältig lesen und die Angaben des Sachverhalts bezüglich der Daten beachten. Notfalls solltet ihr einen Kalender der fraglichen Monate aufmalen. Da kommt Freude auf!

3. Kaum verständlich ist übrigens die Formulierung des ***§ 188 II BGB***. Merkt euch einfach, dass es auf die Ziffer des Tages ankommt, an dem der Bescheid zugestellt wurde. Einen Monat später ist die Frist dann abgelaufen.

Eine kleine Besonderheit: Wenn die Zustellung am 31.01. erfolgt, liegt das Fristende am 28.02. um 24.00 Uhr (im Schaltjahr natürlich am 29.02.).

4. Zu beachten sind auch die Samstage, Sonntage und gesetzlichen Feiertage, an denen eine Frist nicht ablaufen kann. Maßgebend ist dann der nächste Werktag.

5. Beachtet zuletzt das Verwaltungszustellungsgesetz (VwZG). Lest es aufmerksam und in voller Länge. Das kostet allenfalls ein paar Minuten. Mit dem Wissen um die Existenz des Gesetzes und dessen Inhalt könnt ihr in Klausuren gegebenenfalls mächtig auftrumpfen.

Nicht immer findet sich – wie hier im Landeszustellungsgesetz (BbgVwZG) – ein Verweis auf die Normen des Bundeszustellungsgesetzes (VwZG). Es kann sein, dass ihr die Zustellungsnormen direkt eurem jeweiligen Landeszustellungsgesetz entnehmen könnt. Üblicherweise entsprechen dessen Regelungen aber den Normen des Bundes-VwZG.

Fall 10

B betreibt in Cottbus (Brandenburg) einen Schrottplatz. Um seine Finanzen steht es nicht zum Besten. Deshalb führt er die gesetzlichen Sozialversicherungsbeiträge seiner Angestellten – Arbeitslosenversicherung, Krankenversicherung, Pflegeversicherung, Rentenversicherung – nicht ab. Als die zuständige Ordnungsbehörde von den Zuständen bei B erfährt, erlässt sie am 09.10. eine Ordnungsverfügung, in der dem B die Ausübung seines Gewerbes ganz untersagt wird. Der Bescheid wird dem B am 10.10. durch die Post mit Zustellungsurkunde zugestellt. Hiergegen legt der von B rechtzeitig beauftragte Rechtsanwalt R aus Nachlässigkeit erst am 12.11. Widerspruch ein. Die Widerspruchsbehörde setzt sich mit den zahllosen, aber wenig stichhaltigen Argumenten auseinander. Gegen den ablehnenden Widerspruchsbescheid erhebt B binnen einer Woche Klage.

Frage: Ist die Klage zulässig ?

Hinweise: Der 10.11. ist kein Samstag, Sonntag oder gesetzlicher Feiertag. Arbeitet bei der Lösung u.a. mit der Gewerbeordnung (GewO), dem BGB, der ZPO und den Verwaltungszustellungsgesetzen des Bundes (VwZG) und des Landes Brandenburg (BbgVwZG).

Lösungsskizze Fall 10

- Zulässigkeit der Klage

I. Rechtsweg zum Verwaltungsgericht ?

1. Spezialzuweisung vorhanden ? (–)

2. Generalzuweisung des § 40 I VwGO ?
= öffentlich-rechtliche Streitigkeit nichtverfassungsrechtlicher Art und keine abdrängende Zuweisung

(Vorüberlegung: Worum geht es im Kern? Die Prozessbeteiligten streiten über die Rechtmäßigkeit einer Ordnungsverfügung, durch die dem B die Ausübung seines Gewerbes untersagt wurde.***)***

a. öffentlich-rechtliche Streitigkeit ?
= die streitentscheidenden Normen müssen öffentlich-rechtlicher Natur sein, d.h. einen Hoheitsträger als Berechtigten oder Verpflichteten benennen

HIER (+) → die streitentscheidende Norm ist der GewO zu entnehmen; die Behörde ist in § 35 I GewO als Berechtigte benannt

b. nichtverfassungsrechtlicher Art ?

HIER (+) → weder Beteiligung von Verfassungsorganen oder ihnen gleichgestellten Personen an dem Streit noch Streit über Anwendung und Auslegung von Verfassungsrecht

c. keine Zuweisung zu einem anderen Gericht ?

HIER (+) → anderweitige Zuweisung nicht ersichtlich

d. also: Generalzuweisung des § 40 I VwGO (+)

3. also: Rechtsweg zum Verwaltungsgericht (+)

II. Statthafte Klageart = Anfechtungsklage, § 42 I VwGO ?

= Kläger begehrt Aufhebung eines Verwaltungsakts (VA)

*(**Vorüberlegung:*** Was will der Kläger? Er will seinen Schrottplatz weiterhin betreiben. Wie kann er das erreichen? Er muss die Gewerbeuntersagung aus der Welt schaffen. Dies kann er möglicherweise mit einer Anfechtungsklage gemäß § 42 I VwGO erreichen. Die Anfechtungsklage ist die statthafte Klageart, wenn der Betroffene die Aufhebung eines VA begehrt.*)*

1. Verwaltungsakt gemäß § 35 S. 1 VwVfG ?

HIER (+) → hoheitliche Maßnahme einer Behörde auf dem Gebiet des öffentlichen Rechts zur Regelung eines Einzelfalls mit unmittelbarer Außenwirkung

2. also: Kläger begehrt die Aufhebung des VA → Anfechtungsklage (+)

III. Spezielle Voraussetzungen der Anfechtungsklage ?

1. Klagebefugnis, § 42 II VwGO ?

= Kläger muss geltend machen, durch den VA in seinen Rechten verletzt zu sein

HIER (+) → eine Privatperson als Adressat eines belastenden VA ist stets klagebefugt, da in ihre subjektiv-öffentlichen Rechte eingegriffen wird (Adressatentheorie); es ist zumindest ein Eingriff in die Rechte des Betroffenen aus Art. 14 I GG (eingerichteter und ausgeübter Gewerbebetrieb) denkbar

2. (Erfolgloses) Vorverfahren, §§ 68 ff VwGO ?

= ordnungsgemäße – aber erfolglose – Durchführung des Vorverfahrens gemäß §§ 68 ff VwGO

a. Einhaltung der Widerspruchsfrist ?

HIER (–) → bei nicht fristgerechter Einlegung wäre das Vorverfahren nicht ordnungsgemäß durchgeführt worden; maßgebend ist die Monatsfrist des § 70 I 1 VwGO;

die Ordnungsverfügung erreichte B am 10.10. durch Postzustellungsurkunde; nach § 1 I Verwaltungszustellungsgesetz des Landes Brandenburg (BbgVwZG) i.V.m. §§ 2 und 3 VwZG des Bundes ist von der Zustellung des Bescheids am selben Tag auszugehen; der Widerspruch wurde am 12.11. eingelegt;

das Fristende bestimmt sich nach §§ 70 I, 57 II VwGO, 222 I ZPO, 188 II BGB; danach endet die Widerspruchsfrist gegen Bescheide nach einem Monat mit Ablauf des Tages, der ziffermäßig mit dem Tag übereinstimmt, an dem der Bescheid zugestellt wurde;

die Frist endete also an sich am 10.11. um 24.00 Uhr; da es sich beim 10.11. nicht um einen Samstag, Sonntag oder gesetzlicher Feiertag handelt (vgl. § 222 II ZPO), war der am 12.11. eingelegte Widerspruch verspätet

b. Wiedereinsetzung in den vorherigen Stand, § 60 VwGO ?

aa. Anwendbarkeit des § 60 VwGO ?

HIER (+) → nach § 70 II VwGO gilt § 60 VwGO auch im Widerspruchsverfahren

bb. Versäumung einer gesetzlichen Frist ?

HIER (+) → die in § 70 I 1 VwGO normierte Monatsfrist hat B versäumt

cc. ohne Verschulden des Widerspruchsführers ?

HIER (–) → Verschulden ist anzunehmen, wenn der Betroffene die Sorgfalt außer Acht lässt, die für eine Widerspruchs- oder Prozessführung im konkreten Fall geboten und möglich ist; ein Verschulden des B ist direkt nicht gegeben; jedoch hat sein Rechtsanwalt R aus Nachlässigkeit und damit schuldhaft die Frist versäumt; R tritt als Vertreter seines Mandanten B auf; sein Verschulden ist dem B nach §§ 173 VwGO, 85 II ZPO zuzurechnen

dd. also: Wiedereinsetzung in den vorherigen Stand **(–)**

c. Heilung der Fristversäumung ?

HIER (+) → die Widerspruchsbehörde hat den Widerspruch nicht als unzulässig zurückgewiesen, sondern sich mit der materiell-rechtlichen Seite auseinandergesetzt und damit „in der Sache entschieden"; ob dies zu einer Heilung der Fristversäumnis führt, hängt davon ab, ob man § 70 I VwGO als zwingendes Recht ansieht oder nicht;

wäre § 70 I VwGO als zwingendes Recht zu werten, käme eine Heilung durch die Entscheidung der Widerspruchsbehörde nach Fristablauf nicht in Betracht; als Argument für diese Lösung könnte man anführen, Sinn und Zweck des § 70 I VwGO sei es etwa, bei Fristversäumnis einen endgültigen Zustand herbeizuführen und damit Widerspruchsbehörden und Gerichte nicht durch anschließende Rechtsbehelfe zu belasten;

richtigerweise ist jedoch davon auszugehen, dass der Widerspruchsbehörde trotz der Fristregelung des § 70 I VwGO die Möglichkeit einzuräumen ist, bei einer Fristversäumnis in der Sache zu entscheiden; hierfür spricht, dass sie die alleinige Sachherrschaft über das Vorverfahren hat, wenn der Widerspruch an sie weitergeleitet wird; denn sie hat nach dem Wortlaut des § 68 I VwGO auch die Zweckmäßigkeit des VA zu prüfen; damit hat sie auch hinsichtlich der Frage, ob sie sich auf die Verfristung stützen will, einen Entscheidungsspielraum (a.A. vertretbar)

d. also: ordnungsgemäße Durchführung des Vorverfahrens **(+)**

3. Einhaltung der Klagefrist, § 74 I VwGO ?

= hier § 74 I 1 VwGO (weil Vorverfahren erforderlich): Klageerhebung innerhalb eines Monats nach Zustellung des Widerspruchsbescheids

HIER (+) → laut Sachverhalt wurde Klage binnen einer Woche erhoben

4. Richtiger Klagegegner, § 78 VwGO ?

HIER (+) → grundsätzlich gemäß § 78 I Nr. 1 VwGO die Körperschaft, deren Behörde (Ordnungsbehörde) den angefochtenen VA erlassen hat; aber nach § 78 I Nr. 2 VwGO i.V.m. § 8 II BbgVwGG (in Brandenburg) die Behörde selbst, die den VA erlassen hat; hier also die Ordnungsbehörde

***5. also: spezielle Voraussetzungen der Anfechtungsklage* (+)**

***IV. Sonstige Zulässigkeitsvoraussetzungen ?* (+)**

V. Ergebnis:

Zulässigkeit der Klage (+)

Formulierungsvorschlag Fall 10

Die Klage des B müsste zulässig sein.

I. Der Rechtsweg zum Verwaltungsgericht müsste eröffnet sein.

1. Eine gesetzliche Spezialzuweisung ist nicht ersichtlich.

2. Die Generalzuweisung des § 40 I VwGO wäre gegeben, wenn es sich bei der Untersagung des Gewerbes um eine öffentlich-rechtliche Streitigkeit nichtverfassungsrechtlicher Art handelt und keine anderweitige Zuweisung vorliegt.

a. Die streitentscheidenden Normen müssten öffentlich-rechtlicher Natur sein, d.h. einen Hoheitsträger als Berechtigten oder als Verpflichteten benennen. Die Beteiligten streiten über die Rechtmäßigkeit eines Verbots der Gewerbeausübung. Die streitentscheidende Norm ist der Gewerbeordnung zu entnehmen. Die Ordnungsbehörde ist gemäß § 35 I 1 GewO die zuständige Behörde. Die GewO ist öffentlich-rechtlicher Natur.

b. Da weder Verfassungsorgane oder ihnen gleichgestellte Personen an dem Streit beteiligt sind noch Streit über Anwendung und Auslegung von Verfassungsrecht herrscht, ist die Streitigkeit nichtverfassungsrechtlicher Art.

c. Eine Zuweisung zu einem anderen Gericht ist nicht ersichtlich.

d. Demnach sind die Voraussetzungen der Generalzuweisung des § 40 I VwGO erfüllt.

3. Der Rechtsweg zum Verwaltungsgericht ist eröffnet.

II. Statthafte Klageart könnte die Anfechtungsklage sein, § 42 I VwGO.

Dann müsste der Kläger die Aufhebung eines Verwaltungsakts begehren. B will weiterhin seinen Schrottplatz betreiben.

1. Bei dem Verbot handelt es sich um die hoheitliche Maßnahme einer Behörde auf dem Gebiet des öffentlichen Rechts zur Regelung eines Einzelfalls mit unmittelbarer Außenwirkung, also um einen Verwaltungsakt im Sinne des § 35 S. 1 VwVfG.

2. Der Kläger begehrt die Aufhebung des Verwaltungsakts. Also ist die Anfechtungsklage die statthafte Klageart.

III. Außerdem müssten die weiteren speziellen Voraussetzungen der Anfechtungsklage vorliegen.

1. Zunächst müsste der Kläger klagebefugt sein, § 42 II VwGO. Er muss geltend machen, durch den Verwaltungsakt in seinen Rechten verletzt zu sein. Eine Privatperson als Adressat eines belastenden Verwaltungsakts ist stets klagebefugt, da in ihre subjektiv-öffentlichen Rechte eingegriffen wird (Adressatentheorie). Es ist zumindest ein Eingriff in die Rechte des Betroffenen aus Art. 14 I GG (Recht am eingerichteten und ausgeübten Gewerbebetrieb) denkbar. B ist Adressat eines belastenden Verwaltungsakts. Folglich ist er klagebefugt.

2. Weiterhin müsste ein Vorverfahren nach §§ 68 ff VwGO ordnungsgemäß, aber erfolglos durchgeführt worden sein.

a. Hieran könnte es fehlen, wenn B den Widerspruch nicht fristgerecht eingelegt hat.

Maßgebend ist die Monatsfrist des § 70 I 1 VwGO. Die Ordnungsverfügung erreichte B am 10.10. durch Postzustellungsurkunde. Nach § 1 I BbgVwZG i.V.m. §§ 2 und 3 VwZG des Bundes ist von der Zustellung des Bescheids am selben Tag auszugehen. Der Widerspruch wurde am 12.11. eingelegt.

Das Fristende bestimmt sich nach §§ 70 I, 57 II VwGO, 222 I ZPO, 188 II BGB. Danach endet die Widerspruchsfrist gegen Bescheide nach einem Monat mit Ablauf des Tages, der ziffermäßig mit dem Tag übereinstimmt, an dem der Bescheid zugestellt wurde. Die Frist endete also an sich am 10.11. um 24.00 Uhr.

Da es sich beim 10.11. nicht um einen Samstag, Sonntag oder gesetzlichen Feiertag handelt (vgl. § 222 II ZPO), war der Widerspruch am 12.11. verspätet.

b. Zu denken ist jedoch an eine Wiedereinsetzung in den vorherigen Stand, § 60 VwGO. Dann müsste § 60 VwGO im Widerspruchsverfahren überhaupt anwendbar sein und B ohne Verschulden eine gesetzliche Frist versäumt haben.

Nach § 70 II VwGO gilt § 60 VwGO auch im Widerspruchsverfahren.

B hat die gesetzliche Monatsfrist des § 70 I 1 VwGO versäumt.

B könnte die Frist jedoch ohne Verschulden versäumt haben. Verschulden ist anzunehmen, wenn der Betroffene die Sorgfalt außer Acht lässt, die für eine Widerspruchs- oder Prozessführung im konkreten Fall geboten und möglich ist. Ein Verschulden des B ist nicht gegeben. Jedoch hat sein Rechtsanwalt R aus Nachlässigkeit und damit schuldhaft die Frist versäumt. R tritt als Vertreter seines Mandanten B auf. Sein Verschulden ist dem B nach §§ 173 VwGO, 85 II ZPO zuzurechnen.

Eine Wiedereinsetzung des B in den vorherigen Stand scheidet also aus.

c. Letztlich kommt eine Heilung der Fristversäumung in Betracht. Die Widerspruchsbehörde hat den Widerspruch nicht als unzulässig zurückgewiesen, sondern sich mit der materiell-rechtlichen Seite auseinandergesetzt und damit „in der Sache entschieden“. Ob dies zu einer Heilung der Fristversäumung führt, ist umstritten und hängt davon ab, ob man § 70 I VwGO als zwingendes Recht ansieht oder nicht.

Wäre § 70 I VwGO als zwingendes Recht zu werten, käme eine Heilung durch die Entscheidung der Widerspruchsbehörde nach Fristablauf nicht in Betracht. Als Argument für diese Lösung könnte man anführen, der Sinn und Zweck des § 70 I VwGO sei es etwa, bei Fristversäumnis einen endgültigen Zustand herbeizuführen und damit Widerspruchsbehörden und Gerichte nicht durch anschließende Rechtsbehelfe zu belasten.

Richtigerweise ist jedoch davon auszugehen, dass der Widerspruchsbehörde trotz der Fristregelung des § 70 I VwGO die Möglichkeit einzuräumen ist, bei einer Fristversäumnis in der Sache zu entscheiden. Hierfür spricht, dass sie die alleinige Sachherrschaft über das Vorverfahren hat, wenn der Widerspruch an sie weitergeleitet wird. Denn sie hat nach dem Wortlaut des § 68 I VwGO auch die Zweckmäßigkeit des Verwaltungsakts zu prüfen. Damit hat sie hinsichtlich der Frage, ob sie sich auf die Verfristung stützen will, einen Entscheidungsspielraum.

Somit führt die Auseinandersetzung und Bescheidung des Widerspruchs durch die Widerspruchsbehörde trotz Fristablaufs zu einer Heilung der Fristversäumung.

d. Also ist ein ordnungsgemäßes Vorverfahren durchgeführt worden.

3. Die Klagefrist des § 74 I 1 VwGO ist gewahrt. B hat die Klage innerhalb der geforderten Wochenfrist erhoben.

4. Richtiger Klagegegner ist die Ordnungsbehörde der Stadt Cottbus gemäß § 78 I Nr. 2 VwGO i.V.m. § 8 II BbgVwGG.

5. Demnach liegen die speziellen Voraussetzungen der Anfechtungsklage vor.

IV. Am Vorliegen der sonstigen Voraussetzungen bestehen keine Zweifel.

V. Also ist die Klage zulässig.

Fazit

1. In dieser Klausur zur Fristenproblematik findet sich ein Exot: ***§ 60 VwGO***, die ***Wiedereinsetzung in den vorherigen Stand***. Spätestens bis zur ersten juristischen Prüfung (Examen) solltet ihr euch mit dieser Vorschrift befasst haben, da sie eine große Rolle in der Praxis spielt.

2. Dass das ***Verschulden eines Bevollmächtigten dem Vertretenen zuzurechnen*** ist, ist ein allgemeiner Rechtsgedanke. Eine spezielle Ausformung kennt ihr sicherlich aus dem BGB AT (Stellvertretung) und aus dem Schuldrecht AT (§ 278 BGB). In ***§ 85 II ZPO*** findet ihr eine Regelung für Rechtsanwälte im Zivilprozess. Es dürfte ausreichen, sich den Rechtsgedanken zu merken.

3. Zu beachten sind auch die unterschiedlichen ***Formen der Zustellung***. Hierzu müsst ihr bei Bedarf unbedingt die §§ 3 ff VwZG des Bundes lesen.

4. Hinsichtlich der Frage, ob durch eine Sachentscheidung der Widerspruchsbehörde die ***Heilung der Verfristung des Widerspruchs*** erfolgt, kann man diese oder jene Meinung vertreten. Der oben vertretenen Ansicht sollte jedenfalls dann gefolgt werden, wenn andernfalls die Klausurlösung „abgewürgt" wird. Aber: Entscheidend sind schlussendlich eure Argumentation und die Toleranz eures Professors.

5. Und noch einmal: Es gibt Bundesländer, in denen sich eine derartige Widerspruchsproblematik nicht stellt.

   Etwa in ***Nordrhein-Westfalen***. Lest bitte spätestens jetzt ***§ 110 JustG NRW*** (Justizgesetz / gültig ab Anfang 2011) bzw. ***§ 6 AG VwGO NW*** (Ausführungsgesetz zur VwGO / gültig bis Ende 2010). Na? In Nordrhein-Westfalen bedarf es der Nachprüfung in einem Vorverfahren – derzeit „befristet" bis zum 31.12.2014 – entgegen § 68 I 1 VwGO grundsätzlich nicht. Das ist in § 110 I 1 JustG NRW (früher § 6 I 1 AG VwGO NW) für die zu erhebende Anfechtungsklage normiert und in § 110 I 2 JustG NRW (früher § 6 I 2 AG VwGO NW) für die Verpflichtungsklage. Lest bitte auch § 110 II und III und IV JustG NRW (früher § 6 II und III und IV AG VwGO NW) lesen. dort findet ihr viele lustige Ausnahmen (von der Ausnahme).

   In ***Niedersachsen*** findet sich in ***§ 8 a I und II Nds. AG VwGO*** eine fast gleichlautende, inhaltlich übereinstimmende Regelung. Auch hier ist die Entbehrlichkeit des Vorverfahrens – mittlerweile nicht mehr zeitlich begrenzt – normiert. Lest bitte ergänzend § 8 a III und IV Nds. AG VwGO.

   In ***Bayern*** formuliert der Gesetzgeber anders. Nach ***Art. 15 I BayAGVwGO*** „kann" der Betroffene in bestimmten Fällen (Ausnahmen) Widerspruch einlegen oder Klage erheben. Der folgende ***Art. 15 II BayAGVwGO*** (Regelfall) normiert, dass das Vorverfahren in allen anderen Konstellationen entfällt. Hey!

   Recherchiert bitte aktuell in eurem Bundesland.

6. Zur Frage, ob ***§ 78 VwGO*** = ***richtiger Klagegegner*** in der Zulässigkeit oder in der Begründetheit zu prüfen ist, bieten die auf dem Markt befindlichen Fallsammlungen und das sonstige Schrifttum kein einheitliches Bild. Innerhalb einer Publikation werden bisweilen sogar beide Wege beschritten. Hier ist die Entscheidung gefallen, § 78 VwGO in der Zulässigkeit zu prüfen bzw. zu benennen. Jedenfalls dürft ihr nicht innerhalb der Klausur über den Aufbau diskutieren. Das tut man nicht.

   In einigen Bundesländern gibt es eine Sonderregelung. So bestimmt z.B. § 8 II BbgVwGG in ***Brandenburg***, dass die Klage nicht gegen die Körperschaft, sondern gegen die Behörde zu richten ist, die den VA erlassen hat.

   Inhaltlich gleiche Regelungen gibt es etwa in ***Mecklenburg-Vorpommern*** (§ 14 II GOrgG) und im ***Saarland*** (§ 19 II AG VwGO).

   Achtung: Bis Ende 2010 gab es auch in ***Nordrhein-Westfalen*** mit § 5 II AG VwGO NW eine entsprechende Regelung. Seit Anfang 2011 ist das AG VwGO NW aber durch das JustG NRW ersetzt worden. Dort findet sich keine dem früher geltenden § 5 II AG VwGO NW gleichende Norm.

Fall 11

Der windige Gastwirt G betreibt in der Stadt Köln (Nordrhein-Westfalen) eine Gaststätte, in der er mehrfach Bier an seinen 14-jährigen Sohn und dessen Schulfreunde ausgeschenkt hat. Als die Ordnungsbehörde dies erfährt, erlässt sie einen schriftlichen Bußgeldbescheid in Höhe von 2.000 €. Hiergegen wehrt sich G nach erfolglosem Einspruch gerichtlich. Dem Einspruch gegen den Bußgeldbescheid wird vom Amtsgericht mangels Beweisen stattgegeben. Dennoch widerruft die zuständige Ordnungsbehörde durch schriftliche Ordnungsverfügung nach §§ 15 II, 4 I Nr. 1 GastG (Gaststättengesetz) die Gaststättenerlaubnis des G nach nochmaliger Anhörung mit der Begründung, diesem fehle die erforderliche Zuverlässigkeit, da er alkoholische Getränke auch an Jugendliche ausschenke. Gegen die Ordnungsverfügung erhebt G Klage vor dem Verwaltungsgericht.

Frage: Hat die Klage Erfolg ?

Lösungsskizze Fall 11

Die Klage hat Erfolg, wenn sie zulässig und begründet ist.

A. Zulässigkeit der Klage

I. Rechtsweg zum Verwaltungsgericht ?

1. Spezialzuweisung vorhanden ? **(–)**

2. Generalzuweisung des § 40 I VwGO ?

= öffentlich-rechtliche Streitigkeit nichtverfassungsrechtlicher Art und keine abdrängende Zuweisung

(Vorüberlegung: Worum geht es im Kern? Die Prozessbeteiligten streiten über den Widerruf einer Gaststättenerlaubnis.***)***

a. öffentlich-rechtliche Streitigkeit ?

= die streitentscheidenden Normen müssen öffentlich-rechtlicher Natur sein, d.h. einen Hoheitsträger als Berechtigten oder Verpflichteten benennen

HIER (+) → die streitentscheidende Norm ist dem GastG zu entnehmen; die Behörde ist in §§ 15 II, 4 I Nr. 1 GastG als Berechtigte benannt

b. nichtverfassungsrechtlicher Art ?

HIER (+) → weder Beteiligung von Verfassungsorganen oder ihnen gleichgestellten Personen an dem Streit noch Streit über Anwendung und Auslegung von Verfassungsrecht

c. keine Zuweisung zu einem anderen Gericht ?

HIER (+) → anderweitige Zuweisung nicht ersichtlich

d. <u>also</u>: Generalzuweisung des § 40 I VwGO **(+)**

3. also: Rechtsweg zum Verwaltungsgericht (+)

II. Statthafte Klageart = Anfechtungsklage, § 42 I VwGO ?

= Kläger begehrt Aufhebung eines Verwaltungsakts (VA)

(***Vorüberlegung:*** Was will der Kläger? Er will seine Gaststätte weiterhin betreiben. Wie kann er das erreichen? Er muss den Widerruf der Gaststättenerlaubnis aus der Welt schaffen. Das kann er möglicherweise mit einer Anfechtungsklage gemäß § 42 I VwGO erreichen. Die Anfechtungsklage ist die statthafte Klageart, wenn der Betroffene die Aufhebung eines VA begehrt.)

1. Verwaltungsakt gemäß § 35 S. 1 VwVfG ?

HIER (+) → hoheitliche Maßnahme einer Behörde auf dem Gebiet des öffentlichen Rechts zur Regelung eines Einzelfalls mit unmittelbarer Außenwirkung

2. also: Kläger begehrt die Aufhebung des VA → Anfechtungsklage (+)

III. Spezielle Voraussetzungen der Anfechtungsklage ?

1. Klagebefugnis, § 42 II VwGO ?

= Kläger muss geltend machen, durch den VA in seinen Rechten verletzt zu sein

HIER (+) → eine Privatperson als Adressat eines belastenden VA ist stets klagebefugt, da in ihre subjektiv-öffentlichen Rechte eingegriffen wird (Adressatentheorie); es ist zumindest ein Eingriff in das Recht des Betroffenen aus Art. 14 I GG (eingerichteter und ausgeübter Gewerbebetrieb) denkbar

2. (Erfolgloses) Vorverfahren, §§ 68 ff VwGO ?

HIER (–), aber: gemäß § 110 I 1 JustG NRW bedarf es – in NRW – vor der Erhebung einer Anfechtungsklage entgegen § 68 I 1 VwGO grundsätzlich nicht der Nachprüfung in einem Vorverfahren

(vgl. in NRW ab 01/2015 → Fall 4, Fazit 5. = Seite 53)

3. Einhaltung der Klagefrist, § 74 I VwGO ?

= hier § 74 I 2 VwGO (weil kein Vorverfahren erforderlich): Klageerhebung innerhalb eines Monats nach Bekanntgabe des VA

HIER (+) → mangels entgegenstehender Anhaltspunkte zu unterstellen

4. Richtiger Klagegegner, § 78 VwGO ?

HIER → gemäß § 78 I Nr. 1 VwGO die Körperschaft, deren Behörde den angefochtenen VA erlassen hat, also die Stadt Köln

5. also: spezielle Voraussetzungen der Anfechtungsklage (+)

IV. Sonstige Zulässigkeitsvoraussetzungen ? (+)

V. Ergebnis:

Zulässigkeit der Klage (+)

B. Begründetheit der Klage

= Rechtswidrigkeit des VA und dadurch Verletzung des Klägers in seinen Rechten, § 113 I 1 VwGO

I. Rechtswidrigkeit des VA ?

= bei formeller und/oder materieller Rechtswidrigkeit des VA; der VA ist jedoch rechtmäßig, wenn er aufgrund einer Ermächtigungsgrundlage formell und materiell rechtmäßig erlassen wurde

1. Ermächtigungsgrundlage ?

HIER → §§ 15 II, 4 I Nr. 1 GastG

2. Formelle Rechtmäßigkeit ?

***a. Zuständigkeit ?* (+)**

b. Verfahren ?

= allgemeine Verfahrensvorschriften, insbesondere Anhörung nach § 28 I VwVfG NRW und ggf. Sondervorschriften der anwendbaren Gesetze des Besonderen Verwaltungsrechts

HIER (+) → Anhörung hat stattgefunden

c. Form ?

= allgemeine Formvorschriften nach §§ 37 und 39 VwVfG NRW und ggf. Sondervorschriften der anwendbaren Gesetze des Besonderen Verwaltungsrechts

HIER (+) → Formvorschrift des § 20 OBG NRW wurde eingehalten

***d. also: formelle Rechtmäßigkeit* (+)**

3. Materielle Rechtmäßigkeit ?

= Voraussetzungen der Ermächtigungsgrundlage
→ §§ 15 II, 4 I Nr. 1 GastG

a. Fall des § 4 I Nr. 1 GastG ?

= mangelnde Zuverlässigkeit u.a. im Hinblick auf Verstöße gegen den Jugendschutz; unzuverlässig i.S.d. § 4 I Nr. 1 GastG ist, wer nach Charakter und persönlichem Verhalten nicht die Gewähr für eine ordnungs- und gesetzgemäße Führung seines Betriebes bietet

HIER (+) → Ausschank alkoholischer Getränke an Jugendliche unter 16 Jahren entgegen § 9 I Nr. 2 JuSchG

b. nachträgliches Eintreten von Tatsachen, die die Versagung der Erlaubnis rechtfertigen würden ?

HIER (–) → der Sachverhalt weist darauf hin, dass solche Tatsachen nicht nachweisbar sind (Verfahren vor dem Amtsgericht)

***c. also: materielle Rechtmäßigkeit* (–)**

***4. also: Rechtmäßigkeit des VA* (–) → *somit Rechtswidrigkeit des VA* (+)**

II. Verletzung der Rechte des Klägers durch den VA ?

HIER (+) → Verletzung des Rechts des Klägers aus Art. 14 GG, ein Gewerbe zu führen

III. Ergebnis:

Begründetheit der Klage (+)

C. Ergebnis:

Zulässigkeit und Begründetheit der Klage (+); also Erfolg der Klage (+)

Formulierungsvorschlag Fall 11

Die Klage hat Erfolg, wenn sie zulässig und begründet ist.

A. Die Klage des G müsste zulässig sein.

I. Der Rechtsweg zum Verwaltungsgericht müsste gegeben sein.

1. Eine gesetzliche Spezialzuweisung ist nicht ersichtlich.

2. Die Generalzuweisung des § 40 I VwGO wäre gegeben, wenn es sich bei dem Widerruf der Gaststättenerlaubnis um eine öffentlich-rechtliche Streitigkeit nichtverfassungsrechtlicher Art handelt und keine anderweitige Zuweisung vorliegt.

a. Die streitentscheidenden Normen müssten öffentlich-rechtlicher Natur sein, d.h. einen Hoheitsträger als Berechtigten oder als Verpflichteten benennen. Die Beteiligten streiten über den Entzug der Gaststättenerlaubnis. Ermächtigungsgrundlage für das Handeln durch die Behörde sind §§ 15 II, 4 I Nr. 1 GastG. Das GastG ist öffentlich-rechtlicher Natur.

b. Da weder Verfassungsorgane oder ihnen gleichgestellte Personen an dem Streit beteiligt sind noch Streit über Anwendung und Auslegung von Verfassungsrecht herrscht, ist die Streitigkeit nichtverfassungsrechtlicher Art.

c. Eine Zuweisung zu einem anderen Gericht ist nicht ersichtlich.

d. Demnach sind die Voraussetzungen der Generalzuweisung des § 40 I VwGO erfüllt.

3. Der Rechtsweg zum Verwaltungsgericht ist eröffnet.

II. Statthafte Klageart könnte die Anfechtungsklage sein, § 42 I VwGO.

Dann müsste der Kläger die Aufhebung eines Verwaltungsakts begehren. G will weiterhin seine Gaststätte betreiben.

1. Bei dem Widerruf der Erlaubnis handelt es sich um die hoheitliche Maßnahme einer Behörde auf dem Gebiet des öffentlichen Rechts zur Regelung eines Einzelfalls mit unmittelbarer Außenwirkung, also um einen Verwaltungsakt im Sinne des § 35 S. 1 VwVfG.

2. G begehrt die Aufhebung des Widerrufsbescheids, um seine Gaststätte weiterbetreiben zu können. Also ist die Anfechtungsklage die statthafte Klageart.

III. Außerdem müssten die weiteren speziellen Voraussetzungen der Anfechtungsklage vorliegen.

1. Zunächst müsste der Kläger klagebefugt sein, § 42 II VwGO. Er muss geltend machen, durch den Verwaltungsakt in seinen Rechten verletzt zu sein. Eine Privatperson als Adressat eines belastenden Verwaltungsakts ist stets klagebefugt, da in ihre subjektiv-öffentlichen Rechte eingegriffen wird (Adressatentheorie). Es ist zumindest ein Eingriff in die Rechte des G aus Art. 14 GG (Recht am eingerichteten und ausgeübten Gewerbebetrieb) denkbar. G ist Adressat eines belastenden Verwaltungsakts. Folglich ist er klagebefugt.

2. G hat zwar das nach § 68 I 1 VwGO an sich erforderliche Vorverfahren nicht (erfolglos) durchgeführt. In Nordrhein-Westfalen bedarf es aber vor der Erhebung einer Anfechtungsklage grundsätzlich nicht der Nachprüfung in einem Vorverfahren, § 110 I 1 JustG NRW.

3. Von der Einhaltung der Klagefrist (hier § 74 I 2 VwGO) ist auszugehen.

4. Richtiger Klagegegner ist die Körperschaft, deren Behörde den angefochtenen Verwaltungsakt erlassen hat (§ 78 I Nr. 1 VwGO), also die Stadt Köln.

5. Demnach liegen die speziellen Voraussetzungen der Anfechtungsklage vor.

IV. Am Vorliegen der sonstigen Voraussetzungen bestehen keine Zweifel.

V. Also ist die Klage zulässig.

B. Die Klage müsste auch begründet sein.

Begründet ist eine Anfechtungsklage, wenn der Verwaltungsakt rechtswidrig ist und der Kläger dadurch in seinen Rechten verletzt ist, § 113 I 1 VwGO.

I. Der Bescheid der Ordnungsbehörde müsste rechtswidrig sein. In Betracht kommt die formelle und/oder materielle Rechtswidrigkeit des Verwaltungsakts.

Der Verwaltungsakt ist jedoch rechtmäßig, wenn er aufgrund einer Ermächtigungsgrundlage formell und materiell rechtmäßig erlassen wurde.

1. Da G bereits Inhaber einer Erlaubnis im Sinne des §§ 2, 3 GastG ist, kommt eine Versagung der Erlaubnis gemäß § 4 GastG nicht in Betracht. Da es um den Entzug, nicht aber um die Nichterteilung der Gaststättenerlaubnis geht, kommen als Ermächtigungsgrundlage §§ 15 II, 4 I Nr. 1 GastG in Betracht.

2. Zunächst müsste der Bescheid formell rechtmäßig sein.

a. Der Bescheid wurde von der zuständigen Ordnungsbehörde erlassen.

b. Verstöße gegen Verfahrensvorschriften sind nicht ersichtlich. Insbesondere hat eine Anhörung nach § 28 I VwVfG NRW stattgefunden.

c. Auch die Formvorschrift des § 20 OBG NRW wurde beachtet.

d. Mithin ist der Bescheid formell rechtmäßig.

3. Weiterhin müsste der Bescheid materiell rechtmäßig sein. Dann müssten die Voraussetzungen des § 15 II GastG vorliegen. Nach der genannten Norm ist die Erlaubnis zum Betrieb eines Gaststättengewerbes dann zu widerrufen, wenn nachträglich Tatsachen eintreten, die die Versagung der Erlaubnis nach § 4 I Nr. 1 GastG rechtfertigen würden.

a. Nach § 4 I Nr. 1 GastG ist die Erlaubnis zu versagen, wenn Tatsachen die Annahme rechtfertigen, dass der Inhaber nicht die für den Gewerbebetrieb erforderliche Zuverlässigkeit besitzt. Unzuverlässig im Sinne des § 4 I Nr. 1 GastG ist, wer nach Charakter und persönlichem Verhalten nicht die Gewähr für eine ordnungs- und gesetzmäßige Führung seines Betriebes bietet. G könnte wegen des Verstoßes gegen Vorschriften des Jugendschutzes unzuverlässig im Sinne dieser Norm sein. Die Ordnungsbehörde wirft dem G vor, er habe in seiner Gaststätte Bier an 14-jährige Personen ausgeschenkt. Dies wäre als ein Verstoß gegen § 9 I Nr. 2 JuSchG, also als ein Verstoß gegen eine Vorschrift des Jugendschutzes zu werten.

b. Da die Gaststättenerlaubnis bereits erteilt wurde, müssten nachträglich Tatsachen eingetreten sein, die auf einen solchen Verstoß hinweisen. Im Verfahren vor dem Amtsgericht wegen der Verhängung eines Bußgeldes konnte die Ordnungsbehörde solche Tatsachen aber gerade nicht nachweisen. Ob G also wirklich gegen § 9 I Nr. 2 JuSchG verstoßen hat, ist nicht zu beweisen.

c. Der Bescheid der Ordnungsbehörde ist demnach nicht materiell rechtmäßig.

4. Mangels Rechtmäßigkeit ist der Verwaltungsakt rechtswidrig.

II. Der Bescheid verletzte den Kläger auch in seinem Recht auf Ausübung eines Gewerbes.

III. Die Klage ist damit begründet.

C. Die Klage ist zulässig und begründet, hat also Erfolg.

Fazit

1. Bis zum vorigen Fall seid ihr nur mit der Frage der ***Zulässigkeit*** von Anfechtungsklagen gequält worden. Dies ist aber nur ein Teil, den ihr in einer Klausur zu bewältigen habt. Meist problematischer ist die ***Begründetheit*** der verwaltungsgerichtlichen Klage. Dort müsst ihr euch mit den materiellen Problemen des Klausurfalles auseinandersetzen. Gerade die materiellen Probleme bilden meist – aber nicht immer – den Schwerpunkt der Arbeit.

   Das vorliegende Buch beschränkt sich darauf, im Rahmen der Begründetheit den Aufbau und allgemeine Probleme vorzustellen.

2. Die ***Prüfung der Rechtswidrigkeit des Verwaltungsakts*** wird grob in drei Abschnitte eingeteilt:

   - die Feststellung, welche Ermächtigungsgrundlage einschlägig ist
   - die formelle Rechtmäßigkeit und
   - die materielle Rechtmäßigkeit.

   Die Reihenfolge ist zwingend. Allerdings wird der erste Abschnitt von manchen Lehrbuchautoren weggelassen. Die Feststellung der Ermächtigungsgrundlage ist aber notwendig, weil sie die Basis für die beiden folgenden Abschnitte bildet. Insbesondere hängen von der Ermächtigungsgrundlage die Zuständigkeit und gegebenenfalls besondere Vorschriften des Verfahrens oder Formvorschriften ab.

Die Prüfungsreihenfolge im zweiten Abschnitt (formelle Rechtmäßigkeit) ist nicht zwingend, aber sinnvoll.

Im dritten Abschnitt (materielle Rechtmäßigkeit) prüft ihr ein Tatbestandsmerkmal der Ermächtigungsgrundlage nach dem anderen.

3. Seht euch den ***Obersatz zur Begründetheit*** an, der sich aus ***§ 113 I 1 VwGO*** ableitet. Eigentlich wäre es konsequent, wenn man die Abschnitte nicht etwa „formelle und materielle Rechtmäßigkeit", sondern „formelle und materielle Rechtswidrigkeit" benennen würde. Aber das ist nun einmal nicht üblich. Wie ihr den Übergang zu dieser „negativen" Prüfung findet, habt ihr in der Lösungsskizze und im Formulierungsvorschlag gesehen.

4. Eine kurze allgemeine Bemerkung zum Abschnitt ***Ermächtigungsgrundlage***. Da sich der Kläger bei der Anfechtungsklage gegen einen ihn belastenden Verwaltungsakt wendet, muss sich die Behörde, die ihn erlassen hat, auf eine gesetzliche oder aus einem Gesetz abzuleitende Rechtsgrundlage stützen können. Dies folgt aus dem Grundsatz des ***„Vorbehalts des Gesetzes"***, der zu den Grundpfeilern des Verwaltungsrechts zählt.

5. Die ***formelle Rechtmäßigkeit*** ist in aller Regel ganz knapp abzuhandeln, es sei denn, bei Zuständigkeit, Verfahren und Form ergeben sich Probleme. In NRW gibt es zur Form der Bescheide von Ordnungsbehörden eine spezielle Vorschrift: § 20 I 1 OBG NRW. Grundsätzlich sind danach Ordnungsverfügungen schriftlich zu erlassen bzw. später zu bestätigen. Dies ist im Regelfall gegeben und daher unproblematisch. In manchen Bundesländern fehlt eine entsprechende Vorschrift. Schaut in das für euch einschlägige Gesetz unter Form bzw. Schriftform.

6. Im folgenden Prüfungspunkt ***materielle Rechtmäßigkeit*** prüft ihr dann, ob die Voraussetzungen der Ermächtigungsgrundlage vorliegen.

7. ***Zum Aufbau:*** Wenn – wie hier – nicht alle Voraussetzungen der Ermächtigungsgrundlage erfüllt sind, ist die materielle Rechtmäßigkeit zu verneinen. Damit fehlt es an der Rechtmäßigkeit des VA. Also könnt ihr (Umkehrschluss) den Prüfungspunkt ***I. Rechtswidrigkeit des VA*** insgesamt bejahen. Anschließend müsst ihr kurz feststellen oder gegebenenfalls erläutern, dass oder ob eine ***II. Verletzung der Rechte des Klägers durch den VA*** vorliegt. Meist bereitet es keine Probleme, eine solche Verletzung festzustellen. Dann dürft ihr zu dem ***III. Ergebnis*** kommen, dass die Klage begründet ist. Vergesst nicht, unter ***C. Ergebnis*** ein Endergebnis zu formulieren. Vermerkt mit wenigen Worten, dass die Klage zulässig und begründet ist. Solltet ihr – wie hier – nach dem Erfolg der Klage gefragt worden sein, müsst ihr wenige zusätzliche Worte zu Papier bringen. Denn sonst ist das Ergebnis unvollständig. Unklar? Blättert zurück und schaut noch einmal nach.

Fall 12

Der in Wuppertal (Nordrhein-Westfalen) lebende A ist ein ehemaliger leidenschaftlicher Hobbyjäger. In seinem Arbeitszimmer hängt neben einschlägigen Jagdtrophäen ein Jagdgewehr. Eines Tages stellt A das Gewehr neben einen im Zimmer befindlichen Schrank, vergisst jedoch, es gänzlich zu entladen. Enkel E, der die Begeisterung seines Opas für Schusswaffen geerbt hat, schleicht in das Arbeitszimmer und fingert an der Flinte herum. Dabei löst sich ein Schuss, der E leicht verletzt. Die zuständige Ordnungsbehörde erhält von dem Vorfall am 05.05. Kenntnis und erklärt mit Bescheid vom 06.05. ohne vorherige Anhörung gemäß §§ 45 II, 10 I, 4 I, 5 I Nr. 2 b) WaffG den Widerruf der Waffenbesitzkarte. Hiergegen erhebt A Klage.

Frage: Hat die Klage Erfolg ?

Lösungsskizze Fall 12

Die Klage hat Erfolg, wenn sie zulässig und begründet ist.

A. Zulässigkeit der Klage

I. Rechtsweg zum Verwaltungsgericht ?

1. Spezialzuweisung vorhanden ? **(–)**

2. Generalzuweisung des § 40 I VwGO ?

= öffentlich-rechtliche Streitigkeit nichtverfassungsrechtlicher Art und keine abdrängende Zuweisung

(Vorüberlegung: Worum geht es im Kern? Die Prozessbeteiligten streiten über die Rechtmäßigkeit des Widerrufs einer Waffenbesitzkarte durch die Ordnungsbehörde.***)***

a. öffentlich-rechtliche Streitigkeit ?

= die streitentscheidenden Normen müssen öffentlich-rechtlicher Natur sein, d.h. einen Hoheitsträger als Berechtigten oder Verpflichteten benennen

HIER (+) → die streitentscheidende Norm ist dem Waffengesetz (WaffG) zu entnehmen; die Behörde ist in § 45 II WaffG als Berechtigte benannt

b. nichtverfassungsrechtlicher Art ?

HIER (+) → weder Beteiligung von Verfassungsorganen oder ihnen gleichgestellten Personen an dem Streit noch Streit über Anwendung und Auslegung von Verfassungsrecht

c. keine Zuweisung zu einem anderen Gericht ?

HIER (+) → anderweitige Zuweisung nicht ersichtlich

d. also: Generalzuweisung des § 40 I VwGO **(+)**

3. also: Rechtsweg zum Verwaltungsgericht **(+)**

II. Statthafte Klageart = Anfechtungsklage, § 42 I VwGO ?

= Kläger begehrt Aufhebung eines Verwaltungsakts (VA)

(Vorüberlegung: Was will der Kläger? Er will sein Gewehr weiterhin behalten. Dies kann er jedoch nicht, da ihm die erforderliche Waffenbesitzkarte entzogen wurde. Mittels einer Anfechtungsklage gemäß § 42 I VwGO kann A möglicherweise den Widerruf der Waffenbesitzkarte rückgängig machen. Die Anfechtungsklage ist die statthafte Klageart, wenn der Betroffene die Aufhebung eines VA begehrt.*)*

1. Verwaltungsakt gemäß § 35 S. 1 VwVfG ?

HIER (+) → hoheitliche Maßnahme einer Behörde auf dem Gebiet des öffentlichen Rechts zur Regelung eines Einzelfalls mit unmittelbarer Außenwirkung

2. also: Kläger begehrt die Aufhebung des VA → Anfechtungsklage **(+)**

III. Spezielle Voraussetzungen der Anfechtungsklage ?

1. Klagebefugnis, § 42 II VwGO ?

= Kläger muss geltend machen, durch den VA in seinen Rechten verletzt zu sein

HIER (+) → eine Privatperson als Adressat eines belastenden VA ist stets klagebefugt, da in ihre subjektiv-öffentlichen Rechte eingegriffen wird (Adressatentheorie); es ist zumindest ein Eingriff in die Rechte des Betroffenen aus Art. 2 I GG (allgemeine Handlungsfreiheit) denkbar

2. (Erfolgloses) Vorverfahren, §§ 68 ff VwGO ?

HIER (–), aber: gemäß § 110 I 1 JustG NRW bedarf es – in NRW – vor der Erhebung einer Anfechtungsklage entgegen § 68 I 1 VwGO grundsätzlich nicht der Nachprüfung in einem Vorverfahren

(vgl. in NRW ab 01/2015 → Fall 4, Fazit 5. = Seite 53)

3. Einhaltung der Klagefrist, § 74 I VwGO ?

= hier § 74 I 2 VwGO (weil kein Vorverfahren erforderlich): Klageerhebung innerhalb eines Monats nach Bekanntgabe des VA

HIER (+) → mangels entgegenstehender Anhaltspunkte zu unterstellen

4. Richtiger Klagegegner, § 78 VwGO ?

HIER → gemäß § 78 I Nr. 1 VwGO die Körperschaft, deren Behörde den angefochtenen VA erlassen hat, also die Stadt Wuppertal

5. also: spezielle Voraussetzungen der Anfechtungsklage **(+)**

IV. Sonstige Zulässigkeitsvoraussetzungen ? **(+)**

V. Ergebnis:

Zulässigkeit der Klage (+)

B. Begründetheit der Klage

= Rechtswidrigkeit des VA und dadurch Verletzung des Klägers in seinen Rechten, § 113 I 1 VwGO

I. Rechtswidrigkeit des Verwaltungsakts ?

= bei formeller und/oder materieller Rechtswidrigkeit des VA; der VA ist jedoch rechtmäßig, wenn er aufgrund einer Ermächtigungsgrundlage formell und materiell rechtmäßig erlassen wurde

1. Ermächtigungsgrundlage ?

HIER → § 45 II WaffG

2. Formelle Rechtmäßigkeit ?

***a. Zuständigkeit ?* (+)**

b. Verfahren ?

= allgemeine Verfahrensvorschriften, insbesondere Anhörung nach § 28 I VwVfG NRW und ggf. Sondervorschriften der anwendbaren Gesetze des Besonderen Verwaltungsrechts

aa. Anhörung gemäß § 28 I VwVfG NRW ?

HIER (–) → eine Anhörung hat nicht stattgefunden

bb. Entbehrlichkeit der Anhörung nach § 28 II VwVfG NRW ?

HIER (–) → zwar kann von der Anhörung nach § 28 II Nr. 1 VwVfG NRW abgesehen werden, wenn wegen Gefahr im Verzug eine sofortige Entscheidung notwendig ist; die Notwendigkeit einer sofortigen Entscheidung besteht dann, wenn durch die Anhörung ein Zeitverlust eintreten würde, der dem Zweck des VA widerspräche und mit hoher Wahrscheinlichkeit zum Eintritt eines Schadens führt; der Eintritt eines weiteren Schadens ist aber dem Sachverhalt nicht zu entnehmen; Enkel E ist bereits verletzt; es kann davon ausgegangen werden, dass A sein Gewehr entsprechend sichert, sodass sich weitere vergleichbare Unfälle nicht mehr ereignen werden; zumindest fehlt es an einer hohen Wahrscheinlichkeit für weitere Schadensfälle; andere Varianten des § 28 II VwVfG NRW greifen ebenfalls nicht; also durfte von der Anhörung nicht abgesehen werden; ein Verfahrensfehler liegt demnach vor

cc. Heilung des Verfahrensmangels ?

HIER (+) → der Verfahrensfehler ist jedoch nach § 45 VwVfG NRW geheilt; nach § 45 II VwVfG NRW sind bestimmte Verfahrensfehler, zu denen auch die Nichtvornahme einer Anhörung gehört, unbeachtlich, wenn sie bis zum Abschluss des verwaltungsgerichtlichen Verfahrens nachgeholt werden; durch die Unterredung zwischen A und dem zuständigen Sachbearbeiter hat A seine Sicht der Dinge vorbringen können; der Verfahrensfehler ist damit geheilt

***dd. also: Nachholung der Anhörung* (+) *und damit Verfahren* (+)**

c. Form ?
= allgemeine Formvorschriften nach §§ 37 und 39 VwVfG NRW und ggf. Sondervorschriften der anwendbaren Gesetze des Besonderen Verwaltungsrechts

HIER (+) → alle Formvorschriften wurden eingehalten

***d. also: formelle Rechtmäßigkeit* (+)**

3. Materielle Rechtmäßigkeit ?
= Voraussetzungen der Ermächtigungsgrundlage
→ § 45 II WaffG

a. Erlaubnis nach dem WaffG ?

HIER (+) → Waffenbesitzkarte nach § 10 I WaffG

b. nachträgliches Eintreten von Tatsachen, die zur Versagung der Erlaubnis hätten führen müssen ?

HIER (+) → Verstoß gegen § 5 I Nr. 2 b) WaffG; A hat das Gewehr nicht genügend gesichert, sodass ein Kind es in die Hände bekommen konnte; ferner war die Waffe zu diesem Zeitpunkt noch in geladenem Zustand

***c. also: materielle Rechtmäßigkeit* (+)**

***4. Verhältnismäßigkeit des VA* (+)**

***5. also: Rechtmäßigkeit des VA* (+) → *somit Rechtswidrigkeit des VA* (–)**

II. Ergebnis:
Begründetheit der Klage (–)

C. Ergebnis:
zwar Zulässigkeit (+), aber Begründetheit der Klage (–); also Erfolg der Klage (–)

Formulierungsvorschlag Fall 12

Die Klage hat Erfolg, wenn sie zulässig und begründet ist.

A. Die Klage des A müsste zulässig sein.

I. Der Rechtsweg zum Verwaltungsgericht müsste eröffnet sein.

1. Eine gesetzliche Spezialzuweisung ist nicht ersichtlich.

2. Die Generalzuweisung des § 40 I VwGO wäre gegeben, wenn es sich bei dem Widerruf der Waffenbesitzkarte um eine öffentlich-rechtliche Streitigkeit nichtverfassungsrechtlicher Art handelt und keine anderweitige Zuweisung vorliegt.

a. Die streitentscheidenden Normen müssten öffentlich-rechtlicher Natur sein, d.h. einen Hoheitsträger als Berechtigten oder als Verpflichteten benennen.

Die Beteiligten streiten über den Widerruf einer Waffenbesitzkarte durch die Ordnungsbehörde. Diese Maßnahme ist in § 45 II WaffG geregelt und wird von der Ordnungsbehörde durchgeführt. Das WaffG ist also öffentlich-rechtlicher Natur.

b. Da weder Verfassungsorgane oder ihnen gleichgestellte Personen an dem Streit beteiligt sind noch Streit über Anwendung und Auslegung von Verfassungsrecht herrscht, ist die Streitigkeit nichtverfassungsrechtlicher Art.

c. Eine Zuweisung zu einem anderen Gericht ist nicht ersichtlich.

d. Demnach sind die Voraussetzungen der Generalzuweisung des § 40 I VwGO erfüllt.

3. Der Rechtsweg zum Verwaltungsgericht ist eröffnet.

II. Statthafte Klageart könnte die Anfechtungsklage sein, § 42 I VwGO.

Dann müsste der Kläger die Aufhebung eines Verwaltungsakts begehren. A will das Jagdgewehr weiterhin in seinem Besitz behalten.

1. Bei dem Widerruf der Waffenbesitzkarte handelt es sich um die hoheitliche Maßnahme einer Behörde auf dem Gebiet des öffentlichen Rechts zur Regelung eines Einzelfalls mit unmittelbarer Außenwirkung, also um einen Verwaltungsakt im Sinne des § 35 S. 1 VwVfG.

2. Der Kläger begehrt die Aufhebung des Verwaltungsakts. Also ist die Anfechtungsklage die statthafte Klageart.

III. Außerdem müssten die weiteren speziellen Voraussetzungen der Anfechtungsklage vorliegen.

1. Zunächst müsste der Kläger klagebefugt sein, § 42 II VwGO. Er muss geltend machen, durch den Verwaltungsakt in seinen Rechten verletzt zu sein. Eine Privatperson als Adressat eines belastenden Verwaltungsakts ist stets klagebefugt, da in ihre subjektiv-öffentlichen Rechte eingegriffen wird (Adressatentheorie). Es ist zumindest ein Eingriff in die Rechte des Betroffenen aus Art. 2 I GG (allgemeine Handlungsfreiheit) denkbar. A ist Adressat eines belastenden Verwaltungsakts. Folglich ist er klagebefugt.

2. A hat zwar das nach § 68 I 1 VwGO an sich erforderliche Vorverfahren nicht (erfolglos) durchgeführt. In Nordrhein-Westfalen bedarf es aber vor der Erhebung einer Anfechtungsklage grundsätzlich nicht der Nachprüfung in einem Vorverfahren, § 110 I 1 JustG NRW.

3. Von der Einhaltung der Klagefrist (hier § 74 I 2 VwGO) ist auszugehen.

4. Richtiger Klagegegner ist die Körperschaft, deren Behörde den angefochtenen Verwaltungsakt erlassen hat (§ 78 I Nr. 1 VwGO), also die Stadt Wuppertal.

5. Demnach liegen die speziellen Voraussetzungen der Anfechtungsklage vor.

IV. Am Vorliegen der sonstigen Voraussetzungen bestehen keine Zweifel.

V. Also ist die Klage zulässig.

B. Die Klage müsste auch begründet sein.

Begründet ist die Anfechtungsklage, wenn der Verwaltungsakt rechtswidrig ist und der Kläger dadurch in seinen Rechten verletzt ist, § 113 I 1 VwGO.

I. Der Bescheid der Ordnungsbehörde müsste rechtswidrig sein. In Betracht kommt die formelle und/oder materielle Rechtswidrigkeit des Verwaltungsakts.

Der Verwaltungsakt ist jedoch rechtmäßig, wenn er aufgrund einer Ermächtigungsgrundlage formell und materiell rechtmäßig erlassen wurde.

1. Als Ermächtigungsgrundlage kommt § 45 II WaffG in Betracht.

2. Zunächst müsste der Bescheid formell rechtmäßig sein.

a. Der Bescheid wurde von der zuständigen Ordnungsbehörde erlassen.

b. Es könnte aber ein Verstoß gegen Verfahrensvorschriften vorliegen. Grundsätzlich wäre es notwendig gewesen, den A nach § 28 I VwVfG NRW anzuhören, da der Widerruf der Waffenbesitzkarte als belastender Verwaltungsakt in die Rechte des A eingreift.

Nach § 28 II Nr. 1 VwVfG NRW kann von einer Anhörung aber abgesehen werden, wenn wegen Gefahr im Verzug eine sofortige Entscheidung notwendig erscheint. Dies ist dann der Fall, wenn durch die Anhörung ein Zeitverlust entstünde, der dem Zweck des Verwaltungsakts widerspräche und mit hoher Wahrscheinlichkeit zum Eintritt eines Schadens führt. Der Eintritt eines weiteren Schadens ist aber dem Sachverhalt nicht zu entnehmen. Enkel E ist bereits verletzt. Weiterhin kann davon ausgegangen werden, dass A sein Gewehr entsprechend sichert, sodass sich weitere vergleichbare Unfälle nicht mehr ereignen werden. Zumindest fehlt es an einer hohen Wahrscheinlichkeit für weitere Schadensfälle. Also sind die Voraussetzungen des § 28 II Nr. 1 VwVfG NRW nicht erfüllt. Andere Varianten des § 28 II VwVfG NRW greifen nicht. Also durfte von der Anhörung nicht abgesehen werden. Ein Verfahrensfehler liegt demnach vor.

Der Verfahrensfehler könnte aber nach § 45 VwVfG NRW geheilt sein. Nach § 45 II VwVfG NRW sind bestimmte Verfahrensfehler, zu denen auch die Nichtvornahme einer Anhörung gehört, unbeachtlich, wenn sie bis zum Abschluss des verwaltungsgerichtlichen Verfahrens nachgeholt werden. Durch die Unterredung zwischen A und dem zuständigen Sachbearbeiter hat A seine Sicht der Dinge noch innerhalb des Vorverfahrens vorbringen können.

Der Verfahrensfehler ist damit geheilt. Also ist letztlich von einem ordnungsgemäßen Verfahren auszugehen.

c. Auch die Formvorschriften wurden beachtet.

d. Mithin ist der Bescheid formell rechtmäßig.

3. Weiterhin müsste der Bescheid materiell rechtmäßig sein. Dann müssten die Voraussetzungen des § 45 II WaffG vorliegen. Nach der genannten Norm ist auch die Waffenbesitzkarte als Erlaubnis nach dem WaffG zu widerrufen, wenn nachträglich Tatsachen eintreten, die zur Versagung der Erlaubnis hätten führen müssen.

a. A besitzt eine Waffenbesitzkarte, also eine Erlaubnis nach dem WaffG.

b. Weiterhin müssten nachträglich Tatsachen eintreten, die die Versagung der Erlaubnis rechtfertigen. Eine Versagung ist zulässig bei fehlender Zuverlässigkeit im Sinne von § 5 WaffG. Nach § 5 I Nr. 2 b) WaffG muss eine Person, die Waffen oder Munition besitzt, diese sorgfältig verwahren. A hat das Gewehr nicht genügend gesichert, sodass ein Kind es in die Hände bekommen konnte. Ferner war die Waffe zu diesem Zeitpunkt noch in geladenem Zustand. A hat das Gewehr nicht sorgfältig verwahrt. Ihm fehlt folglich die erforderliche Zuverlässigkeit.

c. Der Bescheid der Ordnungsbehörde ist demnach auch materiell rechtmäßig.

4. Der Verwaltungsakt ist auch verhältnismäßig.

5. Wegen der Rechtmäßigkeit ist der Verwaltungsakt nicht rechtswidrig.

II. Die Klage ist damit nicht begründet.

C. Die Klage ist zwar zulässig, aber nicht begründet. Also hat sie keinen Erfolg.

Fazit

1. Schwerpunkt des Falles war die Frage der ***Heilung des Verfahrensmangels „fehlende Anhörung“***. In der vorliegenden Fallkonstellation war die Lösung aber noch ziemlich einfach. Nimmt man eine „Gefahr im Verzug“ an, dann ist im Rahmen des auszuübenden Ermessens („Von der Anhörung kann abgesehen werden ...“) eine Güterabwägung zwischen dem geschützten Rechtsgut einerseits und dem beeinträchtigten Rechtsgut andererseits vorzunehmen.

2. Normalerweise geht die Behörde in einem Fall wie dem vorliegenden noch weiter, indem sie die Sicherstellung der Waffe anordnet und die Maßnahme für sofort vollziehbar erklärt, § 80 II Nr. 4 VwGO. Die Anordnung der Sicherstellung und die Anordnung der sofortigen Vollziehung sind weitere selbstständige Verwaltungsakte, gegen die der Betroffene (auch jeweils) klagen kann.

   Wenn ihr in einer Klausur auf dem Klageweg gegen die beiden zusätzlichen Anordnungen vorgehen wolltet, läge eine Klagehäufung nach § 44 VwGO vor.

3. Der Fall bietet überdies die Gelegenheit, euch auf ein beliebtes Begriffspaar hinzuweisen, nämlich ***Rücknahme*** und ***Widerruf***.

   Rücknahme: Eine Erlaubnis, Genehmigung wird zurückgenommen, wenn sie ***von Anfang an rechtswidrig*** war.

   Widerruf: Eine Erlaubnis, Genehmigung wird widerrufen, wenn der VA ursprünglich rechtmäßig war und ***nachträglich Tatsachen eintreten***, die diesen ***ursprünglich rechtmäßigen Zustand*** rechtswidrig werden lassen.

   Die thematisch wichtigsten Normen sind ***§ 48 und § 49 VwVfG***. Schenkt euch ein paar erhellende Minuten: Lest die Vorschriften. Nicht später. Jetzt!

Fall 13

Bauer B aus Köln (Nordrhein-Westfalen) hat einen Schimmel geerbt. Da er aber bereits seit Kindertagen eine starke Abneigung gegen Reittiere hat, kommt wenig Freude auf. Zwar schafft B mit Rücksicht auf den Familienfrieden in einer Scheune Platz, beim Kauf von Futter ist er aber äußerst sparsam. Zwangsläufig wird das Pferd krank. Der untersuchende Tierarzt weist auf die unzureichende Ernährung als Grund für den schlechten Zustand des Tieres hin. Als nach zwei Wochen keine Änderung eintritt, benachrichtigt der Arzt am 20.09. die zuständige Ordnungsbehörde. Diese ordnet noch am selben Tag unter Berufung auf das Tierschutzgesetz (TierSchG) in einem Bescheid schriftlich an, dass „das Pferd nunmehr angemessen zu ernähren" sei. Hiergegen erhebt B Klage vor dem zuständigen Verwaltungsgericht. In einem dann folgenden seitens der Ordnungsbehörde initiierten Gespräch zeigt sich B uneinsichtig.

Frage: Hat die Klage Erfolg ?

Hinweis: Geht davon aus, dass sich der Zustand des Tieres nicht wesentlich verschlechtert, wenn es noch eine Zeit lang in vergleichbarer Weise gefüttert wird.

Lösungsskizze Fall 13

Die Klage hat Erfolg, wenn sie zulässig und begründet ist.

A. Zulässigkeit der Klage

I. Rechtsweg zum Verwaltungsgericht ?

1. Spezialzuweisung vorhanden ? **(–)**

2. Generalzuweisung des § 40 I VwGO ?
= öffentlich-rechtliche Streitigkeit nichtverfassungsrechtlicher Art und keine abdrängende Zuweisung

(Vorüberlegung: Worum geht es im Kern? Die Prozessbeteiligten streiten über die Anordnung der Ordnungsbehörde, wonach B den Schimmel angemessen zu ernähren hat.***)***

a. öffentlich-rechtliche Streitigkeit ?
= die streitentscheidenden Normen müssen öffentlich-rechtlicher Natur sein, d.h. einen Hoheitsträger als Berechtigten oder Verpflichteten benennen

HIER (+) → die streitentscheidende Norm ist dem Tierschutzgesetz (TierSchG) zu entnehmen; die Behörde ist als Berechtigte in § 16 a TierSchG benannt

b. nichtverfassungsrechtlicher Art ?

HIER (+) → weder Beteiligung von Verfassungsorganen oder ihnen gleichgestellten Personen an dem Streit noch Streit über Anwendung und Auslegung von Verfassungsrecht

c. keine Zuweisung zu einem anderen Gericht ?

HIER (+) → anderweitige Zuweisung nicht ersichtlich

d. also: Generalzuweisung des § 40 I VwGO (+)

3. also: Rechtsweg zum Verwaltungsgericht (+)

II. Statthafte Klageart = Anfechtungsklage, § 42 I VwGO ?

= Kläger begehrt Aufhebung eines Verwaltungsakts (VA)

*(**Vorüberlegung:*** Was will der Kläger? Er will die Futtermenge und -qualität nicht verändern. Hierzu wird er jedoch durch die Ordnungsverfügung verpflichtet. Gegen die Verfügung kann er möglicherweise mit einer Anfechtungsklage gemäß § 42 I VwGO vorgehen. Die Anfechtungsklage ist die statthafte Klageart, wenn der Betroffene die Aufhebung eines VA begehrt.*)*

1. Verwaltungsakt gemäß § 35 S. 1 VwVfG ?

HIER (+) → die konkrete Anweisung, das Tier besser zu füttern, ist eine hoheitliche Maßnahme einer Behörde auf dem Gebiet des öffentlichen Rechts zur Regelung eines Einzelfalls mit unmittelbarer Außenwirkung

2. also: Kläger begehrt die Aufhebung des VA → Anfechtungsklage (+)

III. Spezielle Voraussetzungen der Anfechtungsklage ?

1. Klagebefugnis, § 42 II VwGO ?

= Kläger muss geltend machen, durch den VA in seinen Rechten verletzt zu sein

HIER (+) → eine Privatperson als Adressat eines belastenden VA ist stets klagebefugt, da in ihre subjektiv-öffentlichen Rechte eingegriffen wird (Adressatentheorie); es ist zumindest ein Eingriff in die Rechte des Betroffenen aus Art. 2 I GG (allgemeine Handlungsfreiheit) und in Art. 14 GG (Eigentumsrecht) denkbar

2. (Erfolgloses) Vorverfahren, §§ 68 ff VwGO ?

HIER (–), aber: gemäß § 110 I 1 JustG NRW bedarf es – in NRW – vor der Erhebung einer Anfechtungsklage entgegen § 68 I 1 VwGO grundsätzlich nicht der Nachprüfung in einem Vorverfahren

(vgl. in NRW ab 01/2015 → Fall 4, Fazit 5. = Seite 53)

3. Einhaltung der Klagefrist, § 74 I VwGO ?

= hier § 74 I 2 VwGO (weil kein Vorverfahren erforderlich): Klageerhebung innerhalb eines Monats nach Bekanntgabe des VA

HIER (+) → mangels entgegenstehender Anhaltspunkte zu unterstellen

4. Richtiger Klagegegner, § 78 VwGO ?

HIER → gemäß § 78 I Nr. 1 VwGO die Körperschaft, deren Behörde den angefochtenen VA erlassen hat, also die Stadt Köln

5. also: spezielle Voraussetzungen der Anfechtungsklage (+)

IV. Sonstige Zulässigkeitsvoraussetzungen ? **(+)**

V. Ergebnis:

Zulässigkeit der Klage (+)

B. Begründetheit der Klage

= Rechtswidrigkeit des VA und dadurch Verletzung des Klägers in seinen Rechten, § 113 I 1 VwGO

I. Rechtswidrigkeit des VA ?

= bei formeller und/oder materieller Rechtswidrigkeit des VA; der VA ist jedoch rechtmäßig, wenn er aufgrund einer Ermächtigungsgrundlage formell und materiell rechtmäßig erlassen wurde

1. Ermächtigungsgrundlage ?

HIER → § 16 a S. 2 Nr. 1 i.V.m. § 2 Nr. 1 TierSchG

2. Formelle Rechtmäßigkeit ?

a. Zuständigkeit ? **(+)**

b. Verfahren ?

= allgemeine Verfahrensvorschriften, insbesondere Anhörung nach § 28 I VwVfG NRW und ggf. Sondervorschriften der anwendbaren Gesetze des Besonderen Verwaltungsrechts

aa. Anhörung nach § 28 I VwVfG NRW ?

HIER (–) → eine Anhörung hat nicht stattgefunden

bb. Entbehrlichkeit der Anhörung nach § 28 II VwVfG NRW ?

HIER (–) → zwar kann von der Anhörung nach § 28 II Nr. 1 VwVfG NRW abgesehen werden, wenn wegen Gefahr im Verzug eine sofortige Entscheidung notwendig war; die Notwendigkeit einer sofortigen Entscheidung besteht aber nur dann, wenn durch die Anhörung ein Zeitverlust eintreten würde, der dem Zweck des VA widerspräche und mit hoher Wahrscheinlichkeit zum Eintritt eines Schadens führt; nach dem Sachverhaltshinweis wird sich der Zustand des Schimmels in der nächsten Zukunft bei gleichbleibender Ernährung nicht wesentlich verschlechtern; der Eintritt eines Schadens durch den Zeitverlust, den eine Anhörung mit sich brächte, ist daher nicht wahrscheinlich

cc. Heilung des Verfahrensmangels ?

HIER (+) → nach §§ 45 I Nr. 3, 45 II VwVfG NRW kann die Anhörung eines Beteiligten grundsätzlich noch bis zum Abschluss des verwaltungsgerichtlichen Verfahrens – hier durch das durch die Ordnungsbehörde initiierte Gespräch mit B – nachgeholt werden

dd. also: Heilung des Verfahrensmangels **(+)**

c. Form ?

= allgemeine Formvorschriften nach §§ 37 und 39 VwVfG NRW und ggf. Sondervorschriften der anwendbaren Gesetze des Besonderen Verwaltungsrechts

aa. Hinreichende Bestimmtheit, § 37 I VwVfG NRW ?

HIER (–) → in Betracht kommt ein Verstoß gegen § 37 I VwVfG NRW, wenn der Bescheid nicht hinreichend bestimmt ist; hinreichend bestimmt ist ein VA, wenn aus der getroffenen Entscheidung des VA Sinn und Inhalt vollständig und klar erkennbar sind, sodass der Adressat sich entsprechend verhalten kann; insbesondere muss für den Adressaten erkennbar sein, was von ihm gefordert wird; laut Bescheid sollte B das Pferd angemessen ernähren; die Ordnungsbehörde verwandte hierbei leicht abgewandelt die Formulierung des § 2 Nr. 1 TierSchG; für B war nicht erkennbar, was unter „angemessen" zu verstehen ist; Anhaltspunkte, wonach sich mittels Auslegung des gesamten Inhaltes des VA der genaue Regelungsinhalt ermitteln ließe, fehlen

***bb. also: Form* (–)**

***d. also: formelle Rechtmäßigkeit* (–)**

***3. also: Rechtmäßigkeit des VA* (–) → *somit Rechtswidrigkeit des VA* (+)**

II. Verletzung der Rechte des Klägers durch den VA ?

HIER (+) → Verletzung der allgemeinen Handlungsfreiheit sowie des Eigentumsrechts

III. Ergebnis:

Begründetheit der Klage (+)

C. Ergebnis:

Zulassigkeit und Begründetheit der Klage (+); also Erfolg der Klage (+)

Formulierungsvorschlag Fall 13

Die Klage hat Erfolg, wenn sie zulässig und begründet ist.

A. Die Klage des B müsste zulässig sein.

I. Der Rechtsweg zum Verwaltungsgericht müsste eröffnet sein.

1. Eine gesetzliche Spezialzuweisung ist nicht ersichtlich.

2. Die Generalzuweisung des § 40 I VwGO wäre gegeben, wenn es sich bei der Ordnungsverfügung um eine öffentlich-rechtliche Streitigkeit nichtverfassungsrechtlicher Art handelt und keine anderweitige Zuweisung vorliegt.

a. Die streitentscheidenden Normen müssten öffentlich-rechtlicher Natur sein, d.h. einen Hoheitsträger als Berechtigten oder als Verpflichteten benennen.

Die Beteiligten streiten über die Anordnung der Ordnungsbehörde, wonach B den Schimmel angemessen zu ernähren hat. Ermächtigungsgrundlage für das Handeln durch die Behörde ist § 16 a TierSchG. Das TierSchG ist öffentlich-rechtlicher Natur.

b. Da weder Verfassungsorgane oder ihnen gleichgestellte Personen an dem Streit beteiligt sind noch Streit über Anwendung und Auslegung von Verfassungsrecht herrscht, ist die Streitigkeit nichtverfassungsrechtlicher Art.

c. Eine Zuweisung zu einem anderen Gericht ist nicht ersichtlich.

d. Demnach sind die Voraussetzungen der Generalzuweisung des § 40 I VwGO erfüllt.

3. Der Rechtsweg zum Verwaltungsgericht ist eröffnet.

II. Statthafte Klageart könnte die Anfechtungsklage sein, § 42 I VwGO.

Dann müsste der Kläger die Aufhebung eines Verwaltungsakts begehren. B will entgegen der Anordnung die Futtermenge und -qualität selbst bestimmen.

1. Bei der Anordnung handelt es sich um die hoheitliche Maßnahme einer Behörde auf dem Gebiet des öffentlichen Rechts zur Regelung eines Einzelfalls mit unmittelbarer Außenwirkung, also um einen Verwaltungsakt im Sinne des § 35 S. 1 VwVfG.

2. Der Kläger begehrt die Aufhebung des Verwaltungsakts. Also ist die Anfechtungsklage die statthafte Klageart.

III. Außerdem müssten die weiteren speziellen Voraussetzungen der Anfechtungsklage vorliegen.

1. Zunächst müsste der Kläger klagebefugt sein, § 42 II VwGO. Er muss geltend machen, durch den Verwaltungsakt in seinen Rechten verletzt zu sein. Eine Privatperson als Adressat eines belastenden Verwaltungsakts ist stets klagebefugt, da in ihre subjektiv-öffentlichen Rechte eingegriffen wird (Adressatentheorie). Es ist zumindest ein Eingriff in die Rechte des Betroffenen aus Art. 2 I GG (allgemeine Handlungsfreiheit) sowie des Eigentumsrechts aus Art. 14 GG denkbar. B ist Adressat eines belastenden Verwaltungsakts. Folglich ist er klagebefugt.

2. B hat zwar das nach § 68 I 1 VwGO an sich erforderliche Vorverfahren nicht (erfolglos) durchgeführt. In Nordrhein-Westfalen bedarf es aber vor der Erhebung einer Anfechtungsklage grundsätzlich nicht der Nachprüfung in einem Vorverfahren, § 110 I 1 JustG NRW.

3. Von der Einhaltung der Klagefrist (hier § 74 I 2 VwGO) ist auszugehen.

4. Richtiger Klagegegner ist die Körperschaft, deren Behörde den angefochtenen Verwaltungsakt erlassen hat (§ 78 I Nr. 1 VwGO), also die Stadt Köln.

5. Demnach liegen die speziellen Voraussetzungen der Anfechtungsklage vor.

IV. Am Vorliegen der sonstigen Voraussetzungen bestehen keine Zweifel.

V. Also ist die Klage zulässig.

B. Die Klage müsste auch begründet sein.

Begründet ist eine Anfechtungsklage, wenn der Verwaltungsakt rechtswidrig ist und der Kläger dadurch in seinen Rechten verletzt ist, § 113 I 1 VwGO.

I. Der Bescheid der Ordnungsbehörde müsste rechtswidrig sein. In Betracht kommt die formelle und/oder materielle Rechtswidrigkeit des Verwaltungsakts.

Der Verwaltungsakt ist jedoch rechtmäßig, wenn er aufgrund einer Ermächtigungsgrundlage formell und materiell rechtmäßig erlassen wurde.

1. Als Ermächtigungsgrundlage kommt § 16 a TierSchG in Betracht.

2. Zunächst müsste der Bescheid formell rechtmäßig sein.

a. Der Bescheid wurde von der zuständigen Ordnungsbehörde erlassen.

b. Die Voraussetzungen des Verwaltungsverfahrens müssten eingehalten worden sein.

Eine gemäß § 28 I VwVfG NRW erforderliche Anhörung des B hat nicht stattgefunden.

Die Anhörung könnte gemäß § 28 II Nr. 1 VwVfG NRW entbehrlich sein. Von der Anhörung kann abgesehen werden, wenn wegen Gefahr im Verzug eine sofortige Entscheidung notwendig ist. Die Notwendigkeit einer sofortigen Entscheidung besteht dann, wenn durch die Anhörung ein Zeitverlust eintreten würde, der dem Zweck des Verwaltungsakts widerspräche und mit hoher Wahrscheinlichkeit zum Eintritt eines Schadens führt.

Nach dem Sachverhaltshinweis wird sich der Zustand des Pferdes in der nächsten Zukunft bei gleichbleibender Ernährung nicht wesentlich verschlechtern. Der Eintritt eines Schadens durch den Zeitverlust, den eine Anhörung mit sich brächte, ist daher nicht wahrscheinlich.

Die Anhörung ist demnach nicht nach § 28 II Nr. 1 VwVfG NRW entbehrlich

Es kommt aber eine Heilung der unterbliebenen Anhörung in Betracht. Gemäß §§ 45 I Nr. 3, 45 II VwVfG NRW kann die Anhörung eines Beteiligten grundsätzlich noch bis zum Abschluss des verwaltungsgerichtlichen Verfahrens nachgeholt werden. Da B im Rahmen des seitens der Ordnungsbehörde initiierten Gesprächs seine Argumente vorbringen konnte, ist die Anhörung noch vor Abschluss des verwaltungsgerichtlichen Verfahrens nachgeholt worden.

Demnach ist von einer Heilung des Verfahrensmangels auszugehen.

c. Der Bescheid könnte schließlich nicht hinreichend bestimmt sein.

Nach § 37 I VwVfG NRW muss ein Verwaltungsakt hinreichend bestimmt sein. Hinreichend bestimmt ist ein Verwaltungsakt, wenn aus der getroffenen Entscheidung des Verwaltungsakts Sinn und Inhalt vollständig und klar erkennbar sind, sodass der Adressat sich entsprechend verhalten kann. Insbesondere muss für den Adressaten erkennbar sein, was von ihm gefordert wird.

Laut Bescheid sollte B das Pferd angemessen ernähren. Die Ordnungsbehörde verwandte hierbei leicht abgewandelt die Formulierung des § 2 Nr. 1 TierSchG. Für B war nicht erkennbar, was unter „angemessen" zu verstehen ist. Anhaltspunkte, wonach sich mittels Auslegung des gesamten Inhaltes des Verwaltungsakts der genaue Regelungsinhalt ermitteln ließe, fehlen.

Also wurde die Formvorschrift des § 37 I VwVfG NRW nicht beachtet.

Demnach fehlt es an der erforderlichen Form.

d. Mithin ist der Bescheid nicht formell rechtmäßig.

3. Mangels Rechtmäßigkeit ist der Verwaltungsakt rechtswidrig.

II. Der Bescheid verletzte den Kläger auch in seinem Recht auf allgemeine Handlungsfreiheit.

III. Die Klage ist damit begründet.

C. Die Klage ist zulässig und begründet, hat also Erfolg.

Fazit

1. Solche Fallkonstellationen begegnen euch in Klausuren nicht selten und sind besonders tückisch, weil der Sachverhalt lückenhaft ist und das „Fehlen" eines Sachverhaltselements weniger auffällt als ein Problem, auf das man mit der Nase gestoßen wird. Hier musstet ihr erkennen, dass die nach § 28 I VwVfG NRW grundsätzlich erforderliche ***Anhörung*** gar nicht erfolgt war. Daran schloss sich die Frage an, unter welchen Voraussetzungen (§ 28 II VwVfG NRW) die Anhörung entbehrlich ist.

   Ergänzend möchte ich auf eine weitere böse Fallkonstellation mit lückenhaftem Sachverhalt hinweisen: Gerne wird übersehen, dass im Rahmen des VA eine ***Rechtsmittelbelehrung*** nicht erfolgt ist, also fehlt. Weil sie fehlt, löst sich das vermeintliche Fristenproblem regelmäßig in Wohlgefallen auf.

2. Hier wurdet ihr außerdem mit einem kleinen Problem zum Prüfungspunkt ***Form*** traktiert. Wenn ihr den Sachverhalt aufmerksam gelesen habt und wenn ihr ***§ 37 VwVfG*** kennt, dürften aber keine Schwierigkeiten aufgetreten sein. Ansonsten seid ihr jetzt sensibilisiert, wenn im Sachverhalt Teile des Bescheids „abgedruckt" sind.

3. In diesem Fall seid ihr zum dritten Mal mit der Fragestellung „Hat die Klage Erfolg?" konfrontiert worden.

   Spätestens jetzt dürfte sich die Erkenntnis gefestigt haben, dass eine Anfechtungsklage dann Erfolg hat, wenn sie zulässig und begründet ist. Zu prüfen sind bei einer derartigen Fragestellung also die beiden Punkte „Zulässigkeit der Klage" und „Begründetheit der Klage". Wenn die Klage nicht zulässig ist oder zwar zulässig, aber nicht begründet ist, wird sie keinen Erfolg haben. Achtung: Das gilt in dieser Klarheit erst einmal nur für die Anfechtungsklage. Bei der Prüfung der Verpflichtungsklage müsst ihr ein wenig differenzierter denken. Dazu später mehr.

   Mit welchen Formulierungen ihr in die Prüfung einleitet und aus der Prüfung ausleitet, ist – wie in den Formulierungsvorschlägen gesehen – nicht schwer.

Fall 14

M betreibt eine Gaststätte mit Namen „Mad Max“ in einem Wohngebiet in Bochum (Nordrhein-Westfalen). Als die Abzugshaube gegen Küchengerüche ihren Dienst quittiert, glaubt M, die Neuanschaffung um ein Jahr verschieben zu können. Ab nun ist der Küchengeruch, besonders der Geruch nach Bratfett, mittags und abends in der Nähe der Gaststätte sehr stark. Als erste Beschwerden von Nachbarn wegen der ortsunüblichen Gerüche bei der zuständigen Ordnungsbehörde eingehen, ordnet diese die Installation einer neuen Abzugshaube an, nachdem sie den M angehört hat. In der Begründung des Bescheids beschränkt sich die Behörde darauf, den Wortlaut des § 5 I Nr. 3 Gaststättengesetz (GastG) wörtlich zu zitieren. M erhebt fristgerecht Klage vor dem Verwaltungsgericht. Im Rahmen des verwaltungsgerichtlichen Verfahrens legt die Ordnungsbehörde eine detaillierte und inhaltlich richtige Begründung für die Anordnung vor.

Frage: Hat die Klage Erfolg ?

Lösungsskizze Fall 14

Die Klage hat Erfolg, wenn sie zulässig und begründet ist.

A. Zulässigkeit der Klage

I. Rechtsweg zum Verwaltungsgericht ?

1. Spezialzuweisung vorhanden ? (–)

2. Generalzuweisung des § 40 I VwGO ?
= öffentlich-rechtliche Streitigkeit nichtverfassungsrechtlicher Art und keine abdrängende Zuweisung

(Vorüberlegung: Worum geht es im Kern? Die Prozessbeteiligten streiten über die Frage, ob die Anordnung, eine neue Abzugshaube zu installieren, rechtmäßig ist.***)***

a. öffentlich-rechtliche Streitigkeit ?
= die streitentscheidenden Normen müssen öffentlich-rechtlicher Natur sein, d.h. einen Hoheitsträger als Berechtigten oder Verpflichteten benennen

HIER (+) → die streitentscheidende Norm sind dem GastG zu entnehmen; die Behörde ist als Berechtigte in § 5 I GastG benannt

b. nichtverfassungsrechtlicher Art ?

HIER (+) → weder Beteiligung von Verfassungsorganen oder ihnen gleichgestellten Personen an dem Streit noch Streit über Anwendung und Auslegung von Verfassungsrecht

c. keine Zuweisung zu einem anderen Gericht ?

HIER (+) → anderweitige Zuweisung nicht ersichtlich

d. also: Generalzuweisung des § 40 I VwGO **(+)**

3. also: Rechtsweg zum Verwaltungsgericht **(+)**

II. Statthafte Klageart = Anfechtungsklage, § 42 I VwGO ?

= Kläger begehrt Aufhebung eines Verwaltungsakts (VA)

(Vorüberlegung: Was will der Kläger? Er ist durch die Anordnung der Ordnungsbehörde verpflichtet worden, eine neue Abzugshaube zu installieren, lehnt die Installation jedoch ab. Dies kann er möglicherweise mit einer Anfechtungsklage gemäß § 42 I VwGO erreichen. Die Anfechtungsklage ist die statthafte Klageart, wenn der Betroffene die Aufhebung eines VA begehrt.*)*

1. Verwaltungsakt gemäß § 35 S. 1 VwVfG ?

HIER (+) → zwar ist die Anordnung nach der Überschrift des § 5 GastG eine Auflage zur Gaststättenerlaubnis und könnte daher eine lediglich unselbstständige Nebenbestimmung zum Hauptverwaltungsakt gemäß § 36 II Nr. 4 VwVfG darstellen; eine Auflage kann jedoch eine eigene Sachregelung enthalten, sie ist dann eine zusätzliche Verpflichtung und selbst Verwaltungsakt; die hier in Rede stehende Auflage, eine neue Abzugshaube zu installieren, stellt eine eigene Regelung und damit eine hoheitliche Maßnahme einer Behörde auf dem Gebiet des öffentlichen Rechts zur Regelung eines Einzelfalls mit unmittelbarer Außenwirkung dar, also einen Verwaltungsakt im Sinne des § 35 S. 1 VwVfG

2. also: Kläger begehrt die Aufhebung des VA → Anfechtungsklage **(+)**

III. Spezielle Voraussetzungen der Anfechtungsklage ?

1. Klagebefugnis, § 42 II VwGO ?

= Kläger muss geltend machen, durch den VA in seinen Rechten verletzt zu sein

HIER (+) → eine Privatperson als Adressat eines belastenden VA ist stets klagebefugt, da in ihre subjektiv-öffentlichen Rechte eingegriffen wird (Adressatentheorie); es ist zumindest ein Eingriff in die Rechte des Betroffenen aus Art. 14 GG (eingerichteter und ausgeübter Gewerbebetrieb) denkbar

2. (Erfolgloses) Vorverfahren, §§ 68 ff VwGO ?

HIER (–), aber: gemäß § 110 I 1 JustG NRW bedarf es – in NRW – vor der Erhebung einer Anfechtungsklage entgegen § 68 I 1 VwGO grundsätzlich nicht der Nachprüfung in einem Vorverfahren

(vgl. in NRW ab 01/2015 → Fall 4, Fazit 5. = Seite 53)

3. Einhaltung der Klagefrist, § 74 I VwGO ?

= hier § 74 I 2 VwGO (weil kein Vorverfahren erforderlich): Klageerhebung innerhalb eines Monats nach Bekanntgabe des VA

HIER (+) → M hat fristgerecht Klage erhoben

4. Richtiger Klagegegner, § 78 VwGO ?

HIER → gemäß § 78 I Nr. 1 VwGO die Körperschaft, deren Behörde den angefochtenen VA erlassen hat, also die Stadt Bochum

***5. also: spezielle Voraussetzungen der Anfechtungsklage* (+)**

***IV. Sonstige Zulässigkeitsvoraussetzungen ?* (+)**

V. Ergebnis:

Zulässigkeit der Klage (+)

B. Begründetheit der Klage

= Rechtswidrigkeit des VA und dadurch Verletzung des Klägers in seinen Rechten, § 113 I 1 VwGO

I. Rechtswidrigkeit des VA ?

= bei formeller und/oder materieller Rechtswidrigkeit des VA; der VA ist jedoch rechtmäßig, wenn er aufgrund einer Ermächtigungsgrundlage formell und materiell rechtmäßig erlassen wurde

1. Ermächtigungsgrundlage ?

HIER → § 5 I Nr. 3 GastG

2. Formelle Rechtmäßigkeit ?

***a. Zuständigkeit ?* (+)**

b. Verfahren ?

= allgemeine Verfahrensvorschriften, insbesondere Anhörung nach § 28 I VwVfG NRW und ggf. Sondervorschriften der anwendbaren Gesetze des Besonderen Verwaltungsrechts

HIER (+) → Anhörung hat stattgefunden

c. Form ?

= allgemeine Formvorschriften nach §§ 37 und 39 VwVfG NRW und ggf. Sondervorschriften der anwendbaren Gesetze des Besonderen Verwaltungsrechts

aa. Begründung, § 39 I 1 VwVfG NRW ?

HIER (–) → der Anordnung der Ordnungsbehörde fehlt eine Begründung nach § 39 I 1 VwVfG NRW; der Bescheid muss nach § 39 I 2 VwVfG NRW zwar nicht alle denkbaren, wohl aber die wesentlichen Gründe, die die Ordnungsbehörde zu ihrer Entscheidung bewogen hat, beinhalten; solche Gründe sind dem Bescheid nicht zu entnehmen; er enthält nur den Wortlaut des § 5 I Nr. 3 GastG, also der Ermächtigungsgrundlage; dies ist eine nichtssagende, lediglich formale Begründung ohne Bezug auf den konkreten Fall

bb. Heilung des Formmangels ?

HIER (+) → die Ordnungsbehörde legte eine detaillierte Begründung während des gerichtlichen Verfahrens vor; damit sind die Voraussetzungen des § 45 II i.V.m. I VwVfG NRW erfüllt; danach ist das Nachschieben der Begründung bis zum Ende des verwaltungsgerichtlichen Verfahrens zulässig

cc. also: Form (+)

d. also: formelle Rechtmäßigkeit (+)

3. Materielle Rechtmäßigkeit ?
= Voraussetzungen der Ermächtigungsgrundlage
→ § 5 I Nr. 3 GastG

a. Erlaubnispflicht des Gewerbes ?

HIER (+) → M betreibt eine Gaststätte, er verkauft also Getränke und zubereitete Speisen zum Verzehr an Ort und Stelle nach § 1 I Nr. 1 und 2 GastG; dieses Gewerbe ist nach § 2 I GastG erlaubnispflichtig

b. Belästigung für die Bewohner der Nachbargrundstücke ?
= erhebliche Beeinträchtigung des körperlichen Wohlbefindens unterhalb der Gesundheitsschädlichkeit; Erheblichkeit hängt von den örtlichen, zeitlichen und sonstigen Umständen des Einzelfalls ab

HIER (+) → wegen des intensiven Küchengeruchs in der Nähe der Gaststätte – insbesondere nach Bratfett – haben sich bereits einige Nachbarn beschwert; die Geruchsbelastung ist in dem Wohngebiet auch unüblich und damit erheblich

c. Ermessen ?

HIER (–) → nach § 5 I Nr. 3 GastG „können“ Auflagen erteilt werden (vgl. Wortlaut der Norm); also ist der Behörde ein Entscheidungsspielraum hinsichtlich der Frage, ob sie tätig wird (Entschließungsermessen) und hinsichtlich der Frage, wie sie tätig wird (Auswahlermessen) eingeräumt

d. Rechtsfehlerfreie Ausübung des Ermessens ?
= Nichtvorliegen von Ermessensfehlern

HIER (+) → Ermessensfehler sind nicht ersichtlich

e. also: materielle Rechtmäßigkeit (+)

4. also: Rechtmäßigkeit des VA (+) → somit Rechtswidrigkeit des VA (–)

II. Ergebnis:
Begründetheit der Klage (–)

C. Ergebnis:

zwar Zulässigkeit (+), aber Begründetheit der Klage (–); also Erfolg der Klage (–)

Formulierungsvorschlag Fall 14

Die Klage hat Erfolg, wenn sie zulässig und begründet ist.

A. Die Klage des M müsste zulässig sein.

I. Der Rechtsweg zum Verwaltungsgericht müsste eröffnet sein.

1. Eine gesetzliche Spezialzuweisung ist nicht ersichtlich.

2. Die Generalzuweisung des § 40 I VwGO wäre gegeben, wenn es sich bei der Anordnung zur Installation einer neuen Abzugshaube um eine öffentlich-rechtliche Streitigkeit nichtverfassungsrechtlicher Art handelt und keine anderweitige Zuweisung vorliegt.

a. Die streitentscheidenden Normen müssten öffentlich-rechtlicher Natur sein, d.h. einen Hoheitsträger als Berechtigten oder als Verpflichteten benennen. Die Beteiligten streiten über die Frage, ob die Anordnung, eine neue Abzugshaube zu installieren, rechtmäßig ist. Ermächtigungsgrundlage für das Handeln durch die Behörde ist § 5 I GastG. Das GastG ist öffentlich-rechtlicher Natur.

b. Da weder Verfassungsorgane oder ihnen gleichgestellte Personen an dem Streit beteiligt sind noch Streit über Anwendung und Auslegung von Verfassungsrecht herrscht, ist die Streitigkeit nichtverfassungsrechtlicher Art.

c. Eine Zuweisung zu einem anderen Gericht ist nicht ersichtlich.

d. Demnach sind die Voraussetzungen der Generalzuweisung des § 40 I VwGO erfüllt.

3. Der Rechtsweg zum Verwaltungsgericht ist eröffnet.

II. Statthafte Klageart könnte die Anfechtungsklage sein, § 42 I VwGO.

Dann müsste der Kläger die Aufhebung eines Verwaltungsakts begehren. M will derzeit entgegen der Anordnung eine neue Abzugshaube nicht installieren.

1. Bei der Anordnung müsste es sich um einen Verwaltungsakt handeln. Sie ist jedoch nach der Überschrift des § 5 GastG eine Auflage zur Gaststättenerlaubnis und könnte daher eine unselbstständige Nebenbestimmung zum Hauptverwaltungsakt gemäß § 36 II Nr. 4 VwVfG darstellen. Eine Auflage kann jedoch eine eigene Sachregelung enthalten, sie ist dann eine zusätzliche Verpflichtung und selbst Verwaltungsakt. Die hier in Rede stehende Auflage, eine neue Abzugshaube zu installieren, stellt eine eigene Regelung und damit eine hoheitliche Maßnahme einer Behörde auf dem Gebiet des öffentlichen Rechts zur Regelung eines Einzelfalls mit unmittelbarer Außenwirkung dar, also einen Verwaltungsakt im Sinne des § 35 S. 1 VwVfG.

2. Der Kläger begehrt die Aufhebung des Verwaltungsakts. Also ist die Anfechtungsklage die statthafte Klageart.

III. Außerdem müssten die weiteren speziellen Voraussetzungen der Anfechtungsklage vorliegen.

1. Zunächst müsste der Kläger klagebefugt sein, § 42 II VwGO. Er muss geltend machen, durch den Verwaltungsakt in seinen Rechten verletzt zu sein. Eine Privatperson als Adressat eines belastenden Verwaltungsakts ist stets klagebefugt, da in ihre subjektiv-öffentlichen Rechte eingegriffen wird (Adressatentheorie). Es ist zumindest ein Eingriff in die Rechte des Betroffenen aus Art. 14 GG (eingerichteter und ausgeübter Gewerbebetrieb) denkbar. M ist Adressat eines belastenden Verwaltungsakts. Folglich ist er klagebefugt.

2. M hat zwar das nach § 68 I 1 VwGO an sich erforderliche Vorverfahren nicht (erfolglos) durchgeführt. In Nordrhein-Westfalen bedarf es aber vor der Erhebung einer Anfechtungsklage grundsätzlich nicht der Nachprüfung in einem Vorverfahren, § 110 I 1 JustG NRW.

3. Die Klagefrist des § 74 I 2 VwGO ist gewahrt. M hat die Klage fristgerecht erhoben.

4. Richtiger Klagegegner ist die Körperschaft, deren Behörde den angefochtenen Verwaltungsakt erlassen hat (§ 78 I Nr. 1 VwGO), also die Stadt Bochum.

5. Demnach liegen die speziellen Voraussetzungen der Anfechtungsklage vor.

IV. Am Vorliegen der sonstigen Voraussetzungen bestehen keine Zweifel.

V. Also ist die Klage zulässig.

B. Die Klage müsste auch begründet sein.

Begründet ist eine Anfechtungsklage, wenn der Verwaltungsakt rechtswidrig ist und der Kläger dadurch in seinen Rechten verletzt ist, § 113 I 1 VwGO.

I. Der Bescheid der Ordnungsbehörde müsste rechtswidrig sein. In Betracht kommt die formelle und/oder materielle Rechtswidrigkeit des Verwaltungsakts.

Der Verwaltungsakt ist jedoch rechtmäßig, wenn er aufgrund einer Ermächtigungsgrundlage formell und materiell rechtmäßig erlassen wurde.

1. Als Ermächtigungsgrundlage kommt § 5 I Nr. 3 GastG in Betracht.

2. Zunächst müsste der Bescheid formell rechtmäßig sein.

a. Der Bescheid wurde von der zuständigen Ordnungsbehörde erlassen.

b. Verstöße gegen Verfahrensvorschriften sind nicht ersichtlich. Insbesondere hat eine Anhörung nach § 28 I VwVfG NRW stattgefunden.

c. Allerdings könnten Formvorschriften nicht beachtet worden sein.

In Betracht kommt ein Verstoß gegen § 39 I 1 VwVfG NRW. Der Anordnung der Ordnungsbehörde fehlt eine Begründung nach § 39 I 1 VwVfG NRW. Der Bescheid muss nach § 39 I 2 VwVfG NRW zwar nicht alle denkbaren, wohl aber die wesentlichen Gründe, die die Ordnungsbehörde zu ihrer Entscheidung bewogen hat, beinhalten. Solche Gründe sind dem Bescheid nicht zu entnehmen. Er enthält nur den Wortlaut des § 5 I Nr. 3 GastG, also der Ermächtigungsgrundlage. Dies ist eine nichtssagende, lediglich formale Begründung ohne Bezug auf den konkreten Fall. Also ist eine Formvorschrift nicht beachtet worden.

Der Formmangel konnte jedoch geheilt sein. Die Ordnungsbehörde hat eine detaillierte Begründung während des gerichtlichen Verfahrens vorgelegt. Nach § 45 II i.V.m. §§ 45 I Nr. 2, 39 I VwVfG kann die Behörde bis zum Ende des verwaltungsgerichtlichen Verfahrens die Begründung nach § 39 VwVfG NRW nachholen.

Der Formmangel ist also geheilt.

d. Mithin ist der Bescheid formell rechtmäßig.

3. Weiterhin müsste der Bescheid materiell rechtmäßig sein. Dann müssten die Voraussetzungen des § 5 I Nr. 3 GastG vorliegen. Nach der genannten Norm kann einem Gewerbetreibenden, der einer Erlaubnis zum Betrieb eines Gaststättengewerbes bedarf, unter bestimmten Voraussetzungen Auflagen erteilt werden.

a. M betreibt eine Gaststätte, er verkauft also Getränke und zubereitete Speisen zum Verzehr an Ort und Stelle nach § 1 I Nr. 1 und 2 GastG. Dieses Gewerbe ist nach § 2 I GastG erlaubnispflichtig. Eine Erlaubnis ist M nach § 2 GastG bereits erteilt worden.

b. Die Erlaubnis kann jedoch gemäß § 5 GastG jederzeit mit einer Auflage versehen werden, wenn das zum Schutze der Umwelt vor Immissionen notwendig ist. Hier könnte eine erhebliche Belästigung für die Bewohner der Nachbargrundstücke im Sinne des § 5 I Nr. 3 GastG eingetreten sein. Dies wird bei einer erheblichen Beeinträchtigung des körperlichen Wohlbefindens unterhalb der Gesundheitsschädlichkeit angenommen. Die Erheblichkeit hängt von den örtlichen, zeitlichen und sonstigen Umständen des Einzelfalls ab. Wegen des intensiven Küchengeruchs in der Nähe der Gaststätte – insbesondere nach Bratfett – haben sich bereits einige Nachbarn beschwert. Die Geruchsbelastung ist in dem Wohngebiet auch unüblich und damit erheblich. Demnach ist eine erhebliche Belästigung für die Bewohner der Nachbargrundstücke im Sinne des § 5 I Nr. 3 GastG gegeben.

c. Gemäß § 5 I Nr. 3 GastG können Auflagen erteilt werden, die Vorschrift stellt also eine Ermessensvorschrift dar.

d. Das eingeräumte Ermessen hat die Behörde rechtsfehlerfrei ausgeübt. Ermessensfehler sind nicht ersichtlich.

e. Der Bescheid der Ordnungsbehörde ist demnach materiell rechtmäßig.

4. Wegen der Rechtmäßigkeit ist der Verwaltungsakt nicht rechtswidrig.

II. Die Klage ist damit nicht begründet.

C. Die Klage ist zwar zulässig, aber nicht begründet. Also hat sie keinen Erfolg.

Fazit

1. Bei der Anordnung handelt es sich um eine ***Auflage*** nach § 5 GastG. Grundsätzlich sind Auflagen ***Nebenbestimmung***en im Sinne des § 36 VwVfG mit der Folge, dass sich Probleme bei der Klageart ergeben können. Denn Nebenbestimmungen ergehen im Zusammenhang mit einem ***Haupt-VA***, ***§ 36 VwVfG*** (lesen). § 36 VwVfG ist eine aus sich heraus verständliche Norm. Die „Probleme", die sich um ihn ranken, lassen sich meist durch logisches Denken von selbst lösen. Bei den Nebenbestimmungen kommt es klagearttechnisch darauf an, ob der VA insgesamt – d.h. Haupt-VA und Nebenbestimmungen gemeinsam – angegriffen werden muss oder ob die Nebenbestimmung isoliert anfechtbar ist. Hier ist der Haupt-VA die Gaststättenerlaubnis. Die Auflage beinhaltet eine eigene Sachregelung, sie ist also eine zusätzliche Verpflichtung und deshalb – wie gesehen – selbst VA.

   Hier konnte man übrigens bereits aus der (erst) späteren Anordnung der Auflage schließen, dass sie isoliert betrachtet und damit auch isoliert angefochten werden kann.

2. Aber ihr seid mit einem weiteren Problem konfrontiert worden: Der Anordnung der Ordnungsbehörde fehlt nämlich die nach ***§ 39 I 1 VwVfG*** erforderliche ***Begründung***. Ein Bescheid muss nach ***§ 39 I 2 VwVfG*** zwar nicht alle denkbaren, wohl aber die wesentlichen Gründe, die die Ordnungsbehörde zu ihrer Entscheidung bewogen hat, beinhalten. Die alleinige Wiederholung des Wortlauts der die Anordnung stützenden Ermächtigungsgrundlage erfüllt die Voraussetzung nicht. Bei dem Verstoß gegen § 39 I VwVfG handelt es sich um einen ***Formmangel***.

3. Solltet ihr einen solchen Formmangel festgestellt haben, hilft u.U. ein gleich anschließender Blick in ***§ 39 II VwVfG***. Denn vielleicht muss der VA gar nicht begründet werden. Lest jetzt die dort normierten ***Ausnahmen***.

4. Wenn ein Formmangel vorliegt (Verstoß gegen § 39 I 1 und 2 VwVfG) und keine Ausnahme greift (§ 39 II VwVfG), müsst ihr immer überlegen, ob der Formmangel geheilt worden ist. Eine ***Heilung des Formmangels*** kam gemäß ***§ 45 VwVfG*** in Betracht. Nach § 45 VwVfG ist die Heilung auch noch während des verwaltungsgerichtlichen Verfahrens möglich. So war es hier.

   Ist nach dem Sachverhalt der Verwaltungsprozess mit der mündlichen Verhandlung bereits abgeschlossen, müsst ihr prüfen, ob nach den Regeln von § 45 VwVfG eine Heilung im Widerspruchsverfahrens oder während des Verwaltungsprozesses „erfolgreich" war.

   Achtung: Eine Heilung ist nicht möglich, wenn eine Begründung gänzlich fehlt oder wenn die Begründung zu einer Wesensänderung des VA führt.

Fall 15

T betreibt eine Tanzschule in Aachen (Nordrhein-Westfalen). Die abgespielte Musik sorgt regelmäßig für eine beachtliche Geräuschkulisse auch nach 20.00 Uhr, die durch den Einbau von Schallschutzmaterial in den Raumwänden und -decken nur zum Teil neutralisiert wird. Auf die Beschwerden vieler Nachbarn, die durch die Musik erheblich gestört werden, fordert die zuständige Ordnungsbehörde den T erfolglos auf, zur Sache Stellung zu nehmen. Daraufhin verbietet die Ordnungsbehörde die Durchführung sämtlicher Tanzkurse. In seiner wirtschaftlichen Existenz bedroht, erhebt T Klage vor dem Verwaltungsgericht.

Frage: Hat die Klage Erfolg ?

Hinweise: Nach § 10 LImschG (Landesimmissionsschutzgesetz Nordrhein-Westfalen) ist u.a. die Benutzung von Tonwiedergabegeräten nur in solcher Lautstärke gestattet, dass unbeteiligte Personen nicht erheblich belästigt werden. § 17 I f, III LImschG eröffnet die Möglichkeit, einen Bußgeldbescheid zu erlassen, wenn gegen § 10 LImschG verstoßen wird. Weitere Vorschriften des Gewerbe- und des Immissionsschutzrechts sind nicht zu berücksichtigen.
§ 14 I OBG NRW lautet: „ ... Voraussetzungen des Eingreifens. (1) Die Ordnungsbehörden können die notwendigen Maßnahmen treffen, um eine im einzelnen Falle bestehende Gefahr für die öffentliche Sicherheit oder Ordnung (Gefahr) abzuwehren ..."

Lösungsskizze Fall 15

Die Klage hat Erfolg, wenn sie zulässig und begründet ist.

A. Zulässigkeit der Klage

I. Rechtsweg zum Verwaltungsgericht ?

1. Spezialzuweisung vorhanden ? **(–)**

2. Generalzuweisung des § 40 I VwGO ?
= öffentlich-rechtliche Streitigkeit nichtverfassungsrechtlicher Art und keine abdrängende Zuweisung

(Vorüberlegung: Worum geht es im Kern? Die Prozessbeteiligten streiten über die Frage, ob das Verbot der Durchführung der Tanzkurse durch die Ordnungsbehörde rechtmäßig ist.***)***

a. öffentlich-rechtliche Streitigkeit ?
= die streitentscheidenden Normen müssen öffentlich-rechtlicher Natur sein, d.h. einen Hoheitsträger als Berechtigten oder Verpflichteten benennen

HIER (+) → die streitentscheidende Norm ist dem Ordnungsrecht zu entnehmen; die Behörde ist als Berechtigte in § 14 I OBG NRW benannt

b. nichtverfassungsrechtlicher Art ?

HIER (+) → weder Beteiligung von Verfassungsorganen oder ihnen gleichgestellten Personen an dem Streit noch Streit über Anwendung und Auslegung von Verfassungsrecht

c. keine Zuweisung zu einem anderen Gericht ?

HIER (+) → anderweitige Zuweisung nicht ersichtlich

d. also: Generalzuweisung des § 40 I VwGO (+)

3. also: Rechtsweg zum Verwaltungsgericht (+)

II. Statthafte Klageart = Anfechtungsklage, § 42 I VwGO ?

= Kläger begehrt Aufhebung eines Verwaltungsakts (VA)

*(**Vorüberlegung:*** Was will der Kläger? Er will entgegen dem Verbot weiterhin Tanzkurse durchführen. Dies kann er möglicherweise mit einer Anfechtungsklage gemäß § 42 I VwGO erreichen. Die Anfechtungsklage ist die statthafte Klageart, wenn der Betroffene die Aufhebung eines VA begehrt.*)*

1. Verwaltungsakt gemäß § 35 S. 1 VwVfG ?

HIER (+) → hoheitliche Maßnahme einer Behörde auf dem Gebiet des öffentlichen Rechts zur Regelung eines Einzelfalls mit unmittelbarer Außenwirkung

2. also: Kläger begehrt die Aufhebung des VA → Anfechtungsklage (+)

III. Spezielle Voraussetzungen der Anfechtungsklage ?

1. Klagebefugnis, § 42 II VwGO ?

= Kläger muss geltend machen, durch den VA in seinen Rechten verletzt zu sein

HIER (+) → eine Privatperson als Adressat eines belastenden VA ist stets klagebefugt, da in ihre subjektiv-öffentlichen Rechte eingegriffen wird (Adressatentheorie); es ist zumindest ein Eingriff in die Rechte des Betroffenen aus Art. 14 I GG (eingerichteter und ausgeübter Gewerbebetrieb) denkbar

2. (Erfolgloses) Vorverfahren, §§ 68 ff VwGO ?

HIER (–), aber: gemäß § 110 I 1 JustG NRW bedarf es – in NRW – vor der Erhebung einer Anfechtungsklage entgegen § 68 I 1 VwGO grundsätzlich nicht der Nachprüfung in einem Vorverfahren

(vgl. in NRW ab 01/2015 → Fall 4, Fazit 5. = Seite 53)

3. Einhaltung der Klagefrist, § 74 I VwGO ?

= hier § 74 I 2 VwGO (weil kein Vorverfahren erforderlich): Klageerhebung innerhalb eines Monats nach Bekanntgabe des VA

HIER (+) → mangels entgegenstehender Anhaltspunkte zu unterstellen

4. Richtiger Klagegegner, § 78 VwGO ?

HIER → gemäß § 78 I Nr. 1 VwGO die Körperschaft, deren Behörde den angefochtenen VA erlassen hat, also die Stadt Aachen

5. also: spezielle Voraussetzungen der Anfechtungsklage (+)

IV. Sonstige Zulässigkeitsvoraussetzungen ? (+)

V. Ergebnis:

Zulässigkeit der Klage (+)

B. Begründetheit der Klage

= Rechtswidrigkeit des VA und dadurch Verletzung des Klägers in seinen Rechten, § 113 I 1 VwGO

I. Rechtswidrigkeit des VA ?

= bei formeller und/oder materieller Rechtswidrigkeit des VA; der VA ist jedoch rechtmäßig, wenn er aufgrund einer Ermächtigungsgrundlage formell und materiell rechtmäßig erlassen wurde

1. Ermächtigungsgrundlage ?

HIER → § 14 I OBG NRW

2. Formelle Rechtmäßigkeit ?

a. Zuständigkeit ? (+)

b. Verfahren ?

= allgemeine Verfahrensvorschriften, insbesondere Anhörung nach § 28 I VwVfG NRW und ggf. Sondervorschriften der anwendbaren Gesetze des Besonderen Verwaltungsrechts

HIER (+) → T wurde die Gelegenheit gegeben, sich zu äußern

c. Form ?

= allgemeine Formvorschriften nach §§ 37 und 39 VwVfG NRW und ggf. Sondervorschriften der anwendbaren Gesetze des Besonderen Verwaltungsrechts

HIER (+) → alle Formvorschriften wurden mangels entgegenstehender Anhaltspunkte eingehalten

d. also: formelle Rechtmäßigkeit ? (+)

3. Materielle Rechtmäßigkeit ?

= Voraussetzungen der Ermächtigungsgrundlage → § 14 I OBG NRW

a. Gefahr für die öffentliche Sicherheit oder Ordnung ?

aa. Öffentliche Sicherheit ?

= Gesamtheit der geschriebenen Rechtsordnung, Bestand des Staates und seiner Einrichtungen, persönliche Rechtsgüter einzelner Personen und Rechtsgüter der Allgemeinheit

HIER (+) → nach § 10 LImschG ist u.a. die Benutzung von Tonwiedergabegeräten nur in solcher Lautstärke gestattet, dass unbeteiligte Personen nicht erheblich belästigt werden; T nutzt Tonwiedergabegeräte; auch führt die Lautstärke zu einer erheblichen Belästigung der

Nachbarn, also unbeteiligter Personen; § 10 LImschG ist ein Teil der geschriebenen Rechtsordnung

bb. Gefahr ?

= die im einzelnen Falle bestehende (= konkrete) Möglichkeit des zukünftigen Eintritts eines Schadens (hier) bei der öffentlichen Sicherheit

HIER (+) → Verletzung der Vorschrift des § 10 LImschG ist bei jeder weiteren Tanzstunde möglich

***cc. also: Gefahr für die öffentliche Sicherheit* (+)**

b. Störer ?

= Handlungsstörer, § 17 I OBG NRW oder Zustandsstörer, § 18 I OBG NRW

HIER (+) → T verursacht die ruhestörende Musik und ist damit Störer nach § 17 I OBG NRW

c. Ermessen ?

HIER (+) → § 14 I OBG NRW ist eine „Kann"-Vorschrift (vgl. Wortlaut der Norm); also ist der Behörde ein Entscheidungsspielraum hinsichtlich der Frage, ob sie tätig wird (Entschließungsermessen) und hinsichtlich der Frage, wie sie tätig wird (Auswahlermessen) eingeräumt

d. Rechtsfehlerfreie Ausübung des Ermessens ?

= Nichtvorliegen von Ermessensfehlern

aa. Beachtung des Verhältnismäßigkeitsgrundsatzes ?

= Geeignetheit, Erforderlichkeit und Angemessenheit der behördlichen Maßnahme; hier ausdrücklich gefordert in § 15 OBG NRW

(1) Geeignetheit ?

= durch das Mittel kann der Zweck erreicht werden

HIER (+) → der Zweck besteht darin, die Geräuschbelästigung der Nachbarn durch die Tanzschule des T zu unterbinden; Mittel ist das Verbot, weiter Tanzkurse durchzuführen; die Geräuschbelästigung wird durch das Verbot unterbunden

(2) Erforderlichkeit ?

= die Behörde muss das für den Adressaten und die Allgemeinheit mildeste Mittel einsetzen, um den angestrebten Zweck zu erreichen

HIER (–) → die Ordnungsbehörde hätte T zunächst auf den Verstoß gegen § 10 LImschG hinweisen müssen und ggf. einen Bußgeldbescheid nach § 17 I f, III LImschG erlassen können; ferner hätte die Gefahr möglicherweise durch Auflagen zum Schallschutz beseitigt werden können, ohne dass T seine Veranstaltungen gänzlich hätte einstellen müssen.

***(3) also: Verhältnismäßigkeit* (–)**

***bb. also: rechtsfehlerfreie Ausübung des Ermessens* (–)**

***e. also: materielle Rechtmäßigkeit* (–)**

***4. also: Rechtmäßigkeit des VA* (–) → *somit Rechtswidrigkeit des VA* (+)**

II. Verletzung der Rechte des Klägers durch den VA ?

HIER (+) → Verletzung des Rechts auf freie Gewerbeausübung

III. Ergebnis:

Begründetheit der Klage (+)

C. Ergebnis:

Zulässigkeit und Begründetheit der Klage (+); also Erfolg der Klage (+)

Formulierungsvorschlag Fall 15

Die Klage hat Erfolg, wenn sie zulässig und begründet ist.

A. Die Klage des T müsste zulässig sein.

I. Der Rechtsweg zum Verwaltungsgericht müsste eröffnet sein.

1. Eine gesetzliche Spezialzuweisung ist nicht ersichtlich.

2. Die Generalzuweisung des § 40 I VwGO wäre gegeben, wenn es sich bei dem Verbot der Durchführung der Tanzkurse um eine öffentlich-rechtliche Streitigkeit nichtverfassungsrechtlicher Art handelt und keine anderweitige Zuweisung vorliegt.

a. Die streitentscheidenden Normen müssten öffentlich-rechtlicher Natur sein, d.h. einen Hoheitsträger als Berechtigten oder als Verpflichteten benennen. Die Beteiligten streiten über die Frage, ob das Verbot der Durchführung der Tanzkurse durch die Ordnungsbehörde rechtmäßig ist. Ermächtigungsgrundlage für das Handeln durch die Behörde ist § 14 I OBG NRW. Das OBG NRW ist öffentlich-rechtlicher Natur.

b. Da weder Verfassungsorgane oder ihnen gleichgestellte Personen an dem Streit beteiligt sind noch Streit über Anwendung und Auslegung von Verfassungsrecht herrscht, ist die Streitigkeit nichtverfassungsrechtlicher Art.

c. Eine Zuweisung zu einem anderen Gericht ist nicht ersichtlich.

d. Demnach sind die Voraussetzungen der Generalzuweisung des § 40 I VwGO erfüllt.

3. Der Rechtsweg zum Verwaltungsgericht ist eröffnet.

II. Statthafte Klageart könnte die Anfechtungsklage sein, § 42 I VwGO.

Dann müsste der Kläger die Aufhebung eines Verwaltungsakts begehren. T will entgegen dem Verbot weiterhin die Tanzschule betreiben.

1. Bei dem Verbot handelt es sich um die hoheitliche Maßnahme einer Behörde auf dem Gebiet des öffentlichen Rechts zur Regelung eines Einzelfalls mit unmittelbarer Außenwirkung, also um einen Verwaltungsakt im Sinne des § 35 S. 1 VwVfG.

2. Der Kläger begehrt die Aufhebung des Verwaltungsakts. Also ist die Anfechtungsklage die statthafte Klageart.

III. Außerdem müssten die weiteren speziellen Voraussetzungen der Anfechtungsklage vorliegen.

1. Zunächst müsste der Kläger klagebefugt sein, § 42 II VwGO. Er muss geltend machen, durch den Verwaltungsakt in seinen Rechten verletzt zu sein. Eine Privatperson als Adressat eines belastenden Verwaltungsakts ist stets klagebefugt, da in ihre subjektiv-öffentlichen Rechte eingegriffen wird (Adressatentheorie). Es ist zumindest ein Eingriff in die Rechte des Betroffenen aus Art. 14 GG (Recht am eingerichteten und ausgeübten Gewerbebetrieb) denkbar. T ist Adressat eines belastenden Verwaltungsakts. Folglich ist er klagebefugt.

2. T hat zwar das nach § 68 I 1 VwGO an sich erforderliche Vorverfahren nicht (erfolglos) durchgeführt. In Nordrhein-Westfalen bedarf es aber vor der Erhebung einer Anfechtungsklage grundsätzlich nicht der Nachprüfung in einem Vorverfahren, § 110 I 1 JustG NRW.

3. Von der Einhaltung der Klagefrist (hier § 74 I 2 VwGO) ist auszugehen.

4. Richtiger Klagegegner ist die Körperschaft, deren Behörde den angefochtenen Verwaltungsakt erlassen hat (§ 78 I Nr. 1 VwGO), also die Stadt Aachen.

5. Demnach liegen die speziellen Voraussetzungen der Anfechtungsklage vor.

IV. Am Vorliegen der sonstigen Voraussetzungen bestehen keine Zweifel.

V. Also ist die Klage zulässig.

B. Die Klage müsste auch begründet sein.

Begründet ist eine Anfechtungsklage, wenn der Verwaltungsakt rechtswidrig ist und der Kläger dadurch in seinen Rechten verletzt ist, § 113 I 1 VwGO.

I. Der Bescheid der Ordnungsbehörde müsste rechtswidrig sein. In Betracht kommt die formelle und/oder materielle Rechtswidrigkeit des Verwaltungsakts.

Der Verwaltungsakt ist jedoch rechtmäßig, wenn er aufgrund einer Ermächtigungsgrundlage formell und materiell rechtmäßig erlassen wurde.

1. Als Ermächtigungsgrundlage kommt § 14 I OBG NRW in Betracht.

2. Zunächst müsste der Bescheid formell rechtmäßig sein.

a. Der Bescheid wurde von der zuständigen Ordnungsbehörde erlassen.

b. Verstöße gegen Verfahrensvorschriften sind nicht ersichtlich. Insbesondere wurde T die Gelegenheit gegeben, sich zum Sachverhalt zu äußern, § 28 I VwVfG NRW.

c. Auch die Formvorschriften wurden beachtet.

d. Mithin ist der Bescheid formell rechtmäßig.

3. Weiterhin müsste der Bescheid materiell rechtmäßig sein. Dann müssten die Voraussetzungen des § 14 I OBG NRW vorliegen. Nach der genannten Norm kann die Ordnungsbehörde unter den aufgeführten Voraussetzungen Maßnahmen ergreifen.

a. Es müsste eine bestehende (konkrete) Gefahr für die öffentliche Sicherheit oder Ordnung vorliegen.

Möglicherweise ist die öffentliche Sicherheit tangiert. Die öffentliche Sicherheit umfasst die Gesamtheit der geschriebenen Rechtsordnung, den Bestand des Staates und seiner Einrichtungen, die persönlichen Rechtsgüter einzelner Personen und die Rechtsgüter der Allgemeinheit. Eine Gefahr für die öffentliche Sicherheit liegt vor, wenn die Möglichkeit des zukünftigen Eintritts eines Schadens besteht.

Nach § 10 LImschG ist u.a. die Benutzung von Tonwiedergabegeräten nur in solcher Lautstärke gestattet, dass unbeteiligte Personen nicht erheblich belästigt werden. T verwendet solche Geräte. Auch führt die Lautstärke zu einer erheblichen Belästigung der Nachbarn, also unbeteiligter Personen. § 10 LImschG ist ein Teil der geschriebenen Rechtsordnung. Die Verletzung der Vorschrift des § 10 LImschG ist bei jeder weiteren Tanzstunde möglich. Demnach ist die öffentliche Sicherheit betroffen.

Somit liegt auch eine Gefahr für die öffentliche Sicherheit vor.

b. T verursacht die ruhestörende Musik und ist damit Störer nach § 17 I OBG NRW.

c. § 14 I OBG NRW ist als „Kann"-Vorschrift eine Ermessensvorschrift.

d. Also müsste die Behörde das eingeräumte Ermessen rechtsfehlerfrei ausgeübt, d.h. ermessensfehlerfrei gehandelt haben.

Insbesondere müsste sie den Verhältnismäßigkeitsgrundsatz beachtet haben. Der Grundsatz ist gewahrt, wenn die Maßnahme der Behörde geeignet, erforderlich und angemessen ist, um das erstrebte Ziel zu erreichen. Dies ist überdies in § 15 OBG NRW ausdrücklich gefordert.

Geeignet ist das Mittel, wenn es den erstrebten Zweck erreicht. Der Zweck besteht darin, die Geräuschbelästigung der Nachbarn durch die Tanzschule des T zu unterbinden. Mittel ist das Verbot, weiter Tanzkurse durchzuführen. Die Geräuschbelästigung wird durch das Verbot unterbunden. Somit ist das Mittel geeignet.

Erforderlich ist das Mittel, wenn die Behörde das für den Adressaten und die Allgemeinheit mildeste Mittel einsetzt, um den angestrebten Zweck zu erreichen. Die Ordnungsbehörde hat die Durchführung der Tanzveranstaltungen gänzlich verboten, also zum äußersten und einschneidendsten Mittel gegriffen. Die Ordnungsbehörde hätte T jedoch zunächst auf den Verstoß gegen § 10 LImschG hinweisen müssen und gegebenenfalls einen Bußgeldbescheid nach § 17 I f, III LImschG erlassen können. Ferner hätte die Gefahr möglicherweise durch Auflagen zum Schallschutz beseitigt werden können, ohne dass T seine Veranstaltungen gänzlich hätte einstellen müssen. Das eingesetzte Mittel war demnach nicht erforderlich, um das erstrebte Ziel zu erreichen.

Also hat die Behörde das eingeräumte Ermessen nicht ermessensfehlerfrei ausgeübt.

e. Der Bescheid der Ordnungsbehörde ist demnach nicht materiell rechtmäßig.

4. Mangels Rechtmäßigkeit ist der Verwaltungsakt rechtswidrig.

II. Der Bescheid verletzt den Kläger auch in seinem Recht auf freie Gewerbeausübung.

III. Die Klage ist damit begründet.

C. Die Klage ist zulässig und begründet, hat also Erfolg.

Fazit

1. In diesem und den folgenden Fällen geht es schwerpunktmäßig um das ***Ermessen***.

Das Verwaltungsrecht sieht bei Ermächtigungsgrundlagen für die Verwaltung zwei Arten von Rechtsfolgen vor.

Entweder gibt es nur eine rechtmäßige Reaktion der Behörde bei dem Vorliegen bestimmter Tatbestandsmerkmale. Dann spricht man von „gebundener Verwaltung".

Oder die Behörde kann zwischen mehreren Möglichkeiten wählen (Ermessensentscheidung). Heißt es in der einschlägigen Rechtsnorm, die Behörde „kann", „darf", „ist befugt", dann besteht die Pflicht zur Ausübung von Ermessen. Bei Formulierungen wie „muss", „ist zu versagen", etc. muss die Verwaltung dagegen eine bestimmte, im Gesetz vorgesehene Entscheidung treffen.

2. Es gibt ***zwei Arten*** von Ermessen: Das ***Entschließungsermessen*** (dann besteht Ermessen hinsichtlich der Entscheidung, ***ob*** Maßnahmen ergriffen werden) und das ***Auswahlermessen*** (dann besteht Ermessen hinsichtlich der Entscheidung, ***wie*** die Maßnahmen auszusehen haben, welche Maßnahme ergriffen werden soll).

Wenn der konkreten gesetzlichen Regelung nichts anderes zu entnehmen ist, hat die Verwaltung sowohl Entschließungs- als auch Auswahlermessen.

3. Die Kontrolle von Ermessensentscheidungen durch die Verwaltungsgerichte ist beschränkt, § 114 VwGO. Es gibt folgende Arten von Fehlern, die gerichtlich angreifbar sind:

- ***Ermessensnichtgebrauch*** = wenn die Verwaltung überhaupt keine Ermessensentscheidung trifft, sondern irrtümlich oder bewusst nur von einer richtigen Entscheidungsmöglichkeit ausgeht
- ***Ermessensüberschreitung*** = wenn das Gesetz einen Rahmen für die Rechtsfolge festlegt und die Verwaltung diesen nicht beachtet (Beispiel: Höhe des Zwangsgeldes im Vollstreckungsrecht, § 11 III VwVg (Verwaltungsvollstreckungsgesetz)
- ***Ermessensfehlgebrauch*** = wenn das Ermessen nicht im Sinne des Gesetzes gebraucht wird, das das Ermessen einräumt

- Verstoß gegen den ***Verhältnismäßigkeitsgrundsatz*** zulasten des Bürgers
- Verstoß gegen Grundrechte des Bürgers, insbesondere gegen den ***Gleichheitsgrundsatz***.

Zu beachten sind bei Ermessensfragen auch die sogenannten Verwaltungsvorschriften. Sie stellen eine Konkretisierung des Ermessens einer Behörde dar. Die Behörde ist an die Regelung gebunden (gebundenes Ermessen), es sei denn, sie gibt sie für die Zukunft gänzlich auf. Eine isolierte Anfechtung der Verwaltungsvorschriften ist nicht möglich. Warum nicht? Na, denkt mal nach ... Genau, wegen der fehlenden Außenwirkung. Die Außenwirkung kommt erst bei Erlass des VA zustande.

4. Der Verhältnismäßigkeitsgrundsatz ist ein Verfassungsgrundsatz, der in manchen Gesetzen, wie z.B. in § 15 OBG NRW oder in den Verwaltungsvollstreckungsgesetzen von Bund und Ländern, ausdrücklich normiert ist. Aber auch wenn einem Gesetz eine Legaldefinition fehlt, ist der Verhältnismäßigkeitsgrundsatz uneingeschränkt zu beachten.

5. Der Verhältnismäßigkeitsgrundsatz wird in drei Schritten geprüft:

- die ***Geeignetheit*** = durch das Mittel kann der Zweck erreicht werden
- die ***Erforderlichkeit*** = die Behörde muss das für den Adressaten und die Allgemeinheit mildeste von mehreren gleich geeigneten Mitteln einsetzen, um den angestrebten Zweck zu erreichen
- die ***Angemessenheit*** = das Mittel darf nicht zu einem Nachteil führen, der zu dem erstrebten Zweck außer Verhältnis steht (sogenannte Mittel-Zweck-Relation; Abwägung der betroffenen Rechtsgüter)

6. Und was ist ein ***Beurteilungsspielraum***? Wie ist denn der rechtlich einzuordnen? Ein Beurteilungsspielraum wird der Behörde nicht auf der Rechtsfolgenseite, sondern auf der Tatbestandsseite eingeräumt. Die Behörde hat bei der Frage, ob ein Tatbestandsmerkmal vorliegt, einen Entscheidungsspielraum. Ein Beurteilungsspielraum findet sich immer wieder bei Schul- und Prüfungsentscheidungen. Als Beispiel sei etwa § 18 I JAG NRW (Juristenausbildungsgesetz des Landes Nordrhein-Westfalen) genannt. Hier ist zu ergründen, ob die Leistungen des Prüflings insgesamt den Anforderungen entsprechen.

Fall 16

Geplagt von der Diskussion über Rinderwahnsinn, Schweinepest und Hühnersalmonellen wollen Bauern und Metzger in Bonn (Nordrhein-Westfalen) unter freiem Himmel auf ihre Situation aufmerksam machen und demonstrieren. Erwartet werden vom Organisatoren O etwa 2.000 Personen. Gemäß § 14 Versammlungsgesetz (VersG) meldet O die Demonstration an und bespricht mit dem Leiter L der zuständigen Behörde Einzelheiten. L verbietet die Demonstration nach § 15 VersG mit dem Hinweis auf mögliche Gefahren für Personen und Sachwerte. In die Begründung des schriftlichen Bescheids nimmt L dagegen nicht den wahren Grund auf, der ihn zu dem Verbot bewogen hat. Nach seiner persönlichen Auffassung ist eine solche Demonstration wegen der gegenwärtigen Massentierhaltungen und den sich hieraus ergebenden potenziellen Gefahren für die Allgemeinheit höchst unpassend. O erhebt daraufhin Klage.

Frage: Hat die Klage Erfolg ?

Hinweise: Geht davon aus, dass sich die Sache zum Zeitpunkt des Urteils nicht bereits erledigt hat.
Ferner sind die von L in dem Bescheid aufgeführten Gefahren für Personen und Sachwerte zwar vorhanden. Die Gefahren hätten sich aber durch geringfügige Sicherheitsmaßnahmen reduzieren lassen.

Lösungsskizze Fall 16

Die Klage hat Erfolg, wenn sie zulässig und begründet ist.

A. Zulässigkeit der Klage

I. Rechtsweg zum Verwaltungsgericht ?

1. Spezialzuweisung vorhanden ? (–)

2. Generalzuweisung des § 40 I VwGO ?
= öffentlich-rechtliche Streitigkeit nichtverfassungsrechtlicher Art und keine abdrängende Zuweisung

*(**Vorüberlegung:*** Worum geht es im Kern? Die Prozessbeteiligten streiten über das von der Ordnungsbehörde ausgesprochene Versammlungsverbot.*)*

a. öffentlich-rechtliche Streitigkeit ?
= die streitentscheidenden Normen müssen öffentlich-rechtlicher Natur sein, d.h. einen Hoheitsträger als Berechtigten oder Verpflichteten benennen

HIER (+) → die streitentscheidende Norm ist dem Versammlungsgesetz (VersG) zu entnehmen; die Behörde ist als Berechtigte in § 15 I VersG benannt

b. nichtverfassungsrechtlicher Art ?

HIER (+) → weder Beteiligung von Verfassungsorganen oder ihnen gleichgestellten Personen an dem Streit noch Streit über Anwendung und Auslegung von Verfassungsrecht

c. keine Zuweisung zu einem anderen Gericht ?

HIER (+) → anderweitige Zuweisung nicht ersichtlich

d. also: Generalzuweisung des § 40 I VwGO **(+)**

3. also: Rechtsweg zum Verwaltungsgericht **(+)**

II. Statthafte Klageart = Anfechtungsklage, § 42 I VwGO ?

= Kläger begehrt Aufhebung eines Verwaltungsakts (VA)

(Vorüberlegung: Was will der Kläger? Er will eine Demonstration in Bonn veranstalten. O hat die Versammlung gemäß § 14 VersG angemeldet. Dies reicht aus, um die Versammlung durchzuführen. Er bedarf nicht etwa einer gesonderten Genehmigung oder Erlaubnis. Insofern erstrebt er nicht den Erlass eines begünstigenden VA (dann Verpflichtungsklage). Er möchte vielmehr das Verbot beseitigen. Dies kann er möglicherweise mit einer Anfechtungsklage gemäß § 42 I VwGO erreichen. Die Anfechtungsklage ist die statthafte Klageart, wenn der Betroffene die Aufhebung eines VA begehrt.***)***

1. Verwaltungsakt gemäß § 35 S. 1 VwVfG ?

= hoheitliche Maßnahme einer Behörde auf dem Gebiet des öffentlichen Rechts zur Regelung eines Einzelfalls mit Außenwirkung

a. hoheitliche Maßnahme einer Behörde? **(+)**

b. auf dem Gebiet des öffentlichen Rechts ? **(+)**

c. zur Regelung ? **(+)**

d. eines Einzelfalls ?

= Maßnahme richtet sich an einen bestimmten Adressaten in einer konkreten Situation

HIER (+) → Adressat ist O als Organisator der Demonstration; das Verbot richtet sich nicht unmittelbar gegen die potenziellen Demonstranten; O ist aber stellvertretend Adressat für die potenziellen Teilnehmer; die Regelung gilt damit auch gegenüber jedem Teilnehmer, der an der konkreten Demonstration teilnimmt; dies ergibt sich aus dem systematischen Zusammenhang zwischen § 14 und § 15 VersG (systematische Auslegung); konkrete Situation ist die geplante Demonstration in Bonn

e. mit Außenwirkung ? **(+)**

f. also: VA **(+)**

2. also: Kläger begehrt die Aufhebung des VA → Anfechtungsklage **(+)**

III. Spezielle Voraussetzungen der Anfechtungsklage ?

1. Klagebefugnis, § 42 II VwGO ?

= Kläger muss geltend machen, durch den VA in seinen Rechten verletzt zu sein

HIER (+) → eine Privatperson als Adressat eines belastenden VA ist stets klagebefugt, da in ihre subjektiv-öffentlichen Rechte eingegriffen wird (Adressatentheorie); es ist zumindest ein Eingriff in die Rechte des Betroffenen aus Art. 8 GG (Versammlungsfreiheit) denkbar

2. (Erfolgloses) Vorverfahren, §§ 68 ff VwGO ?

HIER (−), aber: gemäß § 110 I 1 JustG NRW bedarf es – in NRW – vor der Erhebung einer Anfechtungsklage entgegen § 68 I 1 VwGO grundsätzlich nicht der Nachprüfung in einem Vorverfahren

(vgl. in NRW ab 01/2015 → Fall 4, Fazit 5. = Seite 53)

3. Einhaltung der Klagefrist, § 74 I VwGO ?

= hier § 74 I 2 VwGO (weil kein Vorverfahren erforderlich): Klageerhebung innerhalb eines Monats nach Bekanntgabe des VA

HIER (+) → mangels entgegenstehender Anhaltspunkte zu unterstellen

4. Richtiger Klagegegner, § 78 VwGO ?

HIER → gemäß § 78 I Nr. 1 VwGO die Körperschaft, deren Behörde den angefochtenen VA erlassen hat, also die Stadt Bonn

***5. also: spezielle Voraussetzungen der Anfechtungsklage* (+)**

***IV. Sonstige Zulässigkeitsvoraussetzungen ?* (+)**

V. Ergebnis:

Zulässigkeit der Klage (+)

B. Begründetheit der Klage

= Rechtswidrigkeit des VA und dadurch Verletzung des Klägers in seinen Rechten, § 113 I 1 VwGO

I. Rechtswidrigkeit des VA ?

= bei formeller und/oder materieller Rechtswidrigkeit des VA; der VA ist jedoch rechtmäßig, wenn er aufgrund einer Ermächtigungsgrundlage formell und materiell rechtmäßig erlassen wurde

1. Ermächtigungsgrundlage ?

HIER → § 15 I VersG

2. Formelle Rechtmäßigkeit ?

***a. Zuständigkeit ?* (+)**

b. Verfahren ?

= allgemeine Verfahrensvorschriften, insbesondere Anhörung nach § 28 I VwVfG NRW und ggf. Sondervorschriften der anwendbaren Gesetze des Besonderen Verwaltungsrechts

HIER (+) → Anhörung hat stattgefunden

c. Form ?

= allgemeine Formvorschriften nach §§ 37 und 39 VwVfG NRW und ggf. Sondervorschriften der anwendbaren Gesetze des Besonderen Verwaltungsrechts

HIER (+) → alle Formvorschriften wurden eingehalten

d. also: formelle Rechtmäßigkeit (+)

3. Materielle Rechtmäßigkeit ?

= Voraussetzungen der Ermächtigungsgrundlage
→ § 15 I VersG

a. Versammlung im Sinne des § 15 i.V.m. § 14 VersG?

= Versammlung unter freiem Himmel

HIER (+) → O will eine Demonstration unter freiem Himmel veranstalten, um auf die Situation der Bauern und Metzger im Zusammenhang mit der Diskussion über Rinderwahnsinn, Schweinepest und Salmonellengefahr aufmerksam zu machen

b. unmittelbare Gefährdung der öffentlichen Sicherheit ?

= Möglichkeit des zukünftigen Eintritts eines Schadens bei der öffentlichen Sicherheit – also bei der Gesamtheit der geschriebenen Rechtsordnung, beim Bestand des Staates und seinen Einrichtungen oder persönlichen Rechtsgütern einzelner Personen bzw. Rechtsgütern der Allgemeinheit – unmittelbar durch die Versammlung

HIER (+) → es besteht die Möglichkeit des Eintritts von Schäden an Rechtsgütern einzelner Personen, wie Leben, Gesundheit und Eigentum; Rechtsgüter einzelner Personen sind dann Teil der öffentlichen Sicherheit, wenn – wie dies hier der Fall ist – gerichtlicher Schutz nicht wirksam erlangt werden kann und die Gefährdung in die Öffentlichkeit ausstrahlt; auch besteht ein unmittelbarer Zusammenhang zwischen der Gefährdung der Rechtsgüter und der Demonstration

c. Ermessen ?

HIER (+) → § 15 I VersG ist eine „Kann"-Vorschrift (vgl. Wortlaut der Norm); also ist der Behörde ein Entscheidungsspielraum hinsichtlich der Frage, ob sie tätig wird (Entschließungsermessen) und hinsichtlich der Frage, wie sie tätig wird (Auswahlermessen) eingeräumt

d. Rechtsfehlerfreie Ausübung des Ermessens ?

= Nichtvorliegen von Ermessensfehlern

aa. Ermessensfehlgebrauch ?

= die Behörde macht in einer Weise von dem Ermessen Gebrauch, die nicht dem Zweck der konkreten gesetzlichen Norm entspricht, wenn also Erwägungen in die Entscheidung einfließen, die mit der Ermächtigungsgrundlage in keinem Zusammenhang stehen

HIER (+) → im vorliegenden Fall geht es um das Versammlungsrecht, also um Sonderordnungsrecht; die Behörde ist demnach bei ihrer Entscheidung an ordnungsrechtliche Gesichtspunkte gebunden; zulässig sind daher nur Gründe, die sich auf den Schutz der öffentlichen Sicherheit oder Ordnung bei Versammlungen und auf versammlungsrechtliche Besonderheiten beziehen, wie z.B. die Anmeldung; mögliche Ausschreitungen und die damit verbundenen Gefahren für Rechtsgüter Einzelner oder Eingriffe in den Straßenverkehr durch einen Demonstrationszug sind daher als Gründe zu berücksichtigen;

die Entscheidung der Behörde beruhte nicht auf versammlungsrechtlichen Gesichtspunkten, sondern auf Tierschutz- und Gesundheitsschutzgründen; diese gaben letztendlich den Ausschlag;

hinzu kommt, dass es sich um private Ansichten des L handelt; fließen private Ansichten in die Entscheidung ein, so wird das Ermessen nicht im Sinne der gesetzlichen Norm gebraucht

bb. also: rechtsfehlerfreie Ausübung des Ermessens **(–)**

e. also: materielle Rechtmäßigkeit **(–)**

4. also: Rechtmäßigkeit des VA **(–)** → ***somit Rechtswidrigkeit des VA*** **(+)**

II. Verletzung der Rechte des Klägers durch den VA ?

HIER (+) → Versammlungsfreiheit nach Art. 8 GG

III. Ergebnis:

Begründetheit der Klage (+)

C. Ergebnis:

Zulässigkeit und Begründetheit der Klage (+); also Erfolg der Klage (+)

Formulierungsvorschlag Fall 16

Die Klage hat Erfolg, wenn sie zulässig und begründet ist.

A. Die Klage des O müsste zulässig sein.

I. Der Rechtsweg zum Verwaltungsgericht müsste eröffnet sein.

1. Eine gesetzliche Spezialzuweisung ist nicht ersichtlich.

2. Die Generalzuweisung des § 40 I VwGO wäre gegeben, wenn es sich bei dem Verbot der Demonstration um eine öffentlich-rechtliche Streitigkeit nichtverfassungsrechtlicher Art handelt und keine anderweitige Zuweisung vorliegt.

a. Die streitentscheidenden Normen müssten öffentlich-rechtlicher Natur sein, d.h. einen Hoheitsträger als Berechtigten oder als Verpflichteten benennen. Die Beteiligten streiten über das von der Ordnungsbehörde ausgesprochene Versammlungsverbot. Die streitentscheidende Norm ist dem VersG zu entnehmen. Die Behörde ist als Berechtigte in § 15 I VersG benannt. Die streitentscheidende Norm ist damit öffentlich-rechtlicher Natur.

b. Da weder Verfassungsorgane oder ihnen gleichgestellte Personen an dem Streit beteiligt sind noch Streit über Anwendung und Auslegung von Verfassungsrecht herrscht, ist die Streitigkeit nichtverfassungsrechtlicher Art.

c. Eine Zuweisung zu einem anderen Gericht ist nicht ersichtlich.

d. Demnach sind die Voraussetzungen der Generalzuweisung des § 40 I VwGO erfüllt.

3. Der Rechtsweg zum Verwaltungsgericht ist eröffnet.

II. Statthafte Klageart könnte die Anfechtungsklage sein, § 42 I VwGO.

Dann müsste der Kläger die Aufhebung eines Verwaltungsakts begehren. O will eine Demonstration in Bonn veranstalten. Er hat die Versammlung gemäß § 14 VersG angemeldet. Dies reicht aus, um die Versammlung durchzuführen. O bedarf nicht etwa einer gesonderten Genehmigung oder Erlaubnis. Insofern erstrebt er nicht den Erlass eines begünstigenden Verwaltungsakts. Er möchte vielmehr das Verbot beseitigen.

1. Das Verbot müsste einen Verwaltungsakt darstellen. Gemäß § 35 S. 1 VwVfG ist ein Verwaltungsakt eine hoheitliche Maßnahme einer Behörde auf dem Gebiet des öffentlichen Rechts zur Regelung eines Einzelfalls mit unmittelbarer Außenwirkung.

Bei dem Verbot handelt es sich um eine hoheitliche Maßnahme einer Behörde auf dem Gebiet des öffentlichen Rechts mit Regelungsgehalt.

Zudem müsste ein Einzelfall geregelt sein. Dann müsste sich die Maßnahme an einen bestimmten Adressaten in einer konkreten Situation richten. Adressat ist O als Organisator der Demonstration. Das Verbot richtet sich nicht unmittelbar gegen die potenziellen Demonstranten. O ist aber stellvertretend Adressat für die potenziellen Teilnehmer. Die Regelung gilt damit auch gegenüber jedem Teilnehmer, der an der konkreten Demonstration teilnimmt. Dies ergibt sich aus dem systematischen Zusammenhang zwischen § 14 und § 15 VersG (systematische Auslegung). Konkrete Situation ist die geplante Demonstration in Bonn.

Die erforderliche Außenwirkung liegt vor.

Also stellt das Verbot einen Verwaltungsakt dar.

2. Der Kläger begehrt die Aufhebung des Verwaltungsakts. Also ist die Anfechtungsklage die statthafte Klageart.

III. Außerdem müssten die weiteren speziellen Voraussetzungen der Anfechtungsklage vorliegen.

1. Zunächst müsste der Kläger klagebefugt sein, § 42 II VwGO. Er muss geltend machen, durch den Verwaltungsakt in seinen Rechten verletzt zu sein. Eine Privatperson als Adressat eines belastenden Verwaltungsakts ist stets klagebefugt, da in ihre subjektiv-öffentlichen Rechte eingegriffen wird (Adressatentheorie). Es ist zumindest ein Eingriff in die Rechte des Betroffenen aus Art. 8 GG (Versammlungsfreiheit) denkbar. O ist Adressat eines belastenden Verwaltungsakts. Folglich ist er klagebefugt.

2. O hat zwar das nach § 68 I 1 VwGO an sich erforderliche Vorverfahren nicht (erfolglos) durchgeführt. In Nordrhein-Westfalen bedarf es aber vor der Erhebung einer Anfechtungsklage grundsätzlich nicht der Nachprüfung in einem Vorverfahren, § 110 I 1 JustG NRW.

3. Von der Einhaltung der Klagefrist (hier § 74 I 2 VwGO) ist auszugehen.

4. Richtiger Klagegegner ist die Körperschaft, deren Behörde den angefochtenen Verwaltungsakt erlassen hat (§ 78 I Nr. 1 VwGO), also die Stadt Bonn.

5. Demnach liegen die speziellen Voraussetzungen der Anfechtungsklage vor.

IV. Am Vorliegen der sonstigen Voraussetzungen bestehen keine Zweifel.

V. Also ist die Klage zulässig.

B. Die Klage müsste auch begründet sein.

Begründet ist eine Anfechtungsklage, wenn der Verwaltungsakt rechtswidrig ist und der Kläger dadurch in seinen Rechten verletzt ist, § 113 I 1 VwGO.

I. Der Bescheid der Ordnungsbehörde müsste rechtswidrig sein. In Betracht kommt die formelle und/oder materielle Rechtswidrigkeit des Verwaltungsakts.

Der Verwaltungsakt ist jedoch rechtmäßig, wenn er aufgrund einer Ermächtigungsgrundlage formell und materiell rechtmäßig erlassen wurde.

1. Als Ermächtigungsgrundlage kommt § 15 I VersG in Betracht.

2. Zunächst müsste der Bescheid formell rechtmäßig sein.

a. Der Bescheid wurde von der zuständigen Behörde erlassen.

b. Verstöße gegen Verfahrensvorschriften sind nicht ersichtlich.

c. Auch die Formvorschriften wurden beachtet.

d. Mithin ist der Bescheid formell rechtmäßig.

3. Weiterhin müsste der Bescheid materiell rechtmäßig sein. Dann müssten die Voraussetzungen des § 15 I VersG vorliegen. Nach der genannten Norm kann die Ordnungsbehörde unter den aufgeführten Voraussetzungen Maßnahmen ergreifen.

a. O will eine Demonstration unter freiem Himmel veranstalten, um auf die Situation der Bauern und Metzger im Zusammenhang mit der Diskussion über Rinderwahnsinn, Schweinepest und Salmonellengefahr aufmerksam zu machen. Es handelt sich um eine Versammlung unter freiem Himmel im Sinne des § 15 i.V.m. mit § 14 VersG.

b. Fraglich ist, ob die öffentliche Sicherheit gefährdet ist.

Die öffentliche Sicherheit umfasst die Gesamtheit der geschriebenen Rechtsordnung, den Bestand des Staates und seiner Einrichtungen, die persönlichen Rechtsgüter einzelner Personen und Rechtsgüter der Allgemeinheit. Eine Gefahr für die öffentliche Sicherheit liegt vor, wenn die Möglichkeit des zukünftigen Eintritts eines Schadens besteht.

Es besteht die Möglichkeit des Eintritts von Schäden an Rechtsgütern einzelner Personen, wie Leben, Gesundheit und Eigentum. Rechtsgüter einzelner Personen sind dann Teil der öffentlichen Sicherheit, wenn – wie dies hier der Fall ist – gerichtlicher Schutz nicht wirksam erlangt werden kann und die Gefährdung in die Öffentlichkeit ausstrahlt. Auch besteht ein unmittelbarer Zusammenhang zwischen der Gefährdung der Rechtsgüter und der Demonstration. Also ist die öffentliche Sicherheit gefährdet.

c. § 15 I VersG ist als „Kann"-Vorschrift eine Ermessensvorschrift.

d. Also müsste die Behörde das eingeräumte Ermessen rechtsfehlerfrei ausgeübt, d.h. ermessensfehlerfrei gehandelt haben.

Es könnte ein Ermessensfehlgebrauch vorliegen. Er liegt vor, wenn die Behörde in einer Weise von dem Ermessen Gebrauch gemacht hat, die nicht dem Zweck der konkreten gesetzlichen Norm entspricht, wenn also Erwägungen in die Entscheidung einfließen, die mit der Ermächtigungsgrundlage in keinem Zusammenhang stehen.

Im vorliegenden Fall geht es um das Versammlungsrecht, also um Sonderordnungsrecht und darüber hinaus um dass Grundrecht der Versammlungsfreiheit in Art. 8 GG. Die Ordnungsbehörde ist demnach bei ihrer Entscheidung an ordnungsrechtliche Gesichtspunkte gebunden. Zulässig sind daher nur Gründe, die sich auf den Schutz der öffentlichen Sicherheit oder Ordnung bei Versammlungen und auf versammlungsrechtliche Besonderheiten beziehen, wie z.B. die Anmeldung. Mögliche Ausschreitungen und die damit verbundenen Gefahren für Rechtsgüter Einzelner oder Eingriffe in den Straßenverkehr durch einen Demonstrationszug sind daher als Gründe zu berücksichtigen. Die Entscheidung der Ordnungsbehörde beruhte aber nicht auf versammlungsrechtlichen Gesichtspunkten, sondern auf Tierschutz- und Gesundheitsgründen. Diese gaben letztendlich den Ausschlag. Hinzu kommt, dass es sich um private Ansichten des L handelt. Fließen aber private Ansichten in die Entscheidung ein, so wird das Ermessen nicht im Sinne der gesetzlichen Norm gebraucht.

Also liegt ein Ermessensfehlgebrauch vor. Mithin hat die Behörde nicht ermessensfehlerfrei gehandelt.

e. Der Bescheid der Ordnungsbehörde ist demnach nicht materiell rechtmäßig.

4. Mangels Rechtmäßigkeit ist der Verwaltungsakt rechtswidrig.

II. Der Bescheid verletzte den Kläger auch in seinem Recht auf Versammlungsfreiheit aus Art. 8 GG.

III. Die Klage ist damit begründet.

C. Die Klage ist zulässig und begründet, hat also Erfolg.

Fazit

1. Bei der Frage, welche Klageart einschlägig ist, könntet ihr auf den Gedanken gekommen sein, dass es sich bei einem ***Versammlungsverbot*** um eine Allgemeinverfügung nach § 35 S. 2 VwVfG handelt. Schließlich könnte sich das Versammlungsverbot ja gegen diejenigen Bauern und Metzger richten, die an der Demonstration teilnehmen wollen. Das Demonstrationsverbot richtet sich aber zunächst nicht gegen die Demonstranten, sondern (nur) gegen die Person, die die Demonstration veranstalten will. Erst die konkreten Maßnahmen vor Ort, insbesondere die Aufforderung nach § 15 II VersG, die Demonstration aufzulösen, richtet sich gegen die Teilnehmer. Durch das Verbot, die Demonstration zu veranstalten, wird im Wesentlichen der grundrechtliche Schutz der Veranstaltung aus Art. 8 GG vor einer Auflösung aufgehoben (§ 15 III VersG, Art. 8 II GG).

   Das Versammlungsverbot stellt also ***keine Allgemeinverfügung*** dar, sondern einen „ganz normalen" VA, der sich (nur) gegen eine Person richtet.

2. Schwerpunkt der Klausur war der ***Ermessensfehler*** „Ermessensfehlgebrauch". Dabei hat sich die entscheidende Person in der Verwaltung von Gesichtspunkten leiten lassen, die in dem maßgeblichen Gesetz keine Grundlage finden.

3. Eine große Bitte: Blättert kurz zurück und lest abermals Fall 15, Fazit 3. (Seiten 120, 121). Macht euch noch einmal mit der Bedeutung der Begriffe Ermessensnichtgebrauch, Ermessensüberschreitung und Ermessensfehlgebrauch vertraut.

Fall 17

A ist Inhaber einer Brauerei in Rostock (Mecklenburg-Vorpommern). Jährlich werden etwa 8.000 Hektoliter Bier produziert. Eine entsprechende Genehmigung nach dem BImschG liegt vor. Trotz mehrerer Umbauten kommt es des Öfteren zu massiven Geruchsbelästigungen für die Anwohner angrenzender Grundstücke und insbesondere für die Besucher und das Personal eines Kindergartens. Die zuständige Ordnungsbehörde ordnet mit Bescheid vom 01.05. nach einer Anhörung an, Filteranlagen bis zum 30.04. des folgenden Jahres einzubauen. Sie stützt diesen Bescheid auf § 17 I 2 BImschG und begründet ihn hinreichend. Gegen den Bescheid legt A Widerspruch ein. Die Aufsichtsbehörde weist den Widerspruch am 10.08. zurück und ändert den Bescheid dahin gehend, dass der Einbau bereits bis zum 31.12. zu erfolgen habe. A erhebt nunmehr fristgemäß Klage vor dem zuständigen Verwaltungsgericht.

Frage: Hat die Klage Erfolg ?

Hinweise: Es ist davon auszugehen, dass die Aufsichtsbehörde auch ermächtigt ist, die Ausgangsbehörde anzuweisen, einen Verwaltungsakt mit zusätzlicher Belastung – wie hier geschehen – zu erlassen.
Weiter ist davon auszugehen, dass ein solcher Filtereinbau innerhalb von zwei Monaten möglich und auch wirtschaftlich vertretbar ist.
Beachtet hinsichtlich der Zulässigkeit der Klage das GOrgG M-V (Gerichsorganisationsgesetz Mecklenburg-Vorpommern).

Lösungsskizze Fall 17

Die Klage hat Erfolg, wenn sie zulässig und begründet ist.

A. Zulässigkeit der Klage

I. Rechtsweg zum Verwaltungsgericht ?

1. Spezialzuweisung vorhanden ? **(–)**

2. Generalzuweisung des § 40 I VwGO ?

= öffentlich-rechtliche Streitigkeit nichtverfassungsrechtlicher Art und keine abdrängende Zuweisung

*(**Vorüberlegung:*** Worum geht es im Kern? Die Prozessbeteiligten streiten über die Frage, ob die Anordnung, neue Filteranlagen in einer Brauerei zu installieren, rechtmäßig ist.*)*

a. öffentlich-rechtliche Streitigkeit ?

= die streitentscheidenden Normen müssen öffentlich-rechtlicher Natur sein, d.h. einen Hoheitsträger als Berechtigten oder Verpflichteten benennen

HIER (+) → die streitentscheidende Norm ist dem Bundesimmissionsschutzgesetz (BImschG) zu entnehmen; die Behörde ist als Berechtigte in § 17 I 2 BImschG genannt

b. nichtverfassungsrechtlicher Art ?

HIER (+) → weder Beteiligung von Verfassungsorganen oder ihnen gleichgestellten Personen an dem Streit noch Streit über Anwendung und Auslegung von Verfassungsrecht

c. keine Zuweisung zu einem anderen Gericht ?

HIER (+) → anderweitige Zuweisung nicht ersichtlich

d. also: Generalzuweisung des § 40 I VwGO (+)

3. also: Rechtsweg zum Verwaltungsgericht (+)

II. Statthafte Klageart = Anfechtungsklage, § 42 I VwGO ?

= Kläger begehrt Aufhebung eines Verwaltungsakts (VA)

*(**Vorüberlegung:*** Was will der Kläger? Er will sich gegen die Verpflichtung, neue Filteranlagen zu installieren, wehren. Dies kann er möglicherweise mit einer Anfechtungsklage gemäß § 42 I VwGO erreichen. Die Anfechtungsklage ist die statthafte Klageart, wenn der Betroffene die Aufhebung eines VA begehrt. Die Anfechtungsklage richtet sich nach § 79 I VwGO gegen den Ausgangsbescheid in Gestalt des Widerspruchsbescheids.*)*

1. Verwaltungsakt gemäß § 35 S. 1 VwVfG ?

HIER (+) → hoheitliche Maßnahme einer Behörde auf dem Gebiet des öffentlichen Rechts zur Regelung eines Einzelfalls mit unmittelbarer Außenwirkung

2. also: Kläger begehrt die Aufhebung des VA → Anfechtungsklage (+)

III. Spezielle Voraussetzungen der Anfechtungsklage ?

1. Klagebefugnis, § 42 II VwGO ?

= Kläger muss geltend machen, durch den VA in seinen Rechten verletzt zu sein

HIER (+) → eine Privatperson als Adressat eines belastenden VA ist stets klagebefugt, da in ihre subjektiv-öffentlichen Rechte eingegriffen wird (Adressatentheorie); es ist zumindest ein Eingriff in die Rechte des Betroffenen aus Art. 14 GG (eingerichteter und ausgeübter Gewerbebetrieb) denkbar

2. (Erfolgloses) Vorverfahren, §§ 68 ff VwGO ?

HIER (+) → A hat erfolglos Widerspruch eingelegt; das Vorverfahren war auch durchzuführen; ein Wegfall des Vorverfahrens nach § 13 b GOrgG M-V scheidet aus; zudem ist keiner der Fälle der § 13 a GOrgG M-V und insbesondere kein Fall des § 13 a Nr. 1 GOrgG M-V einschlägig, der die Klagemöglichkeit ohne Vorverfahren eröffnet

3. Einhaltung der Klagefrist, § 74 I VwGO ?

= hier § 74 I 1 VwGO (weil Vorverfahren erforderlich): Klageerhebung innerhalb eines Monats nach Zustellung des Widerspruchsbescheids

HIER (+) → mangels entgegenstehender Anhaltspunkte zu unterstellen

4. Richtiger Klagegegner, § 78 VwGO ?

HIER (+) → grundsätzlich gemäß § 78 I Nr. 1 VwGO die Körperschaft, deren Behörde (Ordnungsbehörde) den angefochtenen VA erlassen hat; aber nach § 78 I Nr. 2 VwGO i.V.m. § 14 II GOrgG M-V (in Mecklenburg-Vorpommern) die Behörde selbst, die den VA erlassen hat; hier also die Ordnungsbehörde

5. also: spezielle Voraussetzungen der Anfechtungsklage (+)

IV. Sonstige Zulässigkeitsvoraussetzungen ? (+)

V. Ergebnis:

Zulässigkeit der Klage (+)

B. Begründetheit der Klage

= Rechtswidrigkeit des VA und dadurch Verletzung des Klägers in seinen Rechten, § 113 I 1 VwGO

I. Rechtswidrigkeit des VA ?

= bei formeller und/oder materieller Rechtswidrigkeit des VA; der VA ist jedoch rechtmäßig, wenn er aufgrund einer Ermächtigungsgrundlage formell und materiell rechtmäßig erlassen wurde

1. Ermächtigungsgrundlage ?

HIER → § 17 I 2 BImSchG

2. Formelle Rechtmäßigkeit ?

a. Zuständigkeit der Aufsichtsbehörde ?

HIER (+) → soweit der Bescheid von der Ordnungsbehörde erlassen wurde, hat diese im Rahmen ihrer Zuständigkeit gehandelt; auch die Aufsichtsbehörde müsste für die weitergehende Belastung des A durch den Widerspruchsbescheid zuständig sein; laut Sachverhaltshinweis war davon auszugehen, dass die Aufsichtsbehörde auch ermächtigt ist, die Ausgangsbehörde anzuweisen, einen Verwaltungsakt mit zusätzlicher Belastung – wie hier geschehen – zu erlassen

b. Verfahren ?

= allgemeine Verfahrensvorschriften, insbesondere Anhörung nach § 28 I VwVfG M-V und ggf. Sondervorschriften der anwendbaren Gesetze des Besonderen Verwaltungsrechts

HIER (+) → Anhörung hat im Ausgangsverfahren stattgefunden; eine nochmalige Anhörung zu der weitergehenden Belastung ist nicht erforderlich, da der Widerspruchsführer im Rahmen des Widerspruchsverfahrens auch mit einer Verböserung rechnen muss

c. Form ?

= allgemeine Formvorschriften nach §§ 37 und 39 VwVfG M-V und ggf. Sondervorschriften der anwendbaren Gesetze des Besonderen Verwaltungsrechts

HIER (+) → alle Formvorschriften wurden eingehalten

d. also: formelle Rechtmäßigkeit (+)

3. Materielle Rechtmäßigkeit ?
= Voraussetzungen der Ermächtigungsgrundlage
→ § 17 I 2 BImschG

a. erhebliche Belästigung der Nachbarschaft ?
= Beeinträchtigung des körperlichen Wohlbefindens unterhalb der Gesundheitsschädlichkeit; Erheblichkeit hängt von den örtlichen, zeitlichen und sonstigen Umständen des Einzelfalls ab

HIER (+) → es kommt regelmäßig zu massiven Geruchsbelästigungen, die auch die Nachbarschaft betreffen; die Geruchsbelastung ist für ein Gebiet, das nur teilweise mit Industrie, aber auch mit einem Kindergarten bebaut ist, unüblich und damit erheblich

b. Eintritt der Belästigung nach Erteilung der Betriebsgenehmigung (+)

c. Fehlender Schutz vor der Belästigung (+)

d. Ermessen ?

HIER (+) → nach § 17 I 2 BImschG „soll" die Behörde Anordnungen treffen (vgl. Wortlaut der Norm); bei dieser Formulierung besteht im Regelfall eine Bindung der Behörde an die vorgegebene Rechtsfolge, wenn nicht ein atypischer Fall vorliegt; die Bindung betrifft in § 17 I 2 BImschG aber nur die Frage, ob die Behörde eingreifen soll (Entschließungsermessen); hinsichtlich der Frage, wie sie eingreifen soll (Auswahlermessen), besteht aber keine Bindung; diese Entscheidung liegt im pflichtgemäßen Ermessen der Behörde

e. Rechtsfehlerfreie Ausübung des Ermessens ?
= Nichtvorliegen von Ermessensfehlern

HIER (+) → Ermessensfehler sind nicht ersichtlich

f. Rechtmäßigkeit der reformatio in peius
= Änderung des Ausgangsbescheids durch die Widerspruchsbehörde zulasten des Widerspruchsführers (Verböserung / Verschlechterung)

HIER (+) → die Widerspruchsbehörde hat den Ausgangsbescheid zulasten des A geändert;

für die Zulässigkeit der sog. reformatio in peius könnte § 68 I 1 VwGO sprechen; nach der genannten Norm entscheidet die Widerspruchsbehörde im Vorverfahren nach Prüfung der Recht- und Zweckmäßigkeit des VA über den Widerspruch; aus dieser umfassenden Kontrollbefugnis kann das Recht der Widerspruchsbehörde abgeleitet werden, den ursprünglichen VA (sog. Ausgangsbescheid) auch zulasten des Widerspruchsführers zu ändern; hierfür spricht auch § 79 II 1 VwGO, wonach ein Widerspruchsbescheid eine zusätzliche selbstständige Beschwer (= Belastung) enthalten kann;

gegen eine Herleitung der Zulässigkeit der reformatio in peius aus der VwGO kann aber angeführt werden, dass der Gesetzgeber der VwGO – der Bund – gar nicht berechtigt ist, das Widerspruchsverfahren selbst zu regeln; denn das Widerspruchsverfahren ist ein Verwaltungsverfahren, für dessen Ausgestaltung grundsätzlich die Länder zuständig sind (Gegenschluss aus Art. 74 I Nr. 1 GG); die VwGO kann demnach keine gesetzliche Grundlage bieten;

letztlich ist entscheidend, ob der Widerspruchsführer darauf vertrauen darf, dass der VA nicht zu seinem Nachteil geändert wird; Grundlage des Vertrauensschutzes kann aber nur der angegriffene VA sein; dadurch, dass sich der Widerspruchsführer gegen den VA wehrt, zeigt er, dass er ihn für rechtswidrig hält; damit bringt er zum Ausdruck, dass er gerade nicht auf den Bestand des ursprünglichen VA vertraut; somit scheidet Vertrauensschutz aus;

darüber hinaus ist auf Art. 20 III GG zu verweisen, der die Verwaltung an Gesetz und Recht bindet; kommt die Widerspruchsbehörde zu dem Ergebnis, dass die Ausgangsbehörde den Adressaten eines VA zu Unrecht zu gering belastet hat, muss sie grundsätzlich die Möglichkeit einer Korrektur haben; also muss eine reformatio in peius möglich sein, wenn – wie hier – besondere gesetzliche Regelungen nicht entgegenstehen (a.A. vertretbar)

***g. also: materielle Rechtmäßigkeit* (+)**

***4. also: Rechtmäßigkeit des VA* (+) → *somit Rechtswidrigkeit des VA* (–)**

II. Ergebnis:

Begründetheit der Klage (–)

C. Ergebnis:

zwar Zulässigkeit (+), aber Begründetheit der Klage (–); also Erfolg der Klage (–)

Formulierungsvorschlag Fall 17

Die Klage hat Erfolg, wenn sie zulässig und begründet ist.

A. Die Klage des A müsste zulässig sein.

I. Der Rechtsweg zum Verwaltungsgericht müsste eröffnet sein.

1. Eine gesetzliche Spezialzuweisung ist nicht ersichtlich.

2. Die Generalzuweisung des § 40 I VwGO wäre gegeben, wenn es sich bei der Auflage, einen Filter einzubauen, um eine öffentlich-rechtliche Streitigkeit nichtverfassungsrechtlicher Art handelt und keine anderweitige Zuweisung vorliegt.

a. Die streitentscheidenden Normen müssten öffentlich-rechtlicher Natur sein, d.h. einen Hoheitsträger als Berechtigten oder als Verpflichteten benennen. Die Beteiligten streiten über die Frage, ob die Anordnung, neue Filteranlagen in einer Brauerei zu installieren, rechtmäßig ist. Die Ermächtigungsgrundlage für das Handeln durch die Behörde ist § 17 I 2 BImschG. Das BImschG ist öffentlich-rechtlicher Natur.

b. Da weder Verfassungsorgane oder ihnen gleichgestellte Personen an dem Streit beteiligt sind noch Streit über Anwendung und Auslegung von Verfassungsrecht herrscht, ist die Streitigkeit nichtverfassungsrechtlicher Art.

c. Eine Zuweisung zu einem anderen Gericht ist nicht ersichtlich.

d. Demnach sind die Voraussetzungen der Generalzuweisung des § 40 I VwGO erfüllt.

3. Der Rechtsweg zum Verwaltungsgericht ist eröffnet.

II. Statthafte Klageart könnte die Anfechtungsklage sein, § 42 I VwGO.

Dann müsste der Kläger die Aufhebung eines Verwaltungsakts begehren. A will entgegen der Anordnung überhaupt keine neuen Filteranlagen installieren.

1. Bei der Anordnung handelt es sich um die hoheitliche Maßnahme einer Behörde auf dem Gebiet des öffentlichen Rechts zur Regelung eines Einzelfalls mit unmittelbarer Außenwirkung, also um einen Verwaltungsakt im Sinne des § 35 S. 1 VwVfG.

2. Der Kläger begehrt die Aufhebung des Verwaltungsakts. Also ist die Anfechtungsklage die statthafte Klageart.

III. Außerdem müssten die weiteren speziellen Voraussetzungen der Anfechtungsklage vorliegen.

1. Zunächst müsste der Kläger klagebefugt sein, § 42 II VwGO. Er muss geltend machen, durch den Verwaltungsakt in seinen Rechten verletzt zu sein. Eine Privatperson als Adressat eines belastenden Verwaltungsakts ist stets klagebefugt, da in ihre subjektiv-öffentlichen Rechte eingegriffen wird (Adressatentheorie). Es ist zumindest ein Eingriff in die Rechte des A aus Art. 14 GG (Recht am eingerichteten und ausgeübten Gewerbebetrieb) denkbar. A ist Adressat eines belastenden Verwaltungsakts. Folglich ist er klagebefugt.

2. A hat erfolglos Widerspruch eingelegt und damit das Vorverfahren (§§ 68 ff VwGO) erfolglos durchgeführt. Das Vorverfahren war erforderlich. Ein Wegfall des Vorverfahrens nach § 13 b GOrgG M-V scheidet aus. Zudem ist keiner der Fälle der § 13 a GOrgG M-V und insbesondere kein Fall des § 13 a Nr. 1 GOrgG M-V einschlägig, der die Klagemöglichkeit ohne Vorverfahren eröffnet.

3. Von der Einhaltung der Klagefrist (hier § 74 I 1 VwGO) ist auszugehen.

4. Richtiger Klagegegner ist die Ordnungsbehörde gemäß § 78 I Nr. 2 VwGO i.V.m. § 14 II GOrgG M-V.

5. Demnach liegen die speziellen Voraussetzungen der Anfechtungsklage vor.

IV. Am Vorliegen der sonstigen Voraussetzungen bestehen keine Zweifel.

V. Also ist die Klage zulässig.

B. Die Klage müsste auch begründet sein.

Begründet ist eine Anfechtungsklage, wenn der Verwaltungsakt rechtswidrig ist und der Kläger dadurch in seinen Rechten verletzt ist, § 113 I 1 VwGO.

I. Der Bescheid der Ordnungsbehörde müsste rechtswidrig sein. In Betracht kommt die formelle und/oder materielle Rechtswidrigkeit des Verwaltungsakts.

Der Verwaltungsakt ist jedoch rechtmäßig, wenn er aufgrund einer Ermächtigungsgrundlage formell und materiell rechtmäßig erlassen wurde.

1. Als Ermächtigungsgrundlage kommt § 17 I 2 BImSchG in Betracht.

2. Zunächst müsste der Bescheid formell rechtmäßig sein.

a. Der Bescheid müsste von der zuständigen Behörde erlassen worden sein. Soweit die Ordnungsbehörde als Ausgangsbehörde den Bescheid erlassen hat, handelte diese im Rahmen ihrer Zuständigkeit. Der Ausgangsbescheid ist jedoch durch die Widerspruchsbehörde zulasten des A geändert worden, sodass sich die Frage stellt, ob diese für die Verböserung überhaupt zuständig ist. Laut Sachverhaltshinweis war davon auszugehen, dass die Aufsichtsbehörde auch ermächtigt ist, die Ausgangsbehörde anzuweisen, einen Verwaltungsakt mit zusätzlicher Belastung – wie hier geschehen – zu erlassen. Die Zuständigkeit der Widerspruchsbehörde ist damit gegeben.

b. Der Widerspruchsbescheid müsste verfahrensrechtlich ordnungsgemäß ergangen sein. Möglicherweise hätte A wegen der im Widerspruchsbescheid erfolgten Verböserung nach § 28 VwVfG M-V erneut angehört werden müssen. Allerdings muss der Widerspruchsführer grundsätzlich im Rahmen des Widerspruchsverfahrens mit einer Verböserung rechnen und ist nicht erneut anzuhören, wenn nicht die Entscheidung der Widerspruchsbehörde auf von dieser neu ermittelten Tatsachen beruht, was hier nicht der Fall ist. Der Widerspruchsbescheid ist daher verfahrensrechtlich ordnungsgemäß ergangen.

c. Auch die Formvorschriften wurden beachtet.

d. Mithin ist der Bescheid formell rechtmäßig.

3. Weiterhin müsste der Bescheid materiell rechtmäßig sein. Dann müssten die Voraussetzungen des § 17 I 2 BImschG vorliegen. Nach der genannten Norm soll die zuständige Behörde unter den aufgeführten Voraussetzungen Maßnahmen ergreifen.

a. Die Nachbarschaft könnte erheblich belästigt sein. Eine Belästigung liegt bei einer Beeinträchtigung des körperlichen Wohlbefindens unterhalb der Gesundheitsschädlichkeit vor. Die Erheblichkeit hängt von den örtlichen, zeitlichen und sonstigen Umständen des Einzelfalls ab.

Es kommt regelmäßig zu massivem Geruchsausstoß, der auch die Nachbarschaft betrifft. Die Geruchsbelastung ist für ein Gebiet, das nur teilweise mit Industrie, aber auch mit einem Kindergarten bebaut ist, unüblich und damit erheblich. Also ist die Nachbarschaft erheblich belästigt.

b. Außerdem wurde die Belästigung nach Erteilung der Betriebsgenehmigung festgestellt.

c. Die Nachbarschaft ist auch nicht vor der Belästigung geschützt.

d. Nach § 17 I 2 BImschG „soll" die Behörde Anordnungen treffen. Bei dieser Art der Formulierung besteht im Regelfall eine Bindung an die vorgegebene Rechtsfolge, wenn nicht ein atypischer Fall vorliegt. Die Bindung betrifft in § 17

I 2 BImschG aber nur die Frage, ob die Behörde eingreifen soll (Entschließungsermessen). Hinsichtlich der Frage, wie sie eingreifen soll (Auswahlermessen), besteht keine Bindung. Diese Entscheidung liegt im pflichtgemäßen Ermessen der Behörde.

e. Das eingeräumte Ermessen hat die Behörde rechtsfehlerfrei ausgeübt. Ermessensfehler sind nicht ersichtlich.

f. Schließlich müsste die Änderung des Ausgangsbescheids durch die Widerspruchsbehörde zulasten des Widerspruchsführers (reformatio in peius) materiell-rechtlich zulässig sein.

Für die Zulässigkeit der reformatio in peius könnte § 68 I 1 VwGO sprechen. Nach der genannten Norm entscheidet die Widerspruchsbehörde im Vorverfahren nach Prüfung der Recht- und Zweckmäßigkeit des Verwaltungsakts über den Widerspruch. Aus dieser umfassenden Kontrollbefugnis kann das Recht der Widerspruchsbehörde abgeleitet werden, den ursprünglichen Verwaltungsakt (sog. Ausgangsbescheid) auch zulasten des Widerspruchsführers zu ändern. Hierfür spricht zudem § 79 II 1 VwGO, wonach ein Widerspruchsbescheid eine zusätzliche selbstständige Beschwer (= Belastung) enthalten kann.

Gegen eine Herleitung der Zulässigkeit der reformatio in peius aus der VwGO kann aber angeführt werden, dass der Gesetzgeber der VwGO – der Bund – gar nicht berechtigt ist, das Widerspruchsverfahren selbst zu regeln. Denn das Widerspruchsverfahren ist ein Verwaltungsverfahren, für dessen Ausgestaltung grundsätzlich die Länder zuständig sind (Gegenschluss aus Art. 74 I Nr. 1 GG). Die VwGO kann demnach keine gesetzliche Grundlage bieten.

Letztlich ist entscheidend, ob der Widerspruchsführer darauf vertrauen darf, dass der Verwaltungsakt nicht zu seinem Nachteil geändert wird. Grundlage des Vertrauensschutzes kann aber nur der angegriffene Verwaltungsakt sein. Dadurch, dass sich der Widerspruchsführer gegen den Verwaltungsakt wehrt, zeigt er, dass er ihn für rechtswidrig hält. Damit bringt er zum Ausdruck, dass er gerade nicht auf den Bestand des ursprünglichen Verwaltungsakts vertraut. Somit scheidet Vertrauensschutz aus.

Darüber hinaus ist auf Art. 20 III GG zu verweisen, der die Verwaltung an Gesetz und Recht bindet. Kommt die Widerspruchsbehörde zu dem Ergebnis, dass die Ausgangsbehörde den Adressaten eines Verwaltungsakts zu Unrecht zu gering belastet hat, muss sie grundsätzlich die Möglichkeit einer Korrektur haben.

Also muss eine reformatio in peius möglich sein, wenn – wie hier – besondere gesetzliche Regelungen nicht entgegenstehen.

g. Der Bescheid der Behörde ist demnach materiell rechtmäßig.

4. Wegen der Rechtmäßigkeit ist der Verwaltungsakt nicht rechtswidrig.

II. Die Klage ist damit nicht begründet.

C. Die Klage ist zwar zulässig, aber nicht begründet. Also hat sie keinen Erfolg.

Fazit

1. Zunächst ein paar Worte zur ***Auslegung des Klageantrags***. Wogegen richtet sich die Anfechtungsklage? Grundsätzlich nach § 79 I VwGO ***gegen den Ausgangsbescheid in Gestalt des Widerspruchsbescheids***. Bei einer verschlechternden Änderung durch den Widerspruchsbescheid ist es aber auch denkbar, dass sich der Kläger ***allein gegen den Widerspruchsbescheid*** wendet, § 79 II VwGO. Der Streit hat jedoch in aller Regel keine Auswirkung, da über die Auslegung des Klageantrags ohnehin meist festgestellt wird, dass der Kläger sich ***gegen beide Bescheide*** und damit nach § 79 I VwGO wehren will. Will der Beschwerdeführer allerdings eine reformatio in peius verhindern, muss er sich genau überlegen, wogegen er Widerspruch einlegt. Dies wird jedoch für Klausuren in der ersten juristischen Prüfung (Examen) weniger interessant sein.

2. Den Begriff ***„reformatio in peius“*** (= Verböserung / Verschlechterung) müsst ihr euch merken. Amts- und damit Prüfungssprache ist zwar deutsch, aber es gibt einige lateinische Begriffe und Wendungen, die euch geläufig sein sollten (andere Beispiele: invitatio ad offerendum, cessio legis, pacta sunt servanda).

3. Die reformatio in peius birgt fast in jedem Stadium der Prüfung „Probleme“.

Die Probleme beginnen – wie bereits oben erwähnt – beim Prüfungspunkt ***Klageart***. Hier sollte § 79 VwGO erwähnt werden. Der ***Klagegegner*** ist nach § 78 I Nr. 1 VwGO die Ausgangsbehörde. Die Widerspruchsbehörde ist nur dann richtiger Klagegegner, wenn der Widerspruchsbescheid von Anfang an alleiniger Klagegegenstand ist (§ 79 II 3 VwGO i.V.m. § 78 II VwGO).

Interessant wird es im Rahmen der ***Begründetheit***sprüfung bei der Frage der ***Zuständigkeit der Behörde***. Grundsätzlich ist nur die Ausgangsbehörde für den Erlass von Verwaltungsakten im Außenverhältnis gegenüber dem Bürger zuständig.

Wenn Ausgangsbehörde und Widerspruchsbehörde identisch sind, habt ihr keine Probleme, dann ist diese Behörde zuständig.

Eine von der Ausgangsbehörde unterschiedliche Fach- oder Aufsichtsbehörde ist nicht ohne Weiteres zuständig. Vielmehr kommt es darauf an, ob sie eine entsprechende Weisung gegenüber der Ausgangsbehörde erteilen kann oder ob sie ein Selbsteintrittsrecht hat.

Ansonsten kann sich die Zuständigkeit nur noch aus der Stellung als Widerspruchsbehörde ergeben. Kraft des Devolutiveffekts ist die Widerspruchsbehörde aber nur für die Fragen zuständig, die Gegenstand des Widerspruchs sind. Das ist bei einer Verböserung nur der Fall, wenn sie lediglich eine quantitative Änderung vorsieht. Die Widerspruchsbehörde ist nämlich auch befugt, Zweckmäßigkeitserwägungen anzustellen. Nicht erfasst sind dagegen qualitative Ergänzungen durch den Erlass selbstständiger Verwaltungsakte. Beispiel: Die Widerspruchsbehörde ordnet gegenüber einem Restaurantbetreiber an, er solle statt der geforderten fünf Toiletten zehn neue Toiletten einbauen (= quantitative Änderung). Verfügt die Widerspruchsbehörde wegen nicht ausreichender Bedürfnisanstalten dagegen die Schließung des Etablissements, kann es an ihrer Zuständigkeit fehlen.

Auf die Anhörung solltet ihr kurz eingehen, sie ist im Prinzip aber unproblematisch.

4. Die ***Argumentation*** bei der Frage, ***ob*** eine ***reformatio in peius*** überhaupt ***erlaubt*** ist, ist in ihrer Reihenfolge euch überlassen. Zudem ist die Behandlung der einzelnen Argumente durch Rechtsprechung und Schrifttum einmal mehr kontrovers. Wenn ihr auf das Begriffspaar „Vertrauensschutz“ und „Gesetzesbindung“ und vielleicht auf Art. 74 I Nr. 1 GG hinweist, habt ihr schon viel erreicht.

5. Die Frage, ob die reformatio in peius zulässig ist, kann durch den zuständigen Gesetzgeber geregelt sein. Sie ist auf jeden Fall nicht zulässig, wenn die Widerspruchsbehörde nur ein begrenztes Kontrollrecht hat, ihre Weisungsbefugnis gegenüber der Ausgangsbehörde also beschränkt ist.

6. Und Achtung: Eine ***reformatio in peius durch*** das ***Gericht*** ist grundsätzlich nicht zulässig. Das ergibt sich aus § 88 VwGO (Bindung des Gerichts an die Anträge der Beteiligten), es sei denn, § 89 VwGO greift ein.

Fall 18

Z betreibt einen Kiosk im Kölner Nobelstadtteil Marienburg (Nordrhein-Westfalen). Neben Zeitungen und Zeitschriften bietet er Süßigkeiten, Knabberwaren und Getränke in begrenztem Umfang an. Wegen der starken Konkurrenz mit anderen Geschäften hat er auch sonntags bis 24.00 Uhr geöffnet. Auf Beschwerden von Anwohnern, die sich über sonntägliche Ruhestörungen erregen, weist die zuständige Ordnungsbehörde den Z auf die Öffnungszeiten nach dem einschlägigen Ladenöffnungsgesetz hin und fordert ihn auf, sich zu dem Sachverhalt zu äußern. Gleichzeitig wird Z durch die Behörde informiert, dass ein Bußgeldverfahren gegen ihn eingeleitet sei. Hierauf reagiert Z nicht. Daraufhin erlässt der zuständige Sachbearbeiter einen schriftlichen Bescheid, in dem Z aufgegeben wird, den Kiosk zu schließen. Z fühlt sich ungerecht behandelt. Er weist darauf hin, dass andere Kioske mit vergleichbaren Öffnungszeiten von der Stadt nicht behelligt werden und erhebt Klage vor dem Verwaltungsgericht.

Frage: Hat die Klage Erfolg ?

Hinweise: § 14 I OBG NRW lautet: „... Voraussetzungen des Eingreifens. (1) Die Ordnungsbehörden können die notwendigen Maßnahmen treffen, um eine im einzelnen Falle bestehende Gefahr für die öffentliche Sicherheit oder Ordnung (Gefahr) abzuwehren ..."
Nehmt an, dass das in Nordrhein-Westfalen geltende Ladenöffnungsgesetz (LÖG NRW) in § 4 LÖG NRW die Öffnung von Verkaufsstellen grundsätzlich an allen Tagen außer Sonntagen und Feiertagen gestattet und Ausnahmen nicht vorgesehen sind. Für den Fall der Zuwiderhandlung ist in § 13 LÖG NRW die Möglichkeit eines Bußgeldverfahrens normiert.

Lösungsskizze Fall 18

Die Klage hat Erfolg, wenn sie zulässig und begründet ist.

A. Zulässigkeit der Klage

I. Rechtsweg zum Verwaltungsgericht ?

1. *Spezialzuweisung vorhanden ?* (–)

2. *Generalzuweisung des § 40 I VwGO ?*

= öffentlich-rechtliche Streitigkeit nichtverfassungsrechtlicher Art und keine abdrängende Zuweisung

*(**Vorüberlegung:*** Worum geht es im Kern? Die Prozessbeteiligten streiten über die Frage, ob die Anordnung zur Schließung des Kioskes durch die Ordnungsbehörde wegen Nichtbeachtung der Ladenöffnungszeiten rechtmäßig ist.*)*

a. öffentlich-rechtliche Streitigkeit ?
= die streitentscheidenden Normen müssen öffentlich-rechtlicher Natur sein, d.h. einen Hoheitsträger als Berechtigten oder Verpflichteten benennen

HIER (+) → die streitentscheidenden Normen sind dem OBG NRW und dem Ladenöffnungsgesetz (LÖG NRW) zu entnehmen; die Behörde ist als Berechtigte in § 14 I OBG NRW benannt

b. nichtverfassungsrechtlicher Art ?

HIER (+) → weder Beteiligung von Verfassungsorganen oder ihnen gleichgestellten Personen an dem Streit noch Streit über Anwendung und Auslegung von Verfassungsrecht

c. keine Zuweisung zu einem anderen Gericht ?

HIER (+) → anderweitige Zuweisung nicht ersichtlich

d. also: Generalzuweisung des § 40 I VwGO (+)

3. also: Rechtsweg zum Verwaltungsgericht (+)

II. Statthafte Klageart = Anfechtungsklage, § 42 I VwGO ?
= Kläger begehrt Aufhebung eines Verwaltungsakts (VA)

(***Vorüberlegung:*** Was will der Kläger? Er will den Kiosk – wie andere Betreiber – wie bisher auch an Sonntagen betreiben, was ihm nun verboten ist. Sein Ziel kann der Kläger möglicherweise mit einer Anfechtungsklage gemäß § 42 I VwGO erreichen. Die Anfechtungsklage ist die statthafte Klageart, wenn der Betroffene die Aufhebung eines VA begehrt.)

1. Verwaltungsakt gemäß § 35 S. 1 VwVfG ?

HIER (+) → hoheitliche Maßnahme einer Behörde auf dem Gebiet des öffentlichen Rechts zur Regelung eines Einzelfalls mit unmittelbarer Außenwirkung

2. also: Kläger begehrt die Aufhebung des VA → Anfechtungsklage (+)

III. Spezielle Voraussetzungen der Anfechtungsklage ?

1. Klagebefugnis, § 42 II VwGO ?
= Kläger muss geltend machen, durch den VA in seinen Rechten verletzt zu sein

HIER (+) → eine Privatperson als Adressat eines belastenden VA ist stets klagebefugt, da in ihre subjektiv-öffentlichen Rechte eingegriffen wird (Adressatentheorie); es ist zumindest ein Eingriff in die Rechte des Betroffenen aus Art. 14 I GG (eingerichteter und ausgeübter Gewerbebetrieb) denkbar

2. (Erfolgloses) Vorverfahren, §§ 68 ff VwGO ?

HIER (−), aber: gemäß § 110 I 1 JustG NRW bedarf es – in NRW – vor der Erhebung einer Anfechtungsklage entgegen § 68 I 1 VwGO grundsätzlich nicht der Nachprüfung in einem Vorverfahren
(vgl. in NRW ab 01/2015 → Fall 4, Fazit 5. = Seite 53)

3. Einhaltung der Klagefrist, § 74 I VwGO ?
= hier § 74 I 2 VwGO (weil kein Vorverfahren erforderlich): Klageerhebung innerhalb eines Monats nach Bekanntgabe des VA

HIER (+) → mangels entgegenstehender Anhaltspunkte zu unterstellen

4. Richtiger Klagegegner, § 78 VwGO ?

HIER → gemäß § 78 I Nr. 1 VwGO die Körperschaft, deren Behörde den angefochtenen VA erlassen hat, also die Stadt Köln

***5. also: spezielle Voraussetzungen der Anfechtungsklage* (+)**

***IV. Sonstige Zulässigkeitsvoraussetzungen ?* (+)**

V. Ergebnis:
Zulässigkeit der Klage (+)

B. Begründetheit der Klage

= Rechtswidrigkeit des VA und dadurch Verletzung des Klägers in seinen Rechten, § 113 I 1 VwGO

I. Rechtswidrigkeit des VA ?
= bei formeller und/oder materieller Rechtswidrigkeit des VA; der VA ist jedoch rechtmäßig, wenn er aufgrund einer Ermächtigungsgrundlage formell und materiell rechtmäßig erlassen wurde

1. Ermächtigungsgrundlage ?

HIER → § 14 I OBG NRW

2. Formelle Rechtmäßigkeit ?

***a. Zuständigkeit ?* (+)**

b. Verfahren ?
= allgemeine Verfahrensvorschriften, insbesondere Anhörung nach § 28 I VwVfG NRW und ggf. Sondervorschriften der anwendbaren Gesetze des Besonderen Verwaltungsrechts

HIER (+) → Z hatte die Gelegenheit, zu dem Vorgang Stellung zu nehmen; dies reicht aus, um den Anforderungen des § 28 I VwVfG NRW zu genügen

c. Form ?
= allgemeine Formvorschriften nach §§ 37 und 39 VwVfG NRW und ggf. Sondervorschriften der anwendbaren Gesetze des Besonderen Verwaltungsrechts

HIER (+) → alle Formvorschriften wurden eingehalten

***d. also: formelle Rechtmäßigkeit* (+)**

3. Materielle Rechtmäßigkeit ?
= Voraussetzungen der Ermächtigungsgrundlage
→ § 14 I OBG NRW

a. Gefahr für die öffentliche Sicherheit oder Ordnung ?

aa. Öffentliche Sicherheit ?
= Gesamtheit der geschriebenen Rechtsordnung, Bestand des Staates und seiner Einrichtungen, persönliche Rechtsgüter einzelner Personen und Rechtsgüter der Allgemeinheit

HIER (+) → laut Sachverhaltshinweis ist die Öffnung von Verkaufsstellen nach § 4 LÖG NRW grundsätzlich an allen Tagen außer Sonntagen und Feiertagen gestattet; Z hält seinen Kiosk auch an Sonntagen geöffnet; § 4 LÖG NRW ist ein Teil der geschriebenen Rechtsordnung

bb. Gefahr ?
= die im einzelnen Falle bestehende (= konkrete) Möglichkeit des zukünftigen Eintritts eines Schadens (hier) bei der öffentlichen Sicherheit

HIER (+) → die Verletzung der Vorschrift des § 4 LÖG NRW ist immer gegeben, wenn Z seinen Kiosk an Sonntagen geöffnet hält; die Möglichkeit des zukünftigen Eintritts eines Schadens besteht, da er auf das Anschreiben der Ordnungsbehörde, in dem er aufgefordert wurde, sich zu äußern, nicht reagiert hat

***cc. also: Gefahr für die öffentliche Sicherheit* (+)**

b. Störer ?
= Handlungsstörer, § 17 I OBG NRW oder Zustandsstörer, § 18 I OBG NRW

HIER (+) → Z bestimmt als Betreiber, wann der Kiosk geöffnet ist und ist damit Störer nach § 17 I OBG NRW

c. Ermessen ?

HIER (+) → § 14 I OBG NRW ist eine „Kann"-Vorschrift (vgl. Wortlaut der Norm); also ist der Behörde ein Entscheidungsspielraum hinsichtlich der Frage, ob sie tätig wird (Entschließungsermessen) und hinsichtlich der Frage, wie sie tätig wird (Auswahlermessen) eingeräumt

d. Rechtsfehlerfreie Ausübung des Ermessens ?
= Nichtvorliegen von Ermessensfehlern

aa. Beachtung des Gleichheitssatzes aus Art. 3 I GG ?
= vergleichbare Sachverhalte dürfen ohne sachlichen Grund nicht ungleich behandelt werden

HIER (+) → andere Kioskinhaber in Köln, die an Sonntagen öffnen, werden von der Ordnungsbehörde nicht zu einer Änderung der Öffnungszeiten oder gar zur Schließung der Kioske aufgefordert; ein sachlicher Grund für die Ungleichbehandlung ist nicht ersichtlich; demnach ist der Gleichheitssatz an sich verletzt worden;

ein Verstoß gegen den Gleichheitssatz führt aber nicht zwangsläufig zur Rechtswidrigkeit der behördlichen Ermessensentscheidung; wenn die bisherige Verwaltungspraxis – hier die Nichtahndung der Übertretung des LÖG NRW – rechtswidrig war, ist die Behörde nicht an die bisherige Praxis gebunden;

anderenfalls würde ein Grundprinzip der Verfassung, der Grundsatz des Art. 20 III GG (Bindung der Verwaltung an Gesetz und Recht) unterlaufen; der Grundsatz besagt, dass in die Rechtssphäre des Bürgers nur aufgrund eines formellen Gesetzes oder aufgrund einer auf einem Gesetz beruhenden Rechtsnorm (Rechtsverordnung, Satzung) eingegriffen werden darf; bei einer rechtsfehlerhaften, d.h. rechtswidrigen Praxis fehlt es aber gerade an einer gesetzlichen Grundlage für das Verwaltungshandeln

bb. Beachtung des Verhältnismäßigkeitsgrundsatzes ?

= Geeignetheit, Erforderlichkeit und Angemessenheit der behördlichen Maßnahme; hier ausdrücklich gefordert in § 15 OBG NRW

(1) Geeignetheit ?

= durch das Mittel kann der Zweck erreicht werden

HIER (+) → Zweck ist es, die Geräuschbelästigung der Nachbarn durch den Kiosk zu unterbinden; Mittel ist die Anordnung, den Kiosk zu schließen; die Geräuschbelästigung wird durch das Verbot unterbunden

(2) Erforderlichkeit ?

= die Behörde muss das für den Adressaten und die Allgemeinheit mildeste Mittel einsetzen, um den angestrebten Zweck zu erreichen

HIER (–) → die Ordnungsbehörde hat Z zunächst auf den Verstoß gegen § 4 LÖG NRW und die Einleitung eines Bußgeldverfahrens nach § 13 LÖG NRW hingewiesen; sie hat aber noch nicht Zwangsmittel nach dem Verwaltungsvollstreckungsgesetz des Landes Nordrhein Westfalen eingesetzt, insbesondere hat sie kein Zwangsgeld verhängt

(3) also: Verhältnismäßigkeit (–)

cc. also: rechtsfehlerfreie Ausübung des Ermessens (–)

e. also: materielle Rechtmäßigkeit (–)

4. also: Rechtmäßigkeit des VA (–) → somit Rechtswidrigkeit des VA (+)

II. Verletzung der Rechte des Klägers durch den VA ?

HIER (+) → Verletzung des Rechts auf freie Gewerbeausübung

III. Ergebnis:

Begründetheit der Klage (+)

C. Ergebnis:

Zulässigkeit und Begründetheit der Klage (+); also Erfolg der Klage (+)

Formulierungsvorschlag Fall 18

Die Klage hat Erfolg, wenn sie zulässig und begründet ist.

A. Die Klage des Z müsste zulässig sein.

I. Der Rechtsweg zum Verwaltungsgericht müsste eröffnet sein.

1. Eine gesetzliche Spezialzuweisung ist nicht ersichtlich.

2. Die Generalzuweisung des § 40 I VwGO wäre gegeben, wenn es sich bei dem Schließungsbescheid um eine öffentlich-rechtliche Streitigkeit nichtverfassungsrechtlicher Art handelt und keine anderweitige Zuweisung vorliegt.

a. Die streitentscheidenden Normen müssten öffentlich-rechtlicher Natur sein, d.h. einen Hoheitsträger als Berechtigten oder als Verpflichteten benennen. Die Beteiligten streiten über die Frage, ob die Anordnung zur Schließung des Kioskes durch die Ordnungsbehörde wegen Nichtbeachtung der Ladenöffnungszeiten rechtmäßig ist. Die streitentscheidenden Normen sind dem Ordnungsbehördengesetz des Landes Nordrhein-Westfalen (OBG NRW) und dem Ladenöffnungsgesetz (LÖG NRW) zu entnehmen. Die Behörde ist als Berechtigte in § 14 I OBG NRW benannt. Die streitentscheidende Norm ist damit öffentlich-rechtlicher Natur.

b. Da weder Verfassungsorgane oder ihnen gleichgestellte Personen an dem Streit beteiligt sind noch Streit über Anwendung und Auslegung von Verfassungsrecht herrscht, ist die Streitigkeit nichtverfassungsrechtlicher Art.

c. Eine Zuweisung zu einem anderen Gericht ist nicht ersichtlich.

d. Demnach sind die Voraussetzungen der Generalzuweisung des § 40 I VwGO erfüllt.

3. Der Rechtsweg zum Verwaltungsgericht ist eröffnet.

II. Statthafte Klageart könnte die Anfechtungsklage sein, § 42 I VwGO.

Dann müsste der Kläger die Aufhebung eines Verwaltungsakts begehren. Z will den Kiosk – wie andere Betreiber – wie bisher auch an Sonntagen betreiben. Dies ist ihm nun verboten.

1. Bei der Anordnung handelt es sich um die hoheitliche Maßnahme einer Behörde auf dem Gebiet des öffentlichen Rechts zur Regelung eines Einzelfalls mit unmittelbarer Außenwirkung, also um einen Verwaltungsakt im Sinne des § 35 S. 1 VwVfG.

2. Der Kläger begehrt die Aufhebung des Verwaltungsakts. Also ist die Anfechtungsklage die statthafte Klageart.

III. Außerdem müssten die weiteren speziellen Voraussetzungen der Anfechtungsklage vorliegen.

1. Zunächst müsste der Kläger klagebefugt sein, § 42 II VwGO. Er muss geltend machen, durch den Verwaltungsakt in seinen Rechten verletzt zu sein. Eine Privatperson als Adressat eines belastenden Verwaltungsakts ist stets klagebefugt, da in ihre subjektiv-öffentlichen Rechte eingegriffen wird (Adressatentheorie). Es ist zumindest ein Eingriff in die Rechte des Betroffenen aus Art. 14 GG (Recht am eingerichteten und ausgeübten Gewerbebetrieb) denkbar. Z ist Adressat eines belastenden Verwaltungsakts. Folglich ist er klagebefugt.

2. Z hat zwar das nach § 68 I 1 VwGO an sich erforderliche Vorverfahren nicht (erfolglos) durchgeführt. In Nordrhein-Westfalen bedarf es aber vor der Erhebung einer Anfechtungsklage grundsätzlich nicht der Nachprüfung in einem Vorverfahren, § 110 I 1 JustG NRW.

3. Von der Einhaltung der Klagefrist (hier § 74 I 2 VwGO) ist auszugehen.

4. Richtiger Klagegegner ist die Körperschaft, deren Behörde den angefochtenen Verwaltungsakt erlassen hat (§ 78 I Nr. 1 VwGO), also die Stadt Köln.

5. Demnach liegen die speziellen Voraussetzungen der Anfechtungsklage vor.

IV. Am Vorliegen der sonstigen Voraussetzungen bestehen keine Zweifel.

V. Also ist die Klage zulässig.

B. Die Klage müsste auch begründet sein.

Begründet ist eine Anfechtungsklage, wenn der Verwaltungsakt rechtswidrig ist und der Kläger dadurch in seinen Rechten verletzt ist, § 113 I 1 VwGO.

I. Der Bescheid der Ordnungsbehörde müsste rechtswidrig sein. In Betracht kommt die formelle und/oder materielle Rechtswidrigkeit des Verwaltungsakts.

Der Verwaltungsakt ist jedoch rechtmäßig, wenn er aufgrund einer Ermächtigungsgrundlage formell und materiell rechtmäßig erlassen wurde.

1. Als Ermächtigungsgrundlage kommt § 14 I OBG NRW in Betracht.

2. Zunächst müsste der Bescheid formell rechtmäßig sein.

a. Der Bescheid wurde von der zuständigen Ordnungsbehörde erlassen.

b. Verstöße gegen Verfahrensvorschriften sind nicht ersichtlich. Z hatte Gelegenheit, zu dem Vorgang Stellung zu nehmen. Dies reicht aus, um den Anforderungen des § 28 I VwVfG NRW zu genügen.

c. Auch die Formvorschriften wurden beachtet.

d. Mithin ist der Bescheid formell rechtmäßig.

3. Weiterhin müsste der Bescheid materiell rechtmäßig sein. Dann müssten die Voraussetzungen des § 14 I OBG NRW vorliegen. Nach der genannten Norm kann die Ordnungsbehörde unter den aufgeführten Voraussetzungen Maßnahmen ergreifen.

a. Fraglich ist, ob eine im einzelnen Falle bestehende (konkrete) Gefahr für die öffentliche Sicherheit oder Ordnung besteht.

Möglicherweise ist die öffentliche Sicherheit tangiert. Die öffentliche Sicherheit umfasst die Gesamtheit der geschriebenen Rechtsordnung, den Bestand des Staates und seiner Einrichtungen, die persönlichen Rechtsgüter einzelner Personen und Rechtsgüter der Allgemeinheit. Eine Gefahr für die öffentliche Sicherheit liegt vor, wenn die Möglichkeit des zukünftigen Eintritts eines Schadens besteht.

Laut Sachverhaltshinweis erlaubt § 4 LÖG NRW die Öffnung von Verkaufsstellen an allen Tagen außer Sonntagen und Feiertagen. Für Kioske gelten keine anderen Zeiten. Z hält seinen Kiosk auch an Sonntagen geöffnet. § 4 LÖG NRW ist ein Teil der geschriebenen Rechtsordnung. Die Verletzung der Vorschrift des § 4 LÖG NRW ist bei jeder sonntäglichen Öffnung möglich. Somit ist die öffentliche Sicherheit betroffen.

Also liegt eine Gefahr für die öffentliche Sicherheit vor.

b. Fraglich ist, ob sich die Maßnahme gegen den richtigen Störer wendet. Z bestimmt als Betreiber, wann er den Kiosk öffnet und ist damit Störer nach § 17 I OBG NRW.

c. Gemäß § 14 I OBG NRW kann die Behörde Maßnahmen ergreifen, die Vorschrift stellt also eine Ermessensvorschrift dar.

d. Demnach müsste die Behörde das eingeräumte Ermessen rechtsfehlerfrei ausgeübt, d.h. ermessensfehlerfrei gehandelt haben.

Die Behörde könnte den Gleichheitssatz des Art. 3 I GG nicht beachtet haben. Dieser besagt, dass vergleichbare Sachverhalte ohne sachlichen Grund nicht ungleich behandelt werden dürfen.

Andere Kioskinhaber in Köln, die zu vergleichbaren Zeiten öffnen, werden von der Ordnungsbehörde nicht zu einer Änderung der Öffnungszeiten oder gar zur Schließung der Kioske aufgefordert. Ein sachlicher Grund für die Ungleichbehandlung ist nicht ersichtlich. Demnach ist der Gleichheitssatz an sich verletzt worden. Ein Verstoß gegen den Gleichheitssatz führt aber nicht zwangsläufig zur Rechtswidrigkeit der behördlichen Ermessensentscheidung. Wenn die bisherige Verwaltungspraxis – hier die Nichtahndung der Übertretung des LÖG NRW – rechtswidrig war, ist die Behörde nicht an die bisherige Praxis gebunden. Anderenfalls würde ein Grundprinzip der Verfassung, der Grundsatz des Art. 20 III GG (Bindung der Verwaltung an Gesetz und Recht) unterlaufen. Der Grundsatz besagt, dass in die Rechtssphäre des Bürgers nur aufgrund eines formellen Gesetzes oder aufgrund einer auf einem Gesetz beruhenden Rechtsnorm (Rechtsverordnung, Satzung) eingegriffen werden darf. Bei einer rechtsfehlerhaften, d.h. rechtswidrigen Praxis fehlt es aber gerade an einer gesetzlichen Grundlage für das Verwaltungshandeln.

Somit hat die Behörde das eingeräumte Ermessen nicht rechtsfehlerhaft ausgeübt.

Außerdem müsste die Behörde den Verhältnismäßigkeitsgrundsatz beachtet haben. Der Grundsatz ist gewahrt, wenn die Maßnahme der Behörde geeignet, erforderlich und angemessen ist, um das erstrebte Ziel zu erreichen. Dies ist überdies in § 15 OBG NRW ausdrücklich gefordert.

Geeignet ist das Mittel, wenn es den erstrebten Zweck erreicht. Zweck ist es, die sonntägliche Geräuschbelästigung der Nachbarn durch den Kiosk zu unterbinden. Mittel ist die Anordnung, den Kiosk zu schließen. Die Geräuschbelästigung wird durch das Verbot unterbunden. Somit ist das Mittel geeignet.

Erforderlich ist das Mittel, wenn die Behörde das für den Adressaten und die Allgemeinheit mildeste Mittel einsetzt, um den angestrebten Zweck zu erreichen. Die Ordnungsbehörde hat Z zunächst auf den Verstoß gegen § 4 LÖG NRW und die Einleitung eines Bußgeldverfahrens nach § 13 LÖG NRW hingewiesen. Sie hat aber noch nicht Zwangsmittel nach dem Verwaltungsvollstreckungsgesetz des Landes Nordrhein-Westfalen eingesetzt, insbesondere hat sie kein Zwangsgeld verhängt. Das eingesetzte Mittel war demnach nicht erforderlich, um das erstrebte Ziel zu erreichen.

Demnach ist der Verhältnismäßigkeitsgrundsatz nicht gewahrt.

Also hat die Behörde nicht ermessensfehlerfrei gehandelt.

e. Der Bescheid der Ordnungsbehörde ist demnach nicht materiell rechtmäßig.

4. Mangels Rechtmäßigkeit ist der Verwaltungsakt rechtswidrig.

II. Der Bescheid verletzte den Kläger auch in seinem Recht auf freie Gewerbeausübung.

III. Die Klage ist damit begründet.

C. Die Klage ist zulässig und begründet, hat also Erfolg.

Fazit

1. Das hier laut Hinweis zu berücksichtigende LÖG NRW (Ladenöffnungsgesetz Nordrhein-Westfalen) normiert durchaus einige Ausnahmen vom Verbot der sonntäglichen Öffnung. Wie dem auch sei: Der konstruierte Fall sollte euch mit den im Folgenden noch einmal aufgeführten Problemkreisen konfrontieren.

2. Es handelte sich wieder um einen schmackhaften Fall zum ***Ermessen***. Diesmal war der ***Gleichheitssatz***, also ***Art. 3 I GG*** zu problematisieren und das Standardproblem „***Gleichbehandlung im Unrecht***“ abzuhandeln.

3. Im Rahmen der Verhältnismäßigkeit wird auf das Verwaltungsvollstreckungsgesetz (VwVG) verwiesen. Dessen Normen über die Zulässigkeit von Verwaltungszwang sind ganz wichtig für euch. Ein Arbeiten mit diesen Normen würde jedoch den Umfang des Buches sprengen.

4. Grundsätzlich kann es zu einer „***Selbstbindung der Verwaltung***“ kommen, wenn die Behörde im Rahmen einer Ermessensnorm immer „gleich“ entscheidet. Dann ist ein Abweichen von dieser Praxis höchst problematisch. Ist die Praxis aber – wie hier – rechtswidrig, dann ist die Behörde sogar verpflichtet, sie zu korrigieren.

Fall 19

S ist Inhaber einer Spielhalle in Münster (Nordrhein-Westfalen). Die erforderliche gewerberechtliche Erlaubnis hat er vor Jahren zu Recht erhalten. Im Eingangsbereich der Spielhalle befindet sich ein Hinweisschild, das Personen unter 18 Jahren den Eintritt untersagt. Im Laufe der Zeit tummeln sich dennoch immer mehr Jugendliche unter 18 Jahren an den Automaten, ohne dass S dagegen einschreitet. Trotz eines deutlichen Hinweises der Ordnungsbehörde und der Einleitung eines Bußgeldverfahrens ergreift S weiterhin keine wirksamen Maßnahmen, um den Anforderungen des Jugendschutzgesetzes zu entsprechen. Selbst die Festsetzung eines Zwangsgeldes nach dem Verwaltungsvollstreckungsrecht lässt ihn unbeeindruckt. Daraufhin widerruft die zuständige Ordnungsbehörde nach vorheriger Anhörung die gewerberechtliche Erlaubnis. Hiergegen klagt S vor dem Verwaltungsgericht.

Frage: Hat die Klage Erfolg ?

Lösungsskizze Fall 19

Die Klage hat Erfolg, wenn sie zulässig und begründet ist.

A. Zulässigkeit der Klage

I. Rechtsweg zum Verwaltungsgericht ?

1. Spezialzuweisung vorhanden ? (–)

2. Generalzuweisung des § 40 I VwGO ?

= öffentlich-rechtliche Streitigkeit nichtverfassungsrechtlicher Art und keine abdrängende Zuweisung

(Vorüberlegung: Worum geht es im Kern? Die Prozessbeteiligten streiten über die Frage, ob der Widerruf der gewerberechtlichen Erlaubnis zum Betrieb einer Spielhalle durch die Ordnungsbehörde rechtmäßig ist.***)***

a. öffentlich-rechtliche Streitigkeit ?

= die streitentscheidenden Normen müssen öffentlich-rechtlicher Natur sein, d.h. einen Hoheitsträger als Berechtigten oder Verpflichteten benennen

HIER (+) → die streitentscheidenden Normen sind dem Verwaltungsverfahrensrecht und dem Gewerberecht zu entnehmen; die Behörde ist als Berechtigte in § 33 i GewO und § 49 II 1 VwVfG NRW benannt

b. nichtverfassungsrechtlicher Art ?

HIER (+) → weder Beteiligung von Verfassungsorganen oder ihnen gleichgestellten Personen an dem Streit noch Streit über Anwendung und Auslegung von Verfassungsrecht

c. keine Zuweisung zu einem anderen Gericht ?

HIER (+) → anderweitige Zuweisung nicht ersichtlich

d. also: Generalzuweisung des § 40 I VwGO (+)

3. also: Rechtsweg zum Verwaltungsgericht (+)

II. Statthafte Klageart = Anfechtungsklage, § 42 I VwGO ?

= Kläger begehrt Aufhebung eines Verwaltungsakts (VA)

(Vorüberlegung: Was will der Kläger? Er will die Spielhalle weiterhin betreiben, was ihm nur mit der – nunmehr widerrufenen – Erlaubnis möglich ist. Sein Ziel kann der Kläger möglicherweise mit einer Anfechtungsklage gemäß § 42 I VwGO erreichen. Die Anfechtungsklage ist die statthafte Klageart, wenn der Betroffene die Aufhebung eines VA begehrt.*)*

1. Verwaltungsakt gemäß § 35 S. 1 VwVfG ?

HIER (+) → hoheitliche Maßnahme einer Behörde auf dem Gebiet des öffentlichen Rechts zur Regelung eines Einzelfalls mit unmittelbarer Außenwirkung

2. also: Kläger begehrt die Aufhebung des VA → Anfechtungsklage (+)

III. Spezielle Voraussetzungen der Anfechtungsklage ?

1. Klagebefugnis, § 42 II VwGO ?

= Kläger muss geltend machen, durch den VA in seinen Rechten verletzt zu sein

HIER (+) → eine Privatperson als Adressat eines belastenden VA ist stets klagebefugt, da in ihre subjektiv-öffentlichen Rechte eingegriffen wird (Adressatentheorie); es ist zumindest ein Eingriff in die Rechte des Betroffenen aus Art. 12 und 14 GG (Berufsfreiheit und Recht am eingerichteten und ausgeübten Gewerbebetrieb) denkbar

2. (Erfolgloses) Vorverfahren, §§ 68 ff VwGO ?

HIER (–), aber: gemäß § 110 I 1 JustG NRW bedarf es – in NRW – vor der Erhebung einer Anfechtungsklage entgegen § 68 I 1 VwGO grundsätzlich nicht der Nachprüfung in einem Vorverfahren

(vgl in NRW ab 01/2015 → Fall 4, Fazit 5. = Seite 53)

3. Einhaltung der Klagefrist, § 74 I VwGO ?

= hier § 74 I 2 VwGO (weil kein Vorverfahren erforderlich): Klageerhebung innerhalb eines Monats nach Bekanntgabe des VA

HIER (+) → mangels entgegenstehender Anhaltspunkte zu unterstellen

4. Richtiger Klagegegner, § 78 VwGO ?

HIER → gemäß § 78 I Nr. 1 VwGO die Körperschaft, deren Behörde den angefochtenen VA erlassen hat, also die Stadt Münster

5. also: spezielle Voraussetzungen der Anfechtungsklage (+)

IV. Sonstige Zulässigkeitsvoraussetzungen ? (+)

V. Ergebnis:

Zulässigkeit der Klage (+)

B. Begründetheit der Klage

= Rechtswidrigkeit des VA und dadurch Verletzung des Klägers in seinen Rechten, § 113 I 1 VwGO

I. Rechtswidrigkeit des VA ?

= bei formeller und/oder materieller Rechtswidrigkeit des VA; der VA ist jedoch rechtmäßig, wenn er aufgrund einer Ermächtigungsgrundlage formell und materiell rechtmäßig erlassen wurde

1. Ermächtigungsgrundlage ?

HIER → § 49 II 1 Nr. 3 VwVfG, denn es geht um die Aufhebung einer Behördenentscheidung; dagegen zielt § 35 GewO auf die Untersagung eines genehmigungsfreien Gewerbes

2. Formelle Rechtmäßigkeit ?

a. Zuständigkeit ?

HIER (+) → der Bescheid wurde von der nach § 49 V i.V.m. § 3 VwVfG NRW zuständigen Behörde erlassen

b. Verfahren ?

= allgemeine Verfahrensvorschriften, insbesondere Anhörung nach § 28 I VwVfG NRW und ggf. Sondervorschriften der anwendbaren Gesetze des Besonderen Verwaltungsrechts

HIER (+) → S hatte die Gelegenheit, zu dem Vorgang Stellung zu nehmen; dies reicht aus, um den Anforderungen des § 28 I VwVfG NRW zu genügen

c. Form ?

= allgemeine Formvorschriften nach §§ 37 und 39 VwVfG NRW und ggf. Sondervorschriften der anwendbaren Gesetze des Besonderen Verwaltungsrechts

HIER (+) → alle Formvorschriften wurden eingehalten

d. also: formelle Rechtmäßigkeit (+)

3. Materielle Rechtmäßigkeit ?

= Voraussetzungen der Ermächtigungsgrundlage
→ § 49 II 1 Nr. 3 VwVfG NRW

a. rechtmäßiger begünstigender VA, § 49 II 1 VwVfG NRW ?

HIER (+) → ursprünglich hatte S eine rechtmäßige Erlaubnis zum Betrieb seiner Spielhalle

b. Vorliegen des Widerrufsgrundes gemäß § 49 II 1 Nr. 3 VwVfG NRW ?

aa. nachträgliches Eintreten von Tatsachen ?

HIER (+) → S unterbindet nicht den Aufenthalt von Jugendlichen in seiner Spielhalle; hiermit verstößt er gegen § 6 I JuSchG, wonach Kindern und Jugendlichen die Anwesenheit in öffentlichen Spielhallen nicht gestattet werden darf

bb. die bei Vorliegen zum Zeitpunkt der ursprünglichen Entscheidung zu einer Ablehnung des begünstigenden VA geführt hätten ?

HIER (+) → der Verstoß gegen Vorschriften des Jugendschutzes ist ein Versagungsgrund nach § 33 i II Nr. 3 GewO

cc. Gefährdung des öffentlichen Interesses durch Fortbestand d. VA ?

HIER (+) → das öffentliche Interesse besteht in der Einhaltung der Rechtsordnung, also hier des JuSchG; dieses Interesse ist gefährdet, wenn auch für die Zukunft mit der Verletzung der Jugendschutzvorschriften gerechnet werden muss; S hat trotz des deutlichen Hinweises und der Einleitung eines Bußgeldverfahrens durch die Ordnungsbehörde keine Maßnahmen getroffen, die den Zugang von Jugendlichen zu seiner Spielhalle verhindert

dd. also: Widerrufsgrund gemäß § 49 II 1 Nr. 3 VwVfG (+)

c. Ermessen ?

HIER (+) → § 49 II 1 VwVfG NRW ist eine „Darf"-Vorschrift (vgl. Wortlaut der Norm); also ist der Behörde ein Entscheidungsspielraum hinsichtlich der Frage, ob sie tätig wird (Entschließungsermessen) und hinsichtlich der Frage, wie sie tätig wird (Auswahlermessen) eingeräumt

d. Rechtsfehlerfreie Ausübung des Ermessens ?
= Nichtvorliegen von Ermessensfehlern

aa. Beachtung des Verhältnismäßigkeitsgrundsatzes ?
= Geeignetheit, Erforderlichkeit und Angemessenheit der behördlichen Maßnahme

(1) Geeignetheit ?
= durch das Mittel kann der Zweck erreicht werden

HIER (+) → Zweck ist es, Jugendlichen den Zugang zu einer Spielhalle zu verwehren; Mittel ist der Widerruf der Betriebserlaubnis, dem die zwangsweise Schließung folgt; durch das Mittel kann der Zweck erreicht werden; der Widerruf ist der erste Schritt, Jugendliche vor dem Aufenthalt in der Spielhalle zu bewahren

(2) Erforderlichkeit ?
= die Behörde muss das für den Adressaten und die Allgemeinheit mildeste Mittel einsetzen, um den angestrebten Zweck zu erreichen

HIER (+) → die Ordnungsbehörde hat S auf den Verstoß gegen § 6 I JuSchG hingewiesen und ein Bußgeldverfahren nach § 28 I Nr. 7 und V JuSchG eingeleitet; sie hat auch Zwangsmittel nach dem Verwaltungsvollstreckungsrecht des Landes Nordrhein-Westfalen eingesetzt

(3) Angemessenheit ?
= das Mittel darf nicht zu einem Nachteil führen, der zu dem erstrebten Zweck außer Verhältnis steht

HIER (+) → das Mittel steht zu dem Zweck nicht außer Verhältnis, wenn die beeinträchtigten Rechtsgüter des Adressaten nicht höherwertiger sind als das öffentliche Interesse, das durch den Widerruf geschützt wird; das öffentliche Interesse besteht in der Einhaltung der Rechtsordnung, also hier des JuSchG; hinter dem Begriff „Jugendschutz" steht die Verpflichtung des Staates, Vorkehrungen gegen Gefahren für das körperliche, geistige und seelische Wohl von Kindern und Jugendlichen zu treffen und damit zu deren positiver Entwicklung beizutragen; diesem Gemeingut stehen Individualrechtsgüter des S, nämlich „Berufsfreiheit" und „Eigentum" gegenüber; zu beachten ist jedoch, dass S die Möglichkeit hatte und auch jetzt noch hat, die Spielhalle unter Berücksichtigung der Vorgaben des JuSchG weiterhin zu betreiben; damit ist seine Schutzwürdigkeit vermindert, sodass das Interesse am Jugendschutz in jedem Falle überwiegt

***(4) also: Verhältnismäßigkeit* (+)**

***bb. also: rechtsfehlerfreie Ausübung des Ermessens* (+)**

e. Widerrufsfrist des § 49 II 2 i.V.m. § 48 IV VwVfG NRW analog gewahrt ?

HIER (+) → Anhaltspunkte für eine Fristversäumung gibt es nicht

***f. also: materielle Rechtmäßigkeit (des Widerrufs der Erlaubnis)* (+)**

***4. also: Rechtmäßigkeit des VA* (+) → *somit Rechtswidrigkeit des VA* (–)**

II. Ergebnis:

Begründetheit der Klage (–)

C. Ergebnis:

zwar Zulässigkeit (+), aber Begründetheit der Klage (–); also Erfolg der Klage (–)

Formulierungsvorschlag Fall 19

Die Klage hat Erfolg, wenn sie zulässig und begründet ist.

A. Die Klage des S müsste zulässig sein.

I. Der Rechtsweg zum Verwaltungsgericht müsste eröffnet sein.

1. Eine gesetzliche Spezialzuweisung ist nicht ersichtlich.

2. Die Generalzuweisung des § 40 I VwGO wäre gegeben, wenn es sich bei dem Widerruf der gewerberechtlichen Erlaubnis um eine öffentlich-rechtliche Streitigkeit nichtverfassungsrechtlicher Art handelt und keine anderweitige Zuweisung vorliegt.

a. Die streitentscheidenden Normen müssten öffentlich-rechtlicher Natur sein, d.h. einen Hoheitsträger als Berechtigten oder als Verpflichteten benennen. Die Beteiligten streiten über die Frage, ob der Widerruf der gewerberechtlichen Erlaubnis zum Betrieb einer Spielhalle durch die Ordnungsbehörde rechtmäßig ist. Die streitentscheidenden Normen sind dem Verwaltungsverfahrensrecht und dem Gewerberecht zu entnehmen. Die Behörde ist in § 33 i GewO und in § 49 II 1 VwVfG NRW als Berechtigte benannt. Die streitentscheidenden Normen sind damit öffentlich-rechtlicher Natur.

b. Da weder Verfassungsorgane oder ihnen gleichgestellte Personen an dem Streit beteiligt sind noch Streit über Anwendung und Auslegung von Verfassungsrecht herrscht, ist die Streitigkeit nichtverfassungsrechtlicher Art.

c. Eine Zuweisung zu einem anderen Gericht ist nicht ersichtlich.

d. Demnach sind die Voraussetzungen der Generalzuweisung des § 40 I VwGO erfüllt.

3. Der Rechtsweg zum Verwaltungsgericht ist eröffnet.

II. Statthafte Klageart könnte die Anfechtungsklage sein, § 42 I VwGO.

Dann müsste der Kläger die Aufhebung eines Verwaltungsakts begehren. S will die Spielhalle weiterhin betreiben.

1. Bei dem Widerruf der Erlaubnis handelt es sich um die hoheitliche Maßnahme einer Behörde auf dem Gebiet des öffentlichen Rechts zur Regelung eines Einzelfalls mit unmittelbarer Außenwirkung, also um einen Verwaltungsakt im Sinne des § 35 S. 1 VwVfG.

2. Der Kläger begehrt die Aufhebung des Verwaltungsakts. Also ist die Anfechtungsklage die statthafte Klageart.

III. Außerdem müssten die weiteren speziellen Voraussetzungen der Anfechtungsklage vorliegen.

1. Zunächst müsste der Kläger klagebefugt sein, § 42 II VwGO. Er muss geltend machen, durch den Verwaltungsakt in seinen Rechten verletzt zu sein. Eine Privatperson als Adressat eines belastenden Verwaltungsakts ist stets klagebefugt, da in ihre subjektiv-öffentlichen Rechte eingegriffen wird (Adressatentheorie). Es ist zumindest ein Eingriff in die Rechte des Betroffenen aus Art. 12 und 14 GG (Berufsfreiheit und Recht am eingerichteten und ausgeübten Gewerbebetrieb) denkbar. S ist Adressat eines belastenden Verwaltungsakts. Folglich ist er klagebefugt.

2. S hat zwar das nach § 68 I 1 VwGO an sich erforderliche Vorverfahren nicht (erfolglos) durchgeführt. In Nordrhein-Westfalen bedarf es aber vor der Erhebung einer Anfechtungsklage grundsätzlich nicht der Nachprüfung in einem Vorverfahren, § 110 I 1 JustG NRW.

3. Von der Einhaltung der Klagefrist (hier § 74 I 2 VwGO) ist auszugehen.

4. Richtiger Klagegegner ist die Körperschaft, deren Behörde den angefochtenen Verwaltungsakt erlassen hat (§ 78 I Nr. 1 VwGO), also die Stadt Münster.

5. Demnach liegen die speziellen Voraussetzungen der Anfechtungsklage vor.

IV. Auch die sonstigen Zulässigkeitsvoraussetzungen liegen vor.

V. Also ist die Klage zulässig.

B. Die Klage müsste auch begründet sein.

Begründet ist eine Anfechtungsklage, wenn der Verwaltungsakt rechtswidrig ist und der Kläger dadurch in seinen Rechten verletzt ist, § 113 I 1 VwGO.

I. Der Bescheid der Ordnungsbehörde müsste rechtswidrig sein. In Betracht kommt die formelle und/oder materielle Rechtswidrigkeit des Verwaltungsakts.

Der Verwaltungsakt ist jedoch rechtmäßig, wenn er aufgrund einer Ermächtigungsgrundlage formell und materiell rechtmäßig erlassen wurde.

1. Ermächtigungsgrundlage könnte § 35 GewO sein. Allerdings zielt diese Vorschrift nicht darauf ab, eine Erlaubnis zu entziehen, sondern ein an sich erlaubnisfreies Gewerbe wegen Unzuverlässigkeit des Ausübenden zu untersagen. Die Aufhebung eines Verwaltungsakts ist von dieser Vorschrift nicht gedeckt. Die Behörde will hier die von ihr erteilte Erlaubnis wieder entziehen, was sie unter den Voraussetzungen des § 49 VwVfG kann. Als Ermächtigungsgrundlage kommt daher § 49 II 1 Nr. 3 VwVfG NRW in Betracht.

2. Zunächst müsste der Bescheid formell rechtmäßig sein.

a. Der Bescheid wurde von der nach § 49 V i.V.m. § 3 VwVfG NRW zuständigen Ordnungsbehörde erlassen.

b. Die Verfahrensvorschriften müssten beachtet worden sein. S hatte Gelegenheit, zu dem Vorgang Stellung zu nehmen, was ausreicht, um den Anforderungen des § 28 I VwVfG NRW zu genügen. Verfahrensfehler liegen daher nicht vor.

c. Auch die Formvorschriften wurden beachtet.

d. Mithin ist der Bescheid formell rechtmäßig.

3. Weiterhin müsste der Bescheid materiell rechtmäßig sein. Dann müssten die Voraussetzungen des § 49 II 1 Nr. 3 VwVfG NRW vorliegen. Nach der genannten Norm kann die Ordnungsbehörde unter den aufgeführten Voraussetzungen Maßnahmen ergreifen.

a. Gegenstand des Widerrufs müsste ein rechtmäßiger begünstigender Verwaltungsakt sein. Die Erlaubnis der Behörde gemäß § 33 i GewO ist ursprünglich zu Recht ergangen. Da der Betrieb einer Spielhalle ein erlaubnispflichtiges Gewerbe ist, handelt es sich bei der Erteilung der Erlaubnis um einen begünstigenden Verwaltungsakt. Die Erlaubnis stellt daher einen rechtmäßigen begünstigenden Verwaltungsakt dar.

b. Die Behörde kann den Verwaltungsakt widerrufen, wenn ein Widerrufsgrund gemäß § 49 II 1 VwVfG NRW vorliegt. Nachdem S inzwischen den Aufenthalt Jugendlicher in seiner Spielhalle duldet, könnten die Voraussetzungen der Erteilung einer Erlaubnis nach § 33 i GewO nachträglich weggefallen sein und damit der Widerrufsgrund des § 49 II 1 Nr. 3 VwVfG NRW vorliegen.

Indem S den Aufenthalt der Jugendlichen in seiner Spielhalle duldet, verstößt er gegen § 6 I JuSchG, wonach Kindern und Jugendlichen die Anwesenheit in öffentlichen Spielhallen nicht gestattet werden darf. Der Verstoß gegen Vorschriften des Jugendschutzes ist ein Versagungsgrund nach § 33 i II Nr. 3 GewO. Es liegen also neue Tatsachen vor.

Diese Tatsachen hätte die Behörde auch berechtigt, den Verwaltungsakt gemäß § 33 I II Nr. 3 GewO nicht zu erlassen.

Ein Widerrufsgrund nach § 49 II 1 Nr. 3 VwVfG NRW liegt jedoch nur vor, wenn ohne den Widerruf das öffentliche Interesse gefährdet würde.

Das öffentliche Interesse besteht in der Einhaltung der Rechtsordnung, hier des JuSchG. Dieses Interesse ist gefährdet, wenn auch für die Zukunft mit der Verletzung der Jugendschutzvorschriften gerechnet werden muss. S hat trotz des deutlichen Hinweises und der Einleitung eines Bußgeldverfahrens durch die Ordnungsbehörde keine Maßnahmen getroffen, die den Zugang von Jugendlichen zu seiner Spielhalle verhindert. Also liegt die erforderliche Gefährdung vor, wenn S aufgrund der gewerberechtlichen Erlaubnis weiterhin die Spielhalle betreiben würde.

c. Gemäß § 49 II 1 VwVfG NRW „darf" die Behörde den Verwaltungsakt widerrufen. Die Vorschrift stellt somit eine Ermessensvorschrift dar.

d. Also müsste die Behörde das eingeräumte Ermessen rechtsfehlerfrei ausgeübt, d.h. ermessensfehlerfrei gehandelt haben, insbesondere den Grundsatz der Verhältnismäßigkeit gewahrt haben. Dieser ist gewahrt, wenn die Maßnahme der Behörde geeignet, erforderlich und angemessen ist, um das erstrebte Ziel zu erreichen.

Geeignet ist das Mittel, wenn es den erstrebten Zweck erreicht. Zweck ist es, Jugendlichen den Zugang zu einer Spielhalle zu verwehren. Mittel ist der Widerruf der Betriebserlaubnis, dem die zwangsweise Schließung folgt. Durch das Mittel kann der Zweck erreicht werden. Der Widerruf ist ein erster Schritt, um Jugendliche vor dem Aufenthalt in der Spielhalle zu bewahren. Somit ist das Mittel geeignet.

Erforderlich ist das Mittel, wenn die Behörde das für den Adressaten und die Allgemeinheit mildeste Mittel einsetzt, um den angestrebten Zweck zu erreichen. Die Ordnungsbehörde hat S erfolglos auf den Verstoß gegen § 6 I JuSchG hingewiesen und ein Bußgeldverfahren nach § 28 I Nr. 7 und V JuSchG eingeleitet, also durch mildere Mittel die Gefährdung zu beseitigen versucht. Auch die Zwangsmittel nach dem Verwaltungsvollstreckungsrecht des Landes Nordrhein-Westfalen blieben erfolglos. Der Widerruf der Betriebserlaubnis ist zwar ultima ratio, da die milderen Mittel jedoch nicht zum Erfolg führten aber erforderlich. Die Erforderlichkeit des Mittels ist mithin gegeben.

Angemessen ist das Mittel, wenn es nicht zu einem Nachteil führt, der zu dem erstrebten Zweck außer Verhältnis steht. Das Mittel steht zu dem Zweck nicht außer Verhältnis, wenn die beeinträchtigten Rechtsgüter des Adressaten nicht höherwertiger sind als das öffentliche Interesse, das durch den Widerruf geschützt wird. Das öffentliche Interesse besteht in der Einhaltung der Rechtsordnung, also hier des JuSchG. Hinter dem Begriff „Jugendschutz" steht die Verpflichtung des Staates, Vorkehrungen gegen Gefahren für das körperliche, geistige und seelische Wohl von Kindern und Jugendlichen zu treffen und damit zu deren positiver Entwicklung beizutragen. Diesem Gemeingut stehen Individualrechtsgüter des S, nämlich „Berufsfreiheit" und „Eigentum" gegenüber. Zu beachten ist jedoch, dass S die Möglichkeit hatte und auch jetzt noch hat, die Spielhalle unter Berücksichtigung der Vorgaben des JuSchG weiterhin zu betreiben. Damit ist seine Schutzwürdigkeit vermindert, sodass das Interesse am Jugendschutz in jedem Falle überwiegt. Das Mittel ist deshalb auch angemessen.

Demnach ist der Verhältnismäßigkeitsgrundsatz gewahrt.

Also hat die Behörde ermessensfehlerfrei gehandelt.

e. Mangels entgegenstehender Anhaltspunkte wurde die Widerrufsfrist des § 49 II 2 i.V.m. § 48 IV VwVfG NRW gewahrt.

f. Der Bescheid der Ordnungsbehörde ist demnach materiell rechtmäßig.

4. Wegen der Rechtmäßigkeit ist der Verwaltungsakt nicht rechtswidrig.

II. Die Klage ist damit nicht begründet.

C. Die Klage ist zwar zulässig, aber nicht begründet. Also hat sie keinen Erfolg.

Fazit

1. Dieser Fall veranschaulicht euch – ebenso wie der folgende Fall – einen weiteren wichtigen Bereich des Verwaltungsverfahrensrechts, die ***§§ 48, 49 VwVfG***, also die ***Rücknahme und*** den ***Widerruf von Verwaltungsakten***.

Die Behörde kann einen einmal erlassenen VA wieder aufheben. Je nachdem, ob es sich um einen rechtswidrig oder rechtmäßig erlassenen VA handelt, spricht man von ***Rücknahme bei rechtswidrig erlassenem VA*** und von ***Widerruf bei rechtmäßig erlassenem VA***. Dann müsst ihr zwischen begünstigendem und belastenden VA unterscheiden, da sich für die Frage der Aufhebung in den §§ 48, 49 VwVfG unterschiedliche Rechtsfolgen ergeben. Eine Empfehlung: Lest die Vorschriften sorgfältig, da sich ihr Sinn und die Voraussetzungen weitestgehend aus dem Gesetzestext ergeben.

2. Ein VA wird nach ***§ 48 VwVfG*** zurückgenommen, wenn er ***von Anfang an rechtswidrig*** war.

Ein ***rechtswidriger belastender*** VA kann ohne das Vorliegen weiterer Tatbestandsmerkmale zurückgenommen werden.

Ein ***rechtswidriger begünstigender*** VA kann nur unter den Voraussetzungen der ***Absätze 2 bis 4 (II bis IV)*** zurückgenommen werden. Wurden Sach- oder Geldleistungen gewährt, ist die Rücknahme ausgeschlossen, wenn der Vertrauensschutz des Begünstigten entgegensteht. Die Einzelheiten sind in ***Absatz 2 (II)*** geregelt. Die Rücknahme sonstiger VAe richtet sich nach ***Absatz 3 (III)***. Die Rücknahme eines rechtswidrigen begünstigenden VA ist ferner nur innerhalb eines Jahres möglich.

3. Ein ***rechtmäßiger begünstigender*** VA kann unter den Voraussetzungen des ***§ 49 VwVfG*** widerrufen werden. Voraussetzung für den Widerruf ist, dass einer der fünf Widerrufsgründe des § 49 II 1 Nr. 1 bis 5 VwVfG vorliegt. Diese sind im Einzelnen:

- Nach ***Nr. 1*** ist Widerrufsgrund ein dem VA beigefügter ***Widerrufsvorbehalt***.
- Nach ***Nr. 2*** kann der VA widerrufen werden, wenn mit dem VA eine ***Auflage*** verbunden ist und der Begünstigte diese nicht oder nicht innerhalb einer ihm gesetzten Frist erfüllt.
- Nach der hier einschlägigen und in Klausuren wohl am häufigsten vorkommenden ***Nr. 3*** kann der VA widerrufen werden, wenn (erstens) aufgrund ***nachträglich eingetretener Tatsachen*** (zweitens) die ***Behörde berechtigt wäre, den VA nicht zu erlassen*** und (drittens) wenn ***ohne den Widerruf das öffentliche Interesse gefährdet*** würde.
- Nach ***Nr. 4*** kann der VA widerrufen werden, wenn (erstens) sich eine ***Rechtsvorschrift geändert*** hat, (zweitens) die ***Behörde danach berechtigt wäre, den VA nicht zu erlassen***, (drittens) der Begünstigte ***von der Vergünstigung noch keinen Gebrauch gemacht oder aufgrund des VA noch keine Leistungen empfangen*** hat und (viertens) ***ohne den Widerruf das öffentliche Interesse gefährdet*** würde.
- Nach ***Nr. 5*** ist die Behörde schließlich zum Widerruf des VA berechtigt, um ***schwere Nachteile für das Gemeinwohl*** zu verhüten oder zu beseitigen.

  Eine Erlaubnis, Genehmigung wird widerrufen, wenn ***nachträglich Tatsachen eintreten***, die einen ***ursprünglich rechtmäßigen Zustand*** rechtswidrig werden und lassen.

4. Bevor ihr aber auf die §§ 48, 49 VwVfG zurückgreift, müsst ihr prüfen, ob nicht eine Spezialvorschrift vorrangig greift. Eine solche habt ihr in Fall 1 und in Fall 11 bereits kennengelernt. Dort ging es jeweils um den Widerruf einer Erlaubnis. Blättert zurück!
5. Der Widerruf eines rechtmäßigen VA ist ebenso wie die Rücknahme eines rechtswidrigen VA ein selbstständiger VA. Er ist das Ergebnis eines eigenständigen Verwaltungsverfahrens, das die Behörde, die den ersten VA erlassen hat, zur Korrektur ihrer vorherigen Entscheidung durchführen kann bzw. muss, wenn ein entsprechender Antrag gestellt wird. Wichtig: Grundsätzlich kann auch ein unanfechtbarer, also bestandskräftiger VA überprüft und ggf. auch zurückgenommen werden. Da hierdurch in den Grundsatz des Vertrauensschutzes eingegriffen wird, hat der Gesetzgeber zum Teil enge Grenzen gezogen. Bei der Rücknahme / dem Widerruf eines ***belastenden*** VA bestehen aber keine Probleme, da der Adressat ja besser gestellt wird, wenn die Belastung aufgehoben wird.
6. Vorsicht mit § 35 GewO: Die Vorschrift zielt nicht auf die Aufhebung eines von einer Behörde erlassenen VA, sondern ist Ermächtigungsgrundlage für die Untersagung eines an sich erlaubnis- und genehmigungsfreien Gewerbes wegen Unzuverlässigkeit des Handelnden.
7. Und jetzt noch ein kurzer Hinweis auf den öffentlich-rechtlichen Erstattungsanspruch. Diesem werdet ihr begegnen, wenn der Begünstigte (erstens) einen Geldbetrag erhalten hat, (zweitens) der dieser Zuwendung zugrunde liegende VA zu Recht aufgehoben wurde und (drittens) die Behörde nun ihr Geld wiederhaben wird. Dazu später mehr in Fall 21.

Fall 20

S eröffnet eine Spielhalle in Leverkusen (Nordrhein-Westfalen). Die erforderliche Erlaubnis ist ihm von der zuständigen Ordnungsbehörde nach einer intensiven Anhörung erteilt worden. Im Verlauf der Anhörung gab S u.a. wahrheitsgemäß an, dass er in den vergangenen Jahren in Stuttgart und Hamburg ähnliche Unternehmen geleitet habe. Er verschwieg jedoch, dass ihm in Münster, wo er vor vielen Jahren auch schon eine Spielhalle geleitet hatte, die Erlaubnis wegen Unzuverlässigkeit entzogen worden war. Ferner verschwieg er, dass gegen ihn vor Kurzem eine Freiheitsstrafe auf Bewährung wegen Unterschlagung verhängt worden war. Durch einen anonymen Hinweis wird die Ordnungsbehörde auf diese Tatsachen aufmerksam. Eine Aufforderung zur Stellungnahme lässt S unbeantwortet. Daraufhin nimmt die zuständige Behörde die in Leverkusen erteilte Erlaubnis zurück. Als Begründung verweist sie auf die Entziehung der Erlaubnis in Münster und die Verurteilung wegen Unterschlagung. Nunmehr klagt S fristgerecht vor dem Verwaltungsgericht.

Frage: Hat die Klage Erfolg ?

Lösungsskizze Fall 20

Die Klage hat Erfolg, wenn sie zulässig und begründet ist.

A. Zulässigkeit der Klage

I. Rechtsweg zum Verwaltungsgericht ?

1. Spezialzuweisung vorhanden ? (–)

2. Generalzuweisung des § 40 I VwGO ?

= öffentlich-rechtliche Streitigkeit nichtverfassungsrechtlicher Art und keine abdrängende Zuweisung

(***Vorüberlegung:*** Worum geht es im Kern? Die Prozessbeteiligten streiten über die Frage, ob die Rücknahme der gewerberechtlichen Erlaubnis zum Betrieb einer Spielhalle durch die Ordnungsbehörde rechtmäßig ist.)

a. öffentlich-rechtliche Streitigkeit ?

= die streitentscheidenden Normen müssen öffentlich-rechtlicher Natur sein, d.h. einen Hoheitsträger als Berechtigten oder Verpflichteten benennen

HIER (+) → die streitentscheidenden Normen sind dem Verwaltungsverfahrensrecht und dem Gewerberecht zu entnehmen; die Behörde ist als Berechtigte in § 33 i GewO und § 48 I VwVfG NRW benannt

b. nichtverfassungsrechtlicher Art ?

HIER (+) → weder Beteiligung von Verfassungsorganen oder ihnen gleichgestellten Personen an dem Streit noch Streit über Anwendung und Auslegung von Verfassungsrecht

c. keine Zuweisung zu einem anderen Gericht ?

HIER (+) → anderweitige Zuweisung nicht ersichtlich

d. also: Generalzuweisung des § 40 I VwGO **(+)**

3. also: Rechtsweg zum Verwaltungsgericht **(+)**

II. Statthafte Klageart = Anfechtungsklage, § 42 I VwGO ?

= Kläger begehrt Aufhebung eines Verwaltungsakts (VA)

(Vorüberlegung: Was will der Kläger? Er will die Spielhalle weiterhin betreiben. Das ist ihm wegen der Rücknahme der Erlaubnis nicht mehr möglich. Sein Ziel kann der Kläger möglicherweise mit einer Anfechtungsklage gemäß § 42 I VwGO erreichen. Die Anfechtungsklage ist die statthafte Klageart, wenn der Betroffene die Aufhebung eines VA begehrt.*)*

1. Verwaltungsakt gemäß § 35 S. 1 VwVfG ?

HIER (+) → hoheitliche Maßnahme einer Behörde auf dem Gebiet des öffentlichen Rechts zur Regelung eines Einzelfalls mit unmittelbarer Außenwirkung

2. also: Kläger begehrt die Aufhebung des VA → Anfechtungsklage **(+)**

III. Spezielle Voraussetzungen der Anfechtungsklage ?

1. Klagebefugnis, § 42 II VwGO ?

= Kläger muss geltend machen, durch den VA in seinen Rechten verletzt zu sein

HIER (+) → eine Privatperson als Adressat eines belastenden VA ist stets klagebefugt, da in ihre subjektiv-öffentlichen Rechte eingegriffen wird (Adressatentheorie); es ist zumindest ein Eingriff in die Rechte des Betroffenen aus Art. 12 und 14 GG (Berufsfreiheit und Recht am eingerichteten und ausgeübten Gewerbebetrieb) denkbar

2. (Erfolgloses) Vorverfahren, §§ 68 ff VwGO ?

HIER (–), aber: gemäß § 110 I 1 JustG NRW bedarf es – in NRW – vor der Erhebung einer Anfechtungsklage entgegen § 68 I 1 VwGO grundsätzlich nicht der Nachprüfung in einem Vorverfahren

(vgl. in NRW ab 01/2015 → Fall 4, Fazit 5. = Seite 53)

3. Einhaltung der Klagefrist, § 74 I VwGO ?

= hier § 74 I 2 VwGO (weil kein Vorverfahren erforderlich): Klageerhebung innerhalb eines Monats nach Bekanntgabe des VA

HIER (+) → mangels entgegenstehender Anhaltspunkte zu unterstellen

4. Richtiger Klagegegner, § 78 VwGO ?

HIER → gemäß § 78 I Nr. 1 VwGO die Körperschaft, deren Behörde den angefochtenen VA erlassen hat, also die Stadt Leverkusen

5. also: spezielle Voraussetzungen der Anfechtungsklage **(+)**

***IV. Sonstige Zulässigkeitsvoraussetzungen ?* (+)**

V. Ergebnis:

Zulässigkeit der Klage (+)

B. Begründetheit der Klage

= Rechtswidrigkeit des VA und dadurch Verletzung des Klägers in seinen Rechten, § 113 I 1 VwGO

I. Rechtswidrigkeit des VA ?

= bei formeller und/oder materieller Rechtswidrigkeit des VA; der VA ist jedoch rechtmäßig, wenn er aufgrund einer Ermächtigungsgrundlage formell und materiell rechtmäßig erlassen wurde

1. Ermächtigungsgrundlage ?

HIER → § 48 I VwVfG, denn es geht um die Aufhebung einer Behördenentscheidung; dagegen zielt § 35 GewO auf die Untersagung eines genehmigungsfreien Gewerbes

2. Formelle Rechtmäßigkeit ?

a. Zuständigkeit ?

HIER (+) → der Bescheid wurde von der nach § 48 V i.V.m. § 3 VwVfG NRW zuständigen Behörde erlassen

b. Verfahren ?

= allgemeine Verfahrensvorschriften, insbesondere Anhörung nach § 28 I VwVfG NRW und ggf. Sondervorschriften der anwendbaren Gesetze des Besonderen Verwaltungsrechts

HIER (+) → S hatte Gelegenheit, zum Vorgang Stellung zu nehmen; dies reicht aus, um den Anforderungen des § 28 I VwVfG NRW zu genügen

c. Form ?

= allgemeine Formvorschriften nach §§ 37 und 39 VwVfG NRW und ggf. Sondervorschriften der anwendbaren Gesetze des Besonderen Verwaltungsrechts

HIER (+) → alle Formvorschriften wurden eingehalten

***d. <u>also</u>: formelle Rechtmäßigkeit* (+)**

3. Materielle Rechtmäßigkeit ?

= Voraussetzungen der Ermächtigungsgrundlage
→ § 48 I 2 i.V.m. 1 VwVfG NRW

a. begünstigender VA, § 48 I 2 VwVfG NRW ?

HIER (+) → die Erlaubnis ist ein begünstigender VA

b. Rechtswidrigkeit des VA (= der Erlaubnis), § 48 I 2 i.V.m. 1 VwVfG NRW ?

HIER (+) → die Behörde hätte die Erlaubnis nach § 33 i II Nr. 1 GewO versagen können; danach ist die Erlaubnis zu versagen, wenn die in § 33 c II

GewO genannten Versagungsgründe vorliegen, insbesondere wenn der Begünstigte nicht die für die Aufstellung von Spielgeräten erforderliche Zuverlässigkeit besitzt; an der Zuverlässigkeit des S könnte es hier deshalb fehlen, weil S bei der Beantragung der Erlaubnis keine Angaben über die vorangegangene Entziehung der Erlaubnis wegen Unzuverlässigkeit gemacht hat und daher möglicherweise nicht die Gewähr dafür bietet, seinen Betrieb im Einklang mit dem Gesetz zu führen; die Erlaubnis ist nicht deshalb rechtswidrig, weil zum Zeitpunkt ihrer Erteilung ein Versagungsgrund nach § 33 i II Nr. 1 GewO vorlag; maßgebend ist, ob der damalige Widerruf der Erlaubnis nach § 33 i GewO auch heute noch den Schluss zulässt, dass der Gewerbetreibende unzuverlässig im Sinne des § 33 c II GewO ist; dem S war in Münster die Erlaubnis zum Betrieb einer Spielhalle wegen Unzuverlässigkeit zwar entzogen worden; seit dem Widerruf sind aber zum Zeitpunkt der Erlaubnis in Leverkusen viele Jahre vergangen; auch wurde in Stuttgart und Hamburg seine Tätigkeit nicht beanstandet; damit sind aus dem Widerruf der Erlaubnis in Münster keine Anhaltspunkte für ein zukünftiges Fehlverhalten abzuleiten;

die Rechtswidrigkeit der Erlaubnis ergibt sich aber aus § 33 i II Nr. 1 i.V.m. 33 c II GewO; u.a. ist bei einer Verurteilung wegen Unterschlagung eine Erlaubnis in der Regel zu versagen, wenn diese Verurteilung in den letzten drei Jahren vor Stellung des Antrags erfolgte; S war erst vor Kurzem wegen Unterschlagung zu einer Bewährungsstrafe verurteilt worden; Anhaltspunkte, die ein Abweichen von diesem Grundsatz rechtfertigen, sind nicht ersichtlich

c. Ermessen ?

HIER (+) → § 48 I 2 i.V.m. 1 VwVfG NRW ist eine „Kann"-Vorschrift (vgl. Wortlaut der Norm); also ist der Behörde ein Entscheidungsspielraum hinsichtlich der Frage, ob sie tätig wird (Entschließungsermessen) und hinsichtlich der Frage, wie sie tätig wird (Auswahlermessen) eingeräumt

d. Rechtsfehlerfreie Ausübung des Ermessens ?
= Nichtvorliegen von Ermessensfehlern

HIER (+) → Ermessensfehler sind nicht ersichtlich

e. Rücknahmefrist des § 48 IV VwVfG NRW gewahrt ?

HIER (+) → Anhaltspunkte für eine Fristversäumung gibt es nicht

f. also: materielle Rechtmäßigkeit (der Rücknahme der Erlaubnis) **(+)**

4. also: Rechtmäßigkeit des VA **(+) →** ***somit Rechtswidrigkeit des VA*** **(–)**

II. Ergebnis:
Begründetheit der Klage (–)

C. Ergebnis:
zwar Zulässigkeit (+), aber Begründetheit der Klage (–); also Erfolg der Klage (–)

Formulierungsvorschlag Fall 20

Die Klage hat Erfolg, wenn sie zulässig und begründet ist.

A. Die Klage des S müsste zulässig sein.

I. Der Rechtsweg zum Verwaltungsgericht müsste eröffnet sein.

1. Eine gesetzliche Spezialzuweisung ist nicht ersichtlich.

2. Die Generalzuweisung des § 40 I VwGO wäre gegeben, wenn es sich bei der Rücknahme der Betriebserlaubnis um eine öffentlich-rechtliche Streitigkeit nichtverfassungsrechtlicher Art handelt und keine anderweitige Zuweisung vorliegt.

a. Die streitentscheidenden Normen müssten öffentlich-rechtlicher Natur sein, d.h. einen Hoheitsträger als Berechtigten oder als Verpflichteten benennen. Die Beteiligten streiten über die Frage, ob die Rücknahme der gewerberechtlichen Erlaubnis zum Betrieb einer Spielhalle durch die Ordnungsbehörde rechtmäßig ist. Die streitentscheidenden Normen sind dem Verwaltungsverfahrensrecht und dem Gewerberecht zu entnehmen. Die Behörde ist als Berechtigte in § 33 i GewO und § 48 I VwVfG NRW benannt. Die streitentscheidenden Normen sind damit öffentlich-rechtlicher Natur.

b. Da weder Verfassungsorgane oder ihnen gleichgestellte Personen an dem Streit beteiligt sind noch Streit über Anwendung und Auslegung von Verfassungsrecht herrscht, ist die Streitigkeit nichtverfassungsrechtlicher Art.

c. Eine Zuweisung zu einem anderen Gericht ist nicht ersichtlich.

d. Demnach sind die Voraussetzungen der Generalzuweisung des § 40 I VwGO erfüllt.

3. Der Rechtsweg zum Verwaltungsgericht ist eröffnet.

II. Statthafte Klageart könnte die Anfechtungsklage sein, § 42 I VwGO.

Dann müsste der Kläger die Aufhebung eines Verwaltungsakts begehren. S will die Spielhalle weiterhin betreiben.

1. Bei der Rücknahme der Betriebserlaubnis handelt es sich um die hoheitliche Maßnahme einer Behörde auf dem Gebiet des öffentlichen Rechts zur Regelung eines Einzelfalls mit unmittelbarer Außenwirkung, also um einen Verwaltungsakt im Sinne des § 35 S. 1 VwVfG.

2. Der Kläger begehrt die Aufhebung des Verwaltungsakts. Also ist die Anfechtungsklage die statthafte Klageart.

III. Außerdem müssten die weiteren speziellen Voraussetzungen der Anfechtungsklage vorliegen.

1. Zunächst müsste der Kläger klagebefugt sein, § 42 II VwGO. Er muss geltend machen, durch den Verwaltungsakt in seinen Rechten verletzt zu sein. Eine Privatperson als Adressat eines belastenden Verwaltungsakts ist stets klagebefugt, da in ihre subjektiv-öffentlichen Rechte eingegriffen wird (Adressatentheorie). Es ist ein Eingriff in die Rechte des Betroffenen aus Art. 12 und 14 GG (Berufsfreiheit und Recht am eingerichteten und ausgeübten Gewerbebetrieb) denkbar. S ist Adressat eines belastenden Verwaltungsakts. Folglich ist er klagebefugt.

2. S hat zwar das nach § 68 I 1 VwGO an sich erforderliche Vorverfahren nicht (erfolglos) durchgeführt. In Nordrhein-Westfalen bedarf es aber vor der Erhebung einer Anfechtungsklage grundsätzlich nicht der Nachprüfung in einem Vorverfahren, § 110 I 1 JustG NRW.

3. Die Klagefrist des § 74 I 2 VwGO ist gewahrt. S hat die Klage fristgerecht erhoben.

4. Richtiger Klagegegner ist die Körperschaft, deren Behörde den angefochtenen Verwaltungsakt erlassen hat (§ 78 I Nr. 1 VwGO), also die Stadt Leverkusen.

5. Demnach liegen die speziellen Voraussetzungen der Anfechtungsklage vor.

IV. Am Vorliegen der sonstigen Voraussetzungen bestehen keine Zweifel.

V. Also ist die Klage zulässig.

B. Die Klage müsste auch begründet sein.

Begründet ist eine Anfechtungsklage, wenn der Verwaltungsakt rechtswidrig ist und der Kläger dadurch in seinen Rechten verletzt ist, § 113 I 1 VwGO.

I. Der Bescheid der Ordnungsbehörde müsste rechtswidrig sein. In Betracht kommt die formelle und/oder materielle Rechtswidrigkeit des Verwaltungsakts.

Der Verwaltungsakt ist jedoch rechtmäßig, wenn er aufgrund einer Ermächtigungsgrundlage formell und materiell rechtmäßig erlassen wurde.

1. Ermächtigungsgrundlage könnte § 35 GewO sein. Allerdings zielt diese Vorschrift nicht darauf ab, eine Erlaubnis zu entziehen, sondern ein an sich erlaubnisfreies Gewerbe wegen Unzuverlässigkeit des Ausübenden zu untersagen. Die Aufhebung eines Verwaltungsakts ist von dieser Vorschrift nicht gedeckt. Die Behörde will vorliegend jedoch die von ihr gemäß § 33 i GewO erteilte Erlaubnis zum Betrieb einer Spielhalle aufheben, was auch dazu führt, dass die Ausübung für S nicht mehr möglich ist. Als Ermächtigungsgrundlage kommt daher § 48 I VwVfG NRW in Betracht.

2. Zunächst müsste der Bescheid formell rechtmäßig sein.

a. Der Bescheid wurde von der nach § 48 V i.V.m. § 3 VwVfG NRW zuständigen Ordnungsbehörde erlassen.

b. Die Verfahrensvorschriften müssten beachtet worden sein. S hatte Gelegenheit, zu dem Vorgang Stellung zu nehmen, was ausreicht, um den Anforderungen des § 28 I VwVfG NRW zu genügen. Verfahrensfehler liegen daher nicht vor.

c. Auch die Formvorschriften wurden beachtet.

d. Mithin ist der Bescheid formell rechtmäßig.

3. Weiterhin müsste der Bescheid materiell rechtmäßig sein. Dann müssten die Voraussetzungen des § 48 I 2 i.V.m. 1 VwVfG NRW vorliegen. Nach der genannten Norm kann die Ordnungsbehörde unter den aufgeführten Voraussetzungen Maßnahmen ergreifen.

a. Voraussetzung ist das Vorliegen eines begünstigenden Verwaltungsakts, § 48 I 2 VwVfG NRW. Ohne eine Erlaubnis ist der Betrieb einer Spielhalle nicht gestattet. Die Erlaubnis ist daher ein begünstigender Verwaltungsakt.

b. Weiterhin müsste die Erlaubnis rechtswidrig sein, § 48 I 2 i.V.m. 1 VwVfG NRW.

Die von der Behörde erteilte Erlaubnis könnte nach § 33 i II Nr. 1 GewO rechtswidrig sein. Nach dieser Vorschrift ist eine Erlaubnis zu versagen, wenn die in § 33 c II GewO genannten Versagungsgründe vorliegen, insbesondere wenn der Begünstigte nicht die für die Aufstellung von Spielgeräten erforderliche Zuverlässigkeit besitzt. An der Zuverlässigkeit des S könnte es hier fehlen, weil S bei der Beantragung der Erlaubnis keine Angaben über die frühere Entziehung der Erlaubnis wegen Unzuverlässigkeit gemacht hat.

Unzuverlässig ist, wer nach Charakter und persönlichem Verhalten nicht die Gewähr für eine ordnungs- und gesetzmäßige Führung seines Betriebes bietet. Die Zuverlässigkeit könnte S fehlen, da ihm bereits früher die Betriebserlaubnis wegen Unzuverlässigkeit entzogen wurde.

Die Erlaubnis ist nicht deshalb rechtswidrig, weil zum Zeitpunkt ihrer Erteilung möglicherweise ein Versagungsgrund nach § 33 i II Nr. 1 GewO vorlag. Maßgebend ist, ob der damalige Widerruf der Erlaubnis nach § 33 i GewO auch heute noch den Schluss zulässt, dass der Gewerbetreibende unzuverlässig im Sinne des § 33 c II GewO ist. Eine Gefährdung ist nur dann gegeben, wenn der Eintritt eines Schadens hinreichend wahrscheinlich ist. Dem S war in Münster die Erlaubnis zum Betrieb einer Spielhalle wegen Unzuverlässigkeit entzogen worden. Seit dem Widerruf sind aber zum Zeitpunkt der Erlaubnis in Leverkusen viele Jahre vergangen. In Stuttgart und Hamburg wurde seine Tätigkeit dagegen nicht beanstandet. Damit sind aus dem Widerruf der Erlaubnis in Münster keine Anhaltspunkte für ein zukünftiges Fehlverhalten abzuleiten.

Die Rechtswidrigkeit der Erlaubnis könnte sich aber aus § 33 i II Nr. 1 i.V.m. § 33 c II GewO ergeben. Unter anderem ist bei einer Verurteilung wegen Unterschlagung eine Erlaubnis in der Regel zu versagen, wenn diese Verurteilung in den letzten drei Jahren vor Stellung des Antrags erfolgte. S war erst vor Kurzem wegen Unterschlagung zu einer Bewährungsstrafe verurteilt worden. Anhaltspunkte, die ein Abweichen von diesem Grundsatz rechtfertigen würden, sind nicht ersichtlich.

Also ist die Erlaubnis (der Verwaltungsakt) rechtswidrig.

c. Nach § 48 I 2 i.V.m. 1 VwVfG NRW „kann" die Behörde den Verwaltungsakt zurücknehmen. Die Vorschrift stellt also eine Ermessensvorschrift dar.

d. Das eingeräumte Ermessen hat die Behörde rechtsfehlerfrei ausgeübt. Ermessensfehler sind nicht ersichtlich.

e. Mangels entgegenstehender Anhaltspunkte wurde die Rücknahmefrist des § 48 IV VwVfG NRW gewahrt.

f. Der Bescheid der Ordnungsbehörde (die Rücknahme) ist demnach materiell rechtmäßig.

4. Wegen der Rechtmäßigkeit ist der Verwaltungsakt (die Rücknahme) nicht rechtswidrig.

II. Die Klage ist damit nicht begründet.

C. Die Klage ist zwar zulässig, aber nicht begründet. Also hat sie keinen Erfolg.

Fazit

1. Der Fall zu ***§ 48 VwVfG*** war ziemlich einfach. Er zeigt die grundlegenden ***Prüfungspunkte***, auf die es ankommt:
   - die begünstigende oder belastende Wirkung des zurückgenommenen VA
   - die Rechtswidrigkeit des VA als Abgrenzung zu § 49 VwVfG
   - die Ermessensausübung
2. Etwas umfangreicher, aber nicht unbedingt komplizierter, ist die Rücknahme eines rechtswidrigen, aber leistungsgewährenden VA, also eines solchen, der eine Geldleistung oder eine teilbare Sachleistung gewährt. Die Rücknahme kann in diesen Fällen nach § 48 II VwVfG ausgeschlossen sein. Ein Ausschlussgrund kann vorliegen, wenn der Begünstigte subjektiv auf den Bestand des VA vertraute und dieses Vertrauen schutzwürdig ist.
3. Zu beachten ist schließlich die ***Rücknahmefrist*** des § 48 IV VwVfG. Lest bitte nicht nur ausnahmsweise den Gesetzestext.

Fall 21

Im Land Brandenburg ist im vergangenen Haushaltsjahr ein „Programm zur Förderung des Handwerks in strukturschwachen Regionen" beschlossen worden. Entsprechende Mittel wurden bereitgestellt. In den Vergaberichtlinien heißt es: „Berechtigt sind nur Handwerksbetriebe, die in ihrer Existenz bedroht sind. In ihrer Existenz sind Handwerksbetriebe insbesondere auch dann bedroht, wenn sie in den vergangenen Jahren keine oder nur geringfügige Gewinne erzielt haben." Das Vergabeverfahren ist öffentlich-rechtlich ausgestaltet. A betreibt einen kleinen Handwerksbetrieb in Cottbus. Er hat damals sofort beim zuständigen Landesministerium Fördermittel beantragt und sie erhalten. Im Antrag hat er wahrheitswidrig angegeben, in den vergangenen zwei Jahren keinen Gewinn erzielt zu haben. Das Fördergeld hat A sofort beim Kauf neuer Werkzeuge für den Betrieb verbraucht. Im Nachhinein erfährt das für die Entscheidung über die Vergabe zuständige Landesministerium von den guten wirtschaftlichen Verhältnissen des Betriebs. Daraufhin nimmt das Ministerium den Vergabebescheid mit Wirkung für die Vergangenheit zurück, nachdem es A angehört hat. Hiergegen erhebt A Klage vor dem Verwaltungsgericht.

Frage: Hat die Klage Erfolg ?

Hinweise: Die Vergaberichtlinien verstoßen nicht gegen höherrangiges Recht. Das Ministerium ist eine oberste Landesbehörde.

Lösungsskizze Fall 21

Die Klage hat Erfolg, wenn sie zulässig und begründet ist.

A. Zulässigkeit der Klage

I. Rechtsweg zum Verwaltungsgericht ?

1. Spezialzuweisung vorhanden ? (–)

2. Generalzuweisung des § 40 I VwGO ?

= öffentlich-rechtliche Streitigkeit nichtverfassungsrechtlicher Art und keine abdrängende Zuweisung

(***Vorüberlegung:*** Worum geht es im Kern? Die Prozessbeteiligten streiten über die Frage, ob die Rücknahme des Bescheids über die Vergabe von Fördermitteln an A durch das Ministerium rechtmäßig ist.)

a. öffentlich-rechtliche Streitigkeit ?

= die streitentscheidenden Normen müssen öffentlich-rechtlicher Natur sein, d.h. einen Hoheitsträger als Berechtigten oder Verpflichteten benennen

HIER (+) → die streitentscheidenden Normen sind dem Verwaltungsverfahrensrecht und dem Subventionsrecht zu entnehmen; die Behörde ist als Berechtigte in § 1 I 1 BbgVwVfG i.V.m. § 48 I, II VwVfG und in den Vergaberichtlinien benannt *b. nichtverfassungsrechtlicher Art ?*

HIER (+) → weder Beteiligung von Verfassungsorganen oder ihnen gleichgestellten Personen an dem Streit noch Streit über Anwendung und Auslegung von Verfassungsrecht

c. keine Zuweisung zu einem anderen Gericht ?

HIER (+) → anderweitige Zuweisung nicht ersichtlich

d. also: Generalzuweisung des § 40 I VwGO **(+)**

3. also: Rechtsweg zum Verwaltungsgericht **(+)**

II. Statthafte Klageart = Anfechtungsklage, § 42 I VwGO ?

= Kläger begehrt Aufhebung eines Verwaltungsakts (VA)

(Vorüberlegung: Was will der Kläger? Er will, dass der Vergabebescheid entgegen der Rücknahme erhalten bleibt, um zu vermeiden, dass ein Rückforderungsbescheid über die gezahlten Fördermittel ergeht. Das kann er möglicherweise mit einer Anfechtungsklage gemäß § 42 I VwGO erreichen. Die Anfechtungsklage ist die statthafte Klageart, wenn der Betroffene die Aufhebung eines VA begehrt.*)*

1. Verwaltungsakt gemäß § 35 S. 1 VwVfG ?

HIER (+) → die Rücknahme ist eine hoheitliche Maßnahme einer Behörde auf dem Gebiet des öffentlichen Rechts zur Regelung eines Einzelfalls mit unmittelbarer Außenwirkung

2. also: Kläger begehrt die Aufhebung des VA → Anfechtungsklage **(+)**

III. Spezielle Voraussetzungen der Anfechtungsklage ?

1. Klagebefugnis, § 42 II VwGO ?

= Kläger muss geltend machen, durch den VA in seinen Rechten verletzt zu sein

HIER (+) → eine Privatperson als Adressat eines belastenden VA ist stets klagebefugt, da in ihre subjektiv-öffentlichen Rechte eingegriffen wird (Adressatentheorie); es ist zumindest ein Eingriff in die Rechte des Betroffenen aus Art. 12 und 14 GG (Berufsfreiheit und Recht am eingerichteten und ausgeübten Gewerbebetrieb) denkbar

2. (Erfolgloses) Vorverfahren, §§ 68 ff VwGO ?

HIER (−), aber: gemäß § 68 I 2 Nr. 1 VwGO bedarf es vor der Erhebung einer Anfechtungsklage entgegen § 68 I 1 VwGO u.a. dann nicht der Nachprüfung in einem Vorverfahren, wenn der Verwaltungsakt von einer obersten Landesbehörde erlassen worden ist; das Landesministerium ist eine oberste Landesbehörde

3. Einhaltung der Klagefrist, § 74 I VwGO ?

= hier § 74 I 2 VwGO (weil kein Vorverfahren erforderlich): Klageerhebung innerhalb eines Monats nach Bekanntgabe des VA

HIER (+) → mangels entgegenstehender Anhaltspunkte zu unterstellen

4. Richtiger Klagegegner, § 78 VwGO ?

HIER (+) → grundsätzlich gemäß § 78 I Nr. 1 VwGO die Körperschaft, deren Behörde den angefochtenen VA erlassen hat; aber nach § 78 I Nr. 2 VwGO i.V.m. § 8 II BbgVwGG (in Brandenburg) die Behörde selbst, die den VA erlassen hat; hier also das Landesministerium

***5. also: spezielle Voraussetzungen der Anfechtungsklage* (+)**

***IV. Sonstige Zulässigkeitsvoraussetzungen ?* (+)**

V. Ergebnis:

Zulässigkeit der Klage (+)

B. Begründetheit der Klage

= Rechtswidrigkeit des VA und dadurch Verletzung des Klägers in seinen Rechten, § 113 I 1 VwGO

I. Rechtswidrigkeit des VA ?

= bei formeller und/oder materieller Rechtswidrigkeit des VA; der VA ist jedoch rechtmäßig, wenn er aufgrund einer Ermächtigungsgrundlage formell und materiell rechtmäßig erlassen wurde

1. Ermächtigungsgrundlage ?

HIER → § 48 II VwVfG

2. Formelle Rechtmäßigkeit ?

***a. Zuständigkeit ?* (+)**

b. Verfahren ?

= allgemeine Verfahrensvorschriften, insbesondere Anhörung nach § 28 I VwVfG und ggf. Sondervorschriften der anwendbaren Gesetze des Besonderen Verwaltungsrechts

HIER (+) → Anhörung hat stattgefunden

c. Form ?

= allgemeine Formvorschriften nach §§ 37 und 39 VwVfG und ggf. Sondervorschriften der anwendbaren Gesetze des Besonderen Verwaltungsrechts

HIER (+) → alle Formvorschriften wurden eingehalten

***d. also: formelle Rechtmäßigkeit* (+)**

3. Materielle Rechtmäßigkeit ?

= Voraussetzungen der Ermächtigungsgrundlage
→ § 48 II VwVfG

a. begünstigender VA, der eine einmalige Geldleistung gewährt, § 48 II 1 VwVfG ?

HIER (+) → der Bewilligungsbescheid ist ein begünstigender VA, der eine einmalige Geldleistung gewährt

b. Rechtswidrigkeit des VA, § 48 II 1 VwVfG ?

HIER (+) → der Bewilligungsbescheid wurde entgegen den Vergaberichtlinien erlassen

c. kein Schutz des Vertrauens auf den Bestand des VA, § 48 II 1, 2 und 3 VwVfG ?

HIER (+) → nach § 48 II 1 VwVfG ist das Vertrauen auf den Bestand des VA mit dem öffentlichen Interesse an einer Rücknahme abzuwägen; A hat die Fördermittel bereits für Werkzeuge, die im Betrieb benötigt wurden, ausgegeben und damit verbraucht;

nach § 48 II 2 VwVfG ist das Vertrauen schutzwürdig, wenn die gewährte Leistung verbraucht wurde und dieser Verbrauch nur unter unzumutbaren Nachteilen rückgängig gemacht werden könnte; beim Verkauf von gebrauchtem Werkzeug würde ein im Verhältnis zum Einkaufspreis neuer Werkzeuge wesentlich geringerer Preis erzielt werden; insofern erscheint A schutzwürdig;

nach § 48 II 3 Nr. 2 VwVfG entfällt jedoch der Vertrauensschutz, wenn der VA durch Angaben erwirkt wurde, die in wesentlicher Beziehung unrichtig sind; A hat in seinem Antrag angegeben, dass er in den vergangenen zwei Jahren keinen Gewinn erzielt hat und dadurch den Eindruck erweckt, sein Betrieb sei in der Existenz bedroht; dies entspricht nicht der Wahrheit; vielmehr ist sein Handwerksbetrieb in einem wirtschaftlich guten Zustand; also entfällt der Vertrauensschutz

d. Ermessen ?

HIER (+) → nach § 48 II VwVfG „darf“ die Behörde den VA zurücknehmen (vgl. Wortlaut der Norm); also ist der Behörde ein Entscheidungsspielraum hinsichtlich der Frage, ob sie tätig wird (Entschließungsermessen) und hinsichtlich der Frage, wie sie tätig wird (Auswahlermessen) eingeräumt

e. Rechtsfehlerfreie Ausübung des Ermessens ?
= Nichtvorliegen von Ermessensfehlern

HIER (+) → Ermessensfehler sind nicht ersichtlich

f. Rücknahmefrist des § 48 IV VwVfG ?

HIER → wegen § 48 IV 2 i.V.m. § 48 II 3 Nr. 1 VwVfG muss die Rücknahmefrist des § 48 IV VwVfG nicht beachtet werden

g. also: materielle Rechtmäßigkeit (der Rücknahme) (+)

4. also: Rechtmäßigkeit des VA (+) → somit Rechtswidrigkeit des VA (–)

II. Ergebnis:
Begründetheit der Klage (–)

C. Ergebnis:

zwar Zulässigkeit (+), aber Begründetheit der Klage (–); also Erfolg der Klage (–)

Formulierungsvorschlag Fall 21

Die Klage hat Erfolg, wenn sie zulässig und begründet ist.

A. Die Klage des A müsste zulässig sein.

I. Der Rechtsweg zum Verwaltungsgericht müsste eröffnet sein.

1. Eine gesetzliche Spezialzuweisung ist nicht ersichtlich.

2. Die Generalzuweisung des § 40 I VwGO wäre gegeben, wenn es sich bei der Rücknahme des Zuwendungsbescheids um eine öffentlich-rechtliche Streitigkeit nichtverfassungsrechtlicher Art handelt und keine anderweitige Zuweisung vorliegt.

a. Die streitentscheidenden Normen müssten öffentlich-rechtlicher Natur sein, d.h. einen Hoheitsträger als Berechtigten oder als Verpflichteten benennen. Die Beteiligten streiten über die Frage, ob die Rücknahme des Bescheids über die Vergabe von Fördermitteln an A durch das Ministerium rechtmäßig ist. Die streitentscheidenden Normen sind dem Verwaltungsverfahrensrecht und dem Subventionsrecht zu entnehmen. Die Behörde ist als Berechtigte in § 1 I 1 BbgVwVfG i.V.m. § 48 I, II VwVfG und in den Vergaberichtlinien benannt. Die streitentscheidenden Normen sind damit öffentlich-rechtlicher Natur.

b. Da weder Verfassungsorgane oder ihnen gleichgestellte Personen an dem Streit beteiligt sind noch Streit über Anwendung und Auslegung von Verfassungsrecht herrscht, ist die Streitigkeit nichtverfassungsrechtlicher Art.

c. Eine Zuweisung zu einem anderen Gericht ist nicht ersichtlich.

d. Demnach sind die Voraussetzungen der Generalzuweisung des § 40 I VwGO erfüllt.

3. Der Rechtsweg zum Verwaltungsgericht ist eröffnet.

II. Statthafte Klageart könnte die Anfechtungsklage sein, § 42 I VwGO.

Dann müsste der Kläger die Aufhebung eines Verwaltungsakts begehren. A will, dass der Vergabebescheid erhalten bleibt, um zu vermeiden, dass er die Fördermittel zurückzahlen muss.

1. Bei der Rücknahme handelt es sich um die hoheitliche Maßnahme einer Behörde auf dem Gebiet des öffentlichen Rechts zur Regelung eines Einzelfalls mit unmittelbarer Außenwirkung, also um einen Verwaltungsakt im Sinne des § 35 S. 1 VwVfG.

2. Der Kläger begehrt die Aufhebung des Verwaltungsakts. Also ist die Anfechtungsklage die statthafte Klageart.

III. Außerdem müssten die weiteren speziellen Voraussetzungen der Anfechtungsklage vorliegen.

1. Zunächst müsste der Kläger klagebefugt sein, § 42 II VwGO. Er muss geltend machen, durch den Verwaltungsakt in seinen Rechten verletzt zu sein. Eine Privatperson als Adressat eines belastenden Verwaltungsakts ist stets klagebefugt, da in ihre subjektiv-öffentlichen Rechte eingegriffen wird (Adressatentheorie). Es ist zumindest ein Eingriff in die Rechte des Betroffenen aus Art. 12 und 14 GG (Berufsfreiheit und Recht am eingerichteten und ausgeübten Gewerbebetrieb) denkbar. A ist Adressat eines belastenden Verwaltungsakts. Folglich ist er klagebefugt.

2. A hat zwar das nach § 68 I 1 VwGO an sich erforderliche Vorverfahren nicht (erfolglos) durchgeführt. Gemäß § 68 I 2 Nr. 1 VwGO bedarf es aber vor der Erhebung einer Anfechtungsklage entgegen § 68 I 1 VwGO u.a. dann nicht der Nachprüfung in einem Vorverfahren, wenn der Verwaltungsakt von einer obersten Landesbehörde erlassen worden ist. Das Landesministerium ist eine oberste Landesbehörde. Also bedarf es vor der Erhebung der Anfechtungsklage nicht der Nachprüfung in einem Vorverfahren.

3. Von der Einhaltung der Klagefrist (hier § 74 I 2 VwGO) ist auszugehen.

4. Richtiger Klagegegner ist das Landesministerium gemäß § 78 I Nr. 2 VwGO i.V.m. § 8 II BbgVwGG.

5. Demnach liegen die speziellen Voraussetzungen der Anfechtungsklage vor.

IV. Am Vorliegen der sonstigen Voraussetzungen bestehen keine Zweifel.

V. Also ist die Klage zulässig.

B. Die Klage müsste auch begründet sein.

Begründet ist eine Anfechtungsklage, wenn der Verwaltungsakt rechtswidrig ist und der Kläger dadurch in seinen Rechten verletzt ist, § 113 I 1 VwGO.

I. Der Bescheid der Behörde müsste rechtswidrig sein. In Betracht kommt die formelle und/oder materielle Rechtswidrigkeit des Verwaltungsakts.

Der Verwaltungsakt ist jedoch rechtmäßig, wenn er aufgrund einer Ermächtigungsgrundlage formell und materiell rechtmäßig erlassen wurde.

1. Als Ermächtigungsgrundlage kommt § 48 II VwVfG in Betracht.

2. Zunächst müsste der Bescheid formell rechtmäßig sein.

a. Der Bescheid wurde von der zuständigen Behörde erlassen.

b. Verstöße gegen Verfahrensvorschriften sind nicht ersichtlich. Insbesondere hat eine Anhörung nach § 28 I VwVfG stattgefunden.

c. Auch die Formvorschriften wurden beachtet.

d. Mithin ist der Bescheid formell rechtmäßig.

3. Weiterhin müsste der Bescheid materiell rechtmäßig sein. Dann müssten die Voraussetzungen des § 48 II VwVfG vorliegen. Nach der genannten Norm kann die Behörde unter den aufgeführten Voraussetzungen Maßnahmen ergreifen.

a. Die Behörde müsste einen begünstigenden Verwaltungsakt, der eine einmalige Geldleistung gewährt, erlassen haben, § 48 II 1 VwVfG. Der Bewilligungsbescheid gewährt A eine Geldleistung, ohne dass er eine Gegenleistung fordert und ist ein begünstigender Verwaltungsakt im Sinne § 48 II 1 VwVfG.

b. Weiterhin müsste der Verwaltungsakt (der Bewilligungsbescheid) rechtswidrig sein, § 48 II 1 VwVfG. Nach dem zugrunde liegenden „Programm zur Förderung des Handwerks in strukturschwachen Regionen" dürfen Subventionen nur an wirtschaftlich gefährdete Betriebe vergeben werden. Der Betrieb des A war nicht gefährdet. Der Bewilligungsbescheid wurde also entgegen den Vergaberichtlinien erlassen und ist damit rechtswidrig.

c. Seitens des Begünstigten darf zudem kein Vertrauensschutz auf den Bestand des Verwaltungsakts bestehen, § 48 II 1, 2 und 3 VwVfG.

Nach § 48 II 1 VwVfG ist das Vertrauen auf den Bestand des Verwaltungsakts mit dem öffentlichen Interesse an einer Rücknahme abzuwägen. Dabei ist nach § 48 II 2 VwVfG von der Schutzwürdigkeit des Vertrauens auszugehen, wenn der Begünstigte – wie hier A, der das Geld bereits ausgegeben hat – die gewährte Leistung verbraucht hat.

Nach § 48 II 2 VwVfG ist das Vertrauen schutzwürdig, wenn darüber hinaus der Verbrauch nur unter unzumutbaren Nachteilen rückgängig gemacht werden könnte. Beim Verkauf von gebrauchtem Werkzeug würde ein im Verhältnis zum Einkaufspreis neuer Werkzeuge wesentlich geringerer Preis erzielt werden. A könnte also aus diesen Mitteln die Subventionen nicht zurückerstatten. Insofern erscheint A schutzwürdig.

Dennoch könnte nach § 48 II 3 Nr. 2 VwVfG der Vertrauensschutz entfallen. Dann müsste A den Verwaltungsakt durch Angaben erwirkt haben, die in wesentlicher Beziehung unrichtig sind. A hat in seinem Antrag wahrheitswidrig angegeben, dass er in den vergangenen zwei Jahren keinen Gewinn erzielt hat und dadurch den Eindruck erweckt, sein Betrieb sei in der Existenz bedroht, obwohl er sich tatsächlich in einem wirtschaftlich guten Zustand befand. Also entfällt der Vertrauensschutz.

d. Nach § 48 II VwVfG darf die Behörde ihren Verwaltungsakt zurücknehmen, also Ermessen ausüben.

e. Das eingeräumte Ermessen hat die Behörde rechtsfehlerfrei ausgeübt. Ermessensfehler sind nicht ersichtlich.

f. Wegen § 48 IV 2 i.V.m. § 48 II 3 Nr. 1 VwVfG muss die Rücknahmefrist des § 48 IV VwVfG NRW nicht beachtet werden.

g. Der Bescheid der Behörde ist demnach materiell rechtmäßig.

4. Der Verwaltungsakt ist daher insgesamt rechtmäßig und nicht rechtswidrig.

II. Die Klage ist damit nicht begründet.

C. Die Klage ist zwar zulässig, aber nicht begründet. Also hat sie keinen Erfolg.

Fazit

1. Nun seid ihr mit der komplizierteren Seite des ***§ 48 VwVfG*** konfrontiert worden, nämlich mit der Abwägung zwischen Vertrauensschutz einerseits und öffentlichem Interesse an einer ***Rücknahme des rechtswidrigen VA*** andererseits. In § 48 II 2 und 3 VwVfG sind Abwägungsregeln benannt.

Weiteres Schmankerl war eine der beiden Standardsituationen auf dem Gebiet des ***Subventionsrecht***s, nämlich die Rückforderung von zu Unrecht gewährten Leistungen.

Die ***Rücknahme*** des VA – und nicht etwa bereits die Rückforderung des Geldes – kann auf § 48 VwVfG gestützt werden.

2. ***Folge der Rücknahme*** des VA ist, dass die Behörde nunmehr zur ***Rückforderung des Förderbetrags*** berechtigt ist, da die Mittel rechtsgrundlos gezahlt wurden. Die Ermächtigungsgrundlage findet sich in ***§ 49 a VwVfG***.

In der Praxis wird die Rückforderung in der Regel mit dem Rücknahmebescheid verbunden.

3. Wenn ihr hinsichtlich des grundsätzlichen ***System***s oder der ***Terminologie*** im Bereich „Rücknahme und Widerruf von Verwaltungsakten" unsicher sein solltet, tut euch einen Gefallen: Lest aufmerksam das Fazit zum vorigen Fall 20. Noch einmal und vielleicht dann noch einmal.

4. So. Das Kapitel zur Anfechtungsklage habt ihr geschafft. In den folgenden Kapiteln werdet ihr auf vieles zurückgreifen dürfen, was ihr bis jetzt gelernt habt. Es wird also leichter …

Verpflichtungsklage

- Eine kleine Einführung

1. Vorgeplänkel

Die ***Verpflichtungsklage*** ist – wie die Anfechtungsklage – höchst klausurrelevant. Ihre Zulässigkeitsvoraussetzungen decken sich überwiegend mit denen der Anfechtungsklage.

2. Der Sinn der Verpflichtungsklage

Klagegegenstand ist – wie bei der Anfechtungsklage – ein Verwaltungsakt (VA). ***Klageziel*** der Verpflichtungsklage ist es, einen begünstigenden VA, den die Behörde verweigert oder unterlassen hat, zu erlangen. Häufig will der Kläger mit der Verpflichtungsklage die Genehmigung bzw. die Erlaubnis für ein bestimmtes Vorhaben erreichen. Es gibt aber auch Fälle, in denen er eine reale Leistung begehrt, für die zunächst ein VA – also ein Bewilligungsbescheid – erforderlich ist. Als Beispiel sei der Bereich des Subventionsrechts genannt.

3. Die Prüfung

Unterschiede ergeben sich in der ***Zulässigkeitsprüfung*** im Vergleich zur Anfechtungsklage naturgemäß bei der Klageart und bei der Klagebefugnis. Die Klagebefugnis richtet sich zwar auch hier nach § 42 II VwGO. Im Gegensatz zum Regelfall der Anfechtungsklage ist aber häufig ein pauschaler Hinweis auf die Adressatentheorie nicht möglich, weil eben kein belastender VA vorliegt. Hier wird es auf das subjektiv öffentliche Recht des Klägers ankommen. Wie dies geprüft wird, werdet ihr bald erfahren.

Die ***Begründetheit*** der Verpflichtungsklage richtet sich nach § 113 V 1 VwGO (lesen). Wichtig: Der Obersatz der Begründetheitsprüfung muss ein anderer sein, als bei der Anfechtungsklage. Aber das ist logisch, weil ja etwas anderes bezweckt wird als mit der Anfechtungsklage. Nach § 113 V 1 VwGO ist die Klage begründet, wenn die Ablehnung oder Unterlassung des VA rechtswidrig ist und der Kläger dadurch in seinen Rechten verletzt wird und die Sache spruchreif ist. Ihr könnt auch die folgende Formulierung wählen: „Begründet ist die Verpflichtungsklage, wenn der Kläger einen Anspruch auf Erlass des begehrten VA hat.“ Das führt zum selben Ergebnis. Wie ihr die Begründetheitsprüfung aufbauen müsst, werdet ihr anhand der folgenden Fälle erlernen. Achtet darauf, dass sich im Vergleich zur Anfechtungsklage einige Unterschiede ergeben. Im Grundsatz ist aber durchaus alles vergleichbar. Wichtig ist allerdings die „Spruchreife“. Dazu gleich mehr.

Und ab !!!

Fall 22

A will in Bonn (Nordrhein-Westfalen) eine neue Spielhalle eröffnen. Geplant sind Flipper, „Einarmige Banditen", Billardtische und Computerspiele. Da A weiß, dass er hierfür eine gewerberechtliche Erlaubnis benötigt, stellt er bei der zuständigen Ordnungsbehörde einen entsprechenden Antrag. Dieser wird jedoch mit der Begründung abgelehnt, dass sich in der Stadtmitte bereits eine Vielzahl vergleichbarer „Örtlichkeiten" befinden. A klagt vor dem Verwaltungsgericht.

Frage: Hat die Klage Erfolg ?

Lösungsskizze Fall 22

Die Klage hat Erfolg, wenn sie zulässig und begründet ist.

A. Zulässigkeit der Klage

I. Rechtsweg zum Verwaltungsgericht ?

1. Spezialzuweisung vorhanden ? (–)

2. Generalzuweisung des § 40 I VwGO ?
= öffentlich-rechtliche Streitigkeit nichtverfassungsrechtlicher Art und keine abdrängende Zuweisung

*(**Vorüberlegung:*** Worum geht es im Kern? Die Prozessbeteiligten streiten darüber, ob die Behörde zur Erteilung einer Erlaubnis für den Betrieb einer Spielhalle verpflichtet ist.*)*

a. öffentlich-rechtliche Streitigkeit ?
= die streitentscheidenden Normen müssen öffentlich-rechtlicher Natur sein, d.h. einen Hoheitsträger als Berechtigten oder Verpflichteten benennen

HIER (+) → die streitentscheidende Norm ist der GewO zu entnehmen; die Behörde ist in § 33 i I 1 GewO als Berechtigte bzw. Verpflichtete benannt

b. nichtverfassungsrechtlicher Art ?

HIER (+) → weder Beteiligung von Verfassungsorganen oder ihnen gleichgestellten Personen an dem Streit noch Streit über Anwendung und Auslegung von Verfassungsrecht

c. keine Zuweisung zu einem anderen Gericht ?

HIER (+) → anderweitige Zuweisung nicht ersichtlich

d. also: Generalzuweisung des § 40 I VwGO (+)

3. also: Rechtsweg zum Verwaltungsgericht (+)

II. Statthafte Klageart = Verpflichtungsklage, § 42 I VwGO ?

= Kläger begehrt Erlass eines Verwaltungsakts (VA)

(Vorüberlegung: Was will der Kläger? Er will eine Spielhalle betreiben. Hierzu benötigt er eine gewerberechtliche Erlaubnis von der zuständigen Ordnungsbehörde. Sein Ziel kann der Kläger möglicherweise mit einer Verpflichtungsklage gemäß § 42 I VwGO erreichen. Die Verpflichtungsklage ist die statthafte Klageart, wenn der Betroffene den Erlass eines VA begehrt.*)*

1. Verwaltungsakt gemäß § 35 S. 1 VwVfG ?

HIER (+) → hoheitliche Maßnahme einer Behörde auf dem Gebiet des öffentlichen Rechts zur Regelung eines Einzelfalls mit unmittelbarer Außenwirkung

2. also: Kläger begehrt den Erlass des VA → Verpflichtungsklage (+)

III. Spezielle Voraussetzungen der Verpflichtungsklage ?

1. Klagebefugnis, § 42 II VwGO ?

= Kläger muss geltend machen, in einem subjektiv-öffentlichen Recht verletzt zu sein, wenn der VA nicht erlassen wird

HIER (+) → das subjektiv-öffentliche Recht ergibt sich aus der Gewerbefreiheit, § 1 I GewO

2. (Erfolgloses) Vorverfahren, §§ 68 ff VwGO ?

HIER (–), aber: gemäß § 110 I 2 i.V.m. 1 JustG NRW bedarf es – in NRW – vor der Erhebung einer Verpflichtungsklage entgegen § 68 II i.V.m. I 1 VwGO grundsätzlich nicht der Nachprüfung in einem Vorverfahren

(vgl. in NRW ab 01/2015 → Fall 22, Fazit 5. = Seite 182)

3. Einhaltung der Klagefrist, § 74 II i.V.m. I VwGO ?

= hier § 74 II i.V.m. § 74 I 2 VwGO (weil kein Vorverfahren erforderlich): Klageerhebung innerhalb eines Monats nach Ablehnung der Vornahme des VA

HIER (+) → mangels entgegenstehender Anhaltspunkte zu unterstellen

4. Richtiger Klagegegner, § 78 VwGO ?

HIER → gemäß § 78 I Nr. 1 VwGO die Körperschaft, deren Behörde den begehrten VA erlassen soll, also die Stadt Bonn

5. also: spezielle Voraussetzungen der Verpflichtungsklage (+)

IV. Sonstige Zulässigkeitsvoraussetzungen ? (+)

V. Ergebnis:

Zulässigkeit der Klage (+)

B. Begründetheit der Klage

= Rechtswidrigkeit der Ablehnung oder Unterlassung des VA und dadurch Verletzung des Klägers in seinen Rechten und Spruchreife der Sache, § 113 V VwGO
= dann, wenn der Kläger einen Anspruch auf Erlass des begehrten VA hat

I. Anspruch auf Erlass des begehrten VA ?

1. Anspruchsgrundlage ?

HIER → § 33 i I 1 GewO

2. Formelle Voraussetzungen ?

***a. Zuständigkeit ?* (+)**

***b. Verfahren ?* (+)**

***c. <u>also</u>: formelle Voraussetzungen* (+)**

3. Materielle Voraussetzungen ?
= Voraussetzungen der Anspruchsgrundlage
→ § 33 i I 1 GewO

***a. Gewerbliches Betreiben einer Spielhalle ?* (+)**

b. Nichtvorliegen von Versagungsgründen nach § 33 i II GewO ?

HIER (+) → insbesondere steht einer Erlaubnis nicht entgegen, dass sich in der Bonner Stadtmitte bereits eine Vielzahl von Spielhallen befindet; dieses rein wirtschaftliche Argument findet im Gesetz keine Grundlage und darf sich daher auch nicht auf die Entscheidung auswirken; andere Gründe, die gegen eine Erlaubnis sprechen, liegen nicht vor

***c. <u>also</u>: materielle Voraussetzungen* (+)**

4. Spruchreife ?
= Erlass des begehrten VA nur bei abschließender bzw. gebundener Entscheidung oder Ermessensreduzierung auf null

a. abschließende bzw. gebundene Entscheidung ?

HIER (+) → § 33 i GewO räumt der Behörde keinen Ermessens- oder Beurteilungsspielraum ein

***b. <u>also</u>: Spruchreife* (+)**

***5. <u>also</u>: Anspruch auf Erlass des begehrten VA* (+)**

II. Ergebnis:

Begründetheit der Klage (+)

C. Ergebnis:

Zulässigkeit und Begründetheit der Klage (+); das Gericht wird wegen der Spruchreife ein Vornahmeurteil nach § 113 V 1 VwGO erlassen; also Erfolg der Klage (+)

Formulierungsvorschlag Fall 22

Die Klage hat Erfolg, wenn sie zulässig und begründet ist.

A. Die Klage des A müsste zulässig sein.

I. Der Rechtsweg zum Verwaltungsgericht müsste eröffnet sein.

1. Eine gesetzliche Spezialzuweisung ist nicht ersichtlich.

2. Die Generalzuweisung des § 40 I VwGO wäre gegeben, wenn es sich bei dem Antrag des A um eine öffentlich-rechtliche Streitigkeit nichtverfassungsrechtlicher Art handelt und keine anderweitige Zuweisung vorliegt.

a. Die streitentscheidenden Normen müssten öffentlich-rechtlicher Natur sein, d.h. einen Hoheitsträger als Berechtigten oder als Verpflichteten benennen. Die Beteiligten streiten darüber, ob die Behörde zur Erteilung einer Erlaubnis für den Betrieb einer Spielhalle verpflichtet ist. Rechtsgrundlage für das Handeln der Behörde ist § 33 i I 1 GewO. Die GewO ist öffentlich-rechtlicher Natur.

b. Da weder Verfassungsorgane oder ihnen gleichgestellte Personen an dem Streit beteiligt sind noch Streit über Anwendung und Auslegung von Verfassungsrecht herrscht, ist die Streitigkeit nichtverfassungsrechtlicher Art.

c. Eine Zuweisung zu einem anderen Gericht ist nicht ersichtlich.

d. Demnach sind die Voraussetzungen der Generalzuweisung des § 40 I VwGO erfüllt.

3. Der Rechtsweg zum Verwaltungsgericht ist eröffnet.

II. Statthafte Klageart könnte die Verpflichtungsklage sein, § 42 I VwGO.

Dann müsste der Kläger den Erlass eines Verwaltungsakts begehren. A will eine Spielhalle betreiben. Hierzu benötigt er eine gewerberechtliche Erlaubnis von der zuständigen Ordnungsbehörde.

1. Bei der Erlaubnis handelt es sich um die hoheitliche Maßnahme einer Behörde auf dem Gebiet des öffentlichen Rechts zur Regelung eines Einzelfalls mit unmittelbarer Außenwirkung, also um einen Verwaltungsakt im Sinne des § 35 S. 1 VwVfG.

2. Der Kläger begehrt den Erlass des Verwaltungsakts. Also ist die Verpflichtungsklage die statthafte Klageart.

III. Außerdem müssten die weiteren speziellen Voraussetzungen der Verpflichtungsklage vorliegen.

1. Zunächst müsste der Kläger klagebefugt sein, § 42 II VwGO. Er muss geltend machen, durch den Nichterlass des Verwaltungsakts in seinen Rechten verletzt zu sein. Es ist eine Verletzung des subjektiv-öffentlichen Rechts auf Gewerbefreiheit, § 1 I GewO denkbar. Folglich ist A klagebefugt.

2. A hat zwar das nach § 68 II i.V.m. I 1 VwGO an sich erforderliche Vorverfahren nicht (erfolglos) durchgeführt. In Nordrhein-Westfalen bedarf es aber vor der Erhebung einer Verpflichtungsklage grundsätzlich nicht der Nachprüfung in einem Vorverfahren, § 110 I 2 i.V.m. 1 JustG NRW.

3. Von der Einhaltung der Klagefrist (hier § 74 II i.V.m. I 2 VwGO) ist auszugehen.

4. Richtiger Klagegegner ist die Körperschaft, deren Behörde den begehrten Verwaltungsakt erlassen soll (§ 78 I Nr. 1 VwGO), also die Stadt Bonn.

5. Demnach liegen die speziellen Voraussetzungen der Verpflichtungsklage vor.

IV. Am Vorliegen der sonstigen Voraussetzungen bestehen keine Zweifel.

V. Also ist die Klage zulässig.

B. Die Klage müsste auch begründet sein.

Begründet ist eine Verpflichtungsklage, wenn die Ablehnung oder Unterlassung des Verwaltungsakts rechtswidrig, der Kläger in seinen Rechten verletzt und die Sache spruchreif ist, § 113 V VwGO.

I. Dies ist der Fall, wenn der Kläger einen Anspruch auf Erlass des begehrten Verwaltungsakts hat.

1. Als Anspruchsgrundlage kommt § 33 i I 1 GewO in Betracht.

2. A hat die Erlaubnis bei der zuständigen Behörde beantragt, sodass am Vorliegen der formellen Anspruchsvoraussetzungen keine Zweifel bestehen.

3. In materieller Hinsicht müssten die Voraussetzungen des § 33 i I 1 GewO erfüllt sein.

a. A will gewerblich eine Spielhalle betreiben und benötigt hierfür die Erlaubnis der Behörde nach § 33 i GewO.

b. Die Behörde kann die Genehmigung verweigern, wenn Versagungsgründe nach § 33 i II GewO vorliegen. Einer Erlaubnis könnte entgegenstehen, dass sich in der Bonner Stadtmitte bereits eine Vielzahl von Spielhallen befindet. Dieses rein wirtschaftliche Argument findet im Gesetz jedoch keine Grundlage und darf sich daher auch nicht auf die Entscheidung auswirken. Andere Gründe, die gegen eine Erlaubnis sprechen, liegen nicht vor.

c. Demnach liegen die materiellen Voraussetzungen vor.

4. Das Gericht kann dem Klageantrag auf Erlass des begehrten Verwaltungsakts jedoch nur stattgeben, wenn die Sache spruchreif ist.

a. Dies ist dann der Fall, wenn die anspruchsbegründende Norm eine abschließende bzw. gebundene Rechtsfolge vorsieht. § 33 i GewO räumt der Behörde keinen Ermessens- oder Beurteilungsspielraum ein, sondern sieht lediglich die Möglichkeit von Befristungen und Auflagen (§ 33 i I GewO) bzw. Versagungsgründe (§ 33 i II GewO) vor. Da keine Versagungsgründe ersichtlich sind, muss die Behörde die Erlaubnis erteilen.

b. Also ist die Sache spruchreif.

5. Der Kläger hat somit einen Anspruch auf Erlass des begehrten Verwaltungsakts.

II. Die Klage ist begründet.

C. Die Klage ist zulässig und begründet. Das Gericht wird wegen der Spruchreife ein Vornahmeurteil nach § 113 V 1 VwGO erlassen. Die Klage hat also Erfolg.

Fazit

1. Das war und ist die Standardsituation bei der Verpflichtungsklage. Häufig will der Kläger mit der Verpflichtungsklage – wie im Beispielsfall – die Genehmigung bzw. die Erlaubnis für ein bestimmtes Vorhaben erreichen. Es gibt aber auch Fälle, in denen er eine reale Leistung begehrt, für die ein Verwaltungsakt, also ein Bewilligungsbescheid erforderlich ist. Als Beispiel sei der Bereich des Subventionsrechts genannt.

2. Die Voraussetzungen der Verpflichtungsklage sind denen der Anfechtungsklage sehr ähnlich. Unterschiede ergeben sich naturgemäß bei der „Klageart" und bei der „Klagebefugnis". Auch ist der Obersatz der Begründetheit ein anderer, weil mit der Verpflichtungsklage etwas anderes bezweckt wird als mit der Anfechtungsklage.

3. Zum Obersatz der Begründetheit: Maßgebende Norm ist § 113 V 1 VwGO. Danach ist die Klage begründet, wenn die Ablehnung oder Unterlassung des VA rechtswidrig ist und der Kläger dadurch in seinen Rechten verletzt wird.

4. Besonders zu beachten ist aber auch die ***„Spruchreife"***. Da § 113 V 1 VwGO hierauf ausdrücklich hinweist, müsst ihr klären, ob das Gericht eine sofort durchsetzbare konkrete Entscheidung treffen darf.

Wenn der Behörde ein Ermessen gesetzlich eingeräumt ist und keine Ermessensreduzierung auf null besteht, fehlt es an der Spruchreife. Es ergeht dann ein ***Bescheidungsurteil*** (vgl. § 113 V 2). Besteht dagegen (wie hier) kein Ermessensspielraum, erlässt das Verwaltungsgericht ein ***Vornahmeurteil***.

5. Und noch einmal zurück zur Zulässigkeit, hier zum Prüfungspunkt ***(Erfolgloses) Vorverfahren, §§ 68 ff VwGO***.

Wenn nach dem euch betreffenden Landesrecht ein Vorverfahren durchgeführt werden muss, könnt ihr – wenn das Vorverfahren keine Probleme aufweist – üblicherweise kurz und knapp wie folgt formulieren: „XY hat auch das erforderliche Vorverfahren (§§ 68 ff VwGO) erfolglos durchgeführt."

Wenn nach dem euch betreffenden Landesrecht ein Vorverfahren nicht vorgesehen ist, könnt ihr euch oft ebenfalls kurz fassen. In diesem Fall etwa: „A hat zwar das gemäß §§ 68 ff VwGO an sich erforderliche Vorverfahren nicht (erfolglos) durchgeführt. In ***Nordrhein-Westfalen*** bedarf es gemäß § 110 I 2 i.V.m. 1 JustG NRW (bis Ende 2010: § 6 I 2 i.V.m. 1 AG VwGO NW) – derzeit „befristet" bis zum 31.12.2014 – einer Nachprüfung in einem Vorverfahren vor der Erhebung einer Verpflichtungsklage entgegen § 68 II i.V.m. I 1 VwGO jedoch grundsätzlich nicht."

Dem Recht in Nordrhein-Westfalen gleichende oder ähnliche Regelungen gibt es insbesondere in ***Niedersachsen*** und ***Bayern***. Das habt ihr im Kapitel „Anfechtungsklage" bereits in Fall 4, Fazit 5. und in Fall 10, Fazit 5. lesen dürfen.

6. Achtung, noch einmal zur Zulässigkeit: Seit Anfang 2011 bestimmt sich der richtige ***Klagegegner*** in NRW nach ***§ 78 I Nr. 1 VwGO***. Das ist in anderen Bundesländern u.U. anders. Lest hierzu unbedingt noch einmal Fall 4, Fazit 6. und Fall 10, Fazit 6.

Fall 23

S ist verzweifelt. Die Umsätze seines Gasthauses „Schweinesepp" in Bochum (Nordrhein-Westfalen) sind in letzter Zeit deutlich gesunken. Als die Dunstabzugshaube in der Küche das Zeitliche segnet, hat er den finanziellen Ruin vor Augen. Daher will S die Neuanschaffung um ein Jahr verschieben. Für Nachbarn N, der das Gasthaus wegen der hier verkehrenden Besucher nicht sonderlich schätzt, ist nun das Maß voll. Er wendet sich an die zuständige Ordnungsbehörde und verlangt deren Einschreiten dergestalt, dass S eine neue Dunstabzugshaube einbauen muss. Die Behörde hält die Geruchsemissionen aber für nicht sonderlich gravierend und schreitet nicht ein. Nun erhebt N Klage vor dem Verwaltungsgericht. Weil im „Schweinesepp" mittlerweile wieder mehr gebraten und gekocht wird, kommt ein vom Gericht beauftragter Sachverständiger zu dem Ergebnis, dass die Küchengerüche ein tolerierbares Maß überschritten haben. Zur Beseitigung schlägt er unterschiedliche Maßnahmen vor.

Frage: Hat die Klage Erfolg ?

Hinweis: Immissionsschutzrechtliche Vorschriften sind nicht zu berücksichtigen.

Lösungsskizze Fall 23

Die Klage hat Erfolg, wenn sie zulässig und begründet ist.

A. Zulässigkeit der Klage

I. Rechtsweg zum Verwaltungsgericht ?

1. Spezialzuweisung vorhanden ? (–)

2. Generalzuweisung des § 40 I VwGO ?

= öffentlich-rechtliche Streitigkeit nichtverfassungsrechtlicher Art und keine abdrängende Zuweisung

*(**Vorüberlegung:*** Worum geht es im Kern? Die Prozessbeteiligten streiten darüber, ob die Behörde eine Auflage zulasten des Gasthausinhabers erlassen muss.*)*

a. öffentlich-rechtliche Streitigkeit ?

= die streitentscheidenden Normen müssen öffentlich-rechtlicher Natur sein, d.h. einen Hoheitsträger als Berechtigten oder Verpflichteten benennen

HIER (+) → die streitentscheidende Norm ist dem GastG zu entnehmen; die Behörde ist in § 5 I Nr. 3 GastG als Berechtigte bzw. Verpflichtete benannt

b. nichtverfassungsrechtlicher Art ?

HIER (+) → weder Beteiligung von Verfassungsorganen oder ihnen gleichgestellten Personen an dem Streit noch Streit über Anwendung und Auslegung von Verfassungsrecht

c. keine Zuweisung zu einem anderen Gericht ?

HIER (+) → anderweitige Zuweisung nicht ersichtlich

d. also: Generalzuweisung des § 40 I VwGO (+)

3. also: Rechtsweg zum Verwaltungsgericht (+)

II. Statthafte Klageart = Verpflichtungsklage, § 42 I VwGO ?

= Kläger begehrt Erlass eines Verwaltungsakts (VA)

(***Vorüberlegung:*** Was will der Kläger? N will, dass S verpflichtet wird, eine neue Dunstabzugshaube zu installieren. Sein Ziel kann der Kläger möglicherweise mit einer Verpflichtungsklage gemäß § 42 I VwGO erreichen. Sie ist die statthafte Klageart, wenn der Betroffene den Erlass eines VA begehrt.)

1. Verwaltungsakt gemäß § 35 S. 1 VwVfG ?

HIER (+) → hoheitliche Maßnahme einer Behörde auf dem Gebiet des öffentlichen Rechts zur Regelung eines Einzelfalls mit unmittelbarer Außenwirkung

2. also: Kläger begehrt den Erlass des VA → Verpflichtungsklage (+)

III. Spezielle Voraussetzungen der Verpflichtungsklage ?

1. Klagebefugnis, § 42 II VwGO ?

= Kläger muss geltend machen, in einem subjektiv-öffentlichen Recht verletzt zu sein, wenn der VA nicht erlassen wird

HIER (+) → N erstrebt keinen VA, der ihn direkt begünstigt; vielmehr begehrt er den Erlass eines VA, der sich zulasten einer anderen Person auswirkt; notwendig ist folglich eine Ermächtigungsgrundlage für die Behörde, die gleichzeitig drittschützenden Charakter hat, also eine Norm, die zum Schutz einzelner Personen gedacht ist und nicht nur zum Schutz der Allgemeinheit;

eine Norm, die ihrem Wortlaut nach einen direkten Anspruch auf Einschreiten der Behörde begründet, ist nicht ersichtlich;

in Betracht kommt aber § 5 I Nr. 3 GastG, wenn die Norm ein subjektiv-öffentliches Recht für Nachbarn beinhaltet; dies ist der Fall, wenn der Wortlaut der Norm den geschützten Personenkreis gegenüber der Allgemeinheit eingrenzt; eine solche Eingrenzung liegt insbesondere bei einem Hinweis auf Nachbarschaft vor; § 5 I Nr. 3 GastG erfüllt die Voraussetzung; der Kläger N fällt unter den genannten Personenkreis

2. (Erfolgloses) Vorverfahren, §§ 68 ff VwGO ?

HIER (–), aber: gemäß § 110 I 2 i.V.m. 1 JustG NRW bedarf es – in NRW – vor der Erhebung einer Verpflichtungsklage entgegen § 68 II i.V.m. I 1 VwGO grundsätzlich nicht der Nachprüfung in einem Vorverfahren

(vgl. in NRW ab 01/2015 → Fall 22, Fazit 5. = Seite 182)

3. Einhaltung der Klagefrist, § 74 II i.V.m. I VwGO ?

= hier § 74 II i.V.m. § 74 I 2 VwGO (weil kein Vorverfahren erforderlich): Klageerhebung innerhalb eines Monats nach Ablehnung der Vornahme des VA

HIER (+) → mangels entgegenstehender Anhaltspunkte zu unterstellen

4. Richtiger Klagegegner, § 78 VwGO ?

HIER → gemäß § 78 I Nr. 1 VwGO die Körperschaft, deren Behörde den begehrten VA erlassen soll, also die Stadt Bochum

***5. also: spezielle Voraussetzungen der Verpflichtungsklage* (+)**

***IV. Sonstige Zulässigkeitsvoraussetzungen ?* (+)**

V. Ergebnis:
Zulässigkeit der Klage (+)

B. Begründetheit der Klage

= Rechtswidrigkeit der Ablehnung oder Unterlassung des VA und dadurch Verletzung des Klägers in seinen Rechten und Spruchreife der Sache, § 113 V VwGO
= dann, wenn der Kläger einen Anspruch auf Erlass des begehrten VA hat

I. Anspruch auf Erlass des begehrten VA ?

1. Anspruchsgrundlage ?

HIER → § 5 I Nr. 3 GastG

2. Formelle Voraussetzungen ?

***a. Zuständigkeit ?* (+)**

***b. also: formelle Voraussetzungen* (+)**

3. Materielle Voraussetzungen ?
= Voraussetzungen der Anspruchsgrundlage
→ § 5 I Nr. 3 GastG

a. Erlaubnispflichtigkeit des Gewerbes ?

HIER (+) → S bedarf einer Erlaubnis zum Betrieb des Gasthauses gemäß §§ 1 und 2 GastG

b. Belästigungen für Bewohner der Nachbargrundstücke ?
= erhebliche Beeinträchtigung des körperlichen Wohlbefindens unterhalb der Gesundheitsschädlichkeit; Erheblichkeit hängt von den örtlichen, zeitlichen und sonstigen Umständen des Einzelfalls ab

HIER (+) → es ist zwar unklar, ob die Geruchsbelästigung ursprünglich so gravierend gewesen ist, dass eine Auflage nach § 5 GastG gerechtfertigt gewesen wäre; maßgeblicher Zeitpunkt für die Rechts- und Tatsachenlage ist aber bei der Verpflichtungsklage nicht der Erlass des ablehnenden VA, sondern der Zeitpunkt der letzten mündlichen Verhandlung vor dem Verwaltungsgericht; zu diesem Zeitpunkt waren Geruchsimmissionen so weit angestiegen, dass sie als erhebliche Belästigung im Sinne von § 5 I Nr. 3 GastG anzusehen sind

***c. also: materielle Voraussetzungen* (+)**

4. Spruchreife ?

= Erlass des begehrten VA nur bei abschließender bzw. gebundener Entscheidung oder Ermessensreduzierung auf null

a. abschließende bzw. gebundene Entscheidung ?

HIER (–) → nach § 5 I Nr. 3 GastG „können" Auflagen erteilt werden (vgl. Wortlaut der Norm); also ist der Behörde ein Entscheidungsspielraum hinsichtlich der Frage, ob sie tätig wird (Entschließungsermessen) und hinsichtlich der Frage, wie sie tätig wird (Auswahlermessen) eingeräumt

b. Ermessensreduzierung auf null ?

HIER (–) → es ist nicht ersichtlich, welchen Inhalt die Auflage haben muss; insoweit besteht ein Auswahlermessen; Anhaltspunkte für eine Ermessensreduzierung auf null fehlen, da es mehrere Möglichkeiten zur Beseitigung der Beeinträchtigung gibt

c. also: Spruchreife (–)

5. also: (nur) Anspruch auf sachgemäße Ermessensentscheidung durch die Behörde

II. Ergebnis:

Begründetheit der Klage teilweise (+)

C. Ergebnis:

zwar Zulässigkeit (+), aber Begründetheit der Klage nur teilweise (+); das Gericht wird mangels Spruchreife (lediglich) ein Bescheidungsurteil nach § 113 V 2 VwGO erlassen, in dem die Behörde zum Erlass eines Bescheids unter Beachtung der Rechtsauffassung des Gerichts verpflichtet wird; also Erfolg der Klage teilweise (+)

Formulierungsvorschlag Fall 23

Die Klage hat Erfolg, wenn sie zulässig und begründet ist.

A. Die Klage des N müsste zulässig sein.

I. Der Rechtsweg zum Verwaltungsgericht müsste eröffnet sein.

1. Eine gesetzliche Spezialzuweisung ist nicht ersichtlich.

2. Die Generalzuweisung des § 40 I VwGO wäre gegeben, wenn es sich bei dem Antrag des N um eine öffentlich-rechtliche Streitigkeit nichtverfassungsrechtlicher Art handelt und keine anderweitige Zuweisung vorliegt.

a. Die streitentscheidenden Normen müssten öffentlich-rechtlicher Natur sein, d.h. einen Hoheitsträger als Berechtigten oder als Verpflichteten benennen. Die Beteiligten streiten darüber, ob die Behörde zum Erlass einer Auflage zulasten eines Gasthausinhabers verpflichtet ist. Rechtsgrundlage für das Handeln der Behörde ist § 5 I Nr. 3 GastG. Das GastG ist öffentlich-rechtlicher Natur.

b. Da weder Verfassungsorgane oder ihnen gleichgestellte Personen an dem Streit beteiligt sind noch Streit über Anwendung und Auslegung von Verfassungsrecht herrscht, ist die Streitigkeit nichtverfassungsrechtlicher Art.

c. Eine Zuweisung zu einem anderen Gericht ist nicht ersichtlich.

d. Demnach sind die Voraussetzungen der Generalzuweisung des § 40 I VwGO erfüllt.

3. Der Rechtsweg zum Verwaltungsgericht ist eröffnet.

II. Statthafte Klageart könnte die Verpflichtungsklage sein, § 42 I VwGO.

Dann müsste der Kläger den Erlass eines Verwaltungsakts begehren. N will, dass S verpflichtet wird, eine neue Dunstabzugshaube zu installieren.

1. Bei der begehrten Auflage handelt es sich um die hoheitliche Maßnahme einer Behörde auf dem Gebiet des öffentlichen Rechts zur Regelung eines Einzelfalls mit unmittelbarer Außenwirkung, also um einen Verwaltungsakt im Sinne des § 35 S. 1 VwVfG.

2. Der Kläger begehrt den Erlass des Verwaltungsakts. Also ist die Verpflichtungsklage die statthafte Klageart.

III. Außerdem müssten die weiteren speziellen Voraussetzungen der Verpflichtungsklage vorliegen.

1. Zunächst müsste der Kläger klagebefugt sein, § 42 II VwGO. Er muss geltend machen, durch den Nichterlass des Verwaltungsakts in seinen Rechten verletzt zu sein.

N erstrebt keinen Verwaltungsakt, der ihn direkt begünstigt. Vielmehr begehrt er den Erlass eines Verwaltungsakts, der sich zulasten einer anderen Person auswirkt. Notwendig ist folglich eine Ermächtigungsgrundlage für die Behörde, die gleichzeitig drittschützenden Charakter hat, also eine Norm, die zum Schutz einzelner Personen gedacht ist und nicht nur zum Schutz der Allgemeinheit.

Eine Norm, die ihrem Wortlaut nach einen direkten Anspruch auf Einschreiten der Behörde begründet, ist nicht ersichtlich.

In Betracht kommt aber § 5 I Nr. 3 GastG, wenn die Norm ein subjektiv-öffentliches Recht für Nachbarn beinhaltet. Dies ist der Fall, wenn der Wortlaut der Norm den geschützten Personenkreis gegenüber der Allgemeinheit eingrenzt. § 5 I Nr. 3 GastG erfüllt die Voraussetzung. Die genannte Norm spricht insbesondere die Nachbarschaft an. Der Kläger N fällt unter diesen Personenkreis.

Es ist also eine Verletzung des subjektiv-öffentlichen Rechts aus § 5 I Nr. 3 GastG denkbar. Folglich ist N klagebefugt.

2. N hat zwar das nach § 68 II i.V.m. I 1 VwGO an sich erforderliche Vorverfahren nicht (erfolglos) durchgeführt. In Nordrhein-Westfalen bedarf es aber vor der

Erhebung einer Verpflichtungsklage grundsätzlich nicht der Nachprüfung in einem Vorverfahren, § 110 I 2 i.V.m. 1 JustG NRW.

3. Von der Einhaltung der Klagefrist (hier § 74 II i.V.m. I 2 VwGO) ist auszugehen.

4. Richtiger Klagegegner ist die Körperschaft, deren Behörde den begehrten Verwaltungsakt erlassen soll (§ 78 I Nr. 1 VwGO), also die Stadt Bochum.

5. Demnach liegen die speziellen Voraussetzungen der Verpflichtungsklage vor.

IV. Am Vorliegen der sonstigen Voraussetzungen bestehen keine Zweifel.

V. Also ist die Klage zulässig.

B. Die Klage müsste auch begründet sein.

Begründet ist eine Verpflichtungsklage, wenn die Ablehnung oder Unterlassung des Verwaltungsakts rechtswidrig, der Kläger in seinen Rechten verletzt und die Sache spruchreif ist, § 113 V VwGO.

I. Dies ist der Fall, wenn der Kläger einen Anspruch auf Erlass des begehrten Verwaltungsakts hat.

1. Als Anspruchsgrundlage kommt § 5 I Nr. 3 GastG in Betracht.

2. Am Vorliegen der formellen Anspruchsvoraussetzungen bestehen keine Zweifel. Insbesondere hat N den erforderlichen Antrag bei der zuständigen Behörde gestellt.

3. In materieller Hinsicht müssten die Voraussetzungen des § 5 I Nr. 3 GastG erfüllt sein.

a. S bedarf einer Erlaubnis zum Betrieb des Gasthauses gemäß §§ 1 und 2 GastG.

b. Außerdem müsste sich durch das Handeln des S eine Belästigung für die Bewohner der Nachbargrundstücke ergeben haben. Eine Belästigung ist bei einer erheblichen Beeinträchtigung des körperlichen Wohlbefindens unterhalb der Gesundheitsschädlichkeit anzunehmen. Die Erheblichkeit hängt von den örtlichen, zeitlichen und sonstigen Umständen des Einzelfalls ab. Es ist zwar unklar, ob die Geruchsbelästigung ursprünglich so gravierend gewesen ist, dass eine Auflage nach § 5 GastG gerechtfertigt gewesen wäre. Maßgeblicher Zeitpunkt für die Rechts- und Tatsachenlage ist aber bei der Verpflichtungsklage nicht der Erlass des ablehnenden Verwaltungsakts, sondern der Zeitpunkt der letzten mündlichen Verhandlung vor dem Verwaltungsgericht. Zu diesem Zeitpunkt waren die Geruchsimmissionen so weit angestiegen, dass sie als erhebliche Belästigung im Sinne von § 5 I Nr. 3 GastG anzusehen sind.

c. Demnach liegen die materiellen Voraussetzungen vor.

4. Fraglich ist jedoch, ob das Gericht dem Klageantrag auf Erlass des begehrten Verwaltungsakts dergestalt, dass eine Dunstabzugshaube installiert werden muss, stattgeben kann. Dann müsste die Sache spruchreif sein.

a. Spruchreif ist die Sache insbesondere, wenn die anspruchsbegründende Norm eine abschließende bzw. gebundene Rechtsfolge vorsieht.

Nach § 5 I Nr. 3 GastG können Auflagen erteilt werden. Die Norm sieht demnach keine abschließende bzw. gebundene Rechtsfolge vor.

b. Eine Spruchreife läge auch vor, wenn das durch die Norm eingeräumte Ermessen auf null reduziert wäre.

Es ist jedoch nicht ersichtlich, welchen Inhalt die Auflage haben muss, denn laut Vorschlag des Sachverständigen sind unterschiedliche Maßnahmen möglich. Insoweit besteht ein Auswahlermessen der Behörde. Anhaltspunkte für eine Ermessensreduzierung auf null fehlen.

c. Also ist die Sache nicht spruchreif.

5. Der Kläger hat somit keinen Anspruch auf Erlass des begehrten Verwaltungsakts, sondern nur einen Anspruch auf sachgemäße Ermessensentscheidung durch die Behörde.

II. Die Klage ist damit nur teilweise begründet.

C. Die Klage ist zwar zulässig, aber nur teilweise begründet. Das Gericht wird mangels Spruchreife ein Bescheidungsurteil nach § 113 V 2 VwGO erlassen, in dem die Behörde zum Erlass eines Bescheids unter Beachtung der Rechtsauffassung des Gerichts verpflichtet wird. Die Klage hat also teilweise Erfolg.

Fazit

1. Schwerpunkt der Klausur war die Feststellung der ***Klagebefugnis***.

Bei Verpflichtungsklagen ist die Suche nach einem ***subjektiv-öffentlichen Recht*** schwieriger als bei der Anfechtungsklage, wo überwiegend auf die Adressatentheorie zurückgegriffen werden kann. Eine Ausnahme bildet bei der Anfechtungsklage allerdings die sogenannte ***Drittwiderspruchsklage***.

Dort ist das subjektiv-öffentliche Recht wie bei der Verpflichtungsklage, also in der hier erörterten Weise zu prüfen. Denn der Kläger ist in diesen Fällen nicht ***Adressat*** eines VA. Der Kläger will vielmehr einen VA, der einen Dritten begünstigt, abwenden. Auf einen solchen Fall passt die ***Adressatentheorie*** nicht.

Die Verpflichtungsklage löst das Problem „Klagebefugnis“ mittels der sogenannten ***Möglichkeitstheorie***. Nach dieser Theorie gilt: Sobald eine Rechtsverletzung des Klägers durch den möglicherweise rechtswidrigen Verwaltungsakt nicht völlig auszuschließen ist, ist der Kläger nach § 42 II VwGO klagebefugt. Die schwammige Definition bringt euch leider nicht immer weiter, lässt aber Raum für entferntere Anspruchsnormen und rettet über die Zulässigkeit.

2. Im vorigen einleitenden Fall zur Verpflichtungsklage war die Bestimmung des subjektiv-öffentlichen Rechts noch leicht, weil dort dem Wortlaut des § 1 GewO („Der Betrieb eines Gewerbes ist jedermann gestattet, soweit nicht ...“) zu entnehmen war, dass es sich um eine Anspruchsgrundlage und damit um eine gängige Norm handelt, die ihr schon einmal kennengelernt haben könntet.

3. Im vorliegenden Fall bedarf es schon der Auslegung, ob ein subjektiv-öffentliches Recht vorliegt.

Ist ein ***eingrenzbarer Personenkreis*** in der Norm genannt, so haben diese Personen zumindest die Klagebefugnis.

Denkbar ist auch, dass die Norm nur ihrem Zweck nach auch dem Individualschutz dienen soll. Dann liegt ebenfalls ein subjektiv-öffentliches Recht vor.

4. Und noch einmal zum ***Vorverfahren***. In vielen Bundesländern ist vor der Erhebung von Anfechtungs- und Verpflichtungsklage (erfolglos) ein Widerspruchsverfahren durchzuführen. Das ergibt sich aus § 68 I VwGO.

Aber es gibt auch Bundesländer, in denen der Betroffene im Regelfall kein Widerspruchsverfahren durchführen muss.

In ***Nordrhein-Westfalen*** bedarf es gemäß ***§ 110 I JustG NRW*** (Justizgesetz / gültig ab Anfang 2011) bzw. ***§ 6 AG VwGO NW*** (Ausführungsgesetz zur VwGO / gültig bis Ende 2010) der Nachprüfung in einem Vorverfahren – derzeit „befristet" bis zum 31.12.2014 – entgegen § 68 I 1 VwGO grundsätzlich nicht vor der Erhebung der Anfechtungs- und der Verpflichtungsklage. Lest aber auch § 110 II und III und zuletzt IV JustG NRW (früher § 6 II, III und IV AG VwGO NW).

In ***Niedersachsen*** findet sich in ***§ 8 a I und II Nds. AG VwGO*** eine fast gleichlautende, inhaltlich übereinstimmende Regelung. Auch hier ist die Entbehrlichkeit des Vorverfahrens – mittlerweile nicht mehr zeitlich begrenzt – normiert. Lest bitte ergänzend § 8 a III und IV Nds. AG VwGO.

In ***Bayern*** formuliert der Gesetzgeber anders. Nach ***Art. 15 I BayAGVwGO*** „kann" der Betroffene in bestimmten Fällen (Ausnahmen) Widerspruch einlegen oder Klage erheben. Der folgende ***Art. 15 II BayAGVwGO*** (Regelfall) normiert, dass das Vorverfahren in allen anderen Konstellationen entfällt.

Recherchiert bitte aktuell in eurem Bundesland.

Aber: Wenn nach dem euch betreffenden Landesrecht (doch oder in NRW vielleicht ab Anfang 2015 wieder) ein Vorverfahren durchgeführt werden muss, könnt ihr – wenn das Vorverfahren keine Probleme aufweist – üblicherweise kurz und knapp wie folgt formulieren: „XY hat auch das erforderliche Vorverfahren (§§ 68 ff VwGO) erfolglos durchgeführt." So einfach kann Jura sein.

5. Üblicherweise ist der ***richtige Klagegegner*** gemäß § ***78 I Nr. 1 VwGO*** (insbesondere) die ***Körperschaft***, deren Behörde den angefochtenen VA erlassen hat. Hier war das die Stadt Bochum.

Aber: In einigen Bundesländern ist ***§ 78 I Nr. 2 VwGO*** zu beachten. Danach ist die Klage gegen die ***Behörde*** selbst zu richten, wenn das Landesrecht dies bestimmt. So etwa in ***Brandenburg*** (vgl. § 8 II BbgVwGG = Brandenburgisches Verwaltungsgerichtsgesetz), in ***Mecklenburg-Vorpommern*** (§ 14 II GOrgG) und im ***Saarland*** (§ 19 II AG VwGO). Früher – bis Ende 2010 – gab es auch in Nordrhein-Westfalen eine entsprechende Norm, nämlich § 5 II AG VwGO NW. Seit Anfang 2011 gilt aber das JustG NRW (s.o.), das eine entsprechende Regelung nicht (mehr) enthält.

Fall 24

A betreibt eine Schlosserei in Dortmund (Nordrhein-Westfalen). In der Nähe betreibt B ein Eisenwarengeschäft. A weiß aus sicherer Quelle, dass B nicht nur im Verkauf tätig ist, sondern auch Schlosserarbeiten vornimmt. Dies ist ihm jedoch nur gestattet, wenn er als Schlosser in die Handwerksrolle eingetragen wäre. Daher informiert A die zuständige Handwerkskammer, um eine Untersagung der Tätigkeiten des B zu erreichen. Die Handwerkskammer leitet aber keine weiteren Schritte ein. A sieht den guten Ruf des Handwerks in Gefahr. Außerdem fühlt er sich im Wettbewerb benachteiligt, weil er durch die Pflichtmitgliedschaft in der Handwerkskammer zusätzliche Kosten und Verpflichtungen hat, die er auf seine Preise umlegen muss. Nachdem er in einer einschlägigen Gesetzessammlung § 16 III Handwerksordnung (HwO) gelesen hat, stellt er bei der zuständigen Ordnungsbehörde den Antrag, dem B die Fortsetzung des Betriebes zu untersagen. Die Ordnungsbehörde lehnt den Antrag ab. A erhebt Klage vor dem Verwaltungsgericht.

Frage: Ist die Klage zulässig ?

Hinweis: Geht davon aus, dass das Schlosserhandwerk tatsächlich ein Handwerk im Sinne des § 1 HwO bzw. der Anlage A zur HwO ist.

Lösungsskizze Fall 24

- Zulässigkeit der Klage

I. Rechtsweg zum Verwaltungsgericht ?

1. Spezialzuweisung vorhanden ?

HIER (−) → insbesondere keine Zuweisung zum Verwaltungsgericht nach § 12 HwO, weil es nicht um die Entscheidung über die Eintragung in die Handwerksrolle geht, sondern um eine Ordnungsverfügung

2. Generalzuweisung des § 40 I VwGO ?

= öffentlich-rechtliche Streitigkeit nichtverfassungsrechtlicher Art und keine abdrängende Zuweisung

(Vorüberlegung: Worum geht es im Kern? Die Prozessbeteiligten streiten darüber, ob die Ordnungsbehörde zum Erlass einer Untersagungsverfügung verpflichtet ist.***)***

a. öffentlich-rechtliche Streitigkeit ?

= die streitentscheidenden Normen müssen öffentlich-rechtlicher Natur sein, d.h. einen Hoheitsträger als Berechtigten oder Verpflichteten benennen

HIER (+) → die streitentscheidende Norm ist der HwO zu entnehmen; die Behörde ist in § 16 III 1 HwO als Berechtigte bzw. Verpflichtete benannt

b. nichtverfassungsrechtlicher Art ?

HIER (+) → weder Beteiligung von Verfassungsorganen oder ihnen gleichgestellten Personen an dem Streit noch Streit über Anwendung und Auslegung von Verfassungsrecht

c. keine Zuweisung zu einem anderen Gericht ?

HIER (+) → anderweitige Zuweisung nicht ersichtlich

***d. also: Generalzuweisung des § 40 I VwGO* (+)**

***3. also: Rechtsweg zum Verwaltungsgericht* (+)**

II. Statthafte Klageart = Verpflichtungsklage, § 42 I VwGO ?

= Kläger begehrt Erlass eines Verwaltungsakts (VA)

*(**Vorüberlegung:*** Was will der Kläger? Er will die Aufsichtsbehörde veranlassen, dem B die Fortsetzung seines Betriebes zu untersagen. Dies kann er möglicherweise mit einer Verpflichtungsklage gemäß § 42 I VwGO erreichen. Die Verpflichtungsklage ist die statthafte Klageart, wenn der Betroffene den Erlass eines VA begehrt.*)*

1. Verwaltungsakt gemäß § 35 S. 1 VwVfG ?

HIER (+) → hoheitliche Maßnahme einer Behörde auf dem Gebiet des öffentlichen Rechts zur Regelung eines Einzelfalls mit unmittelbarer Außenwirkung

***2. also: Kläger begehrt den Erlass des VA → Verpflichtungsklage* (+)**

III. Spezielle Voraussetzungen der Verpflichtungsklage ?

1. Klagebefugnis, § 42 II VwGO ?

= Kläger muss geltend machen, in einem subjektiv-öffentlichen Recht verletzt zu sein, wenn der VA nicht erlassen wird

HIER (–) → A erstrebt keinen VA, der ihn direkt begünstigt; vielmehr begehrt er den Erlass eines VA, der sich zulasten einer anderen Person auswirkt; notwendig ist folglich eine Ermächtigungsgrundlage für die Behörde, die gleichzeitig drittschützenden Charakter hat, also eine Norm, die zum Schutz einzelner Personen gedacht ist und nicht nur zum Schutz der Allgemeinheit;

eine Norm, die ihrem Wortlaut nach einen direkter Anspruch auf Einschreiten der Behörde begründet, ist nicht ersichtlich;

§ 16 III HwO kommt als anspruchsbegründende Norm nicht in Betracht; die Norm regelt die Möglichkeit der Aufsichtsbehörde, bei Verstößen gegen § 1 HwO einzuschreiten; hierzu zählt auch das Ausüben eines Handwerks ohne Eintragung in der Handwerksrolle; ein Antragsrecht einzelner Handwerker ist dort aber nicht geregelt; wenn die Norm auch den einzelnen Handwerker schützt, so handelt es sich hierbei lediglich um einen Rechtsreflex;

auch Art. 14 GG scheidet als subjektiv-öffentliches Recht aus; Grundrechte sind zwar grundsätzlich subjektiv-öffentliche Rechte; A macht aber geltend, seine Gewinnaussichten würden verschlechtert, weil der „gute Ruf" des Handwerks durch B, dem eine entsprechende handwerkliche Qualifikation fehle, leiden könnte und sich hieraus Gewinneinbußen ergeben könnten; dem ist jedoch entgegenzuhalten, dass die Eigentumsgarantie des Art. 14 GG lediglich eine Bestandsgarantie ist; sie schützt dagegen nicht bloße Gewinnaussichten;

Art. 2 I GG kommt als anspruchsbegründende Norm ebenfalls nicht in Betracht; A fühlt sich im Wettbewerb mit B benachteiligt, weil er zusätzliche Kosten wegen des Mitgliedsbeitrags bei der Handwerkskammer und auch andere Kosten tragen muss; zwar gewährt Art. 2 I GG grundsätzlich Schutz vor faktischen Beeinträchtigungen im Wirtschaftsverkehr, die auch durch ein Unterlassen hervorgerufen werden können; die Beeinträchtigung muss aber von erheblichem Gewicht sein; bei der vorliegenden finanziellen Belastung kann hiervon aber keine Rede sein

***2. also: spezielle Voraussetzungen der Verpflichtungsklage* (–)**

IV. Ergebnis:
Zulässigkeit der Klage (–)

Formulierungsvorschlag Fall 24

Die Klage des A müsste zulässig sein.

I. Der Rechtsweg zum Verwaltungsgericht müsste eröffnet sein.

1. Eine gesetzliche Spezialzuweisung ist nicht ersichtlich. Insbesondere ist keine Zuweisung zum Verwaltungsgericht nach § 12 HwO gegeben, weil es nicht um die Entscheidung über die Eintragung in die Handwerksrolle geht, sondern um eine Ordnungsverfügung.

2. Die Generalzuweisung des § 40 I VwGO wäre gegeben, wenn es sich bei dem Antrag des A um eine öffentlich-rechtliche Streitigkeit nichtverfassungsrechtlicher Art handelt und keine anderweitige Zuweisung vorliegt.

a. Die streitentscheidenden Normen müssten öffentlich-rechtlicher Natur sein, d.h. einen Hoheitsträger als Berechtigten oder als Verpflichteten benennen. Die Beteiligten streiten darüber, ob die Behörde zum Erlass einer Untersagungsverfügung zulasten einer anderen Person verpflichtet ist. Rechtsgrundlage für das Handeln der Behörde ist § 16 III 1 HwO. Die HwO ist öffentlich-rechtlicher Natur.

b. Da weder Verfassungsorgane oder ihnen gleichgestellte Personen an dem Streit beteiligt sind noch Streit über Anwendung und Auslegung von Verfassungsrecht herrscht, ist die Streitigkeit nichtverfassungsrechtlicher Art.

c. Eine Zuweisung zu einem anderen Gericht ist nicht ersichtlich.

d. Demnach sind die Voraussetzungen der Generalzuweisung des § 40 I VwGO erfüllt.

3. Der Rechtsweg zum Verwaltungsgericht ist eröffnet.

II. Statthafte Klageart könnte die Verpflichtungsklage sein, § 42 I VwGO.

Dann müsste der Kläger den Erlass eines Verwaltungsakts begehren. A will, dass dem B die Fortführung seines Betriebs untersagt wird.

1. Bei der begehrten Untersagungsverfügung handelt es sich um die hoheitliche Maßnahme einer Behörde auf dem Gebiet des öffentlichen Rechts zur Regelung eines Einzelfalls mit unmittelbarer Außenwirkung, also um einen Verwaltungsakt im Sinne des § 35 S. 1 VwVfG.

2. Der Kläger begehrt den Erlass des Verwaltungsakts. Also ist die Verpflichtungsklage die statthafte Klageart.

III. Außerdem müssten die weiteren speziellen Voraussetzungen der Verpflichtungsklage vorliegen.

1. Zunächst müsste A klagebefugt sein, § 42 II VwGO. Er muss geltend machen, durch den Ablehnung des Verwaltungsakts in einem subjektiv-öffentlichen Recht verletzt zu sein.

A erstrebt keinen Verwaltungsakt, der ihn direkt begünstigt. Vielmehr begehrt er den Erlass eines Verwaltungsakts, der sich zulasten einer anderen Person auswirkt. Notwendig ist folglich eine Ermächtigungsgrundlage für die Behörde, die gleichzeitig drittschützenden Charakter hat, also eine Norm, die zum Schutz einzelner Personen gedacht ist und nicht nur zum Schutz der Allgemeinheit.

Eine Norm, die ihrem Wortlaut nach einen direkter Anspruch auf Einschreiten der Behörde begründet, ist nicht ersichtlich.

In Betracht kommt § 16 III HwO. Die Norm regelt die Möglichkeit der Aufsichtsbehörde, bei Verstößen gegen § 1 HwO einzuschreiten. Hierzu zählt auch das Ausüben eines Handwerks ohne Eintragung in der Handwerksrolle. Ein Antragsrecht einzelner Handwerker ist dort aber nicht geregelt. Zwar mag die Norm auch den einzelnen Handwerker schützen, dies ist jedoch lediglich ein Rechtsreflex, also nicht die primär gewollte Rechtsfolge. Die Norm begründet deshalb noch kein Antragsrecht des Handwerkers.

Ein subjektiv-öffentliches Recht könnte sich aber aus einem Grundrecht ergeben. Grundrechte sind grundsätzlich subjektiv-öffentliche Rechte. In Betracht kommt Art. 14 I GG. A macht geltend, seine Gewinnaussichten würden verschlechtert, weil der „gute Ruf“ des Handwerks durch B, dem eine entsprechende handwerkliche Qualifikation fehle, leiden könnte und sich hieraus Gewinneinbußen ergeben könnten. Dem ist jedoch entgegenzuhalten, dass die Eigentumsgarantie eine Bestandsgarantie ist. Sie schützt dagegen nicht bloße Gewinnaussichten.

In Betracht kommt ferner Art. 2 I GG. A fühlt sich im Wettbewerb mit B benachteiligt, weil er zusätzliche Kosten wegen des Mitgliedsbeitrags bei der Handwerkskammer und auch andere Kosten tragen muss. Art. 2 I GG gewährt grundsätzlich Schutz vor faktischen Beeinträchtigungen im Wirtschaftsverkehr, die auch durch ein Unterlassen hervorgerufen werden können. Die Beeinträchtigung muss aber von erheblichem Gewicht sein. Bei der vorliegenden finanziellen Belastung kann hiervon aber keine Rede sein.

Es ist also keine Verletzung eines subjektiv-öffentlichen Rechts ersichtlich. A ist folglich nicht klagebefugt.

2. Demnach liegen die speziellen Voraussetzungen der Verpflichtungsklage nicht vor.

IV. Also ist die Klage nicht zulässig.

Fazit

1. Hier habt ihr einen weiteren Fall kennengelernt, der sich mit dem subjektiv-öffentlichen Recht befasst. Diesmal ging und geht es schwerpunktmäßig um ***Grundrechte***. Im Rahmen der Prüfung der Klagebefugnis sind Grundrechte häufig der letzte Rettungsanker. Aber ihr könnt die Klagebefugnis – wie der Fall zeigt – nicht immer über Grundrechte „retten“.

2. Wenn ihr im Ergebnis zu einer Unzulässigkeit der Klage kommt, müsst ihr im Klausurernstfall ein ***Hilfsgutachten*** bezüglich der Begründetheit schreiben. Das steht in aller Regel ausdrücklich in der Aufgabenstellung am Ende des Sachverhalts. Fehlt ein solcher Hinweis, dann besteht eine hohe Wahrscheinlichkeit, dass der Aufgabensteller die Klage für zulässig hält. Solltet ihr dennoch zu einem anderen Ergebnis gelangen, steht es in eurem eigenen Interesse, auch zur Begründetheit Stellung zu nehmen. Denn sonst klappt's nicht mit dem Prüfer. Oje oje.

Fall 25

A will eine Speisewirtschaft in Heidelberg (Baden-Württemberg) betreiben. Einen entsprechenden Antrag stellt er bei der hierfür zuständigen Ordnungsbehörde. Nach einem halben Jahr liegt immer noch keine Reaktion der Behörde vor. Auf eine erneute Anfrage des A weist die Ordnungsbehörde darauf hin, dass der zuständige Sachbearbeiter derzeit überlastet sei. A fragt seinen Rechtsanwalt, was er tun könne, um das Verfahren zu beschleunigen. Dieser rät ihm zur Klage.

Frage: Ist die Klage zulässig ?

Lösungsskizze Fall 25

- Zulässigkeit der Klage

I. Rechtsweg zum Verwaltungsgericht ?

1. Spezialzuweisung vorhanden ? **(–)**

2. Generalzuweisung des § 40 I VwGO ?
= öffentlich-rechtliche Streitigkeit nichtverfassungsrechtlicher Art und keine abdrängende Zuweisung

*(**Vorüberlegung:*** Worum geht es im Kern? Die Prozessbeteiligten streiten darüber, ob die Ordnungsbehörde eine Erlaubnis zum Betrieb einer Speisewirtschaft erteilen muss.*)*

a. öffentlich-rechtliche Streitigkeit ?
= die streitentscheidenden Normen müssen öffentlich-rechtlicher Natur sein, d.h. einen Hoheitsträger als Berechtigten oder Verpflichteten benennen

HIER (+) → die streitentscheidende Norm ist dem GastG zu entnehmen; die Behörde ist in § 2 I GastG als Berechtigte bzw. Verpflichtete benannt

b. nichtverfassungsrechtlicher Art ?

HIER (+) → weder Beteiligung von Verfassungsorganen oder ihnen gleichgestellten Personen an dem Streit noch Streit über Anwendung und Auslegung von Verfassungsrecht

c. keine Zuweisung zu einem anderen Gericht ?

HIER (+) → anderweitige Zuweisung nicht ersichtlich

d. also: Generalzuweisung des § 40 I VwGO **(+)**

3. also: Rechtsweg zum Verwaltungsgericht **(+)**

II. Statthafte Klageart = Verpflichtungsklage, § 42 I VwGO ?

= Kläger begehrt Erlass eines Verwaltungsakts (VA)

(Vorüberlegung: Was will der Kläger? Er will eine Speisewirtschaft betreiben. Hierfür benötigt er eine Erlaubnis nach § 2 I GastG. Er will die Behörde veranlassen, ihm die Erlaubnis zu erteilen. Dies kann er möglicherweise mit einer Verpflichtungsklage gemäß § 42 I VwGO erreichen. Die Verpflichtungsklage ist die statthafte Klageart, wenn der Betroffene den Erlass eines VA begehrt.*)*

1. Verwaltungsakt gemäß § 35 S. 1 VwVfG ?

HIER (+) → hoheitliche Maßnahme einer Behörde auf dem Gebiet des öffentlichen Rechts zur Regelung eines Einzelfalls mit unmittelbarer Außenwirkung

2. also: Kläger begehrt den Erlass des VA → Verpflichtungsklage (+)

III. Spezielle Voraussetzungen der Verpflichtungsklage ?

1. Klagebefugnis, § 42 II VwGO ?

= Kläger muss geltend machen, in einem subjektiv-öffentlichen Recht verletzt zu sein, wenn der VA nicht erlassen wird

HIER (+) → das subjektiv-öffentliche Recht ergibt sich aus der Gewerbefreiheit, § 1 GewO

2. (Erfolgloses) Vorverfahren, §§ 68 ff VwGO ?

a. Durchführung des Vorverfahrens ?

HIER (–) → ein Vorverfahren ist überhaupt nicht durchgeführt worden

b. Entbehrlichkeit des Vorverfahrens, § 75 S. 1 und 2 VwGO (Untätigkeitsklage) ?

HIER (+) → über den Antrag auf Erlaubnis ist seit mehr als sechs Monaten nicht entschieden worden; die Behörde hat ohne zureichenden Grund sachlich nicht entschieden; die vorübergehende Überlastung des einzelnen Sachbearbeiters stellt keinen solchen Grund dar; In derartigen Fällen hat die Verwaltung für eine interne Lösung zu sorgen

c. also: Entbehrlichkeit des Vorverfahrens (+)

3. Einhaltung der Klagefrist, § 75 S. 2 VwGO ?

= (hier) Klageerhebung nicht vor Ablauf von drei Monaten seit dem Antrag auf Vornahme des VA

HIER (+) → es sind mehr als sechs Monate vergangen

4. Richtiger Klagegegner, § 78 VwGO ?

HIER (+) → gemäß § 78 I Nr. 1 VwGO die Körperschaft, deren Behörde den begehrten VA erlassen soll, also die Stadt Heidelberg

5. also: spezielle Voraussetzungen der Verpflichtungsklage (+)

IV. Sonstige Zulässigkeitsvoraussetzungen ? **(+)**

V. Ergebnis:
Zulässigkeit der Klage (+)

Formulierungsvorschlag Fall 25

Die Klage des A müsste zulässig sein.

I. Der Rechtsweg zum Verwaltungsgericht müsste eröffnet sein.

1. Eine gesetzliche Spezialzuweisung ist nicht ersichtlich.

2. Die Generalzuweisung des § 40 I VwGO wäre gegeben, wenn es sich bei dem Antrag des A um eine öffentlich-rechtliche Streitigkeit nichtverfassungsrechtlicher Art handelt und keine anderweitige Zuweisung vorliegt.

a. Die streitentscheidenden Normen müssten öffentlich-rechtlicher Natur sein, d.h. einen Hoheitsträger als Berechtigten oder als Verpflichteten benennen. Die Beteiligten streiten darüber, ob die Behörde eine Erlaubnis zum Betrieb einer Speisewirtschaft erlassen muss. Rechtsgrundlage für das Handeln der Behörde ist § 2 I GastG. Das GastG ist öffentlich-rechtlicher Natur.

b. Da weder Verfassungsorgane oder ihnen gleichgestellte Personen an dem Streit beteiligt sind noch Streit über Anwendung und Auslegung von Verfassungsrecht herrscht, ist die Streitigkeit nichtverfassungsrechtlicher Art.

c. Eine Zuweisung zu einem anderen Gericht ist nicht ersichtlich.

d. Demnach sind die Voraussetzungen der Generalzuweisung des § 40 I VwGO erfüllt.

3. Der Rechtsweg zum Verwaltungsgericht ist eröffnet.

II. Statthafte Klageart könnte die Verpflichtungsklage sein, § 42 I VwGO.

Dann müsste der Kläger den Erlass eines Verwaltungsakts begehren. A will eine Speisewirtschaft betreiben. Hierfür benötigt er eine Erlaubnis nach § 2 I GastG. Er will die Behörde veranlassen, ihm die Erlaubnis zu erteilen.

1. Bei der begehrten Erlaubnis handelt es sich um die hoheitliche Maßnahme einer Behörde auf dem Gebiet des öffentlichen Rechts zur Regelung eines Einzelfalls mit unmittelbarer Außenwirkung, also um einen Verwaltungsakt im Sinne des § 35 S. 1 VwVfG.

2. Der Kläger begehrt den Erlass des Verwaltungsakts. Also ist die Verpflichtungsklage die statthafte Klageart.

III. Außerdem müssten die weiteren speziellen Voraussetzungen der Verpflichtungsklage vorliegen.

1. Zunächst müsste der Kläger klagebefugt sein, § 42 II VwGO. Er muss geltend machen, durch den Nichterlass des Verwaltungsakts in seinen Rechten verletzt zu sein. Ein subjektiv-öffentliches Recht und damit die Möglichkeit der Verletzung desselben ergibt sich aus der Gewerbefreiheit. Folglich ist A klagebefugt.

2. Voraussetzung für die Zulässigkeit der Verpflichtungsklage ist ferner die Durchführung des Vorverfahrens (§§ 68 ff VwGO).

a. Ein Vorverfahren ist nicht durchgeführt worden.

b. Das Vorverfahren könnte jedoch unter den Voraussetzungen des § 75 S. 1 und 2 VwGO (sogenannte Untätigkeitsklage) entbehrlich sein. Über den Antrag auf Erlaubnis ist seit mehr als sechs Monaten nicht entschieden worden. Die Behörde müsste ohne zureichenden Grund sachlich nicht entschieden haben. Die vorübergehende Überlastung des einzelnen Sachbearbeiters stellt keinen solchen Grund dar. In derartigen Fällen hat die Verwaltung für eine interne Lösung zu sorgen.

c. Die Durchführung des Vorverfahrens war also entbehrlich.

3. Allerdings darf die Klage nicht vor Ablauf von drei Monaten seit dem Antrag auf Vornahme des Verwaltungsakts erhoben werden, § 75 S. 2 VwGO. Seit dem betreffenden Antrag sind mehr als sechs Monate vergangen. A darf demnach Klage erheben.

4. Richtiger Klagegegner ist die Körperschaft, deren Behörde den begehrten Verwaltungsakt erlassen soll (§ 78 I Nr. 1 VwGO), also die Stadt Heidelberg.

5. Demnach liegen die speziellen Voraussetzungen der Verpflichtungsklage vor.

IV. Am Vorliegen der sonstigen Voraussetzungen bestehen keine Zweifel.

V. Also ist die (zu erhebende) Klage zulässig.

Fazit

1. Jetzt habt ihr die ***Untätigkeitsklage*** kennengelernt. Sie ist keine selbstständige Klageart. Vielmehr wird durch sie nur die Durchführung eines Vorverfahrens entbehrlich. Anwendbar ist § 75 VwGO bei Widersprüchen oder bei Anträgen auf Vornahme eines VA, also bei Anfechtungs- und Verpflichtungsklagen.

2. Sicherlich ganz ohne Risiko – weil nicht mit Kosten verbunden – ist eine ***Dienst- oder Fachaufsichtsbeschwerde***. Aber wenn die Behörde nicht will, dann besteht keine Möglichkeit, sie mit diesem Instrument zu etwas zu zwingen. Nicht ohne Grund heißt es zur Beschwerde: „fristlos, formlos, fruchtlos".

3. Und noch einmal zum Vorverfahren. In vielen Bundesländern ist vor der Erhebung von Anfechtungs- und Verpflichtungsklage (erfolglos) ein Widerspruchsverfahren durchzuführen. Das ergibt sich aus § 68 I VwGO. So war das auch in diesem Fall.

Aber es gibt Bundesländer, in denen der Betroffene im Regelfall kein Widerspruchsverfahren durchführen muss. Solltet ihr Klausuren in den folgenden Bundesländern schreiben, gelten andere Regeln:

In ***Nordrhein-Westfalen*** ist ***§ 110 I 1 und 2 JustG NRW*** (davor inhaltlich gleich: § 6 I 1 und 2 AG VwGO NW) zu beachten.

In ***Niedersachsen*** findet sich in ***§ 8 a I und II Nds. AG VwGO*** eine mit NRW inhaltlich übereinstimmende Regelung.

In ***Bayern*** ist immer an ***Art. 15 I BayAGVwGO*** und ***Art. 15 II BayAGVwGO*** (Regelfall) zu denken.

Macht euch aktuell schlau.

Fall 26

S betreibt einen kleinen bäuerlichen Betrieb in Nordrhein-Westfalen. Der nordrhein-westfälische Landtag hatte im Haushaltsgesetz für das laufende Haushaltsjahr ein Programm zur „Förderung der Bauernschaft in strukturarmen Regionen" beschlossen und im Haushaltsplan entsprechende Mittel bereitgestellt. Die Voraussetzungen für die Vergabe zinsgünstiger Darlehen sind in einer ministeriellen Richtlinie geregelt und veröffentlicht. Die Abwicklungsmodalitäten sind zivilrechtlich. S glaubt zu Recht, die Kriterien zu erfüllen und beantragt ein Darlehen. Die nach § 20 der Vergaberichtlinie zuständige Kreisbehörde lehnt den Antrag jedoch mit der zutreffenden Begründung ab, die für dieses Projekt zur Verfügung stehenden Mittel seien bereits vergeben. Daraufhin erhebt S Klage vor dem Verwaltungsgericht.

Frage: Hat die Klage Erfolg ?

Lösungsskizze Fall 26

Die Klage hat Erfolg, wenn sie zulässig und begründet ist.

A. Zulässigkeit der Klage

I. Rechtsweg zum Verwaltungsgericht ?

1. Spezialzuweisung vorhanden ? (–)

2. Generalzuweisung des § 40 I VwGO ?
= öffentlich-rechtliche Streitigkeit nichtverfassungsrechtlicher Art und keine abdrängende Zuweisung

(Vorüberlegung: Worum geht es im Kern? Die Prozessbeteiligten streiten darüber, ob die Behörde verpflichtet ist, dem S ein Darlehen zu bewilligen.***)***

a. öffentlich-rechtliche Streitigkeit ?

HIER (+) → bei der Frage, ob dem Haushaltsrecht streitentscheidende Normen zu entnehmen sind, kommt es auf den Sachzusammenhang an; im Subventionsrecht gilt die sog. Zwei-Stufen-Theorie; während das „Ob" der Vergabe, also die Frage, ob eine Subvention überhaupt zuzuteilen ist, immer öffentlich-rechtlich geregelt ist, kann das „Wie" der Vergabe, also die Auszahlungsmodalitäten, auch zivilrechtlich geregelt sein (z.B. als Darlehen); hier geht es lediglich um das „Ob" der Auszahlung

b. nichtverfassungsrechtlicher Art ?

HIER (+) → weder Beteiligung von Verfassungsorganen oder ihnen gleichgestellten Personen an dem Streit noch Streit über Anwendung und Auslegung von Verfassungsrecht

c. keine Zuweisung zu einem anderen Gericht ?

HIER (+) → anderweitige Zuweisung nicht ersichtlich

d. also: Generalzuweisung des § 40 I VwGO (+)

3. also: Rechtsweg zum Verwaltungsgericht (+)

II. Statthafte Klageart = Verpflichtungsklage, § 42 I VwGO ?

= Kläger begehrt Erlass eines Verwaltungsakts (VA)

(***Vorüberlegung:*** Was will der Kläger? Er will ein Darlehen des Landes. Hierzu benötigt er einen Bewilligungsbescheid der zuständigen Behörde. Sein Ziel kann der Kläger möglicherweise mit einer Verpflichtungsklage gemäß § 42 I VwGO erreichen. Die Verpflichtungsklage ist die statthafte Klageart, wenn der Betroffene den Erlass eines VA begehrt.)

1. Verwaltungsakt gemäß § 35 S. 1 VwVfG ?

= hoheitliche Maßnahme einer Behörde auf dem Gebiet des öffentlichen Rechts zur Regelung eines Einzelfalls mit Außenwirkung

a. hoheitliche Maßnahme einer Behörde ? (+)

b. auf dem Gebiet des öffentlichen Rechts ? (+)

c. zur Regelung ?

= Maßnahme ist auf das Setzen einer Rechtsfolge gerichtet

HIER (+) → es geht nicht um die Auszahlung, sondern um die grundsätzliche Entscheidung, ob S ein Darlehen erhalten kann

d. eines Einzelfalls ? (+)

e. mit Außenwirkung ? (+)

f. also: VA (+)

2. also: Kläger begehrt den Erlass des VA → Verpflichtungsklage (+)

III. Spezielle Voraussetzungen der Verpflichtungsklage ?

1. Klagebefugnis, § 42 II VwGO ?

= Kläger muss geltend machen, in einem subjektiv-öffentlichen Recht verletzt zu sein, wenn der VA nicht erlassen wird

HIER (+) → subjektiv-öffentliches Recht kann sich zumindest aus Art. 3 I GG ergeben, da dieses Grundrecht nicht nur ein Abwehrrecht, sondern ausnahmsweise auch ein Leistungsrecht ist

2. (Erfolgloses) Vorverfahren, §§ 68 ff VwGO ?

HIER (–), aber: gemäß § 110 I 2 i.V.m. 1 JustG NRW bedarf es – in NRW – vor der Erhebung einer Verpflichtungsklage entgegen § 68 II i.V.m. I 1 VwGO grundsätzlich nicht der Nachprüfung in einem Vorverfahren

(vgl. in NRW ab 01/2015 → Fall 22, Fazit 5. = Seite 182)

3. Einhaltung der Klagefrist, § 74 II i.V.m. I VwGO ?

= hier § 74 II i.V.m. § 74 I 2 VwGO (weil kein Vorverfahren erforderlich): Klageerhebung innerhalb eines Monats nach Ablehnung der Vornahme des VA

HIER (+) → mangels entgegenstehender Anhaltspunkte zu unterstellen

4. Richtiger Klagegegner, § 78 VwGO ?

HIER → gemäß § 78 I Nr. 1 VwGO die Körperschaft, deren Behörde den begehrten VA erlassen soll, also der Kreis

5. also: spezielle Voraussetzungen der Anfechtungsklage (+)

IV. Sonstige Zulässigkeitsvoraussetzungen ? (+)

V. Ergebnis:

Zulässigkeit der Klage (+)

B. Begründetheit der Klage

= Rechtswidrigkeit der Ablehnung oder Unterlassung des VA und dadurch Verletzung des Klägers in seinen Rechten und Spruchreife der Sache, § 113 V VwGO
= dann, wenn der Kläger einen Anspruch auf Erlass des begehrten VA hat

I. Anspruch auf Erlass des begehrten VA ?

1. Anspruchsgrundlage ?

a. Haushaltsgesetz ?

HIER (–) → das Haushaltsgesetz enthält nur den Gliederungsposten „Förderung der Bauernschaft in strukturarmen Regionen“ ohne nähere Konkretisierung

b. Haushaltsgesetz i.V.m. dem Haushaltsplan ?

HIER (–) → nach § 3 II Haushaltsgrundsätzegesetz (HGrG) begründet der Haushaltsplan keine Ansprüche und Verbindlichkeiten

c. Vergaberichtlinie ?

HIER (–) → Richtlinien haben als Verwaltungsvorschriften grundsätzlich nur verwaltungsinterne Bindungswirkung

d. Art. 3 I GG ?

HIER (+) → dieses Grundrecht ist nicht nur ein Abwehrrecht, sondern ausnahmsweise auch ein Leistungsrecht (Gleichheitssatz) und kommt somit als Anspruchsgrundlage in Betracht

e. also: Anspruchsgrundlage (+)

2. Formelle Voraussetzungen ? (+)

3. Materielle Voraussetzungen ?

= Voraussetzungen der Anspruchsgrundlage

a. Bestehen vergleichbarer Sachverhalte ?

HIER (+) → es gibt weitere bäuerliche Betriebe in Nordrhein-Westfalen, die die Voraussetzung der Vergaberichtlinie erfüllten

b. Ungleichbehandlung ?

HIER (+) → andere bäuerliche Betriebe haben Darlehen aus dem Förderprogramm erhalten; dies lässt sich daraus rückfolgern, dass die zur Verfügung stehenden Mittel bereits vergeben sind; der Betrieb des Klägers hat kein Darlehen erhalten

c. fehlender sachlicher Grund ?

HIER (–) → die vorgesehenen Haushaltsmittel sind erschöpft; hieraus resultiert ein sachlicher Grund für die Ungleichbehandlung

***d. also: materielle Voraussetzungen* (–)**

***4. also: Rechtswidrigkeit der Ablehnung des VA* (–) → *somit Anspruch auf VA* (–)**

II. Ergebnis:

Begründetheit der Klage (–)

C. Ergebnis:

zwar Zulässigkeit (+), aber Begründetheit der Klage (–); also Erfolg der Klage (–)

Formulierungsvorschlag Fall 26

Die Klage hat Erfolg, wenn sie zulässig und begründet ist.

A. Die Klage des S müsste zulässig sein.

I. Der Rechtsweg zum Verwaltungsgericht müsste eröffnet sein.

1. Eine gesetzliche Spezialzuweisung ist nicht ersichtlich.

2. Die Generalzuweisung des § 40 I VwGO wäre gegeben, wenn es sich bei dem Antrag des S um eine öffentlich-rechtliche Streitigkeit nichtverfassungsrechtlicher Art handelt und keine anderweitige Zuweisung vorliegt.

a. Bei der Frage, ob dem Haushaltsrecht streitentscheidende Normen zu entnehmen sind, kommt es auf den Sachzusammenhang an. Im Subventionsrecht gilt die sogenannte Zwei-Stufen-Theorie. Während das „Ob“ der Vergabe, also die Frage, ob eine Subvention überhaupt zuzuteilen ist, immer öffentlich-rechtlich geregelt ist, kann das „Wie“ der Vergabe, also die Auszahlungsmodalitäten, auch zivilrechtlich geregelt sein. Hier geht es lediglich um das „Ob“ der Auszahlung. Die Streitigkeit ist somit öffentlich-rechtlich.

b. Da weder Verfassungsorgane oder ihnen gleichgestellte Personen an dem Streit beteiligt sind noch Streit über Anwendung und Auslegung von Verfassungsrecht herrscht, ist die Streitigkeit nichtverfassungsrechtlicher Art.

c. Eine Zuweisung zu einem anderen Gericht ist nicht ersichtlich.

d. Demnach sind die Voraussetzungen der Generalzuweisung des § 40 I VwGO erfüllt.

3. Der Rechtsweg zum Verwaltungsgericht ist eröffnet.

II. Statthafte Klageart könnte die Verpflichtungsklage sein, § 42 I VwGO.

Dann müsste S den Erlass eines Verwaltungsakts begehren. S will ein Darlehen des Landes. Hierzu benötigt er einen Bewilligungsbescheid der zuständigen Behörde.

1. Der Bewilligungsbescheid müsste ein Verwaltungsakt sein. Gemäß § 35 S. 1 VwVfG ist ein Verwaltungsakt eine hoheitliche Maßnahme einer Behörde auf dem Gebiet des öffentlichen Rechts zur Regelung eines Einzelfalls mit Außenwirkung.

Bei der erstrebten Bewilligung handelt es sich um die hoheitliche Maßnahme einer Behörde auf dem Gebiet des öffentlichen Rechts.

Es müsste eine Regelung im Sinne des § 35 S. 1 VwVfG vorliegen. Sie liegt vor, wenn die (erstrebte) Maßnahme auf das Setzen einer Rechtsfolge gerichtet ist. Weil es nicht um die eigentliche Auszahlung, sondern um die grundsätzliche Entscheidung geht, ob S ein Darlehen erhalten kann, handelt es sich um eine Regelung im Sinne der genannten Norm.

Es handelt sich zudem um die Regelung eines Einzelfalles mit Außenwirkung.

Also stellt die erstrebte Bewilligung einen Verwaltungsakt dar.

2. Der Kläger begehrt den Erlass des Verwaltungsakts. Also ist die Verpflichtungsklage die statthafte Klageart.

III. Außerdem müssten die weiteren speziellen Voraussetzungen der Verpflichtungsklage vorliegen.

1. Zunächst müsste S klagebefugt sein, § 42 II VwGO. Er muss geltend machen, durch den Nichterlass des Verwaltungsakts in einem subjektiv-öffentlichen Recht verletzt zu sein. Es ist zumindest eine Verletzung des Art. 3 GG denkbar. Dieses Grundrecht ist nicht nur ein Abwehrrecht, sondern stellt ausnahmsweise auch ein Leistungsrecht dar. Folglich ist S klagebefugt.

2. S hat zwar das nach § 68 II i.V.m. I 1 VwGO an sich erforderliche Vorverfahren nicht (erfolglos) durchgeführt. In Nordrhein-Westfalen bedarf es aber vor der Erhebung einer Verpflichtungsklage grundsätzlich nicht der Nachprüfung in einem Vorverfahren, § 110 I 2 i.V.m. 1 JustG NRW.

3. Von der Einhaltung der Klagefrist (hier § 74 II i.V.m. I 2 VwGO) ist auszugehen.

4. Richtiger Klagegegner ist die Körperschaft, deren Behörde den begehrten Verwaltungsakt erlassen soll (§ 78 I Nr. 1 VwGO), also der Kreis.

5. Demnach liegen die speziellen Voraussetzungen der Verpflichtungsklage vor.

IV. Am Vorliegen der sonstigen Voraussetzungen bestehen keine Zweifel.

V. Also ist die Klage zulässig.

B. Die Klage müsste auch begründet sein.

Begründet ist eine Verpflichtungsklage, wenn die Ablehnung oder Unterlassung des Verwaltungsakts rechtswidrig, der Kläger in seinen Rechten verletzt und die Sache spruchreif ist, § 113 V VwGO.

I. Dies ist der Fall, wenn S einen Anspruch auf Erlass des begehrten Verwaltungsakts hat.

1. Es müsste eine Anspruchsgrundlage vorliegen, aus der S einen Anspruch auf Erlass des Bewilligungsbescheids herleiten kann.

a. Das Haushaltsgesetz enthält nur den Gliederungsposten „Förderung der Bauernschaft in strukturarmen Regionen“ ohne nähere Konkretisierung. Es scheidet daher als Anspruchsgrundlage aus.

b. Das Haushaltsgesetz in Verbindung mit dem Haushaltsplan kommt als Anspruchsgrundlage ebenfalls nicht in Betracht. Nach § 3 II Haushaltsgrundsätzegesetz (HGrG) begründet der Haushaltsplan keine Ansprüche und Verbindlichkeiten.

c. Vergaberichtlinien haben als Verwaltungsvorschriften grundsätzlich nur verwaltungsinterne Bindungswirkung und scheiden demnach als Anspruchsgrundlage ebenfalls aus.

d. Als Anspruchsgrundlage kommt jedoch Art. 3 I GG in Betracht. Dieses Grundrecht ist nicht nur ein Abwehrrecht, sondern ausnahmsweise auch ein Leistungsrecht.

e. Somit liegt eine grundsätzlich taugliche Anspruchsgrundlage für das Begehren des Klägers vor.

2. Am Vorliegen der formellen Anspruchsvoraussetzungen bestehen keine Zweifel.

3. In materieller Hinsicht könnte sich ein Anspruch aus Art. 3 I GG ergeben.

a. Voraussetzung ist zunächst das Bestehen vergleichbarer Sachverhalte. Es gibt weitere bäuerliche Betriebe in Nordrhein-Westfalen, die die Voraussetzung der Vergaberichtlinie erfüllten. Vergleichbare Sachverhalte liegen also vor.

b. Weiterhin müsste das Handeln der Behörde zu einer Ungleichbehandlung zwischen dem Betrieb des Klägers und den vergleichbaren Betrieben geführt haben. Andere bäuerliche Betriebe haben Darlehen aus dem Förderprogramm erhalten. Dies lässt sich daraus rückfolgern, dass die zur Verfügung stehenden Mittel bereits vergeben sind. Der Betrieb des Klägers hat jedoch kein Darlehen erhalten. Insofern ist es zu einer Ungleichbehandlung gekommen.

c. Der Anspruch ist jedoch ausgeschlossen, wenn es einen sachlichen Grund für die Ungleichbehandlung gibt. Die vorliegende Erschöpfung der Haushaltsmittel stellt aber einen solchen sachlichen Grund dar.

d. Demnach liegen die materiellen Voraussetzungen nicht vor.

4. Der Kläger hat somit keinen Anspruch auf Erlass des begehrten Verwaltungsakts.

II. Die Klage ist damit nicht begründet.

C. Die Klage ist zwar zulässig, aber nicht begründet. Also hat sie keinen Erfolg.

Fazit

1. Ein beliebtes Prüfungsthema ist das sogenannte ***Subventionsrecht***. Der Staat (Bund, Länder oder Gemeinden) gewährt Leistungen, um wirtschaftliche oder soziale Zwecke zu erreichen. Die in der Lösungsskizze und im Formulierungsvorschlag aufgezeigten Besonderheiten treten immer auf. Achtet beim Verwaltungsrechtsweg auf die ***Zwei-Stufen-Theorie*** und im Rahmen der Begründetheit auf die Vielzahl der möglichen Anspruchsgrundlagen.

2. Den „Gegenfall" habt ihr im Übrigen schon lösen dürfen. Ihr erinnert euch hoffentlich an Fall 21. Dort ging es um die Rücknahme eines Bewilligungsbescheids nach § 48 II VwVfG.

3. Zur Zulässigkeit des Rechtswegs könnt ihr natürlich grundsätzlich auch mehr schreiben. Insbesondere besteht die Möglichkeit, die Theorien über die öffentlich-rechtliche Streitigkeit abzuhandeln. Ihr erinnert euch vielleicht an's Fazit des Falles 3. Ihr müsst aber nicht mehr schreiben. Ein Verweis auf die allgemein anerkannte Zwei-Stufen-Theorie reicht vollkommen.

Allgemeine Leistungsklage

- Eine kleine Einführung

1. Vorgeplänkel

Zwei besonders klausurrelevante Klagearten mit ihren Problemen habt ihr nach der Erarbeitung der vorigen Kapitel im Kopf. Aber auch andere Klagearten können euch in Klausuren begegnen. Ihr seid auf sie vorbereitet, wenn ihr euch auf dieses und die folgenden Kapitel konzentriert.

2. Der Sinn der Allgemeinen Leistungsklage

Die ***Allgemeine Leistungsklage*** ist in der VwGO nicht ausdrücklich geregelt. Dem Wortlaut einiger Vorschriften (z.B. 43 II 1, 111 VwGO) ist ihre Daseinsberechtigung aber zu entnehmen. Hier verwendet der Gesetzgeber die Begriffe „Gestaltungsklage" und „Leistungsklage" und nicht etwa „Anfechtungsklage" und „Verpflichtungsklage". Die Notwendigkeit der Allgemeinen Leistungsklage ergibt sich auch aus Art. 19 IV 1 GG, wonach Rechtsschutz gegen die „öffentliche Gewalt" möglich sein muss, wenn eine Person in ihren Rechten verletzt wird. Nicht jedes Verwaltungshandeln geschieht aber in Form eines VA. Für einen Nicht-VA (= Realakt und Willenserklärung) muss also die Allgemeine Leistungsklage grundsätzlich statthaft sein. Sie ist allgemein als selbstständige Klageart für Fälle anerkannt, in denen der Kläger ein schlichtes Verwaltungshandeln oder eine verwaltungsrechtliche Willenserklärung oder aber deren Unterlassen begehrt.

3. Die Prüfung

Da eine gesetzliche Regelung der Klageart fehlt, findet ihr natürlich auch keine Normen, die euch die Zulässigkeits- und Begründetheitsvoraussetzungen aufzeigen. Daher entfällt in der Prüfung der Oberpunkt „Spezielle Zulässigkeitsvoraussetzungen". Weil die Allgemeine Leistungsklage sowohl ein Tun als auch ein Unterlassen voraussetzen kann, ist sie an die Anfechtungsklage oder an die Verpflichtungsklage angelehnt. Aber: Es wird kein VA bekämpft bzw. begehrt, sondern ein Realakt oder eine Willenserklärung. Und: Im Regelfall entfallen die Prüfungspunkte „Vorverfahren" und „Klagefrist". Im Übrigen könnt ihr auf das zurückgreifen, was ihr bereits in der Anfechtungsklage und in der Verpflichtungsklage gelernt habt. Dies gilt insbesondere für den Aufbau der Begründetheit der Klage.

Also: Wehrt sich der Kläger gegen einen hoheitlichen Realakt oder eine hoheitliche Willenserklärung, baut ihr die Begründetheit wie die Anfechtungsklage auf. Will er dagegen, dass ein hoheitlicher Realakt oder eine hoheitliche Willenserklärung vorgenommen wird, baut ihr die Begründetheit wie die Verpflichtungsklage auf. Bei einer Klausur, in der die Allgemeine Leistungsklage statthaft ist, müsst ihr in aller Regel erst einmal eine Anfechtungs- oder eine Verpflichtungsklage (an-)prüfen und in diesem Zusammenhang das Fehlen eines VA feststellen.

Fall 27

N hat eine Villa in Dortmund gebaut. In der Nähe errichtet die Stadt für Kinder einen kleinen öffentlichen Bolzplatz zum Ballspielen, der von einer einen Meter hohen Hecke umrahmt wird. Sofort wird der Platz von den Kindern der Umgebung intensiv genutzt. Nachdem mehrmals Bälle auf das Villengrundstück des N geflogen sind und dabei immer wieder Rosenstöcke umgeknickt werden, verlangt N von der Stadtverwaltung, dass sie geeignete Maßnahmen zum Schutz seines Grund und Bodens ergreift, da die Störungen von einer öffentlichen Einrichtung – nämlich dem Bolzplatz – ausgehen. Die Stadtverwaltung teilt ihm aber mit, dass sie derzeit keine Mittel für die Errichtung von Ballfanggittern an den Toren freigeben könne. Daraufhin erhebt N Klage vor dem Verwaltungsgericht mit dem Antrag, die Stadt zu verpflichten, Ballfanggitter aufzustellen.

Frage: Hat die Klage Erfolg ?

Hinweise: Baurechtliche Vorschriften sind nicht zu beachten. Geht davon aus, dass die Errichtung von Ballfanggittern die einzige Möglichkeit ist, um das Grundstück des N zu schützen. Das BGB sollte griffbereit sein.

Lösungsskizze Fall 27

Die Klage hat Erfolg, wenn sie zulässig und begründet ist.

A. Zulässigkeit der Klage

I. Rechtsweg zum Verwaltungsgericht ?

1. Spezialzuweisung vorhanden ? (–)

2. Generalzuweisung des § 40 I VwGO ?

= öffentlich-rechtliche Streitigkeit nichtverfassungsrechtlicher Art und keine abdrängende Zuweisung

(Vorüberlegung: Worum geht es im Kern? Die Prozessbeteiligten streiten darüber, ob die Stadtverwaltung verpflichtet ist, Ballfanggitter auf dem von ihr errichteten Bolzplatz zu installieren.*)*

a. öffentlich-rechtliche Streitigkeit ?

= die streitentscheidenden Normen müssen öffentlich-rechtlicher Natur sein, d.h. ausschließlich einen Hoheitsträger als Berechtigten oder Verpflichteten benennen

HIER (+) → eine streitentscheidende Norm ist den Gesetzen nicht zu entnehmen;

bei Beeinträchtigungen, die von Anlagen ausgehen, die ein Hoheitsträger in Ausübung einer hoheitlichen Aufgabe betreibt, besteht ein öffentlich-rechtlicher Abwehr-, Beseitigungs- und Unterlassungsanspruch, wenn die Beeinträchtigung in einem hinreichend engen Sachzusammenhang zur hoheitlichen Aufgabe steht;

der Anspruch ergibt sich aus dem Verfassungsgrundsatz, wonach die Verwaltung an die gesetzmäßige Ordnung gebunden ist (Gesetzmäßigkeit der Verwaltung), aus den Freiheitsgrundrechten (insbesondere Art. 2 I und 14 I GG) und aus einer Analogie zu zivilrechtlichen Vorschriften (z.B. §§ 1004, 12, 903 BGB);

die Störungen gehen von einem Bolzplatz aus; diesen hat die Stadt eingerichtet; er ist also ein öffentlicher Platz, d.h. eine Anlage, die im Rahmen der kommunalen Daseinsvorsorge einem öffentlichen Zweck gewidmet ist; die Störungen stehen in engem Zusammenhang mit dem öffentlich betriebenen Ballspielplatz für Kinder;

folglich ist der öffentlich-rechtliche Abwehr-, Beseitigungs- und Unterlassungsanspruch die streitentscheidende ungeschriebene Rechtsnorm

b. nichtverfassungsrechtlicher Art ?

HIER (+) → weder Beteiligung von Verfassungsorganen oder ihnen gleichgestellten Personen an dem Streit noch Streit über Anwendung und Auslegung von Verfassungsrecht

c. keine Zuweisung zu einem anderen Gericht ?

HIER (+) → anderweitige Zuweisung nicht ersichtlich

d. also: Generalzuweisung des § 40 I VwGO (+)

3. also: Rechtsweg zum Verwaltungsgericht (+)

II. Statthafte Klageart ?

(***Vorüberlegung:*** Was will der Kläger? Er will die Stadtverwaltung dazu verpflichten, dass sie geeignete Maßnahmen zum Schutz seines Grundstücks vor herumfliegenden Bällen ergreift.)

1. Verpflichtungsklage, § 42 I VwGO ?
= Kläger begehrt Erlass eines VA

a. Verwaltungsakt gemäß § 35 S. 1 VwVfG ?
= hoheitliche Maßnahme einer Behörde auf dem Gebiet des öffentlichen Rechts zur Regelung eines Einzelfalls mit unmittelbarer Außenwirkung

aa. hoheitliche Maßnahme einer Behörde ? (+)

bb. auf dem Gebiet des öffentlichen Rechts ? (+)

cc. zur Regelung ?
= Maßnahme ist auf das Setzen einer Rechtsfolge gerichtet

HIER (–) → durch die Errichtung von Schutzgittern wird keine Rechtsfolge gesetzt, sondern ein tatsächlicher Erfolg erzielt (schlichtes Verwaltungshandeln = Realakt);

im Übrigen ist kein VA nötig, um den Realakt durchzuführen, da er für eine gemeindeeigene Einrichtung vorgenommen wird und nicht eine Person außerhalb der Verwaltung zu einem Verhalten verpflichtet wird

dd. also: VA (–)

b. also: Kläger begehrt nicht Erlass eines VA → Verpflichtungsklage (–)

2. Allgemeine Leistungsklage ?

*(**Vorüberlegung:*** Eine Norm, in der die Voraussetzungen der Allgemeinen Leistungsklage geregelt sind, findet sich in der VwGO nicht. Es gibt nur Normen, die die Allgemeine Leistungsklage erwähnen (z.B. § 43 II 1, § 111 VwGO). Sie ist als selbstständige Klageart u.a. für die Fälle allgemein anerkannt, in denen der Kläger ein schlichtes Verwaltungshandeln oder eine verwaltungsrechtliche Willenserklärung begehrt.*)*

HIER (+) → N begehrt von der Stadtverwaltung die Errichtung von Ballfanggittern zum Schutz seines Grundstücks

3. also: statthafte Klageart = Allgemeine Leistungsklage

III. Allgemeine Zulässigkeitsvoraussetzungen ?

1. Klagebefugnis, analog § 42 II VwGO ?

= Kläger muss geltend machen, in seinen Rechten verletzt zu sein, wenn die Behörde untätig bleibt

HIER (+) → ob § 42 II VwGO analog angewandt werden kann, ist umstritten; der Streit kann aber dahinstehen, wenn N klagebefugt ist; N ist klagebefugt, da er grundsätzlich einen Beseitigungs- und Unterlassungsanspruch gegen die Störungen des Rechts an seinem Grundstück analog §§ 1004, 903 BGB hat; daher kommt es auf die Frage, ob § 42 II VwGO bei der Allgemeinen Leistungsklage analog angewandt werden muss, nicht an

2. (Erfolgloses) Vorverfahren, §§ 68 ff VwGO als Zulässigkeitsvoraussetzung erforderlich ?

HIER (–) → ein Vorverfahren ist im Regelfall nicht erforderlich; § 68 VwGO ist eine Norm des 8. Abschnitts der VwGO; die Normen des 8. Abschnitts gelten grundsätzlich nur für die Anfechtungs- und Verpflichtungsklage

3. Einhaltung der Klagefrist, § 74 VwGO als Zulässigkeitsvoraussetzung erforderlich ?

HIER (–) → eine Klagefrist gibt es bei der Allgemeinen Leistungsklage nicht; § 74 VwGO steht im 8. Abschnitt der VwGO (§§ 68 ff.); die Normen des 8. Abschnitts gelten grundsätzlich nur für die Anfechtungs- und Verpflichtungsklage

4. Richtiger Klagegegner, § 78 VwGO ?

HIER (+) → Klagegegner ist die Stadt Dortmund als der sachliche Streitgegner; § 78 VwGO ist nicht anwendbar; die Norm steht im 8. Abschnitt der VwGO; die Normen des 8. Abschnitts gelten grundsätzlich nur für die Anfechtungs- und Verpflichtungsklage

5. *Allgemeines Rechtsschutzbedürfnis ?*
= schutzwürdiges Interesse an der begehrten gerichtlichen Entscheidung

HIER (+) → ob ein Kläger vor Erhebung der Klage einen Antrag bei der Stadt zu stellen hat, weil dies einfacher und kostengünstiger zur Durchsetzung seiner Interessen wäre, ist sehr umstritten; der Streit kann aber dahinstehen, weil das Verlangen des N, Schutzgitter aufzustellen, als Antrag zu werten ist; daher kommt man nach beiden Ansichten zu demselben Ergebnis

6. *also: allgemeine Voraussetzungen* (+)

IV. Ergebnis:
Zulässigkeit der Klage (+)

B. Begründetheit der Klage

= Rechtswidrigkeit der Nichtvornahme des Realakts und dadurch Verletzung des Klägers in seinen Rechten und Spruchreife der Sache
= dann, wenn der Kläger einen Anspruch auf den begehrten Realakt hat

I. Anspruch auf den begehrten Realakt ?

1. *Anspruchsgrundlage ?*

HIER → öffentlich-rechtlicher Abwehr-, Beseitigungs- und Unterlassungsanspruch analog §§ 1004, 903 BGB

2. *Formelle Voraussetzungen ?* (+)

3. *Materielle Voraussetzungen ?*

a. *Andauernde Beeinträchtigung eines subjektiven Recht ?*

HIER (+) → es liegt ein Eingriff in das Eigentumsrecht nach § 903 S. 1 BGB vor; N ist Eigentümer des Villengrundstücks; ein Grundstück ist ein körperlicher Gegenstand im Sinne von § 90 BGB und damit eine Sache, da es durch künstliche Mittel, wie Zäune oder Einzeichnung in Karten und Pläne, abgrenzbar ist; auf das Grundstück wird dadurch eingewirkt, dass Bälle von dem benachbarten Bolzplatz auf das Grundstück fliegen und Schäden der Bepflanzung verursachen; diese Beeinträchtigung dauert an

b. *Ausgehen der Beeinträchtigung von einer hoheitlichen Anlage oder Einrichtung ?*

HIER (+) → die Beeinträchtigungen gehen von einem öffentlichen Bolzplatz aus, den die Stadtverwaltung in der Nachbarschaft des Grundstücks des N eingerichtet hat

c. *also: materielle Voraussetzungen* (+)

4. *Spruchreife ?*

HIER (+) → laut Sachverhaltshinweis ist die Errichtung der Ballfanggitter die einzig mögliche Maßnahme, um das Grundstück zu schützen

5. also: Anspruch auf den begehrten Realakt (+)

II. Ergebnis:

Begründetheit der Klage (+)

C. Ergebnis:

Zulässigkeit und Begründetheit der Klage (+); also Erfolg der Klage (+)

Formulierungsvorschlag Fall 27

Die Klage hat Erfolg, wenn sie zulässig und begründet ist.

A. Die Klage des N müsste zulässig sein.

I. Der Rechtsweg zum Verwaltungsgericht müsste eröffnet sein.

1. Eine gesetzliche Spezialzuweisung ist nicht ersichtlich.

2. Die Generalzuweisung des § 40 I VwGO wäre gegeben, wenn es sich bei dem Begehren des N um eine öffentlich-rechtliche Streitigkeit nichtverfassungsrechtlicher Art handelt und keine anderweitige Zuweisung vorliegt.

a. Die streitentscheidenden Normen müssten öffentlich-rechtlicher Natur sein, d.h. ausschließlich einen Hoheitsträger als Berechtigten oder als Verpflichteten benennen.

Die Beteiligten streiten darüber, ob die Stadtverwaltung verpflichtet ist, Ballfanggitter auf dem von ihr errichteten Bolzplatz zu installieren.

Eine streitentscheidende Norm ist den Gesetzen jedoch nicht zu entnehmen. Bei Beeinträchtigungen, die von Anlagen ausgehen, die ein Hoheitsträger in Ausübung einer hoheitlichen Aufgabe betreibt, besteht aber dann ein öffentlich-rechtlicher Abwehr-, Beseitigungs- und Unterlassungsanspruch, wenn die Beeinträchtigung in einem hinreichend engen Sachzusammenhang zur hoheitlichen Aufgabe steht. Der Anspruch ergibt sich aus dem Verfassungsgrundsatz, wonach die Verwaltung an die gesetzmäßige Ordnung gebunden ist (Gesetzmäßigkeit der Verwaltung), aus den Freiheitsgrundrechten (insbesondere Art. 2 I und 14 I GG) und aus einer Analogie zu zivilrechtlichen Vorschriften (z.B. §§ 1004, 12, 903 BGB).

Die Störungen gehen von einem Bolzplatz aus. Diesen hat die Stadt eingerichtet. Er ist also ein öffentlicher Platz, d.h. eine Anlage, die im Rahmen der kommunalen Daseinsvorsorge einem öffentlichen Zweck gewidmet ist. Die Störungen stehen in einem engen Sachzusammenhang mit dem öffentlich betriebenen städtischen Ballspielplatz für Kinder.

Folglich ist der öffentlich-rechtliche Abwehr-, Beseitigungs- und Unterlassungsanspruch die streitentscheidende ungeschriebene Rechtsnorm.

b. Da weder Verfassungsorgane oder ihnen gleichgestellte Personen an dem Streit beteiligt sind noch Streit über Anwendung und Auslegung von Verfassungsrecht herrscht, ist die Streitigkeit nichtverfassungsrechtlicher Art.

c. Eine Zuweisung zu einem anderen Gericht ist nicht ersichtlich.

d. Demnach sind die Voraussetzungen der Generalzuweisung des § 40 I VwGO erfüllt.

3. Der Rechtsweg zum Verwaltungsgericht ist eröffnet.

II. Eine verwaltungsgerichtliche Klageart müsste statthaft sein.

1. Statthafte Klageart könnte die Verpflichtungsklage sein, § 42 I VwGO.

Dann müsste der Kläger den Erlass eines Verwaltungsakts begehren. N will die Stadtverwaltung dazu verpflichten, dass sie geeignete Maßnahmen zum Schutz seines Grundstücks vor herumfliegenden Bällen ergreift.

a. Das begehrte Verhalten müsste einen Verwaltungsakt darstellen. Gemäß § 35 S. 1 VwVfG ist ein Verwaltungsakt eine hoheitliche Maßnahme einer Behörde auf dem Gebiet des öffentlichen Rechts zur Regelung eines Einzelfalls mit unmittelbarer Außenwirkung.

Bei der begehrten Maßnahme soll eine Behörde tätig werden.

Die Maßnahme soll auch auf dem Gebiet des öffentlichen Rechts erfolgen.

Weiterhin müsste die begehrte Maßnahme eine Regelung darstellen. Regelung ist eine Maßnahme, die auf das Setzen einer Rechtsfolge gerichtet ist. Durch die Errichtung von Schutzgittern wird aber keine Rechtsfolge gesetzt, sondern ein tatsächlicher Erfolg erzielt (schlichtes Verwaltungshandeln = Realakt). Im Übrigen ist kein Verwaltungsakt nötig, um diesen Realakt durchzuführen, da er für eine gemeindeeigene Einrichtung vorgenommen wird und nicht eine Person außerhalb der Verwaltung zu einem Verhalten verpflichtet wird. Mithin fehlt es an einer Regelung.

Also stellt die begehrte Maßnahme keinen Verwaltungsakt dar.

b. Der Kläger begehrt nicht den Erlass eines Verwaltungsakts. Also ist die Verpflichtungsklage nicht die statthafte Klageart.

2. Statthafte Klageart könnte die Allgemeine Leistungsklage sein.

Die Voraussetzungen dieser Klage sind in der VwGO nicht speziell geregelt. Die Allgemeine Leistungsklage ist aber als selbstständige Klageart u.a. für die Fälle allgemein anerkannt, in denen der Kläger ein schlichtes Verwaltungshandeln oder eine verwaltungsrechtliche Willenserklärung begehrt. N begehrt von der Stadtverwaltung die Ergreifung geeigneter Maßnahmen zum Schutz seines Grundstücks, also ein schlichtes Verwaltungshandeln.

3. Mithin ist die Allgemeine Leistungsklage die statthafte Klageart.

III. Außerdem müssten die allgemeinen Voraussetzungen der Allgemeinen Leistungsklage vorliegen.

1. Ob der Kläger – wie bei der Anfechtungs- und Verpflichtungsklage – in zumindest analoger Anwendung des § 42 II VwGO klagebefugt sein muss, ist umstritten. Der Streit kann aber dahinstehen, wenn die Möglichkeit eines Anspruchs des Klägers gegen die Behörde besteht. Dann kann er auf jeden Fall geltend machen, in seinen Rechten verletzt und damit klagebefugt zu sein, wenn die Behörde untätig bleibt.

N kann gegen die Störungen des Rechts an seinem Grundstück einen Beseitigungs- und Unterlassungsanspruch analog der §§ 1004, 903 BGB haben. Insofern wäre bzw. ist er auf jeden Fall klagebefugt. Der Streit ist somit nicht entscheidungsbedürftig, da die Klage nach beiden Ansichten zulässig ist.

2. Die Durchführung eines Vorverfahrens (§§ 68 ff VwGO) ist im Regelfall nicht erforderlich. § 68 VwGO ist eine Norm des 8. Abschnitts der VwGO. Die Normen des 8. Abschnitts gelten grundsätzlich nur für die Anfechtungs- und Verpflichtungsklage.

3. Eine Klagefrist ist bei der Allgemeinen Leistungsklage aus dem oben genannten Grund ebenfalls nicht einzuhalten.

4. Richtiger Klagegegner ist die Stadt Dortmund als der sachliche Streitgegner.

5. Der Kläger müsste ein schutzbedürftiges Interesse an der begehrten gerichtlichen Entscheidung (allgemeines Rechtsschutzbedürfnis) haben. Dieses liegt immer dann nicht vor, wenn es vor Erhebung einer Klage einen einfacheren und kostengünstigeren Weg zur Durchsetzung der Interessen des Betroffenen gibt. Das gegenüber der Stadtverwaltung geäußerte Verlangen des N ist als Antrag auf Tätigwerden der Behörde zu werten. Mehr konnte N außergerichtlich nicht tun. Insofern liegt das allgemeine Rechtsschutzbedürfnis vor.

6. Demnach liegen die allgemeinen Voraussetzungen der Allgemeinen Leistungsklage vor.

IV. Also ist die Klage zulässig.

B. Die Klage müsste auch begründet sein.

Begründet ist die Allgemeine Leistungsklage, wenn die Nichtvornahme des Realakts rechtswidrig, der Kläger in seinen Rechten verletzt und die Sache spruchreif ist.

I. Dies ist der Fall, wenn der Kläger einen Anspruch auf Vornahme des begehrten Realakts hat.

1. Als Anspruchsgrundlage kommt der öffentlich-rechtliche Abwehr-, Beseitigungs- und Unterlassungsanspruch analog §§ 1004, 903 BGB in Betracht.

2. Am Vorliegen der formellen Anspruchsvoraussetzungen bestehen keine Zweifel.

3. In materieller Hinsicht müssten die Voraussetzungen des öffentlich-rechtlichen Abwehr-, Beseitigungs- und Unterlassungsanspruchs erfüllt sein.

a. Es müsste eine andauernde Beeinträchtigung eines subjektiven Rechts bestehen. In Betracht kommt ein Eingriff in das Eigentumsrecht des N nach § 903 S. 1 BGB. N ist Eigentümer des Villengrundstücks. Ein Grundstück ist ein körperlicher Gegenstand im Sinne von § 90 BGB und damit eine Sache, da es durch künstliche Mittel, wie Zäune oder Einzeichnung in Karten und Pläne, abgrenzbar ist. Auf das Grundstück wird dadurch eingewirkt, dass Bälle von dem benachbarten Bolzplatz auf das Grundstück fallen und Schäden der Bepflanzung verursachen. Diese Beeinträchtigung dauert an. Also besteht eine andauernde Beeinträchtigung eines Rechts des N.

b. Weiterhin müssten die Beeinträchtigungen von einer hoheitlichen Anlage oder Einrichtung ausgehen. Die Beeinträchtigungen gehen von einem Bolzplatz aus, den die Stadtverwaltung in der Nachbarschaft des Grundstücks des N eingerichtet hat, mithin von einer öffentlichen, d.h. hoheitlichen Anlage.

c. Demnach liegen die materiellen Voraussetzungen vor.

4. Die Sache ist zudem spruchreif. Laut Sachverhaltshinweis ist die Errichtung der Ballfanggitter die einzig mögliche Maßnahme, um das Grundstück zu schützen.

5. Der Kläger hat somit einen Anspruch auf den begehrten Realakt.

II. Die Klage ist damit auch begründet.

C. Die Klage ist zulässig und begründet, hat also Erfolg.

Fazit

1. Jetzt habt ihr auch die ***Allgemeine Leistungsklage*** kennengelernt. Wie ihr bereits in der „Einführung" zu diesem Kapitel lesen durftet, ist der Aufbau an die Anfechtungsklage oder – wie hier – an die Verpflichtungsklage angelehnt.

2. Ob § 42 II VwGO analog angewendet werden muss und damit eine ***Klagebefugnis*** bei der Allgemeinen Leistungsklage erforderlich ist, ist umstritten.

   Die h.M. bejaht dies, um die sogenannte Popularklage (jedermann, nicht nur die Betroffenen, kann klagen) zu vermeiden. Ferner bestehe in Fällen, in denen der Kläger eine Leistung begehrt, eine strukturelle Gemeinsamkeit mit der Verpflichtungsklage. Bei beiden Klagen ist Ziel die Durchsetzung von Ansprüchen gegen einen Träger öffentlicher Gewalt. Die Mindermeinung beschränkt sich auf die Feststellung, dass es keine gesetzliche Regelung gibt und Einschränkungen daher unzulässig sind.

   Häufig muss der Streit – wie im vorliegenden Fall – nicht entschieden werden.

3. Das ***allgemeine Rechtsschutzbedürfnis*** ist eine Zulässigkeitsvoraussetzung, die bei allen Klagen vorliegen muss. Es ist allgemein zu verneinen, wenn ein Gerichtsverfahren unnützen oder unlauteren Zwecken dienen soll bzw. dem Kläger keine nennenswerten Vorteile verschaffen kann. Es reichen aber schon ideelle Gründe. Das allgemeine Rechtsschutzbedürfnis ist für den Fall eines einfacheren und näher liegenden Weges zu verneinen.

4. Das allgemeine Rechtsschutzbedürfnis wird bei der Anfechtungs-, der Verpflichtungs- und der Fortsetzungsfeststellungsklage in der Regel überhaupt nicht erwähnt, Entweder ist diesen Klagen bereits ein Vorverfahren (§ 68 I 1 bzw. II VwGO) vorgeschaltet oder es bedarf – wegen § 68 I 2 bzw. II VwGO –

eines Vorverfahrens (in einigen Bundesländern) gerade nicht. Lest hierzu nochmals Fall 4 Fazit 5. und Fall 10 Fazit 5.

Wo ein Vorverfahren wegen § 68 I 2 VwGO nicht notwendig ist (etwa in Nordrhein-Westfalen), kann das allgemeine Rechtsschutzbedürfnis nicht auf das Fehlen des Vorverfahrens gestützt werden, da sonst § 68 I 2 VwGO sinnlos wäre. Bei der Feststellungsklage und auch bei der Allgemeinen Leistungsklage ist das allgemeine Rechtsschutzbedürfnis immer zu prüfen. Also ist die Frage aufzuwerfen, ob nicht ein einfacherer und kostengünstigerer Weg gegeben ist, um das Klageziel zu erreichen.

5. Der ***öffentlich-rechtliche Abwehr-, Beseitigungs- und Unterlassungsanspruch*** ist als ungeschriebene Rechtsnorm ein anerkanntes Rechtsinstitut. Weil es sich um eine ungeschriebene Rechtsnorm handelt, macht es sich gut, wenn ihr seine rechtlichen Wurzeln kurz aufzeigt.

Von diesem Anspruch ist der ***Folgenbeseitigungsanspruch*** zu unterscheiden. Er geht weiter, da er die Wiederherstellung des früheren Zustandes verlangt. Der Abwehr-, Beseitigungs- und Unterlassungsanspruch zielt hingegen nur darauf ab, die Beeinträchtigungen zu unterbinden.

6. Eine kleine zivilrechtliche Bemerkung am Rande. Ihr mögt darüber erstaunt sein, dass ein Grundstück als Sache qualifiziert wird. Aber das ist nun mal so! Nicht umsonst spricht man vom Immobiliarsachenrecht.

7. Selbst wenn's verwundert: Auch bei der Allgemeinen Leistungsklage ist gegebenenfalls die ***Spruchreife*** zu prüfen, § 113 V VwGO gilt insoweit analog.

Fall 28

T ist Beamter im Bundesverwaltungsamt. Seit mehreren Jahren leitet er ein Sachgebiet in einer bestimmten Abteilung. Nach vorheriger Anhörung wird er vom Präsidenten des Amts angewiesen, nunmehr ein anderes Sachgebiet der Abteilung zu übernehmen, da sich dessen Sachbearbeiter in den einstweiligen Ruhestand geflüchtet hat. T scheut die Umstellung und legt erfolglos Widerspruch ein. Schließlich erhebt er Klage vor dem Verwaltungsgericht.

Frage: Hat die Klage Erfolg ?

Hinweis: Der Präsident des Bundesverwaltungsamts ist eine Behörde.

Lösungsskizze Fall 28

Die Klage hat Erfolg, wenn sie zulässig und begründet ist.

A. Zulässigkeit der Klage

I. Rechtsweg zum Verwaltungsgericht ?

1. Spezialzuweisung vorhanden ?

HIER (+) →§ 126 i.V.m. § 1 BBG (Bundesbeamtengesetz), Klage eines Bun-des-)Beamten aus dem Beamtenverhältnis; hier handelt es sich um die Veränderung des Aufgabengebiets des T

2. also: Rechtsweg zum Verwaltungsgericht (+)

II. Statthafte Klageart ?

*(**Vorüberlegung:*** Was will der Kläger? Er will weiterhin sein altes Sachgebiet leiten.*)*

1. Anfechtungsklage, § 42 I VwGO ?
= Kläger begehrt Aufhebung eines VA

a. Verwaltungsakt gemäß § 35 S. 1 VwVfG ?
= hoheitliche Maßnahme einer Behörde auf dem Gebiet des öffentlichen Rechts zur Regelung eines Einzelfalls mit Außenwirkung

aa. hoheitliche Maßnahme einer Behörde? (+)

bb. auf dem Gebiet des öffentlichen Rechts ? (+)

cc. zur Regelung ? (+)

dd. eines Einzelfalls ? (+)

ee. mit Außenwirkung ?

= Regelung muss dazu bestimmt sein, unmittelbar auf Rechte einer außerhalb der Verwaltung stehenden Person einzuwirken; es genügt nicht, dass die Regelung im Einzelfall nur tatsächliche Außenwirkung entfaltet

HIER (–) → im Bereich des Beamtenrechts sind zwei Konstellationen denkbar, bei denen eine Außenwirkung entweder zu bejahen oder verneinen ist:

betrifft die Weisung durch Anordnungen des Vorgesetzten nur die dienstliche Stellung und Tätigkeit des Beamten als Glied der Verwaltungsorganisation (sog. Amtswalter), dann fehlt die Außenwirkung (sog. innerdienstliche = verwaltungsinterne Weisung); betrifft eine Weisung den Beamten als selbstständige Rechtsperson, dann besteht die Außenwirkung;

hier geht es nicht um eine Versetzung nach § 28 BBG (Bundesbeamtengesetz); eine Versetzung liegt nur dann vor, wenn die bisherige beamtenrechtliche Stellung (Amt im statusrechtlichen Sinne) betroffen ist, sich also die Wertigkeit der übertragenen Aufgaben wegen größerer Schwierigkeit oder höherer Verantwortung verändern soll oder wenn der Beamte einen Aufgabenbereich bei einer anderen Behörde desselben Dienstherrn (hier des Bundes) übernehmen soll;

auch liegt keine Abordnung nach § 27 BBG vor, da T nicht vorübergehend zu einer anderen Dienststelle abgeordnet wird;

vielmehr liegt ein Fall der gesetzlich nicht besonders geregelten Umsetzung vor; T erhält innerhalb der Behörde eine neue Tätigkeit; der Präsident des Bundesverwaltungsamts trifft als Vorgesetzter daher nur eine innerdienstliche Maßnahme zur Gewährleistung der Funktionsfähigkeit der Verwaltung, die den T als Glied der Verwaltungsorganisation betrifft

***ff. also: VA* (–)**

***b. also: Kläger begehrt nicht Aufhebung eines VA → Anfechtungsklage* (–)**

2. Allgemeine Leistungsklage ?

*(**Vorüberlegung:*** Eine Norm, in der die Voraussetzungen der Allgemeinen Leistungsklage geregelt sind, findet sich in der VwGO nicht. Es gibt nur Normen, die die Allgemeine Leistungsklage erwähnen (z.B. § 43 II 1, § 111 VwGO). Sie ist als selbstständige Klageart u.a. für die Fälle allgemein anerkannt, in denen der Kläger ein schlichtes Verwaltungshandeln oder eine verwaltungsrechtliche Willenserklärung begehrt.*)*

HIER (+) → T möchte erreichen, dass die Umsetzung rückgängig gemacht wird; die Umsetzung ist ein Realakt, also schlichtes Verwaltungshandeln

3. also: statthafte Klageart = Allgemeine Leistungsklage

III. Allgemeine Zulässigkeitsvoraussetzungen ?

1. Klagebefugnis, analog § 42 II VwGO ?
= Kläger muss geltend machen, in seinen Rechten verletzt zu sein, wenn der VA nicht erlassen wird

HIER (+) → ob § 42 II VwGO analog angewandt werden kann, ist umstritten; der Streit kann aber dahinstehen, wenn T klagebefugt ist; es ist zumindest ein Eingriff in die Rechte des T aus Art. 12 I GG denkbar; daher kommt es auf die Frage, ob § 42 II VwGO bei der Allgemeinen Leistungsklage analog angewandt werden muss, nicht an

2. (Erfolgloses) Vorverfahren, §§ 68 ff VwGO ?

HIER (+) → ein Vorverfahren ist zwar im Regelfall nicht erforderlich; § 68 VwGO ist eine Norm des 8. Abschnitts der VwGO; die Normen des 8. Abschnitts gelten grundsätzlich nur für die Anfechtungs- und Verpflichtungsklage; bei beamtenrechtlichen Streitigkeiten ist aber nach § 126 II BBG stets ein Vorverfahren durchzuführen; T hat erfolglos Widerspruch eingelegt

3. Einhaltung der Klagefrist, § 74 VwGO ?

HIER (+) → eine Klagefrist gibt es zwar bei der Allgemeinen Leistungsklage nicht; § 74 VwGO steht im 8. Abschnitt der VwGO (§§ 68 ff.); die Normen des 8. Abschnitts gelten grundsätzlich nur für die Anfechtungs- und Verpflichtungsklage; bei beamtenrechtlichen Leistungs- und Feststellungsklagen, vor denen – wie hier – ein Widerspruchsverfahren durchgeführt wurde, ist jedoch die Klagefrist des § 74 I 1 VwGO (trotzdem) zu beachten; es ist von einer Beachtung durch den Kläger auszugehen

4. Richtiger Klagegegner, § 78 VwGO ?

HIER (+) → Klagegegner ist die Bundesrepublik Deutschland, § 78 I Nr. 1 VwGO analog

5. Allgemeines Rechtsschutzbedürfnis ?
= schutzwürdiges Interesse an der begehrten gerichtlichen Entscheidung

HIER (+) → ein einfacherer oder kostengünstigerer Weg zur Durchsetzung der Rechte des T besteht nicht

6. <u>also</u>: allgemeine Voraussetzungen (+)

IV. Ergebnis:
Zulässigkeit der Klage (+)

B. Begründetheit der Klage

= Rechtswidrigkeit des Realakts und dadurch Verletzung des Klägers in seinen Rechten

I. Rechtswidrigkeit des Realakts ?

= bei formeller und/oder materieller Rechtswidrigkeit des Realakts; der Realakt ist jedoch rechtmäßig, wenn er aufgrund einer Ermächtigungsgrundlage formell und materiell rechtmäßig vorgenommen wurde

1. Ermächtigungsgrundlage ?

HIER → ausdrücklich ist die Umsetzung eines Beamten gesetzlich nicht geregelt; die Umsetzung fällt jedoch unter das allgemeine Anordnungs- und Weisungsrecht des Vorgesetzten (hergebrachter Grundsatz des Berufsbeamtentums), das § 62 I 2 und II BBG zu entnehmen ist; dieses Anordnungs- bzw. Weisungsrecht kommt als Ermächtigungsgrundlage in Betracht

2. Formelle Rechtmäßigkeit ? (+)

3. Materielle Rechtmäßigkeit ?

a. Umsetzung ?

HIER (+) → T soll ein anderes Sachgebiet in derselben Abteilung leiten; wie oben festgestellt, ist dies eine Umsetzung

b. Ermessen ?

HIER (+) → Umsetzungen liegen im Ermessen der Vorgesetzten; also ist ihnen ein Entscheidungsspielraum hinsichtlich der Frage, ob sie tätig werden (Entschließungsermessen) und hinsichtlich der Frage, wie sie tätig werden (Auswahlermessen) eingeräumt

c. Rechtsfehlerfreie Ausübung des Ermessens ?

HIER (+) → die Tatsache, dass T durch die Umsetzung Umstellungen unterworfen ist, reicht für die Annahme eines Ermessensfehlers nicht aus; sonstige Ermessensfehler sind nicht ersichtlich

d. also: materielle Rechtmäßigkeit (+)

4. also: Rechtmäßigkeit des Realakts (+) → somit Rechtswidrigkeit des Realakts (–)

II. Ergebnis:

Begründetheit der Klage (–)

C. Ergebnis:

zwar Zulässigkeit (+), aber Begründetheit der Klage (–); also Erfolg der Klage (–)

Formulierungsvorschlag Fall 28

Die Klage hat Erfolg, wenn sie zulässig und begründet ist.

A. Die Klage des T müsste zulässig sein.

I. Der Rechtsweg zum Verwaltungsgericht müsste eröffnet sein.

1. Die gesetzliche Spezialzuweisung des § 126 i.V.m. § 1 BBG weist alle Klagen der (Bundes-)Beamten aus dem Beamtenverhältnis dem Verwaltungsgericht zu.

2. Der Rechtsweg zum Verwaltungsgericht ist daher eröffnet.

II. T müsste sein Ziel mit einer statthaften Klageart verfolgen.

1. Statthafte Klageart könnte die Anfechtungsklage sein, § 42 I VwGO.

Dann müsste der Kläger die Aufhebung eines Verwaltungsakts begehren. T will – entgegen der Anordnung – sein altes Sachgebiet leiten.

a. Gemäß § 35 S. 1 VwVfG ist ein Verwaltungsakt eine hoheitliche Maßnahme einer Behörde auf dem Gebiet des öffentlichen Rechts zur Regelung eines Einzelfalls mit unmittelbarer Außenwirkung.

Bei Anweisung handelt es sich um die hoheitliche Maßnahme einer Behörde auf dem Gebiet des öffentlichen Rechts zur Regelung eines Einzelfalls.

Die Regelung müsste auch Außenwirkung entfalten. Sie müsste dazu bestimmt sein, unmittelbar auf Rechte einer außerhalb der Verwaltung stehenden Person einzuwirken.

Ob ein Beamter von der Regelung außerhalb der Verwaltung betroffen ist, hängt von der konkreten Situation ab. Betrifft die Weisung durch Anordnungen des Vorgesetzten nur die dienstliche Stellung und Tätigkeit des Beamten als Glied der Verwaltungsorganisation (sogenannter Amtswalter), dann fehlt die Außenwirkung (sogenannte innerdienstliche = verwaltungsinterne Weisung). Betrifft die Weisung den Beamten als selbstständige Rechtsperson, dann besteht die Außenwirkung.

T könnte als selbstständige Rechtsperson von einer Versetzung nach § 28 Bundesbeamtengesetz (BBG) betroffen sein. Eine Versetzung liegt nur dann vor, wenn die bisherige beamtenrechtliche Stellung (Amt im statusrechtlichen Sinne) betroffen ist, sich also die Wertigkeit der übertragenen Aufgaben wegen größerer Schwierigkeit oder höherer Verantwortung verändern oder wenn der Beamte einen Aufgabenbereich bei einer anderen Behörde desselben Dienstherrn (hier des Bundes) übernehmen soll. T soll lediglich ein anderes Sachgebiet der Abteilung übernehmen. Es handelt sich mithin nicht um eine Versetzung.

Da T nicht vorübergehend zu einer anderen Dienststelle abgeordnet wird, liegt keine Abordnung nach § 27 BBG vor.

Es könnte ein Fall der gesetzlich nicht besonders geregelten Umsetzung vorliegen. T erhält innerhalb der Behörde eine neue Tätigkeit. Der Präsident des

Bundesverwaltungsamts trifft als Vorgesetzter daher nur eine innerdienstliche Maßnahme zur Gewährleistung der Funktionsfähigkeit der Verwaltung, die den T als Glied der Verwaltungsorganisation betrifft. Es liegt daher eine lediglich verwaltungsinterne Umsetzung vor.

Demnach fehlt der Maßnahme die erforderliche Außenwirkung.

Also stellt die Weisung keinen Verwaltungsakt dar.

b. Der Kläger begehrt demnach nicht die Aufhebung eines Verwaltungsakts. Also ist die Anfechtungsklage nicht die statthafte Klageart.

2. Statthafte Klageart könnte jedoch die Allgemeine Leistungsklage sein.

Die Voraussetzungen dieser Klage sind in der VwGO nicht speziell geregelt. Die Allgemeine Leistungsklage ist aber als selbstständige Klageart für die Fälle allgemein anerkannt, in denen der Kläger ein schlichtes Verwaltungshandeln oder eine verwaltungsrechtliche Willenserklärung begehrt. T möchte erreichen, dass die Umsetzung rückgängig gemacht wird. Er begehrt also ein schlichtes Verwaltungshandeln.

3. Mithin ist die Allgemeine Leistungsklage die statthafte Klageart.

III. Außerdem müssten die allgemeinen Voraussetzungen der Allgemeinen Leistungsklage vorliegen.

1. Ob der Kläger – wie bei der Anfechtungs- und Verpflichtungsklage – in zumindest analoger Anwendung des § 42 II VwGO klagebefugt sein muss, ist umstritten. Der Streit kann aber dahinstehen, wenn die Möglichkeit einer Verletzung von subjektiv-öffentlichen Rechten des Klägers besteht. Es ist zumindest ein Eingriff in die Rechte des T aus Art. 12 I GG denkbar. Insofern wäre bzw. ist er auf jeden Fall klagebefugt. Der Streit ist somit nicht entscheidungsbedürftig, da die Klage in diesem Punkt nach beiden Ansichten zulässig ist.

2. Die Durchführung eines Vorverfahrens (§§ 68 ff VwGO) ist im Regelfall nicht erforderlich. § 68 VwGO ist eine Norm des 8. Abschnitts der VwGO. Die Normen des 8. Abschnitts gelten grundsätzlich nur für die Anfechtungs- und Verpflichtungsklage. Bei beamtenrechtlichen Streitigkeiten ist aber nach § 126 II BBG stets ein Vorverfahren durchzuführen. T hat erfolglos Widerspruch eingelegt.

3. Eine Klagefrist ist bei der Allgemeinen Leistungsklage grundsätzlich nicht einzuhalten. § 74 VwGO steht im 8. Abschnitt der VwGO (§§ 68 ff.). Die Normen des 8. Abschnitts gelten grundsätzlich nur für die Anfechtungs- und Verpflichtungsklage. Bei beamtenrechtlichen Leistungs- und Feststellungsklagen, vor denen – wie hier – ein Widerspruchsverfahren durchgeführt wurde, ist jedoch die Klagefrist des § 74 I 1 VwGO (trotzdem) zu beachten. Es ist von einer Beachtung durch den Kläger auszugehen.

4. Richtiger Klagegegner ist die Bundesrepublik Deutschland, § 78 I Nr. 1 VwGO analog.

5. Der Kläger müsste ein schutzbedürftiges Interesse an der begehrten gerichtlichen Entscheidung (allgemeines Rechtsschutzbedürfnis) haben. Dieses liegt immer dann nicht vor, wenn es vor Erhebung einer Klage einen einfacheren und kostengünstigeren Weg zur Durchsetzung der Interessen des Betroffenen gibt. Ein solcher einfacherer bzw. kostengünstigerer Weg ist nicht ersichtlich. Insofern liegt das allgemeine Rechtsschutzbedürfnis vor.

6. Demnach liegen die allgemeinen Voraussetzungen der Allgemeinen Leistungsklage vor.

IV. Also ist die Klage zulässig.

B. Die Klage müsste auch begründet sein.

Begründet ist die Allgemeine Leistungsklage, wenn der Realakt rechtswidrig und der Kläger dadurch in seinen Rechten verletzt ist.

I. Die Weisung müsste rechtswidrig sein. In Betracht kommt die formelle und/oder materielle Rechtswidrigkeit des Realakts.

Der Realakt ist jedoch rechtmäßig, wenn er aufgrund einer Ermächtigungsgrundlage formell und materiell rechtmäßig vorgenommen wurde.

1. Die Umsetzung eines Beamten ist gesetzlich nicht geregelt, sodass eine ausdrückliche Ermächtigungsgrundlage fehlt. Die Umsetzung fällt jedoch unter das allgemeine Anordnungs- und Weisungsrecht des Vorgesetzten (hergebrachter Grundsatz des Berufsbeamtentums), das § 62 I 2 und II BBG zu entnehmen ist. Dieses Anordnungs- bzw. Weisungsrecht kommt als Ermächtigungsgrundlage in Betracht.

2. Am Vorliegen der formellen Voraussetzungen bestehen keine Zweifel.

3. Weiterhin müsste die Weisung materiell rechtmäßig sein.

a. T soll ein anderes Sachgebiet derselben Abteilung leiten. Es handelt sich hierbei – wie bereits festgestellt – um eine Umsetzung.

b. Umsetzungen liegen im Ermessen der Vorgesetzten. Also ist ihnen ein Entscheidungsspielraum hinsichtlich der Frage, ob sie tätig werden (Entschließungsermessen) und hinsichtlich der Frage, wie sie tätig werden (Auswahlermessen) eingeräumt.

c. Das eingeräumte Ermessen müsste rechtsfehlerfrei ausgeübt worden sein. Die Tatsache, dass T durch die Umsetzung Umstellungen unterworfen ist, reicht für die Annahme eines Ermessensfehlers nicht aus. Sonstige Ermessensfehler sind nicht ersichtlich.

d. Die Umsetzung ist demnach materiell rechtmäßig.

4. Wegen der Rechtmäßigkeit ist der Realakt nicht rechtswidrig.

II. Die Klage ist damit nicht begründet.

C. Die Klage ist zwar zulässig, aber nicht begründet. Also hat sie keinen Erfolg.

Fazit

1. Der zweite Fall der Allgemeinen Leistungsklage zeigt euch den Aufbau einer ***Unterlassungsklage***. Der Aufbau ist dem der Anfechtungsklage „nachempfunden“. Gegenüber der „normalen“ Allgemeinen Leistungsklage musstet ihr eine Besonderheit beachten. Da Bundes-Beamtenrecht anzuwenden ist, gilt § 126 i.V.m. § 1 BBG (Bundesbeamtengesetz). Es müssen alle spezifischen Voraussetzungen der Anfechtungs- oder Verpflichtungsklage, also insbesondere Vorverfahren und Einhaltung der Klagefrist geprüft werden.

In der Zulässigkeit ging es schwerpunktmäßig um die Abgrenzung der Anfechtungs- von der Unterlassungsklage. Hier gilt es stets, die einzelnen Voraussetzungen des Verwaltungsakts genauer unter die Lupe zu nehmen.

2. Auch der materielle Teil hat euch in die Untiefen des Beamtenrechts entführt. Dort werden unterschiedliche Amts-Begriffe verwandt:

Unter ***Amt im statusrechtlichen Sinne*** ist die rechtliche Stellung des Beamten zu verstehen. Der Begriff hat Bedeutung für die Versorgung und Besoldung. Äußerlich gekennzeichnet wird das Amt im statusrechtlichen Sinne durch die Zugehörigkeit zu einer bestimmten Laufbahn und einer bestimmten Laufbahngruppe.

Das ***Amt im funktionellen Sinne*** betrifft den Aufgabenbereich. Hier gibt es zwei Arten. Das abstrakte Amt im funktionellen Sinne umfasst den allgemeinen Aufgabenbereich, der der laufbahnmäßigen Dienststellung bei einer bestimmten Behörde entspricht (z.B. Referatsleiter, Sachbearbeiter). Das konkrete Amt im funktionellen Sinne bezeichnet den speziellen Aufgabenbereich, der einem bestimmten Beamten übertragen ist (Leitung eines bestimmten Referates oder Sachgebietes)

3. Eine ***Umsetzung*** ist eine innerdienstliche Weisung, die von den vergleichbaren Maßnahmen des Dienstherren (Abordnung und Versetzung) abzugrenzen ist.

Feststellungsklage

- Eine kleine Einführung

1. Vorgeplänkel

Die ***Feststellungsklage*** (vgl. § 43 VwGO; lesen!) findet ihr in Klausuren relativ selten. Auch wenn sie in der Praxis eine nur untergeordnete Bedeutung hat, weil sie gegenüber den anderen Klagen zum Teil subsidiär ist, solltet ihr euch mit ihr beschäftigen. Es hilft!

2. Der Sinn der Feststellungsklage

Es gibt im Rahmen der Feststellungsklage ***zwei unterschiedliche Klageziele***. Zum einen die Feststellung des Bestehen bzw. Nichtbestehens eines Rechtsverhältnisses und zum anderen die Feststellung der Nichtigkeit eines VA. Beide Ziele haben keine Gemeinsamkeiten, wenn man davon absieht, dass für sie dieselbe Klageart statthaft ist.

3. Die Prüfung

Die Klagen werden grundsätzlich in derselben Weise aufgebaut.

Es gibt aber eine Besonderheit. Vor der Klage auf ***Feststellung des Bestehens oder Nichtbestehens eines Rechtsverhältnisses*** sind grundsätzlich zuerst andere Klagearten – wie etwa die Anfechtungs- oder die Verpflichtungsklage – zu prüfen und gegebenenfalls abzulehnen. Dies begründet sich im Wortlaut des § 43 II VwGO, der bestimmt, dass die Feststellungsklage gegenüber anderen Gestaltungs- und Leistungsklagen subsidiär ist.

Anders ist das bei der ***Klage auf Feststellung der Nichtigkeit eines VA*** (= bei der Nichtigkeitsfeststellungsklage). Das ergibt sich aus dem Gegenschluss aus § 43 II 2 VwGO, wonach neben der Feststellungsklage auch die Anfechtungs- oder Verpflichtungsklage zulässig ist. Wenn der Kläger also ausdrücklich beantragt, das Gericht möge die Nichtigkeit eines VA feststellen, dann müsst ihr lediglich die Nichtigkeit prüfen. Nur wenn keine Nichtigkeit vorliegt, kann der Antrag nach § 88 VwGO in eine Anfechtungs- oder Fortsetzungsfeststellungsklage umgedeutet werden.

Wie die jeweilige Zulässigkeit und Begründetheit konkret zu prüfen ist, werdet ihr gleich sehen.

Fall 29

Der 18 Jahre alte Schüler C ist Sohn eines evangelischen Pfarrers. Weil ein Spannungsfall im Sinne des § 2 Wehrpflichtgesetz (WPflG) besteht, erhält C ein Schreiben des zuständigen Kreiswehrersatzamts. Darin wird er für einen konkreten Termin zur Musterung geladen. Nur der Ort und die Zeit der Untersuchungen sowie einige nichtssagende Floskeln sind dem Brief zu entnehmen. Eine Rechtsbehelfsbelehrung fehlt. C ist darüber empört, dass er zur Musterung geladen wird, obwohl er aus einer Pfarrersfamilie stammt und deshalb davon ausgeht, er sei sowieso nicht wehrpflichtig. Überdies will er sich nicht der Gefahr aussetzen, irgendwann Wehrdienst oder irgendeinen anderen Dienst leisten zu müssen. In heiligem Zorn stürmt er zum Verwaltungsgericht, wo er dem Urkundsbeamten der Geschäftsstelle die Klage diktiert.

Frage: Ist die Klage zulässig ?

Lösungsskizze Fall 29

- Zulässigkeit der Klage

I. Rechtsweg zum Verwaltungsgericht ?

(Vorüberlegung: Worum geht es im Kern? Die Prozessbeteiligten streiten darüber, ob C wehrpflichtig ist.***)***

1. Spezialzuweisung vorhanden ?

HIER (+) → § 32 WPflG; die Klage betrifft die Frage der Wehrpflicht einer Person, also die Ausführung des WPflG

2. also: Rechtsweg zum Verwaltungsgericht (+)

II. Statthafte Klageart ?

(Vorüberlegung: Was will der Kläger? Er will nicht zur Musterung gehen und später auch keinen Wehr- oder Zivildienst ableisten.***)***

1. Anfechtungsklage, § 42 I VwGO ?
= Kläger begehrt Aufhebung eines VA

a. Verwaltungsakt gemäß § 35 S. 1 VwVfG ?
= hoheitliche Maßnahme einer Behörde auf dem Gebiet des öffentlichen Rechts zur Regelung eines Einzelfalls mit unmittelbarer Außenwirkung

aa. hoheitliche Maßnahme einer Behörde? (+)

bb. auf dem Gebiet des öffentlichen Rechts ? (+)

cc. zur Regelung ?
= Maßnahme ist auf das Setzen einer Rechtsfolge gerichtet

HIER (–) → zwar führt die fehlende Rechtsbehelfsbelehrung nicht zur Ablehnung der VA-Qualität; § 58 II VwGO ist zu entnehmen, dass die fehlende Rechtsbehelfsbelehrung keinen Einfluss auf das Vorliegen eines VA hat;

es fehlt dem Schreiben aber ein Hinweis auf den Willen der Behörde, eine verbindliche Rechtsfolge zu setzen; das Schreiben enthält nur eine Ladung zur Musterung ohne Androhung der nach § 44 II, IV und § 17 X WPflG möglichen Sanktionen

dd. also: VA (–)

b. also: Anfechtungsklage (–)

2. Feststellungsklage nach § 43 I Alt. 1 VwGO ?
= Kläger begehrt die Feststellung des Bestehens oder Nichtbestehens eines Rechtsverhältnisses; unter Rechtsverhältnis versteht man die rechtlichen Beziehungen, die sich aus einem konkreten Sachverhalt aufgrund einer öffentlich-rechtlichen Regelung für das Verhältnis von Personen untereinander (auch der Staat ist eine juristische Person) oder einer Person zu einer Sache ergeben

HIER (+) → konkreter Sachverhalt ist hier die Wehrpflicht des C nach § 1 WPflG; das WPflG regelt das Verhältnis zwischen staatlichen Stellen und dem betroffenen Bürger

3. also: statthafte Klageart = Feststellungsklage

III. Spezielle Voraussetzungen der Feststellungsklage ?

1. Berechtigtes Interesse an einer Feststellung ?
= jedes schutzwürdige Interesse rechtlicher, wirtschaftlicher oder auch ideeller Art an einer Feststellung (sog. Feststellungsinteresse)

HIER (+) → § 17 III 2 WPflG regelt die Pflicht des Wehrpflichtigen, sich mustern zu lassen; die Verletzung der Pflicht kann aber gemäß § 44 II, IV und § 17 X WPflG eine polizeiliche Vorführung oder eine Entscheidung nach Aktenlage nach sich ziehen; insofern ergibt sich ein rechtliches Interesse des C an der Feststellung, ob er der Ladung Folge leisten muss und damit auch, ob er generell der Wehrpflicht unterliegt

2. Interesse an einer baldigen Feststellung ?
= begründete Besorgnis, dass die Rechtsstellung des Klägers akut gefährdet ist

HIER (+) → dem C ist es nicht zuzumuten, die polizeiliche Vorführung bzw. Entscheidung nach Aktenklage abzuwarten; mit einer Sanktion muss C aber rechnen, wenn er zur Musterung nicht erscheint

3. keine Subsidiarität nach § 43 II VwGO ?

HIER (+) → Verfolgung der Rechte ist durch eine Leistungs- oder Gestaltungsklage, insbesondere durch eine Anfechtungsklage nicht ebenso gut zu erreichen

4. also: spezielle Voraussetzungen (+)

IV. Sonstige Zulässigkeitsvoraussetzungen ?

1. Klagebefugnis, § 42 II VwGO analog ?
= Kläger muss geltend machen, in seinen Rechten verletzt zu sein

HIER (+) → das Erfordernis der Klagebefugnis ist bei der Feststellungsklage umstritten; der Streit kann aber dahinstehen, wenn die Beschränkung eines Rechts des C denkbar ist; das Recht des C auf Bewegungsfreiheit (Art. 2 I GG, allgemeine Handlungsfreiheit) kann durch das WPflG beschränkt werden

2. (Erfolgloses) Vorverfahren, §§ 68 ff VwGO als Zulässigkeitsvoraussetzung erforderlich ?

HIER (–) → ein Vorverfahren ist im Regelfall nicht erforderlich; § 68 VwGO ist eine Norm des 8. Abschnitts der VwGO; die Normen des 8. Abschnitts gelten grundsätzlich nur für die Anfechtungs- und Verpflichtungsklage; auch das Verfahren nach § 33 WPflG kommt nicht zum Tragen, da das Schreiben des Kreiswehrersatzamt keinen Musterungsbescheid und auch sonst keinen VA darstellt

3. Einhaltung der Klagefrist, § 74 VwGO als Zulässigkeitsvoraussetzung erforderlich ?

HIER (–) → eine Klagefrist gibt es bei der Allgemeinen Leistungsklage nicht; § 74 VwGO ist eine Norm des 8. Abschnitts der VwGO (§§ 68 ff.); die Normen des 8. Abschnitts gelten grundsätzlich nur für die Anfechtungs- und Verpflichtungsklage

4. Richtiger Klagegegner, § 78 VwGO ?

HIER → Klagegegner ist die Bundesrepublik Deutschland als der sachliche Streitgegner und nicht die Behörde „Kreiswehrersatzamt"; § 78 VwGO ist nicht anwendbar; die Norm steht im 8. Abschnitt der VwGO (§§ 68 ff.); die Normen des 8. Abschnitts gelten grundsätzlich nur für die Anfechtungs- und Verpflichtungsklage

5. Form, § 81 VwGO ?

HIER (+) → Klage wurde zur Niederschrift des Urkundsbeamten der Geschäftsstelle nach § 81 I 2 VwGO erhoben

6. Allgemeines Rechtsschutzbedürfnis ?
= schutzwürdiges Interesse an der begehrten gerichtlichen Entscheidung

HIER (+) → es besteht, da ein einfacherer und kostengünstigerer Weg zur Durchsetzung der Interessen nicht ersichtlich ist

7. also: sonstige Zulässigkeitsvoraussetzungen (+)

V. Ergebnis:
Zulässigkeit der Klage (+)

Formulierungsvorschlag Fall 29

Die Klage des C müsste zulässig sein.

I. Der Rechtsweg zum Verwaltungsgericht müsste eröffnet sein.

1. Die gesetzliche Spezialzuweisung des § 32 WPflG weist Klagen bei der Ausführung des genannten Gesetzes – und damit auch Klagen bezüglich der Frage der Wehrpflicht – dem Verwaltungsgericht zu.

2. Der Rechtsweg zum Verwaltungsgericht ist daher eröffnet.

II. C müsste sein Klageziel mit einer statthaften Klageart verfolgen.

1. Statthafte Klageart könnte die Anfechtungsklage sein, § 42 I VwGO.

Dann müsste der Kläger die Aufhebung eines Verwaltungsakts begehren. C will nicht zur Musterung gehen und später auch keinen Wehr- oder Zivildienst leisten.

a. Die Aufforderung zur Musterung müsste einen Verwaltungsakt darstellen. Gemäß § 35 S. 1 VwVfG ist ein Verwaltungsakt eine hoheitliche Maßnahme einer Behörde auf dem Gebiet des öffentlichen Rechts zur Regelung eines Einzelfalls mit unmittelbarer Außenwirkung.

Bei dem Schreiben des zuständigen Kreiswehrersatzamts handelt es sich um eine hoheitliche Maßnahme einer Behörde auf dem Gebiet des öffentlichen Rechts.

Außerdem müsste eine Regelung vorliegen. Dann müsste die Maßnahme auf das Setzen einer Rechtsfolge gerichtet sein. Wegen der fehlenden Rechtsbehelfsbelehrung könnte es der Aufforderung an der Verwaltungsakt-Qualität fehlen. § 58 II VwGO ist jedoch zu entnehmen, dass die fehlende Rechtsbehelfsbelehrung keinen Einfluss auf das Vorliegen eines Verwaltungsakts hat. Es fehlt dem Schreiben aber ein Hinweis auf den Willen der Behörde, eine verbindliche Rechtsfolge zu setzen. Das Schreiben enthält nur eine Ladung zur Musterung ohne Androhung der nach § 44 II, IV und § 17 X WPflG möglichen Sanktionen. Mithin fehlt die erforderliche Regelung.

Also stellt das Schreiben keinen Verwaltungsakt dar.

b. Der Kläger begehrt demnach nicht die Aufhebung eines Verwaltungsakts. Also ist die Anfechtungsklage nicht die statthafte Klageart.

2. Statthafte Klageart könnte jedoch die Feststellungsklage gemäß § 43 I Alt. 1 VwGO sein.

Sie ist die statthafte Klageart, wenn der Kläger die Feststellung des Bestehens oder Nichtbestehens eines Rechtsverhältnisses begehrt. Unter Rechtsverhältnis versteht man die rechtlichen Beziehungen, die sich aus einem konkreten Sachverhalt aufgrund einer öffentlich-rechtlichen Regelung für das Verhältnis von Personen untereinander (auch der Staat ist eine juristische Person) oder einer Person zu einer Sache ergeben. Konkreter Sachverhalt ist die Frage der Wehrpflicht des C nach § 1 WPflG. Das WPflG regelt das Verhältnis zwischen staatlichen Stellen und dem betroffenen Bürger. C will feststellen lassen, ob für ihn die Wehrpflicht besteht.

3. Also ist die Feststellungsklage die statthafte Klageart.

III. Außerdem müssten die speziellen Voraussetzungen der Feststellungsklage vorliegen.

1. Der Kläger müsste ein berechtigtes Feststellungsinteresse haben. Als ein solches wird jedes schutzwürdige Interesse rechtlicher, wirtschaftlicher oder auch ideeller Art an einer Feststellung angesehen. § 17 III 2 WPflG regelt die Pflicht des Wehrpflichtigen, sich mustern zu lassen. Die Verletzung der Pflicht kann aber gemäß § 44 II, IV und § 17 X WPflG eine polizeiliche Vorführung oder eine Entscheidung nach Aktenlage nach sich ziehen. Insofern ergibt sich ein rechtliches Interesse des C an der Feststellung, ob er der Ladung Folge leisten muss und damit auch, ob er generell der Wehrpflicht unterliegt.

2. Das Interesse müsste sich außerdem auf eine baldige Feststellung beziehen. Ein solches Interesse liegt vor, wenn die begründete Besorgnis besteht, dass die Rechtsstellung des Klägers akut gefährdet ist. Dem C ist es nicht zuzumuten, die polizeiliche Vorführung bzw. Entscheidung nach Aktenklage abzuwarten. Mit einer Sanktion muss C aber rechnen, wenn er zur Musterung nicht erscheint. Somit hat er auch ein Interesse an der baldigen Feststellung.

3. Das gemäß § 43 II VwGO zu beachtende Subsidiaritätsprinzip ist gewahrt. Die Verfolgung der klägerischen Rechte ist durch eine Leistungs- oder Gestaltungsklage, insbesondere durch eine Anfechtungsklage, nicht ebenso gut zu erreichen.

4. Demnach liegen die speziellen Voraussetzungen der Feststellungsklage vor.

IV. Weiterhin müssten auch die sonstigen Zulässigkeitsvoraussetzungen der Feststellungsklage gegeben sein.

1. Ob der Kläger – wie bei der Anfechtungs- und Verpflichtungsklage – in zumindest analoger Anwendung des § 42 II VwGO klagebefugt sein muss, ist umstritten. Der Streit kann aber dahinstehen, wenn ein Recht des Klägers beschränkt sein kann. Das Recht des C auf Bewegungsfreiheit (Art. 2 I GG, allgemeine Handlungsfreiheit) kann durch das WPflG beschränkt werden. Insofern wäre bzw. ist er auf jeden Fall klagebefugt. Der Streit ist somit nicht entscheidungsbedürftig, da beide Ansichten zum selben Ergebnis gelangen.

2. Die Durchführung eines Vorverfahrens (§§ 68 ff VwGO) ist im Regelfall nicht erforderlich. § 68 VwGO ist eine Norm des 8. Abschnitts der VwGO. Die Normen des 8. Abschnitts gelten grundsätzlich nur für die Anfechtungs- und Verpflichtungsklage. Da das Schreiben des Kreiswehrersatzamts keinen Musterungsbescheid und auch sonst keinen Verwaltungsakt darstellt, gilt Gleiches auch für das Verfahren nach § 33 WPflG.

3. Eine Klagefrist ist bei der Allgemeinen Leistungsklage nicht einzuhalten. Der alleine in Betracht kommende § 74 I VwGO findet sich wiederum im 8. Abschnitt der VwGO und gilt grundsätzlich nur für die Anfechtungs- und Verpflichtungsklage.

4. Richtiger Klagegegner ist die Bundesrepublik Deutschland als der sachliche Streitgegner und nicht die Behörde „Kreiswehrersatzamt", da § 78 VwGO nicht anwendbar ist. Diese Norm steht im 8. Abschnitt der VwGO und gilt grundsätzlich nur für die Anfechtungs- und Verpflichtungsklage.

5. Der Kläger hat die erforderliche Form (§ 81 VwGO) eingehalten. Die Klage wurde zur Niederschrift des Urkundsbeamten der Geschäftsstelle nach § 81 I 2 VwGO erhoben.

6. Der Kläger muss ein schutzbedürftiges Interesse an der begehrten gerichtlichen Entscheidung (allgemeines Rechtsschutzbedürfnis) haben. Dieses liegt immer dann nicht vor, wenn es vor Erhebung einer Klage einen einfacheren und kostengünstigeren Weg zur Durchsetzung der Interessen des Betroffenen gibt. Ein solcher einfacherer bzw. kostengünstigerer Weg ist jedoch nicht ersichtlich.

7. Demnach liegen die sonstigen Voraussetzungen der Feststellungsklage vor.

V. Also ist die Klage zulässig.

Fazit

1. Der Fall führt euch die Situation der ***negative**n **Feststellungsklage*** vor Augen. Der Kläger will erreichen, dass ein Rechtsverhältnis für nicht bestehend erklärt wird.

   Achtung: Seit Mitte 2011 ist die Wehrpflicht in Friedenszeiten ausgesetzt. Die Wehrpflicht (vgl. § 1 WPflG) besteht nach wie vor. Jedoch bestimmt § 2 WPflG, dass die folgenden Vorschriften des WPflG – also auch die Vorschriften zur Musterung – (nur noch) im Spannungsfall und im Verteidigungsfall gelten. Deshalb der Hinweis im Sachverhalt ...

   Nichtsdestotrotz zeigt der immer wieder herangezogene Fall nach wie vor grundlegend auf, wie ihr mit negativen Feststellungsklagen umgehen müsst.

   Ein Beispiel für eine weitere negative Feststellungsklage soll nicht fehlen: Wenn eine Behörde auf Anfrage entäußert (= kein VA), der Ausschank bestimmter Getränke bedürfe einer Gaststättenerlaubnis, darf der Ausschankwillige gerne gerichtlich feststellen lassen, dass er einer derartigen Erlaubnis gerade nicht bedarf.

2. Ein ***berechtigtes Interesse an einer Feststellung*** besteht bei vergangenen oder zukünftigen Rechtsverhältnissen nur, wenn sie konkrete Auswirkungen in der Gegenwart haben, wenn also z.B. ein neues vergleichbares Rechtsverhältnis droht oder wenn dem Betroffenen Rechtsnachteile drohen, sodass ihm ein Abwarten nicht zugemutet werden kann.

Das unentschuldigte Fernbleiben von der Musterung ist keine Ordnungswidrigkeit. Das ist schön. Dummerweise sind andere Sanktionen normiert. Die Verletzung der Pflicht kann gemäß § 44 II, IV und § 17 X WPflG eine polizeiliche Vorführung oder eine Entscheidung nach Aktenlage auslösen. Das ist dann nicht so schön.

3. Ob § 42 II VwGO analog angewendet werden muss, d.h. eine ***Klagebefugnis*** bei der Feststellungsklage erforderlich ist, ist umstritten.

Die Rechtsprechung bejaht dies, um die sog. Popularklage (jedermann, nicht nur die Betroffenen, kann klagen) zu vermeiden. Im Schrifttum wird dagegen argumentiert, dass der Gesetzgeber in § 43 VwGO bewusst einen weiten Rahmen gesetzt hat, indem er ausdrücklich auf ein berechtigtes Interesse abstellt. Durch das Erfordernis des berechtigten Interesses werde eine hinreichende Einschränkung des Klägerkreises vorgenommen.

Häufig muss der Streit – wie auch im vorliegenden Fall – nicht entschieden werden.

4. Nach ***§ 43 II 1 VwGO*** ist eine Feststellungsklage unzulässig, wenn der Kläger seine Rechte durch Gestaltungs- oder Leistungsklage (= Anfechtungs-, Verpflichtungs- oder Allgemeine Leistungsklage) verfolgen kann oder hätte verfolgen können. Mit dieser Regelung soll vermieden werden, dass die strengeren Anforderungen der Anfechtungs- und Verpflichtungsklage durch die Erhebung der Feststellungsklage unterlaufen werden. Die ***Subsidiarität*** gilt aber nur, wenn sich mit der Gestaltungs- oder Leistungsklage das Klagebegehren ebenso effizient und im selben Umfang erreichen lässt.

5. Die genannten Klagearten sind auch dann nicht vorrangig, wenn es um die Feststellung der Nichtigkeit eines VA geht, ***§ 43 II 2 VwGO***.

Fall 30

Bauer B aus Mettmann (Nordrhein-Westfalen) will nach längerer Zeit zu einer entfernt liegenden Weide seines Grundbesitzes fahren. Zu ihr führt eine kleine öffentliche Straße, die sonst fast nicht mehr genutzt wird. An der Einfahrt zur Straße steht nun jedoch ein Verkehrsschild, das die Durchfahrt nur Forstfahrzeugen gestattet. Zu Hause angekommen, findet B bei der Durchsicht seiner Unterlagen bezüglich des Weidegrundstücks ein Schreiben der Forstbehörde. Darin wurde ihm vor mehreren Monaten mitgeteilt, dass ein entsprechendes Verkehrsschild aufgestellt werde, um eine nahe gelegene Ansiedlung seltener Kröten zu schützen. Dem Schreiben ist eine Rechtsbehelfsbelehrung beigefügt. Höchst verärgert erhebt B Klage vor dem Verwaltungsgericht. Er will, dass das Gericht die Nichtigkeit des Verkehrsschildes feststellt.

Frage: Hat die Klage Erfolg ?

Hinweise: § 45 I 1 Straßenverkehrsordnung (StVO) lautet: „Die Straßenverkehrsbehörden können die Benutzung bestimmter Straßen oder Straßenstrecken aus Gründen der Sicherheit oder Ordnung des Verkehrs beschränken oder verbieten und den Verkehr umleiten."
Geht weiterhin davon aus, dass das Verkehrsschild bestandskräftig ist und dass deshalb eine Anfechtungsklage nicht mehr zulässig ist, weil die Rechtsbehelfsfrist abgelaufen ist.
Gemäß §§ 52 und 60 LFoG (Forstgesetz des Landes Nordrhein-Westfalen) sind die Forstbehörden zuständig für das Bewirtschaften und die Gefahrenabwehr im Waldbereich.

Lösungsskizze Fall 30

Die Klage hat Erfolg, wenn sie zulässig und begründet ist.

A. Zulässigkeit der Klage

I. Rechtsweg zum Verwaltungsgericht ?

1. *Spezialzuweisung vorhanden ?* **(–)**

2. *Generalzuweisung des § 40 I VwGO ?*
= öffentlich-rechtliche Streitigkeit nichtverfassungsrechtlicher Art und keine abdrängende Zuweisung

(Vorüberlegung: Worum geht es im Kern? Die Prozessbeteiligten streiten darüber, ob das Verkehrszeichen zu Recht von der Forstbehörde aufgestellt wurde.***)***

a. *öffentlich-rechtliche Streitigkeit ?*
= die streitentscheidenden Normen müssen öffentlich-rechtlicher Natur sein, d.h. einen Hoheitsträger als Berechtigten oder Verpflichteten benennen

HIER (+) → die streitentscheidende Norm ist der StVO zu entnehmen; die Behörde ist als Berechtigte in § 45 I 1 StVO benannt

b. nichtverfassungsrechtlicher Art ?

HIER (+) → weder Beteiligung von Verfassungsorganen oder ihnen gleichgestellten Personen an dem Streit noch Streit über Anwendung und Auslegung von Verfassungsrecht

c. keine Zuweisung zu einem anderen Gericht ?

HIER (+) → anderweitige Zuweisung nicht ersichtlich; § 68 OWiG ist nicht anwendbar, da sich B nicht gegen einen Bußgeldbescheid wehrt

***d. also: Generalzuweisung des § 40 I VwGO* (+)**

***3. also: Rechtsweg zum Verwaltungsgericht* (+)**

II. Statthafte Klageart ?

*(**Vorüberlegung:*** Was will der Kläger? Er will die Zufahrtsstraße weiterhin nutzen. Dies kann er grundsätzlich sowohl durch eine Anfechtungsklage als auch durch eine (Nichtigkeits-)Feststellungsklage erreichen. Der Kläger hat sich dazu entschieden, eine Nichtigkeitsfeststellungsklage zu erheben. Er will, dass das Gericht die Nichtigkeit des Verkehrsschildes feststellt.*)*

1. Feststellungsklage gemäß § 43 I Alt. 2 VwGO ?
= Kläger begehrt die Feststellung der Nichtigkeit eines VA

a. Verwaltungsakt gemäß § 35 S. 1 VwVfG ?
= hoheitliche Maßnahme einer Behörde auf dem Gebiet des öffentlichen Rechts zur Regelung eines Einzelfalls mit unmittelbarer Außenwirkung

***aa. hoheitliche Maßnahme einer Behörde?* (+)**

***bb. auf dem Gebiet des öffentlichen Rechts ?* (+)**

cc. zur Regelung ?

HIER (+) → das Verkehrsschild enthält das Verbot, die Straße mit Kraftfahrzeugen zu benutzen, es sei denn, es handelt sich um Fahrzeuge der Forstverwaltung

dd. eines Einzelfalls ?
= Maßnahme richtet sich an einen bestimmten Adressaten in einer konkreten Situation

HIER (+) → die Maßnahme richtet sich zwar nicht an eine bestimmte Person oder Personengruppe, da zum Zeitpunkt, als das Schild aufgestellt wurde, der Benutzerkreis der Straße noch nicht feststeht;

es liegt aber eine Allgemeinverfügung und nicht eine Rechtsverordnung vor (a.A. vertretbar, aber klausurtaktisch nicht sinnvoll); § 35 S. 2 Fall 3 VwVfG trifft eine Sonderregelung beim Tatbestandsmerkmal „Einzelfall“; danach ist das Vorliegen eines VA auch dann zu bejahen, wenn eine hoheitliche Maßnahme die Benutzung einer Sache durch die Allgemeinheit betrifft (benutzungsregelnde Allgemeinverfügung);

durch den Wortlaut des § 35 S. 2 Fall 3 VwVfG wird das Merkmal „Einzelfall" des VA erweitert auf konkret-generelle Regelungen im Hinblick auf die Nutzung einer Sache;

die Straße ist eine konkrete Sache; eine Sache ist ein körperlicher Gegenstand; diese allgemein geltende Definition ist in § 90 BGB ausdrücklich geregelt; eine Straße wird durch künstliche Mittel wie Bordsteine oder andere Umrandungen sowie durch die Einzeichnung in Karten und Pläne, abgegrenzt; sie ist daher ein körperlicher Gegenstand; ferner steht die Straße (wie fast alle Straßen) im Eigentum des Trägers der Straßenbaulast (vgl. § 10 StrWG NRW = Straßen- und Wegegesetz des Landes Nordrhein-Westfalen bzw. § 6 FStrG = Bundesfernstraßengesetz);

die Verfügung der Ordnungsbehörde regelt den Zugang zu dieser Straße, also ihre Benutzung bzw. ihre Nichtbenutzung;

es liegt auch die Regelung einer konkreten Situation vor; das Verkehrszeichen regelt die örtliche Verkehrssituation gegenüber den einzelnen Verkehrsteilnehmern, die Situation ist daher mit der Verkehrsregelung durch einen Polizisten durchaus vergleichbar; für die Qualifizierung eines Gebots- oder Verbotsschildes als VA spricht ferner der Wille des Gesetzgebers

ee. mit Außenwirkung ? **(+)**

ff. also: VA **(+)**

b. also: Nichtigkeitsfeststellungsklage **(+)**

2. also: Feststellungsklage gemäß § 43 I Alt. 2 VwGO **(+)**

III. Spezielle Voraussetzungen der Feststellungsklage ?

1. berechtigtes Interesse an einer Feststellung ?

= jedes schutzwürdige Interesse rechtlicher, wirtschaftlicher oder auch ideeller Art an einer Feststellung (sog. Feststellungsinteresse)

HIER (+) → B will sich weiterhin den Zugang zu seinem Weidegrundstück mit einem Kraftfahrzeug erhalten und der Gefahr von Bußgeldbescheiden entgehen; hierin ist ein wirtschaftliches und rechtliches Interesse zu sehen

2. Interesse an einer baldigen Feststellung ?

= begründete Besorgnis, dass die Rechtsstellung des Klägers akut gefährdet ist

HIER (+) → es ist B nicht zuzumuten, den Erlass eines Bußgeldbescheids abzuwarten; mit einem Bußgeldbescheid muss er aber rechnen, wenn er die Straße entgegen dem Verbotsschild mit einem Kraftfahrzeug befährt

3. keine Subsidiarität nach § 43 II VwGO ?

HIER (+) → nach § 43 II 2 VwGO ist bei Klagen wegen der Nichtigkeit eines VA die Feststellungsklage gegenüber den Gestaltungs- oder Leistungsklagen nicht subsidiär

4. also: spezielle Voraussetzungen **(+)**

IV. Sonstige Zulässigkeitsvoraussetzungen ?

1. Klagebefugnis, § 42 II VwGO analog ?
= Kläger muss geltend machen, durch den VA in seinen Rechten verletzt zu sein

HIER (+) → das Erfordernis der Klagebefugnis ist bei der Feststellungsklage umstritten; der Streit kann aber dahinstehen, wenn die Beschränkung eines Rechts des B denkbar ist; das Recht des B auf ungehinderten Zugang zu seinem Grundstück wird beschränkt; hierin kann eine Beschränkung der Nutzungsrechte am Grundeigentum (Art. 14 I GG) gesehen werden

2. (Erfolgloses) Vorverfahren, §§ 68 ff VwGO als Zulässigkeitsvoraussetzung erforderlich ?

HIER (–) → ein Vorverfahren ist im Regelfall nicht erforderlich; § 68 VwGO ist eine Norm des 8. Abschnitts der VwGO; die Normen des 8. Abschnitts gelten grundsätzlich nur für die Anfechtungs- und Verpflichtungsklage

3. Einhaltung der Klagefrist, § 74 VwGO als Zulässigkeitsvoraussetzung erforderlich ?

HIER (–) → eine Klagefrist gibt es bei der Allgemeinen Leistungsklage nicht; § 74 VwGO ist eine Norm des 8. Abschnitts der VwGO (§§ 68 ff.); die Normen des 8. Abschnitts gelten grundsätzlich nur für die Anfechtungs- und Verpflichtungsklage

4. Richtiger Klagegegner, § 78 VwGO ?

HIER → Klagegegner ist das Land Nordrhein-Westfalen als der sachliche Streitgegner und nicht die Forstbehörde; § 78 VwGO ist nicht anwendbar; die Norm steht im 8. Abschnitt der VwGO (§§ 68 ff.); die Normen des 8. Abschnitts gelten grundsätzlich nur für die Anfechtungs- und Verpflichtungsklage

5. Allgemeines Rechtsschutzbedürfnis ?
= schutzwürdiges Interesse an der begehrten gerichtlichen Entscheidung

HIER (+) → ein einfacherer und kostengünstigerer Weg zur Durchsetzung der Interessen des B könnte ein Antrag nach § 44 V Halbsatz 2 VwVfG NRW sein; danach kann die Feststellung der Nichtigkeit eines Verwaltungsakts von einer Person, die ein berechtigtes Interesse daran hat, beantragt werden; B hat ein solches Verwaltungsverfahren gegen das Verkehrsschild nicht eingeleitet;

die VwGO sieht jedoch für die Feststellungsklage weder ein Vorverfahren noch ein vergleichbares vorgeschaltetes Kontrollverfahren vor; § 68 VwGO benennt ausdrücklich nur die Anfechtungs- und die Verpflichtungsklage, nicht jedoch die Feststellungsklage; andere Regelungen bezüglich eines vorgeschalteten Verfahrens finden sich in der VwGO nicht;

ferner ist der Zweck des § 44 VwVfG NRW zu beachten; die Norm soll – wie § 48 VwVfG NRW – der betroffenen Person die Abwehr fehlerhafter Verwaltungsakte erleichtern, nicht aber den gerichtlichen Schutz erschweren (a.A. vertretbar)

6. <u>also</u>: sonstige Zulässigkeitsvoraussetzungen (+)

V. Ergebnis:

Zulässigkeit der Klage (+)

B. Begründetheit der Klage

= Nichtigkeit des VA nach § 43 I Alt. 2 VwGO

I. Vorliegen eines Fehlers nach § 44 II VwVfG NRW ? (–)

II. Vorliegen eines Fehlers nach § 44 III VwVfG NRW ? (–)

III. Vorliegen eines Fehlers nach § 44 I VwVfG NRW ?

= besonders schwerwiegender Mangel, der bei verständiger Würdigung aller in Betracht kommenden Umstände offenkundig ist

1. Besonders schwerwiegender Mangel ?

= Fehler führt dazu, dass der VA – unabhängig von seinen materiellen Auswirkungen – in krassem Widerspruch zur Rechtsordnung steht

HIER (+) → als Auslegungshilfe sind u.a. die in § 44 II und III VwVfG NRW benannten Fälle heranzuziehen; in § 44 II Nr. 3 VwVfG NRW ist nur ein Fall der örtlichen Unzuständigkeit geregelt; an Tragweite und Schwere vergleichbar ist der Fall der absoluten sachlichen Unzuständigkeit;

die Forstverwaltung hatte das Verkehrsschild aufgestellt; die Aufgaben und Befugnisse der Forstverwaltung sind dem Wald- und Forstrecht zu entnehmen; hierzu zählt im Wesentlichen das Bewirtschaften und der Schutz des Waldes nach §§ 52, 60 LFoG (Forstgesetz des Landes Nordrhein-Westfalen); die Regelung der Verhältnisse auf öffentlichen Straßen und Wegen fällt dagegen allein in die Zuständigkeit der Straßenverkehrsbehörde; folglich hat eine sachlich absolut unzuständige Behörde den VA erlassen (a.A. vertretbar)

2. Offenkundigkeit des Mangels ?

= die schwere Fehlerhaftigkeit drängt sich auch einem sach- und rechtsunkundigen Durchschnittsbürger auf

HIER (+) → Forstbeamte dürfen keine Regelungen mit direkter Wirkung auf den Straßenverkehr treffen; hierzu fehlt ihnen in der Regel die konkrete Sachkenntnis im Bereich des Straßenverkehrsrechts und der Straßenplanung (a.A. vertretbar)

3. <u>also</u>: Vorliegen eines Fehlers nach § 44 I VwVfG NRW (+)

IV. Ergebnis:

Begründetheit der Klage (+)

C. Ergebnis:

Zulässigkeit und Begründetheit der Klage (+); also Erfolg der Klage (+)

Formulierungsvorschlag Fall 30

Die Klage hat Erfolg, wenn sie zulässig und begründet ist.

A. Die Klage des B müsste zulässig sein.

I. Der Rechtsweg zum Verwaltungsgericht müsste eröffnet sein.

1. Eine gesetzliche Spezialzuweisung ist nicht ersichtlich.

2. Die Generalzuweisung des § 40 I VwGO wäre gegeben, wenn es sich bei der Aufstellung des Verkehrsschildes um eine öffentlich-rechtliche Streitigkeit nichtverfassungsrechtlicher Art handelt und keine anderweitige Zuweisung vorliegt.

a. Die streitentscheidenden Normen müssten öffentlich-rechtlicher Natur sein, d.h. einen Hoheitsträger als Berechtigten oder als Verpflichteten benennen. Die Beteiligten streiten darüber, ob das Verkehrszeichen zu Recht von der Forstbehörde aufgestellt wurde. Rechtsgrundlage für das Handeln der Behörde ist § 45 I 1 StVO. Die StVO ist öffentlich-rechtlicher Natur.

b. Da weder Verfassungsorgane oder ihnen gleichgestellte Personen an dem Streit beteiligt sind noch Streit über Anwendung und Auslegung von Verfassungsrecht herrscht, ist die Streitigkeit nichtverfassungsrechtlicher Art.

c. Eine Zuweisung zu einem anderen Gericht – insbesondere nach § 68 OWiG – ist nicht ersichtlich, da sich B nicht gegen einen Bußgeldbescheid wehrt, sondern gegen das Aufstellen des Schildes.

d. Demnach sind die Voraussetzungen der Generalzuweisung des § 40 I VwGO erfüllt.

3. Der Rechtsweg zum Verwaltungsgericht ist eröffnet.

II. B müsste sein Klageziel mit einer statthaften Klageart verfolgen.

Der Kläger will die Zufahrtsstraße weiterhin nutzen. Dies kann er grundsätzlich sowohl durch eine Anfechtungsklage als auch durch eine (Nichtigkeits-)Feststellungsklage erreichen. B hat sich dazu entschieden, eine Nichtigkeitsfeststellungsklage zu erheben. Er will, dass das Gericht die Nichtigkeit des Verkehrsschildes feststellt.

1. Statthafte Klageart könnte also die Feststellungsklage gemäß § 43 I Alt. 2 VwGO sein.

Dann müsste der Kläger die Feststellung der Nichtigkeit eines Verwaltungsakts begehren. B will die Nichtigkeit des Verkehrsschildes festgestellt wissen.

a. Das Verkehrsschild müsste einen Verwaltungsakt darstellen. Gemäß § 35 S. 1 VwVfG ist ein Verwaltungsakt eine hoheitliche Maßnahme einer Behörde auf dem Gebiet des öffentlichen Rechts zur Regelung eines Einzelfalls mit unmittelbarer Außenwirkung.

Bei dem Schild handelt es sich um eine hoheitliche Maßnahme einer Behörde auf dem Gebiet des öffentlichen Rechts.

Außerdem müsste eine Regelung vorliegen. Dann müsste die Maßnahme auf das Setzen einer Rechtsfolge gerichtet sein. Das Verkehrsschild enthält das Verbot, die Straße mit Kraftfahrzeugen zu benutzen, es sei denn, es handelt sich um Fahrzeuge der Forstverwaltung. Demnach liegt eine Regelung vor.

Weiterhin müsste ein Einzelfall geregelt sein. Hierzu müsste sich die Maßnahme an einen bestimmten Adressaten in einer konkreten Situation richten. Die Maßnahme richtet sich jedoch nicht an eine bestimmte Person, da zum Zeitpunkt, als das Schild aufgestellt wurde, der Benutzerkreis der Straße noch nicht feststeht, sodass hier möglicherweise mangels Einzelfallregelung eine Rechtsverordnung vorliegt, die einen Sachverhalt im Gegensatz zum Verwaltungsakt abstrakt und nicht konkret regelt.

Das Verkehrsschild könnte aber eine Allgemeinverfügung und damit keine Rechtsverordnung darstellen. Nach § 35 S. 2 VwVfG ist das Vorliegen eines Einzelfalls und damit eines Verwaltungsakts auch dann zu bejahen, wenn eine hoheitliche Maßnahme einen Sachverhalt konkret-generell regelt.

Durch den Wortlaut des § 35 S. 2 VwVfG wird das Merkmal „Einzelfall" des Verwaltungsakts erweitert auf konkret-generelle Regelungen. In Betracht kommt hier eine Allgemeinverfügung, die die Benutzung einer Sache regelt, § 35 S. 2 Fall 3 VwVfG.

Eine Sache ist ein körperlicher Gegenstand. Diese allgemein geltende Definition ist in § 90 BGB ausdrücklich geregelt. Eine Straße wird durch künstliche Mittel wie Bordsteine oder andere Umrandungen sowie durch die Einzeichnung in Karten und Pläne, abgegrenzt. Sie ist daher ein körperlicher Gegenstand. Ferner steht die Straße (wie fast alle Straßen) im Eigentum des Trägers der Straßenbaulast (vgl. § 10 StrWG NRW bzw. § 6 FStrG).

Die Verfügung der Ordnungsbehörde regelt den Zugang zur Straße, also ihre Benutzung bzw. ihre Nichtbenutzung.

Es liegt auch die Regelung einer konkreten Situation vor. Das Verkehrszeichen regelt die örtliche Verkehrssituation gegenüber den einzelnen Verkehrsteilnehmern, die das Verkehrsschild passieren. Die Situation ist daher mit der Verkehrsregelung durch einen Polizisten durchaus vergleichbar. Für die Qualifizierung eines Gebots- oder Verbotsschildes als Verwaltungsakt spricht ferner der Wille des Gesetzgebers.

Somit ist das Verkehrsschild eine Allgemeinverfügung. Es regelt einen Einzelfall im Sinne von § 35 S. 2 Fall 3 VwVfG.

Die Maßnahme hat auch unmittelbare Außenwirkung.

Mithin stellt das Aufstellen des Schildes einen Verwaltungsakt dar.

b. Der Kläger begehrt demnach die Feststellung der Nichtigkeit eines Verwaltungsakts.

2. Also ist die (Nichtigkeits-)Feststellungsklage gemäß § 43 I Alt. 2 VwGO die statthafte Klageart.

III. Außerdem müssten die speziellen Voraussetzungen der Feststellungsklage vorliegen.

1. Der Kläger müsste ein berechtigtes Feststellungsinteresse haben. Als solches wird jedes schutzwürdige Interesse rechtlicher, wirtschaftlicher oder auch ideeller Art an einer Feststellung betrachtet. B will sich weiterhin den Zugang zu seinem Weidegrundstück mit einem Kraftfahrzeug erhalten und der Gefahr von Bußgeldbescheiden entgehen. Hierin ist ein wirtschaftliches und rechtliches Interesse, also ein Feststellungsinteresse zu sehen.

2. Das Interesse müsste sich außerdem auf eine baldige Feststellung beziehen. Ein solches Interesse liegt vor, wenn die begründete Besorgnis besteht, dass die Rechtsstellung des Klägers akut gefährdet ist. Es ist dem B nicht zuzumuten, den Erlass eines Bußgeldbescheids abzuwarten. Mit einem Bußgeldbescheid muss er aber rechnen, wenn er die Straße entgegen dem Verbotsschild mit einem Kraftfahrzeug befährt. Somit hat er auch ein Interesse an der baldigen Feststellung.

3. Nach § 43 II 2 VwGO ist bei Klagen wegen der Nichtigkeit eines Verwaltungsakts das Subsidiaritätsprinzip nicht zu beachten.

4. Demnach liegen die speziellen Voraussetzungen der Feststellungsklage vor.

IV. Weiterhin müssten auch die sonstigen Zulässigkeitsvoraussetzungen der Feststellungsklage gegeben sein.

1. Ob der Kläger – wie bei der Anfechtungs- und Verpflichtungsklage – in zumindest analoger Anwendung des § 42 II VwGO klagebefugt sein muss, ist umstritten. Der Streit kann aber dahinstehen, wenn ein Recht des Klägers beschränkt sein kann. Das Recht des B auf ungehinderten Zugang zu seinem Grundstück wird beschränkt. Hierin kann eine Beschränkung der Nutzungsrechte am Grundeigentum (Art. 14 I GG) gesehen werden. Insofern wäre bzw. ist B auf jeden Fall klagebefugt. Der Streit ist somit nicht entscheidungsbedürftig, da beide Ansichten zum selben Ergebnis gelangen.

2. Die Durchführung eines Vorverfahrens (§§ 68 ff VwGO) ist im Regelfall nicht erforderlich. § 68 VwGO ist eine Norm des 8. Abschnitts der VwGO. Die Normen des 8. Abschnitts gelten grundsätzlich nur für die Anfechtungs- und Verpflichtungsklage.

3. Eine Klagefrist ist bei der Allgemeinen Leistungsklage nicht einzuhalten. Der alleine in Betracht kommende § 74 I VwGO findet sich wiederum im 8. Abschnitt der VwGO und gilt grundsätzlich nur für die Anfechtungs- und Verpflichtungsklage.

4. Richtiger Klagegegner ist das Land Nordrhein-Westfalen als der sachliche Streitgegner und nicht die Forstbehörde. § 78 VwGO ist nicht anwendbar. Auch diese Norm steht im 8. Abschnitt der VwGO.

5. Der Kläger muss ein schutzbedürftiges Interesse an der begehrten gerichtlichen Entscheidung (allgemeines Rechtsschutzbedürfnis) haben. Dieses liegt immer dann nicht vor, wenn es vor Erhebung einer Klage einen einfacheren und kostengünstigeren Weg zur Durchsetzung der Interessen des Betroffenen gibt.

Ein einfacherer und kostengünstigerer Weg zur Durchsetzung der Interessen des B könnte ein Antrag nach § 44 V Halbsatz 2 VwVfG NRW sein. Danach kann die Feststellung der Nichtigkeit eines Verwaltungsakts von einer Person, die ein berechtigtes Interesse daran hat, beantragt werden. B hat ein solches Verwaltungsverfahren gegen das Verkehrsschild nicht eingeleitet.

Die VwGO sieht jedoch für die Feststellungsklage weder ein Vorverfahren noch ein vergleichbares vorgeschaltetes Kontrollverfahren vor. § 68 VwGO benennt ausdrücklich nur die Anfechtungs- und die Verpflichtungsklage, nicht jedoch die Feststellungsklage. Andere Regelungen bezüglich eines vorgeschalteten Verfahrens finden sich in der VwGO nicht.

Ferner ist der Zweck des § 44 VwVfG NRW zu beachten. Die Norm soll der betroffenen Person – wie § 48 VwVfG NRW – die Abwehr fehlerhafter Verwaltungsakte erleichtern, nicht aber den gerichtlichen Schutz erschweren.

Also ist ein einfacherer bzw. kostengünstigerer Weg nicht ersichtlich.

6. Demnach liegen die sonstigen Voraussetzungen der Feststellungsklage vor.

V. Also ist die Klage zulässig.

B. Die Klage müsste auch begründet sein.

Begründet ist die (Nichtigkeits-)Feststellungsklage gemäß § 43 I Alt. 2 VwGO, wenn der Verwaltungsakt nichtig ist. Dann müsste ein zur Nichtigkeit führender Fehler im Sinne des § 44 VwVfG NRW vorliegen.

I. Ein zur Nichtigkeit führender Fehler im Sinne des § 44 II VwVfG NRW ist nicht ersichtlich.

II. Auch ein dem Negativkatalog des § 44 III VwVfG NRW zu entnehmender Fehler liegt nicht vor.

III. Es könnte jedoch ein Fehler im Sinne des § 44 I VwVfG NRW vorliegen. Dann müsste der Verwaltungsakt an einem besonders schweren Mangel leiden und dies müsste offenkundig sein.

1. Ein besonders schwerwiegender Mangel ist gegeben, wenn der Fehler dazu führt, dass der Verwaltungsakt – unabhängig von seinen materiellen Auswirkungen – in krassem Widerspruch zur Rechtsordnung steht.

Als Auslegungshilfe sind u.a. die in § 44 II und III VwVfG NRW benannten Fälle heranzuziehen. In § 44 II Nr. 3 VwVfG NRW ist nur ein Fall der örtlichen Unzuständigkeit geregelt. An Tragweite und Schwere vergleichbar ist der Fall der absoluten sachlichen Unzuständigkeit.

Die Forstverwaltung hat das Verkehrsschild aufgestellt. Die Aufgaben und Befugnisse der Forstverwaltung sind dem Wald- und Forstrecht zu entnehmen. Hierzu zählt im Wesentlichen das Bewirtschaften und der Schutz des Waldes nach §§ 52, 60 LFoG (Forstgesetz des Landes Nordrhein-Westfalen). Die Regelung der Verhältnisse auf öffentlichen Straßen und Wegen fällt dagegen allein in die Zuständigkeit der Straßenverkehrsbehörde. Folglich hat eine sachlich absolut unzuständige Behörde den Verwaltungsakt erlassen.

Es liegt ein besonders schwerwiegender Mangel vor.

2. Der Mangel müsste offenkundig sein. Offenkundig ist ein Mangel, wenn sich die schwere Fehlerhaftigkeit auch einem sach- und rechtsunkundigen Durchschnittsbürger aufdrängt. Forstbeamte dürfen keine Regelungen mit direkter

Wirkung auf den Straßenverkehr treffen. Hierzu fehlt ihnen in der Regel die konkrete Sachkenntnis im Bereich des Straßenverkehrsrechts und der Straßenplanung. Dieser Umstand ist auch für eine sach- und rechtsunkundige Person klar erkennbar, also offenkundig.

3. Demnach liegt ein Fehler im Sinne des § 44 I VwVfG vor.

IV. Die Klage ist damit begründet.

C. Die Klage ist zulässig und begründet, hat also Erfolg.

Fazit

1. Die Qualifizierung des ein Gebot oder Verbot enthaltenden ***Verkehrsschild***es als ***VA*** ist in der Rechtsprechung mittlerweile unbestritten. Die entgegenstehende Ansicht (Verkehrsschild = ***Rechtsverordnung***) hat der Bayerische VGH mittlerweile aufgegeben. Dennoch kann in Bayern der Streit erörtert werden, zumal im Schrifttum vereinzelt noch die Mindermeinung vertreten wird.
2. Die Möglichkeit der ***Nichtigkeit des Verwaltungsakts*** ist in der Zulässigkeit nicht zu prüfen, sondern nur festzustellen.
3. Zwei Tatbestandsmerkmale der Nichtigkeit nach ***§ 44 VwVfG*** NRW (gleiche Regelung im Bund und in den anderen Bundesländern) sind in der Begründetheit zu prüfen: Der besonders schwerwiegende Mangel und dessen Offenkundigkeit.
4. Nicht die subjektiven Vorstellungen des betroffenen Bürgers, auch nicht der meist geschultere Blick eines Juristen sind für die ***Offenkundigkeit*** entscheidend, sondern die allseits (un-)bekannte Ansicht des Durchschnittsmenschen, der die konkreten Umstände des Einzelfalls kennt. Im vorliegenden Fall ist ein anderes Ergebnis bei der Offenkundigkeit sicherlich vertretbar. Andererseits sollte man immer die Fälle des § 44 II und des § 44 III VwVfG NRW berücksichtigen. Sind sie mit der Situation eures Falles vergleichbar, spricht viel dafür, eine Nichtigkeit anzunehmen.
5. Wenn ein VA nichtig sein kann, hat der Betroffene auch die Möglichkeit, eine Anfechtungsklage zu erheben. Denn ihm kann für den Fall, dass die Nichtigkeitsfeststellungsklage erfolglos ist, nicht das Risiko zugemutet werden, dass eine nachfolgende Anfechtungsklage gegen den „nur" rechtswidrigen VA wegen Fristversäumnis unzulässig wäre.
6. Die Nichtigkeitsfeststellungsklage ist an ***keine Fristen*** gebunden. Der Betroffene kann also auch dann zulässigerweise klagen, wenn er (die Widerspruchs- oder) die Klagefrist versäumt hat.

   Die Versäumung der Widerspruchsfrist ist natürlich nur in Bundesländern möglich, die ein Vorverfahren für erforderlich halten.
7. Genug der Klugscheißerei. Die Fälle zur Fortsetzungsfeststellungsklage nahen. Blättert weiter…

Fortsetzungsfeststellungsklage

- Eine kleine Einführung

1. Vorgeplänkel

Die Fortsetzungsfeststellungsklage ist ein beliebter Klausur- und Prüfungsstoff. Das liegt vor allem daran, dass sie nur zum Teil in der VwGO – in § 113 I 4 VwGO – geregelt ist. Nach der genannten Norm ist sie eine ***besondere Ausgestaltung der Anfechtungsklage***. Dies ergibt sich aus dem gesetzlichen Zusammenhang. § 113 I VwGO regelt die verfahrensabschließende Entscheidung des Gerichts bei der Anfechtungsklage.

2. Der Sinn der Fortsetzungsfeststellungsklage

In § 113 I 4 VwGO ist der Grundfall der Fortsetzungsfeststellungsklage geregelt. Er liegt vor, wenn sich die Belastung (= Beschwer) durch den VA ***nach Klageerhebung und vor dem Urteil*** erledigt hat. In § 113 I 4 VwGO heißt es zwar: „Hat sich der Verwaltungsakt vorher ... erledigt, ..." Wenn man diesen Wortlaut losgelöst vom Zusammenhang des § 113 VwGO sieht, könnte man meinen, dass § 113 I 4 VwGO für alle Fälle gilt, in denen sich der VA vor einem Urteil, also auch vor Klageerhebung (oder gar vor Einlegung des Widerspruchs, falls dieser nach Landesrecht erforderlich ist), erledigt hat. Aus dem Zusammenhang des § 113 VwGO ergibt sich jedoch, dass nur eine Regelung für den Fall nach Klageerhebung und vor dem Urteil getroffen werden sollte. Denn die prozessuale Grundlage für eine gerichtliche Entscheidung ist nach § 113 VwGO nun einmal die Klageerhebung, sodass sie eine notwendige Voraussetzung für die direkte Anwendung der Regelungen des § 113 VwGO ist.

Da der Kläger aber keinen Einfluss auf den Zeitpunkt des erledigenden Ereignisses hat, wird im Hinblick auf das rechtsstaatliche Erfordernis eines umfassenden Rechtsschutzes gegenüber rechtswidrigem Verwaltungshandeln § 113 I 4 VwGO ***analog*** auch auf die Fälle angewendet, in denen das erledigende Ereignis ***vor Klageerhebung*** eintritt (***oder*** selbst ***vor Einlegung eines Widerspruchs***, falls dieser nach Landesrecht erforderlich ist).

Weiterhin ist eine ***analog***e Anwendung der Norm auch in Fällen der sich erledigenden ***Verpflichtungsklage*** denkbar. Und zwar wiederum in allen beschriebenen Konstellationen.

Hossa: Es gibt also ***mehrere Konstellationen*** der Fortsetzungsfeststellungsklage.

3. Die Prüfung

Die Voraussetzungen der Klageart sind an die der ***Anfechtungs- bzw. Verpflichtungsklage*** angelehnt.

Jedoch ist zusätzlich ein besonderes Interesse an der Feststellung zu prüfen, das sogenannte Fortsetzungsfeststellungsinteresse. Aber ihr werdet ja sehen ...

Fall 31

In der Altstadt von Köln (Nordrhein-Westfalen) wiederholt sich alljährlich dasselbe Spektakel. Im Zuge des wegen der Schneeschmelze eintretenden Frühjahrshochwassers versammeln sich abertausende Schaulustige, um zu erleben, wann das schmutzige Nass des Rheins die Hochwasserwände überflutet. Auch der Voyeur V ist mit seiner Kamera immer dabei. Im vergangenen Jahr behinderte er durch seine Anwesenheit wiederholt und in besonders rücksichtsloser Weise die durchzuführenden Hilfs- und Rettungsarbeiten. Als sich in diesem Jahr abzeichnet, dass es mit Sicherheit zu einem erneuten Hochwasser kommen wird, erkundigt sich der Mitarbeiter der Ordnungsbehörde P bei dem ihm namentlich bekannten V, ob dieser abermals dem Hochwassertourismus frönen wolle. V bejaht das und bemerkt, die Kameraausrüstung mit Stativ und Beleuchtungskörpern liege schon bereit. Es werde ihm nichts entgehen, koste es, was es wolle. Daraufhin erlässt P vorsorglich eine Ordnungsverfügung, in der er gegenüber V für die Zeit des Hochwassers und für einen abgegrenzten Teil des Rheinuferbereichs der Altstadt eine befristete „Platzverweisung“ ausspricht. V erhebt umgehend Klage vor dem Verwaltungsgericht. Bevor eine gerichtliche Entscheidung ergehen kann, beruhigt sich der Rhein. Der Wasserpegel normalisiert sich. V will aber weiterhin seinem Voyeurismus frönen und daher in der Sache eine gerichtliche Entscheidung erwirken.

Frage: Hat die Klage Erfolg ?

Hinweise: § 24 OBG NRW (Ordnungsbehördengesetz des Landes Nordrhein-Westfalen) lautet: „Folgende Vorschriften des Polizeigesetz des Landes Nordrhein-Westfalen gelten entsprechend für die Ordnungsbehörden, ... : ... Nr. 13: § 34 mit Ausnahme von Absatz 2.“
Lest § 34 I 2 PolG NRW (Polizeigesetz des Landes Nordrhein-Westfalen) bitte geringfügig ergänzt, um die Lösung nicht unnötig zu komplizieren. In der Norm heißt es nun: „Die Platzverweisung kann ferner gegen eine Person angeordnet werden, die den Einsatz der Feuerwehr oder der Hilfs- und Rettungsdienste behindert oder voraussichtlich behindern wird.“

Lösungsskizze Fall 31

Die Klage hat Erfolg, wenn sie zulässig und begründet ist.

A. Zulässigkeit der Klage

I. Rechtsweg zum Verwaltungsgericht ?

1. Spezialzuweisung vorhanden ? (–)

2. Generalzuweisung des § 40 I VwGO ?

= öffentlich-rechtliche Streitigkeit nichtverfassungsrechtlicher Art und keine abdrängende Zuweisung

(Vorüberlegung: Worum geht es im Kern? Die Prozessbeteiligten streiten über die Rechtmäßigkeit der Platzverweisung für den Zeitraum des Hochwassers durch einen Mitarbeiter der Ordnungsbehörde.*)*

a. öffentlich-rechtliche Streitigkeit ?

= die streitentscheidenden Normen müssen öffentlich-rechtlicher Natur sein, d.h. einen Hoheitsträger als Berechtigten oder Verpflichteten benennen

HIER (+) → die streitentscheidenden Normen sind dem Ordnungsbehördenrecht des Landes Nordrhein-Westfalen zu entnehmen; in § 24 OBG NRW i.V.m. § 34 I PolG NRW ist eine Behörde als Berechtigte benannt

b. nichtverfassungsrechtlicher Art ?

HIER (+) → weder Beteiligung von Verfassungsorganen oder ihnen gleichgestellten Personen an dem Streit noch Streit über Anwendung und Auslegung von Verfassungsrecht

c. keine Zuweisung zu einem anderen Gericht ?

HIER (+) → anderweitige Zuweisung nicht ersichtlich

d. also: Generalzuweisung des § 40 I VwGO (+)

3. also: Rechtsweg zum Verwaltungsgericht (+)

II. Statthafte Klageart = Fortsetzungsfeststellungsklage § 113 I 4 VwGO

(Vorüberlegung: Was will der Kläger? Ursprünglich wollte er die Ordnungsverfügung aus der Welt schaffen. Dies konnte er möglicherweise durch eine Anfechtungsklage erreichen. Weil sich sein Begehren wegen der Normalisierung der Umstände – das Hochwasser ist zurückgegangen – erledigt hat, kann er die Ordnungsverfügung nicht mehr mit der Anfechtungsklage beseitigen. Sein nunmehr ausdrücklich gestellter Antrag auf gerichtliche Entscheidung ist darauf gerichtet, feststellen zu lassen, dass die Platzverweisung rechtswidrig war. Dies kann er möglicherweise mit einer Fortsetzungsfeststellungsklage gemäß § 113 I 4 VwGO erreichen.*)*

1. Statthaftigkeit der Fortsetzungsfeststellungsklage ?

HIER (+) → nach dem Wortlaut des § 113 I 4 VwGO gilt die Fortsetzungsfeststellungsklage für den Fall, dass eine schon erhobene Anfechtungsklage nur deshalb nicht zu Ende geführt werden kann, weil zwischen Klageerhebung und Urteil eine Erledigung der Sache eingetreten ist

2. Verwaltungsakt gemäß § 35 S. 1 VwVfG ?

HIER (+) → hoheitliche Maßnahme einer Behörde auf dem Gebiet des öffentlichen Rechts zur Regelung eines Einzelfalls mit unmittelbarer Außenwirkung

3. Erledigung nach Erhebung der Klage und vor dem Urteil ?

= Wegfall der beschwerenden Rechtswirkung durch Zeitablauf, Rücknahme oder Wegfall des Regelungsobjekts nach Klageerhebung und vor dem Urteil

HIER (+) → der Wasserpegel des Rheins hat sich normalisiert, nachdem V Klage erhoben hat, aber bevor das Urteil ergangen ist; insofern darf V die Altstadt im Bereich des Rheinufers wieder betreten

4. also: Fortsetzungsfeststellungsklage, § 113 I 4 VwGO (+)

III. Spezielle Voraussetzungen der Fortsetzungsfeststellungsklage ?

1. (Besonderes) Feststellungsinteresse ?
= bei Wiederholungsgefahr und Rehabilitationsinteresse; u.U. zur Vorbereitung eines Schadensersatzprozesses

HIER (+) → V will das Hochwasser in den kommenden Jahren wieder filmen; es besteht Wiederholungsgefahr

*(**Anmerkung:*** Die Fortsetzungsfeststellungsklage dient – hier – der „Fortführung" der Anfechtungsklage, die nur nicht zu Ende geführt werden kann, weil eine Erledigung des VA eingetreten ist. Also müssen grundsätzlich die speziellen Voraussetzungen der Anfechtungsklage vorliegen. Ansonsten würde der Kläger – nur weil eine Erledigung eingetreten ist – besser gestellt als bei der Anfechtungsklage.*)*

2. Klagebefugnis, § 42 II VwGO ?
= Kläger muss geltend machen, durch die Versagung des VA in seinen Rechten verletzt zu sein

HIER (+) → eine Privatperson als Adressat eines belastenden VA ist stets klagebefugt, da in ihre subjektiv-öffentlichen Rechte eingegriffen wird (Adressatentheorie); es ist zumindest ein Eingriff in die Rechte des Betroffenen aus Art. 2 I GG (allgemeine Handlungsfreiheit) denkbar

3. (Erfolgloses) Vorverfahren, §§ 68 ff VwGO ?

HIER (–), aber: gemäß § 110 I 1 JustG NRW bedarf es – in NRW – vor der Erhebung einer Anfechtungsklage – und damit auch vor Erhebung der Fortsetzungsfeststellungsklage – grundsätzlich nicht der Nachprüfung in einem Vorverfahren *(vgl. in NRW ab 01/2015 → Fall 4, Fazit 5. = Seite 53)*

4. Einhaltung der Klagefrist, § 74 VwGO ? (+)

5. Richtiger Klagegegner, § 78 VwGO ?

HIER → gemäß § 78 I Nr. 1 VwGO die Körperschaft, deren Behörde den angefochtenen VA erlassen hat, also die Stadt Köln

6. also: spezielle Voraussetzungen (+)

IV. Sonstige Zulässigkeitsvoraussetzungen ? (+)

V. Ergebnis:
Zulässigkeit der Klage (+)

B. Begründetheit der Klage

= Rechtswidrigkeit des VA und dadurch Verletzung des Klägers in seinen Rechten, § 113 I 4 VwGO

(Anmerkung: Wegen der Erledigung des VA ist hier natürlich zu prüfen, ob der VA rechtswidrig war, und nicht, wie bei der Anfechtungsklage, ob er rechtswidrig ist. In der Lösungsskizze wird dieser Umstand aber nicht relevant. Wichtig wird das erst bei der Formulierung. Das werdet ihr dann sehen.*)*

I. Rechtswidrigkeit des Verwaltungsakts ?

= bei formeller und/oder materieller Rechtswidrigkeit des VA; der VA ist jedoch rechtmäßig, wenn er aufgrund einer Ermächtigungsgrundlage formell und materiell rechtmäßig erlassen wurde

1. Ermächtigungsgrundlage ?

HIER → § 24 OBG NRW i.V.m. § 34 S. 2 PolG NRW

2. Formelle Rechtmäßigkeit ?

a. Zuständigkeit ? (+)

b. Verfahren ?

= allgemeine Verfahrensvorschriften, insbesondere Anhörung nach § 28 I VwVfG NRW und ggf. Sondervorschriften der anwendbaren Gesetze des Besonderen Verwaltungsrechts

HIER (+) → Anhörung hat stattgefunden

c. Form ?

= allgemeine Formvorschriften nach §§ 37 und 39 VwVfG NRW und ggf. Sondervorschriften der anwendbaren Gesetze des Besonderen Verwaltungsrechts

HIER (+) → alle Formvorschriften wurden eingehalten

d. also: formelle Rechtmäßigkeit (+)

3. Materielle Rechtmäßigkeit ?

= Voraussetzungen der Ermächtigungsgrundlage
→ § 24 OBG NRW i.V.m. § 34 S. 2 PolG NRW

a. voraussichtliche Behinderung von Hilfs- und Rettungsarbeiten ?

HIER (+) → V wollte das Hochwasser mit der Kamera ausgiebig und um jeden Preis mit einer umfangreichen Ausrüstung filmen; dies hätte voraussichtlich zu einer Behinderung der Hilfs- und Rettungsarbeiten geführt

b. Ermessen ?

HIER (+) → § 34 S. 2 PolG NRW ist eine „Kann"-Vorschrift (vgl. Wortlaut der Norm); also ist der Behörde ein Entscheidungsspielraum hinsichtlich der Frage, ob sie tätig wird (Entschließungsermessen) und hinsichtlich der Frage, wie sie tätig wird (Auswahlermessen) eingeräumt *c. Rechtsfehlerfreie Ausübung des Ermessens ?*

HIER (+) → Ermessensfehler sind nicht ersichtlich

***d. also: materielle Rechtmäßigkeit* (+)**

***4. also: Rechtmäßigkeit des VA* (+) → *somit Rechtswidrigkeit des VA* (–)**

II. Ergebnis:

Begründetheit der Klage (–)

C. Ergebnis:

zwar Zulässigkeit (+), aber Begründetheit der Klage (–); also Erfolg der Klage (–)

Formulierungsvorschlag Fall 31

Die Klage hat Erfolg, wenn sie zulässig und begründet ist.

A. Die Klage des V müsste zulässig sein.

I. Der Rechtsweg zum Verwaltungsgericht müsste eröffnet sein.

1. Eine gesetzliche Spezialzuweisung ist nicht ersichtlich.

2. Die Generalzuweisung des § 40 I VwGO wäre gegeben, wenn es sich bei der Platzverweisung um eine öffentlich-rechtliche Streitigkeit nichtverfassungsrechtlicher Art handelt und keine anderweitige Zuweisung vorliegt.

a. Die streitentscheidenden Normen müssten öffentlich-rechtlicher Natur sein, d.h. einen Hoheitsträger als Berechtigten oder als Verpflichteten benennen. Die Beteiligten streiten über die Rechtmäßigkeit einer Platzverweisung. Die streitentscheidenden Normen sind dem Ordnungsbehördenrecht des Landes Nordrhein-Westfalen zu entnehmen. In § 24 OBG NRW i.V.m. § 34 I PolG NRW ist eine Behörde als ausschließlich Berechtigte benannt. Das OBG NRW und das PolG NRW sind öffentlich-rechtlicher Natur.

b. Da weder Verfassungsorgane oder ihnen gleichgestellte Personen an dem Streit beteiligt sind noch Streit über Anwendung und Auslegung von Verfassungsrecht herrscht, ist die Streitigkeit nichtverfassungsrechtlicher Art.

c. Eine Zuweisung zu einem anderen Gericht ist nicht ersichtlich.

d. Demnach sind die Voraussetzungen der Generalzuweisung des § 40 I VwGO erfüllt.

3. Der Rechtsweg zum Verwaltungsgericht ist eröffnet.

II. Statthafte Klageart könnte die Fortsetzungsfeststellungsklage sein, § 113 I 4 VwGO

Ursprünglich wollte der Kläger die Ordnungsverfügung aus der Welt schaffen. Dies konnte er möglicherweise durch eine Anfechtungsklage erreichen. Weil sich sein Begehren wegen der Normalisierung der Umstände – das Hochwasser ist zurückgegangen – erledigt hat, kann er sie nicht mehr mit der Anfechtungsklage beseitigen.

Sein nunmehr ausdrücklich gestellter Antrag auf gerichtliche Entscheidung ist darauf gerichtet, feststellen zu lassen, dass die Platzverweisung rechtswidrig war. Dies kann er möglicherweise mit einer Fortsetzungsfeststellungsklage gemäß § 113 I 4 VwGO erreichen.

1. Nach dem Wortlaut des § 113 I 4 VwGO gilt die Fortsetzungsfeststellungsklage für den Fall, dass eine schon erhobene Anfechtungsklage nur deshalb nicht zu Ende geführt werden kann, weil zwischen Klageerhebung und Urteil eine Erledigung der Sache eingetreten ist.

2. Bei der Platzverweisung handelt es sich um eine hoheitliche Maßnahme einer Behörde auf dem Gebiet des öffentlichen Rechts zur Regelung eines Einzelfalls mit unmittelbarer Außenwirkung, also einen Verwaltungsakt im Sinne des § 35 S. 1 VwVfG.

3. Dieser Verwaltungsakt müsste sich nach Klageerhebung und vor dem Urteil erledigt haben. Die Erledigung wäre eingetreten, wenn die beschwerende Rechtswirkung weggefallen ist. Das Hochwasser existiert nicht mehr. V kann den Uferbereich wieder uneingeschränkt betreten. Eine Erledigung nach Klageerhebung und vor dem Urteil ist somit eingetreten.

4. Also ist die Fortsetzungsfeststellungsklage gemäß § 113 I 4 VwGO die statthafte Klageart.

III. Außerdem müssten die weiteren speziellen Voraussetzungen der Fortsetzungsfeststellungsklage vorliegen.

1. Gemäß § 113 I 4 VwGO ist ein Fortsetzungsfeststellungsinteresse des Klägers erforderlich. Ein solches Interesse wird insbesondere bei einer Wiederholungsgefahr angenommen.

V will das Hochwasser in den kommenden Jahren wieder filmen. Da nicht auszuschließen ist, dass die Behörde im folgenden Jahr in ähnlicher Weise entscheidet, besteht Wiederholungsgefahr.

Da die Fortsetzungsfeststellungsklage der „Fortführung“ der Anfechtungsklage dient, die nur nicht zu Ende geführt werden kann, weil eine Erledigung des Verwaltungsakts eingetreten ist, müssen grundsätzlich die speziellen Voraussetzungen der Anfechtungsklage vorliegen. Ansonsten würde der Kläger – nur weil eine Erledigung des Verwaltungsakts eingetreten ist – besser gestellt, als bei der Anfechtungsklage.

2. Der Kläger müsste klagebefugt sein, § 42 II VwGO. Er muss geltend machen, durch den Verwaltungsakt in seinen Rechten verletzt zu sein. Eine Privatperson als Adressat eines belastenden Verwaltungsakts ist stets klagebefugt, da in ihre subjektiv-öffentlichen Rechte eingegriffen wird (Adressatentheorie). Es ist zumindest ein Eingriff in die Rechte des Betroffenen aus Art. 2 I GG (allgemeine Handlungsfreiheit) denkbar. V ist Adressat eines belastenden Verwaltungsakts. Folglich ist er klagebefugt.

3. V hat zwar kein Vorverfahren (erfolglos) durchgeführt. In Nordrhein-Westfalen bedarf es aber vor der Erhebung einer Anfechtungsklage – und damit auch vor Erhebung der Fortsetzungsfeststellungsklage – grundsätzlich nicht der Nachprüfung in einem Vorverfahren, § 110 I 1 JustG NRW.

4. Die Einhaltung der Klagefrist (§ 74 VwGO) ist mangels entgegenstehender Anhaltspunkte zu unterstellen.

5. Richtiger Klagegegner ist die Körperschaft, deren Behörde den angefochtenen Verwaltungsakt erlassen hat (§ 78 I Nr. 1 VwGO), also die Stadt Köln.

6. Demnach liegen die speziellen Voraussetzungen vor.

IV. Am Vorliegen der sonstigen Voraussetzungen bestehen keine Zweifel.

V. Also ist die Klage zulässig.

B. Die Klage müsste auch begründet sein.

Begründet ist eine Fortsetzungsfeststellungsklage, wenn der Verwaltungsakt rechtswidrig war und der Kläger dadurch in seinen Rechten verletzt worden ist, § 113 I 4 VwGO.

I. Der Bescheid der Ordnungsbehörde müsste rechtswidrig gewesen sein. In Betracht kommt die formelle und/oder materielle Rechtswidrigkeit des Verwaltungsakts.

Der Verwaltungsakt ist jedoch rechtmäßig, wenn er aufgrund einer Ermächtigungsgrundlage formell und materiell rechtmäßig erlassen wurde.

1. Als Ermächtigungsgrundlage kam § 24 OBG NRW i.V.m. § 34 S. 2 PolG NRW in Betracht.

2. Am Vorliegen der formellen Voraussetzungen bestehen keine Zweifel.

3. Weiterhin müsste der Bescheid materiell rechtmäßig gewesen sein. Die Voraussetzungen des § 24 OBG NRW i.V.m. § 34 S. 2 PolG NRW mussten vorgelegen haben. Nach der genannten Norm konnte die Behörde unter den aufgeführten Voraussetzungen Maßnahmen ergreifen.

a. Die Behinderung von Hilfs- und Rettungsarbeiten hätte wahrscheinlich sein müssen. V wollte das Hochwasser mit der Kamera ausgiebig und um jeden Preis mit einer umfangreichen Ausrüstung filmen. Dies hätte voraussichtlich zu einer Behinderung der Hilfs- und Rettungsarbeiten geführt.

b. Gemäß § 34 S. 2 PolG NRW kann die Behörde Maßnahmen ergreifen, die Vorschrift stellt also eine Ermessensvorschrift dar.

c. Das eingeräumte Ermessen hat die Behörde rechtsfehlerfrei ausgeübt, Ermessensfehler sind nicht ersichtlich.

d. Der Bescheid der Ordnungsbehörde war demnach materiell rechtmäßig.

4. Wegen der Rechtmäßigkeit war der Verwaltungsakt nicht rechtswidrig.

II. Die Klage ist damit nicht begründet.

C. Die Klage ist zwar zulässig, aber nicht begründet. Also hat sie keinen Erfolg.

Fazit

1. Dies war der ***Grundfall*** der Fortsetzungsfeststellungsklage. Er ist in § 113 I 4 VwGO ausdrücklich geregelt.

2. Die Fortsetzungsfeststellungsklage ist – je nach Fallkonstellation – eigentlich eine Anfechtungs- oder Verpflichtungsklage, nur dass sich der ***Streitgegenstand erledigt*** hat. Die Prüfung von Zulässigkeit und Begründetheit ist deshalb – in diesem Fall – dem Grundfall der Anfechtungsklage angelehnt. Besonders zu beachten ist aber neben der Statthaftigkeit der Klageart das besondere Feststellungsinteresse, auch Fortsetzungsfeststellungsinteresse genannt.

3. Weitere Einzelheiten könnt ihr der „Einführung“ entnehmen. Habt ihr sie gelesen? Wenn nicht, wird es langsam Zeit!

4. Um Missverständnissen vorzubeugen, sei nochmals darauf hingewiesen, dass § 34 S. 2 PolG NRW für diesen Fall abgeändert wurde: Ziel ist es gewesen, unnötige Komplikationen der Begründetheit durch eine mögliche Prüfung der ordnungsrechtlichen Generalklausel des § 14 OBG NRW zu vermeiden, da es hier nur um den Aufbau der Fortsetzungsfeststellungsklage ging.

5. Achtet in eurer Ausarbeitung bei jeder Fortsetzungsfeststellungsklage auf die genauen ***Formulierung***en!

   Wenn die Fortsetzungsfeststellungsklage auf einer Anfechtungsklage „aufbaut“, will der Kläger im Rahmen der Zulässigkeitsprüfung bei der ***statthaften Klageart*** nicht gegen einen belastenden VA vorgehen, sondern festgestellt wissen, dass der VA rechtswidrig war.

   Auch der ***Obersatz der Begründetheit*** der Fortsetzungsfeststellungsklage ist ein anderer als der Obersatz der Begründetheit der Anfechtungsklage. Begründet ist die – auf der Anfechtungsklage „aufbauende“ – Fortsetzungsfeststellungsklage, wenn der Verwaltungsakt rechtswidrig war und der Kläger dadurch in seinen Rechten verletzt worden ist, § 113 I 4 VwGO.

   Es gibt noch weitere Unterschiede. Vergleicht doch diesen Fall mit den Fällen zur Anfechtungsklage, in denen die Zulässigkeit und die Begründetheit durchformuliert sind. Das schafft Sicherheit.

Fall 32

Geplagt von der Diskussion über Rinderwahnsinn, Schweinepest und Hühnersalmonellen wollen Bauern und Metzger in Berlin unter freiem Himmel auf ihre Situation aufmerksam machen und demonstrieren. Erwartet werden vom Organisatoren M etwa 2.000 Personen. Gemäß § 14 Versammlungsgesetz (VersG) meldet M die Demonstration für den 17.06. an und bespricht mit dem Leiter der zuständigen Ordnungsbehörde Einzelheiten. Am 30.05. verbietet die Ordnungsbehörde die Demonstration nach § 15 VersG mit dem Hinweis auf mögliche Gefahren für Personen und Sachwerte. Ihr war das Kommuniqué einer Terrorgruppe zugespielt worden, in dem ein Anschlag gegen die Demonstration glaubhaft angedroht wurde. Der Bescheid ist mit einer Rechtsbehelfsbelehrung bezüglich der einzuhaltenden Widerspruchsfrist versehen. M legt gegen den Bescheid umgehend Widerspruch ein. Bis zum 17.06. ergeht kein Widerspruchsbescheid. Obwohl die geplante Demonstration nun nicht mehr stattfinden kann, klagt M am 11.07., da er nicht ausschließen kann, dass er eine Demonstration zu demselben Thema in nächster Zeit organisieren wird.

Frage: Ist die Klage zulässig ?

Lösungsskizze Fall 32

- Zulässigkeit der Klage

I. Rechtsweg zum Verwaltungsgericht ?

1. Spezialzuweisung vorhanden ? (–)

2. Generalzuweisung des § 40 I VwGO ?

= öffentlich-rechtliche Streitigkeit nichtverfassungsrechtlicher Art und keine abdrängende Zuweisung

(Vorüberlegung: Worum geht es im Kern? Die Prozessbeteiligten streiten über das von der Ordnungsbehörde ausgesprochene Versammlungsverbot.***)***

a. öffentlich-rechtliche Streitigkeit ?

= die streitentscheidenden Normen müssen öffentlich-rechtlicher Natur sein, d.h. einen Hoheitsträger als Berechtigten oder Verpflichteten benennen

HIER (+) → die streitentscheidende Norm ist dem Versammlungsrecht zu entnehmen; die Behörde ist als Berechtigte in § 15 VersG benannt

b. nichtverfassungsrechtlicher Art ?

HIER (+) → weder Beteiligung von Verfassungsorganen oder ihnen gleichgestellten Personen an dem Streit noch Streit über Anwendung und Auslegung von Verfassungsrecht

c. keine Zuweisung zu einem anderen Gericht ?

HIER (+) → anderweitige Zuweisung nicht ersichtlich

d. also: Generalzuweisung des § 40 I VwGO (+)

3. also: Rechtsweg zum Verwaltungsgericht (+)

II. Statthafte Klageart = Fortsetzungsfeststellungsklage, § 113 I 4 VwGO

(Vorüberlegung: Was will der Kläger? Ursprünglich wollte M eine Demonstration in Berlin veranstalten. Dies konnte er nur durch eine Anfechtungsklage gegen das Versammlungsverbot erreichen. Für das Veranstalten einer Demonstration benötigt man keine Genehmigung bzw. Erlaubnis. Die Demonstration ist lediglich anmeldepflichtig nach § 14 VersG. Weil sich die Verbotsanordnung wegen Zeitablaufs – der geplante Demonstrationstermin ist verstrichen – erledigt hat, kann M sie aber nicht mehr durch die Anfechtungsklage beseitigen. Sein nunmehr ausdrücklich gestellter Antrag auf gerichtliche Entscheidung ist also darauf gerichtet, feststellen zu lassen, dass das Versammlungsverbot rechtswidrig war. Dies kann er möglicherweise mit einer Fortsetzungsfeststellungsklage gemäß § 113 I 4 VwGO erreichen.*)*

1. Statthaftigkeit der Fortsetzungsfeststellungsklage ?

HIER (+) → zwar gilt die Fortsetzungsfeststellungsklage nach dem Wortlaut des § 113 I 4 VwGO nur für den Fall, dass eine schon erhobene Anfechtungsklage nur deshalb nicht zu Ende geführt werden kann, weil zwischen Klageerhebung und Urteil eine Erledigung der Sache eingetreten ist; im Interesse eines umfassenden Rechtsschutzes, auf den der Kläger gemäß Art. 19 IV GG einen Rechtsanspruch hat, muss die Fortsetzungsfeststellungsklage in ***analog***er Anwendung des § ***113 I 4 VwGO*** aber auch erhoben werden können, wenn die Erledigung schon vor Klageerhebung eingetreten ist, der Betroffene also noch gar keine Anfechtungsklage erhoben hat

2. Verwaltungsakt gemäß § 35 S. 1 VwVfG ?

= hoheitliche Maßnahme einer Behörde auf dem Gebiet des öffentlichen Rechts zur Regelung eines Einzelfalls mit unmittelbarer Außenwirkung

a. hoheitliche Maßnahme einer Behörde? (+)

b. auf dem Gebiet des öffentlichen Rechts ? (+)

c. zur Regelung ? (+)

d. eines Einzelfalls ?

= Maßnahme richtet sich an einen bestimmten Adressaten in einer konkreten Situation

HIER (+) → Adressat ist M als Organisator der Demonstration; das Verbot richtet sich nicht unmittelbar gegen die potenziellen Demonstranten; M ist aber stellvertretend Adressat für die potenziellen Teilnehmer; die Regelung gilt damit auch gegenüber jedem Teilnehmer, der an der konkreten Demonstration teilnimmt; dies ergibt sich aus dem systematischen Zusammenhang zwischen § 14 und § 15 VersG (systematische Auslegung); konkrete Situation ist die geplante Demonstration in Berlin

e. mit Außenwirkung ? (+)

f. also: VA (+)

3. Erledigung vor Erhebung der Klage ?
= Wegfall der beschwerenden Rechtswirkung durch Zeitablauf, Rücknahme oder Wegfall des Regelungsobjekts vor Klageerhebung

HIER (+) → der Termin der geplante Demonstration ist vor Klageerhebung verstrichen

4. also: Fortsetzungsfeststellungsklage, § 113 I 4 VwGO analog (+)

III. Spezielle Voraussetzungen der Fortsetzungsfeststellungsklage ?

1. (besonderes) Feststellungsinteresse ?
= bei Wiederholungsgefahr und Rehabilitationsinteresse; u.U. zur Vorbereitung eines Schadensersatzprozesses

HIER (+) → da M die Möglichkeit in Betracht zieht, in Zukunft eine vergleichbare Demonstration zu veranstalten, besteht Wiederholungsgefahr

(Anmerkung: Die Fortsetzungsfeststellungsklage dient – hier – der „Fortführung" der Anfechtungsklage, die nur nicht erhoben werden kann, weil eine Erledigung des VA eingetreten ist. Also müssen grundsätzlich die speziellen Voraussetzungen der Anfechtungsklage vorliegen. Ansonsten würde der Kläger – nur weil eine Erledigung des VA eingetreten ist – besser gestellt, als bei der Anfechtungsklage.*)*

2. Klagebefugnis, § 42 II VwGO ?
= Kläger muss geltend machen, durch den VA in seinen Rechten verletzt zu sein

HIER (+) → eine Privatperson als Adressat eines belastenden VA ist stets klagebefugt, da in ihre subjektiv-öffentlichen Rechte eingegriffen wird (Adressatentheorie); es ist zumindest ein Eingriff in die Rechte des Betroffenen aus Art. 8 GG (Versammlungsfreiheit) denkbar

3. (Erfolgloses) Vorverfahren, §§ 68 ff VwGO?

HIER (+) → M hat fristgerecht Widerspruch eingelegt; er hat aber nicht das Ende des Vorverfahrens abgewartet; bei einer Erledigung der Sache während des Vorverfahrens ist dessen Weiterführung aber entbehrlich (str.); dafür spricht, dass die Ausgangs- bzw. die Widerspruchsbehörde die Entscheidung nicht mehr rechtswirksam korrigieren, d.h. den VA nicht beseitigen kann; diese Form der Verwaltungsselbstkontrolle ist aber ein wesentlicher Zweck des Vorverfahrens; die Verwaltungsbehörde kann den VA nur noch kommentieren, ohne dass dies rechtliche Auswirkungen hat

4. Einhaltung der Klagefrist,§ 74 I VwGO ?

HIER (+) → die Verbotsverfügung erging am 30.05.; M hat am 11.07. Klage erhoben; stellt man – weil kein Widerspruchsbescheid ergangen ist – auf die Monatsfrist des § 74 I 2 VwGO ab, hat M die Klagefrist nicht eingehalten; M ist aber im Rahmen der Verfügung nicht über die Einhaltung einer Klagefrist belehrt worden, sondern nur über die Widerspruchsfrist; da insofern eine Rechtsmittelbelehrung fehlt, beträgt die Klagefrist gemäß § 58 II 1 VwGO ein Jahr; diese Frist hat M eingehalten

5. Richtiger Klagegegner, § 78 VwGO ?

HIER (+) → gemäß § 78 I Nr. 1 VwGO die Körperschaft, deren Behörde den angefochtenen VA erlassen hat, also das Land Berlin

***6. also: spezielle Voraussetzungen* (+)**

IV. Sonstige Zulässigkeitsvoraussetzungen ? (+)

V. Ergebnis:

Zulässigkeit der Klage (+)

Formulierungsvorschlag Fall 32

Die Klage des M müsste zulässig sein.

I. Der Rechtsweg zum Verwaltungsgericht müsste eröffnet sein.

1. Eine gesetzliche Spezialzuweisung ist nicht ersichtlich.

2. Die Generalzuweisung des § 40 I VwGO wäre gegeben, wenn es sich bei dem Verbot der Demonstration um eine öffentlich-rechtliche Streitigkeit nichtverfassungsrechtlicher Art handelt und keine anderweitige Zuweisung vorliegt.

a. Die streitentscheidenden Normen müssten öffentlich-rechtlicher Natur sein, d.h. einen Hoheitsträger als Berechtigten oder als Verpflichteten benennen. Die Beteiligten streiten über die Rechtmäßigkeit des Verbots, eine Demonstration zu veranstalten. Die streitentscheidenden Normen sind dem Versammlungsgesetz zu entnehmen. In § 15 VersG ist eine Behörde als Berechtigte benannt. Das VersG ist öffentlich-rechtlicher Natur.

b. Da weder Verfassungsorgane oder ihnen gleichgestellte Personen an dem Streit beteiligt sind noch Streit über Anwendung und Auslegung von Verfassungsrecht herrscht, ist die Streitigkeit nichtverfassungsrechtlicher Art.

c. Eine Zuweisung zu einem anderen Gericht ist nicht ersichtlich.

d. Demnach sind die Voraussetzungen der Generalzuweisung des § 40 I VwGO erfüllt.

3. Der Rechtsweg zum Verwaltungsgericht ist eröffnet.

II. Statthafte Klageart könnte die Fortsetzungsfeststellungsklage sein, § 113 I 4 VwGO.

Ursprünglich wollte M eine Demonstration in Berlin veranstalten. Dies konnte er nicht durch eine Verpflichtungsklage, sondern nur durch eine Anfechtungsklage erreichen. Für das Veranstalten einer Demonstration benötigt man keine Genehmigung bzw. Erlaubnis. Die Demonstration ist lediglich anmeldepflichtig nach § 14 VersG. Weil sich die Verbotsanordnung wegen Zeitablaufs – der geplante Demonstrationstermin ist verstrichen – erledigt hat, kann M sie aber nicht mehr durch die Anfechtungsklage beseitigen.

Sein nunmehr ausdrücklich gestellter Antrag auf gerichtliche Entscheidung ist also darauf gerichtet, feststellen zu lassen, dass das Versammlungsverbot rechtswidrig war. Dies kann er möglicherweise mit einer Fortsetzungsfeststellungsklage gemäß § 113 I 4 VwGO erreichen.

1. Zwar gilt die Fortsetzungsfeststellungsklage nach dem Wortlaut des § 113 I 4 VwGO nur für den Fall, dass eine schon erhobene Anfechtungsklage nur deshalb nicht zu Ende geführt werden kann, weil zwischen Klageerhebung und Urteil eine Erledigung der Sache eingetreten ist. Im Interesse eines umfassenden Rechtsschutzes, auf den der Kläger gemäß Art. 19 IV GG einen Rechtsanspruch hat, muss die Fortsetzungsfeststellungsklage in analoger Anwendung des § 113 I 4 VwGO aber auch erhoben werden können, wenn die Erledigung schon vor Klageerhebung eingetreten ist, der Betroffene also noch gar keine Anfechtungsklage erhoben hat.

2. Das Verbot der Demonstration müsste einen Verwaltungsakt darstellen. Gemäß § 35 S. 1 VwVfG ist ein Verwaltungsakt eine hoheitliche Maßnahme einer Behörde auf dem Gebiet des öffentlichen Rechts zur Regelung eines Einzelfalls mit unmittelbarer Außenwirkung.

Bei dem Verbot handelt es sich um eine hoheitliche Maßnahme einer Behörde auf dem Gebiet des öffentlichen Rechts mit Regelungsgehalt.

Zudem müsste ein Einzelfall geregelt sein. Dann müsste sich die Maßnahme an einen bestimmten Adressaten in einer konkreten Situation richten. Adressat ist M als Organisator der Demonstration. Das Verbot richtet sich nicht unmittelbar gegen die potenziellen Demonstranten. M ist aber stellvertretend Adressat für die potenziellen Teilnehmer. Die Regelung gilt damit auch gegenüber jedem Teilnehmer, der an der konkreten Demonstration teilnimmt. Dies ergibt sich aus dem systematischen Zusammenhang zwischen § 14 und § 15 VersG (systematische Auslegung). Konkrete Situation ist die geplante Demonstration in Berlin.

Die außerdem erforderliche Außenwirkung liegt vor.

Also stellt das Verbot einen Verwaltungsakt dar.

3. Der Verwaltungsakt müsste sich vor Erhebung der Klage erledigt haben. Die Erledigung wäre eingetreten, wenn die beschwerende Rechtswirkung weggefallen ist. Der Termin für die geplante Demonstration ist verstrichen. Eine Erledigung ist somit vor Klageerhebung eingetreten.

4. Also ist die Fortsetzungsfeststellungsklage gemäß § 113 I 4 VwGO analog die statthafte Klageart.

III. Außerdem müssten die weiteren speziellen Voraussetzungen der Fortsetzungsfeststellungsklage vorliegen.

1. Gemäß § 113 I 4 VwGO ist ein Fortsetzungsfeststellungsinteresse des Klägers erforderlich. Ein solches Interesse wird insbesondere bei einer Wiederholungsgefahr angenommen.

M will in nächster Zeit unter Umständen wieder eine Demonstration unter vergleichbarem Motto organisieren. Es besteht demnach die Gefahr der Wiederholung. Das erforderliche Feststellungsinteresse ist gegeben.

Da die Fortsetzungsfeststellungsklage der „Fortführung" der Anfechtungsklage dient, die nur nicht erhoben werden kann, weil eine Erledigung des Verwaltungsakts eingetreten ist, müssen grundsätzlich die speziellen Voraussetzungen der Anfechtungsklage vorliegen. Ansonsten würde der Kläger – nur weil eine Erledigung des Verwaltungsakts eingetreten ist – besser gestellt, als bei der Anfechtungsklage.

2. Der Kläger müsste klagebefugt sein, § 42 II VwGO. Er muss geltend machen, durch den Verwaltungsakt in seinen Rechten verletzt zu sein. Eine Privatperson als Adressat eines belastenden Verwaltungsakts ist stets klagebefugt, da in ihre subjektiv-öffentlichen Rechte eingegriffen wird (Adressatentheorie). Es ist zumindest ein Eingriff in die Rechte des Betroffenen aus Art. 8 GG (Versammlungsfreiheit) denkbar. M ist Adressat eines belastenden Verwaltungsakts. Folglich ist er klagebefugt.

3. M müsste auch das erforderliche Vorverfahren (§§ 68 ff VwGO) erfolglos durchgeführt haben.

M hat fristgerecht Widerspruch eingelegt. Er hat aber nicht das Ende des Vorverfahrens abgewartet. Grundsätzlich ist eine Anfechtungsklage erst zulässig, wenn ein Widerspruchsbescheid ergangen ist. Erledigt sich die Sache aber während des Vorverfahrens, könnte dessen Weiterführung entbehrlich sein. Für die Entbehrlichkeit spricht, dass die Ausgangs- bzw. die Widerspruchsbehörde die Entscheidung nicht mehr rechtswirksam korrigieren, d.h. den Verwaltungsakt nicht beseitigen kann. Diese Form der Verwaltungsselbstkontrolle ist aber ein wesentlicher Zweck des Vorverfahrens. Die Verwaltungsbehörde kann den Verwaltungsakt nur noch kommentieren, ohne dass dies rechtliche Auswirkungen hat. Bei einer Erledigung der Sache während des Vorverfahrens ist dessen Weiterführung damit entbehrlich.

Folglich konnte M Klage erheben, ohne das Ergebnis des Vorverfahrens abzuwarten.

4. Weiterhin müsste M die Klagefrist nach § 74 I VwGO eingehalten haben. Die Verbotsverfügung ist am 30.05. ergangen. M hat aber erst am 11.07. Klage erhoben. Stellt man – weil kein Widerspruchsbescheid ergangen ist – auf die Monatsfrist des § 74 I 2 VwGO ab, hat M die Klagefrist nicht eingehalten. M ist aber im Rahmen der Verfügung nicht über die Einhaltung einer Klagefrist belehrt worden, sondern nur über die Widerspruchsfrist. Da insofern eine Rechtsmittelbelehrung fehlt, beträgt die Klagefrist gemäß § 58 II 1 VwGO ein Jahr. Diese Frist hat M eingehalten.

5. Richtiger Klagegegner ist die Körperschaft, deren Behörde den angefochtenen Verwaltungsakt erlassen hat (§ 78 I Nr. 1 VwGO), also das Land Berlin.

6. Demnach liegen die speziellen Voraussetzungen vor.

IV. Am Vorliegen der sonstigen Voraussetzungen bestehen keine Zweifel.

V. Also ist die Klage zulässig.

Fazit

1. Vergleicht diesen Fall mit Fall 16. Na … ?

Beachtet noch einmal, dass es sich bei dem Demonstrationsverbot nicht etwa um eine Allgemeinverfügung handelt.

2. In ***§ 113 I 4 VwGO*** heißt es: „Hat sich der Verwaltungsakt vorher ... erledigt, ...“ Wenn man diesen Wortlaut losgelöst vom Zusammenhang des § 113 VwGO sieht, könnte man meinen, dass § 113 I 4 VwGO für alle Fälle gilt, in denen sich der VA vor einem Urteil erledigt hat. Aus dem Zusammenhang des § 113 VwGO ergibt sich jedoch, dass nur eine Regelung für den Fall ***nach Klageerhebung*** und vor dem Urteil getroffen werden sollte. Denn die prozessuale Grundlage für eine gerichtliche Entscheidung ist nach § 113 VwGO nun einmal die Klageerhebung, sodass sie eine notwendige Voraussetzung für die direkte Anwendung der Regelungen des § 113 VwGO ist.

3. Im Interesse des umfassenden Rechtsschutzes – vgl. hierzu Art. 19 IV GG – wird ***§ 113 I 4 VwGO*** aber ***analog*** angewendet.

4. In Fällen, die sich mit Demonstrationsrecht befassen, müsst ihr euch im Rahmen der Prüfung des Verhältnismäßigkeitsgrundsatzes häufig mit dem Problem auseinandersetzen, ob ein Versammlungsverbot angemessen ist. Es ist also zwischen dem Grundrecht aus Art. 8 GG und dem öffentlichen Interesse (meist Schutz von Rechtsgütern betroffener oder dritter Personen) abzuwägen. Da kommt es auf die Argumentation und weniger auf das Ergebnis an.

5. Es dürfte euch klar sein, dass ein derartiger Sachverhalt nur in Bundesländern gestellt wird, im denen die Durchführung des Widerspruchsverfahrens nicht entgegen § 68 I 1 VwGO ausgeschlossen ist. Ansonsten sind die Bearbeitungen zu den wirklich kritischen Prüfungspunkten III. 3. (Erfolgloses) Vorverfahren und III. 4. Einhaltung der Klagefrist unsinnig.

In ***Nordrhein-Westfalen*** bedarf es gemäß ***§ 110 I JustG NRW*** (Justizgesetz / gültig ab Anfang 2011) bzw. ***§ 6 AG VwGO NW*** (Ausführungsgesetz zur VwGO / gültig bis Ende 2010) der Nachprüfung in einem Vorverfahren – derzeit „befristet“ bis zum 31.12.2014 – entgegen § 68 I 1 VwGO grundsätzlich nicht vor der Erhebung der Anfechtungs- und der Verpflichtungsklage. Lest aber auch § 110 II und III und zuletzt IV JustG NRW (bis Ende 2010: § 6 II, III und IV AG VwGO NW).

In ***Niedersachsen*** findet sich in ***§ 8 a I und II Nds. AG VwGO*** eine fast gleichlautende, inhaltlich übereinstimmende Regelung. Auch hier ist die Entbehrlichkeit des Vorverfahrens – mittlerweile nicht mehr zeitlich begrenzt – normiert. Lest bitte ergänzend § 8 a III und IV Nds. AG VwGO.

In ***Bayern*** formuliert der Gesetzgeber anders. Nach ***Art. 15 I BayAGVwGO*** „kann“ der Betroffene in bestimmten Fällen (Ausnahmen) Widerspruch einlegen oder Klage erheben, hat also ein Wahlrecht. Der dann folgende ***Art. 15 II BayAGVwGO*** (Regelfall) normiert aber, dass das Vorverfahren in allen anderen Konstellationen – und das sind die meisten – entfällt.

Fall 33

Alljährlich findet in Bonn (Nordrhein-Westfalen) im sogenannten „Hofgarten“ ein Volksfest statt. Veranstalter ist die Stadt Bonn. Auf dem Fest präsentieren nur in der Stadt ansässige Schausteller ihre Attraktionen. Der in der Stadt lebende Schausteller S entschließt sich spontan, in diesem Jahr seine neue Achterbahn aufzubauen. Deshalb beantragt er zwei Monate vor dem beliebten Ereignis eine entsprechende Erlaubnis bei der Stadt Bonn. Diese wird jedoch von der Stadt mit der zutreffenden Begründung abgelehnt, die räumlichen Kapazitäten des Festes seien erschöpft. Es seien schon vor dem Gesuch des S zahlreiche Anmeldungen eingegangen, sodass das gesamte zur Verfügung stehende Areal vollständig belegt sei. Die Ablehnung wird dem S am 07.06. bekannt gegeben. Noch bevor S Klage erheben kann, findet das Volksfest statt. S will nun eine gerichtliche Entscheidung und klagt am 15.07. beim zuständigen Verwaltungsgericht. Er will dadurch verhindern, dass er als Einwohner der Stadt in den folgenden Jahren von der Veranstaltung ausgeschlossen wird. Außerdem überlegt er, ob er einen Schadensersatzprozess gegen die Stadt führen soll. Um die Erfolgsaussichten abschätzen zu können, möchte er eine Entscheidung des Verwaltungsgerichts, die im Hinblick auf anfallende Gerichts- und Anwaltsgebühren für ihn günstiger ist.

Frage: Ist die Klage zulässig ?

Hinweise: Vorschriften der Gewerbeordnung, insbesondere § 70 GewO bleiben außer Betracht.
§ 8 GO NRW (Gemeindeordnung des Landes Nordrhein-Westfalen)) lautet: „§ 8 Gemeindliche Einrichtungen und Lasten. (1) Die Gemeinden schaffen innerhalb der Grenzen ihrer Leistungsfähigkeit die für die wirtschaftliche, soziale und kulturelle Betreuung ihrer Einwohner erforderlichen öffentlichen Einrichtungen. (2) Alle Einwohner einer Gemeinde sind im Rahmen des geltenden Rechts berechtigt, die öffentlichen Einrichtungen der Gemeinde zu benutzen und verpflichtet, die Lasten zu tragen, die sich aus ihrer Zugehörigkeit zu der Gemeinde ergeben ...“

Lösungsskizze Fall 33

- Zulässigkeit der Klage

I. Rechtsweg zum Verwaltungsgericht ?

1. Spezialzuweisung vorhanden ? (–)

2. Generalzuweisung des § 40 I VwGO ?
= öffentlich-rechtliche Streitigkeit nichtverfassungsrechtlicher Art und keine abdrängende Zuweisung

*(**Vorüberlegung:*** Worum geht es im Kern? Die Prozessbeteiligten streiten darüber, ob die Ablehnung des Antrags des S, mit seiner Achterbahn an dem Volksfest teilzunehmen, rechtmäßig war.*)*

a. öffentlich-rechtliche Streitigkeit ?
= die streitentscheidenden Normen müssen öffentlich-rechtlicher Natur sein, d.h. einen Hoheitsträger als Berechtigten oder Verpflichteten benennen

HIER (+) → die streitentscheidenden Normen sind dem Gemeinderecht zu entnehmen; in § 8 II i.V.m. § 8 I GO NRW (Gemeindeordnung des Landes Nordrhein-Westfalen) ist eine Behörde als Verpflichtete benannt

b. nichtverfassungsrechtlicher Art ?

HIER (+) → weder Beteiligung von Verfassungsorganen oder ihnen gleichgestellten Personen an dem Streit noch Streit über Anwendung und Auslegung von Verfassungsrecht

c. keine Zuweisung zu einem anderen Gericht ?

HIER (+) → anderweitige Zuweisung nicht ersichtlich

***d. also: Generalzuweisung des § 40 I VwGO* (+)**

***3. also: Rechtsweg zum Verwaltungsgericht* (+)**

II. Statthafte Klageart = Fortsetzungsfeststellungsklage, § 113 I 4 VwGO

(Vorüberlegung: Was will der Kläger? Ursprünglich wollte er die Teilnahme am Volksfest erstreiten. Dies konnte er möglicherweise durch eine Verpflichtungsklage erreichen. Weil sich sein Begehren wegen des schon durchgeführten Festes erledigt hat, kann er die Zulassung nicht mehr erlangen. Eine Verpflichtungsklage scheidet daher aus. Sein nunmehr ausdrücklich gestellter Antrag auf gerichtliche Entscheidung ist darauf gerichtet, feststellen zu lassen, dass die Ablehnung der Zulassung rechtswidrig war. Dies kann er möglicherweise mit einer Fortsetzungsfeststellungsklage gemäß § 113 I 4 VwGO erreichen.***)***

1. Statthaftigkeit der Fortsetzungsfeststellungsklage ?

HIER (+) → zwar gilt die Fortsetzungsfeststellungsklage nach dem Wortlaut des § 113 I 4 VwGO nur für den Fall, dass eine schon erhobene Anfechtungsklage nur deshalb nicht zu Ende geführt werden kann, weil zwischen Klageerhebung und Urteil eine Erledigung der Sache eingetreten ist; im Interesse eines umfassenden Rechtsschutzes, auf den der Kläger gemäß Art. 19 IV GG einen Rechtsanspruch hat, muss die Fortsetzungsfeststellungsklage in ***analog***er Anwendung des ***§ 113 I 4 VwGO*** aber auch erhoben werden können, wenn eine ***schon erhobene Verpflichtungsklage*** nur deshalb nicht zu Ende geführt werden kann, weil bereits eine Erledigung der Sache eingetreten ist; dieser Grundsatz muss auch dann gelten, wenn die Erledigung bereits vor Klageerhebung eingetreten ist, der Betroffene also noch gar keine Verpflichtungsklage erhoben hat

2. Verwaltungsakt gemäß § 35 S. 1 VwVfG ?

HIER (+) → hoheitliche Maßnahme einer Behörde auf dem Gebiet des öffentlichen Rechts zur Regelung eines Einzelfalls mit unmittelbarer Außenwirkung

3. *Erledigung vor Erhebung der Klage ?*
= Wegfall der beschwerenden Rechtswirkung durch Zeitablauf, Rücknahme oder Wegfall des Regelungsobjekts vor Erhebung der Klage

HIER (+) → das Volksfest hat vor Erhebung der Klage stattgefunden

4. *also: Fortsetzungsfeststellungsklage, § 113 I 4 VwGO analog* (+)

III. Spezielle Voraussetzungen der Fortsetzungsfeststellungsklage ?

1. *(besonderes) Feststellungsinteresse ?*
= bei Wiederholungsgefahr, Rehabilitationsinteresse, u.U. auch zur Vorbereitung eines Schadensersatzprozesses

a. *Vorbereitung eines Schadensersatzprozesses ?*

HIER (–) → S erwägt einen Schadensersatzprozess gegen die Stadt Bonn, weil die Entscheidung über seinen Antrag seiner Ansicht nach fehlerhaft war; noch ist aber eine zivilrechtliche Klage nicht erhoben worden (= anhängig);

ein Feststellungsinteresse ist bei Fällen der Vorbereitung eines Schadensersatzprozesses aber nur dann zu bejahen, wenn bereits Klage vor dem Verwaltungsgericht erhoben wurde, bevor die Sache erledigt ist (a.A. vertretbar); in diesen Fällen ist es für die Gerichtsbarkeit wirtschaftlicher, den Prozess vor dem Verwaltungsgericht fortzuführen und dort über die Rechtmäßigkeit des VA zu entscheiden;

gegen die Beschränkung auf den Fall, dass das Verfahren bereits anhängig ist, spricht zwar, dass das Verwaltungsgericht im Bereich des Verwaltungsrechts mehr Erfahrung hat (Anspruch auf Entscheidung durch das sachnähere Gericht); dem ist jedoch entgegenzuhalten, dass die Rechtsordnung in Art. 34 S. 3 GG i.V.m. § 40 II VwGO ausdrücklich bestimmt, dass allein die Zivilgerichte zuständig sind und hiervon nur eng begrenzte Ausnahmen zulässig sind

b. *Wiederholungsgefahr ?*

HIER (+) → da das Volksfest jährlich stattfindet und S daran in den folgenden Jahren als Schausteller teilnehmen will, besteht Wiederholungsgefahr

c. *also: Feststellungsinteresse* (+)

(***Anmerkung:*** Die Fortsetzungsfeststellungsklage dient hier der „Fortführung" einer Verpflichtungsklage. Also müssen grundsätzlich die speziellen Voraussetzungen der Verpflichtungsklage vorliegen. Ansonsten würde der Kläger – nur weil eine Erledigung des VA eingetreten ist – besser gestellt, als bei der Verpflichtungsklage.)

2. *Klagebefugnis, § 42 II VwGO ?*
= Kläger muss geltend machen, in seinen subjektiv-öffentlichen Rechten verletzt zu sein, wenn der VA nicht erlassen wird

HIER (+) → ein subjektiv-öffentliches Recht auf Teilnahme am Volksfest ergibt sich aus § 8 II i.V.m. § 8 I GO NRW

3. (Erfolgloses) Vorverfahren, §§ 68 ff VwGO ?

HIER (–), aber: gemäß § 110 I 2 i.V.m. 1 JustG NRW bedarf es – in NRW – vor der Erhebung einer Verpflichtungsklage – und damit auch vor Erhebung der Fortsetzungsfeststellungsklage – grundsätzlich nicht der Nachprüfung in einem Vorverfahren *(vgl. in NRW ab 01/2015 → Fall 22, Fazit 5. = Seite 182)*

4. Einhaltung der Klagefrist, § 74 I VwGO ?

HIER (+) → S hat die Klage in der Frist des § 78 I 2 VwGO erhoben

5. Richtiger Klagegegner, § 78 VwGO ?

HIER → gemäß § 78 I Nr. 1 VwGO die Körperschaft, deren Behörde den begehrten VA erlassen soll, also die Stadt Bonn

***6. also: spezielle Voraussetzungen* (+)**

***IV. Sonstige Zulässigkeitsvoraussetzungen ?* (+)**

V. Ergebnis:
Zulässigkeit der Klage (+)

Formulierungsvorschlag Fall 33

Die Klage des S müsste zulässig sein.

I. Der Rechtsweg zum Verwaltungsgericht müsste eröffnet sein.

1. Eine gesetzliche Spezialzuweisung ist nicht ersichtlich.

2. Die Generalzuweisung des § 40 I VwGO wäre gegeben, wenn es sich bei der Ablehnung der Standerlaubnis um eine öffentlich-rechtliche Streitigkeit nichtverfassungsrechtlicher Art handelt und keine anderweitige Zuweisung vorliegt.

a. Die streitentscheidenden Normen müssten öffentlich-rechtlicher Natur sein, d.h. einen Hoheitsträger als Berechtigten oder als Verpflichteten benennen. Die Beteiligten streiten darüber, ob die Ablehnung des Antrags des S, mit seiner Achterbahn an dem Volksfest teilzunehmen, rechtmäßig war. Die streitentscheidenden Normen sind dem Gemeinderecht zu entnehmen. In §§ 8 II i.V.m. 8 I GO NRW ist eine Behörde als Verpflichtete benannt. Die GO NRW ist öffentlich-rechtlicher Natur.

b. Da weder Verfassungsorgane oder ihnen gleichgestellte Personen an dem Streit beteiligt sind noch Streit über Anwendung und Auslegung von Verfassungsrecht herrscht, ist die Streitigkeit nichtverfassungsrechtlicher Art.

c. Eine Zuweisung zu einem anderen Gericht ist nicht ersichtlich.

d. Demnach sind die Voraussetzungen der Generalzuweisung des § 40 I VwGO erfüllt.

3. Der Rechtsweg zum Verwaltungsgericht ist eröffnet.

II. Statthafte Klageart könnte die Fortsetzungsfeststellungsklage sein, § 113 I 4 VwGO.

Ursprünglich wollte S die Teilnahme am Volksfest erstreiten. Dies konnte er möglicherweise durch eine Verpflichtungsklage erreichen. Weil sich sein Begehren wegen des mittlerweile durchgeführten Festes erledigt hat, kann er die Zulassung nicht mehr erlangen. Eine Verpflichtungsklage scheidet daher aus.

Sein nunmehr ausdrücklich gestellter Antrag auf gerichtliche Entscheidung ist also darauf gerichtet, feststellen zu lassen, dass die Ablehnung der Zulassung rechtswidrig war. Dies kann er möglicherweise mit einer Fortsetzungsfeststellungsklage gemäß § 113 I 4 VwGO erreichen.

1. Zwar gilt die Fortsetzungsfeststellungsklage nach dem Wortlaut des § 113 I 4 VwGO nur für den Fall, dass eine schon erhobene Anfechtungsklage nur deshalb nicht zu Ende geführt werden kann, weil zwischen Klageerhebung und Urteil eine Erledigung der Sache eingetreten ist. Im Interesse eines nach Art. 19 IV GG gebotenen umfassenden Rechtsschutzes muss die Fortsetzungsfeststellungsklage in analoger Anwendung des § 113 I 4 VwGO aber auch erhoben werden können, wenn eine schon erhobene Verpflichtungsklage nur deshalb nicht zu Ende geführt werden kann, weil bereits eine Erledigung der Sache eingetreten ist. Dies muss selbst dann gelten, wenn die Erledigung schon vor Klageerhebung eingetreten ist, der Betroffene also noch gar keine Verpflichtungsklage erhoben hat.

2. Bei der beantragten Erlaubnis handelt es sich um eine hoheitliche Maßnahme einer Behörde auf dem Gebiet des öffentlichen Rechts zur Regelung eines Einzelfalls mit unmittelbarer Außenwirkung, also einen Verwaltungsakt im Sinne des § 35 S. 1 VwVfG.

3. Der durch den Kläger begehrte Verwaltungsakt müsste sich vor Erhebung der Klage erledigt haben. Die Zulassung des S zum Volksfest ist nicht mehr möglich, da dieses mittlerweile stattgefunden hat. Eine Erledigung ist somit vor Erhebung der Klage eingetreten.

4. Also ist die Fortsetzungsfeststellungsklage gemäß § 113 I 4 VwGO analog die statthafte Klageart.

III. Außerdem müssten die weiteren speziellen Voraussetzungen der Fortsetzungsfeststellungsklage vorliegen.

1. Gemäß § 113 I 4 VwGO ist ein Fortsetzungsfeststellungsinteresse des Klägers erforderlich.

a. S erwägt einen Schadensersatzprozess gegen die Stadt Bonn, weil die Entscheidung über seinen Antrag seiner Ansicht nach fehlerhaft war. Noch ist aber keine Klage anhängig.

Ein Fortsetzungsfeststellungsinteresse könnte zu bejahen sein, wenn der Kläger einen Schadensersatzprozess vorbereiten will. Hierfür spricht, dass das Verwaltungsgericht im Bereich des Verwaltungsrechts mehr Erfahrung hat (Anspruch auf Entscheidung durch das sachnähere Gericht). Dem ist jedoch entgegenzuhalten, dass die Rechtsordnung in Art. 34 S. 3 GG i.V.m. § 40 II VwGO ausdrücklich bestimmt, dass allein die Zivilgerichte zuständig sind und hiervon nur eng begrenzte Ausnahmen zulässig sind. Daher ist die Zuständigkeit des Verwaltungsgerichts in Verfahren zur Vorbereitung von Schadensersatzprozessen nur dann zu bejahen, wenn bereits Klage vor dem Verwaltungsgericht erhoben wurde, bevor die Sache erledigt ist. In diesen Fällen ist es für die Gerichtsbarkeit wirtschaftlicher, den Prozess vor dem Verwaltungsgericht fortzuführen und dort über die Rechtmäßigkeit des Verwaltungsakts zu entscheiden.

Da S erst nach Eintritt des erledigenden Ereignisses Klage erhoben hat, fehlt es am hinreichenden Interesse.

b. Ein Fortsetzungsfeststellungsinteresse wird aber auch bei einer Wiederholungsgefahr angenommen.

Das Volksfest soll jährlich stattfinden und S will in den folgenden Jahren als Schausteller teilnehmen. Es besteht demnach die Gefahr der Wiederholung.

c. Das erforderliche Feststellungsinteresse ist also gegeben.

Da die Fortsetzungsfeststellungsklage der „Fortführung“ einer Verpflichtungsklage dient, müssen grundsätzlich deren spezielle Voraussetzungen vorliegen. Ansonsten würde der Kläger – nur weil eine Erledigung des Verwaltungsakts eingetreten ist – besser gestellt als bei der Verpflichtungsklage.

2. Der Kläger müsste also klagebefugt sein, § 42 II VwGO. Er muss geltend machen, durch den Nichterlass des Verwaltungsakts in einem subjektiv-öffentlichen Recht verletzt zu sein. Es ist eine Verletzung des subjektiv-öffentlichen Rechts auf Teilnahme am Volksfest gemäß § 8 II i.V.m. § 8 I GO NRW denkbar. Folglich ist S klagebefugt.

3. S hat zwar kein Vorverfahren (erfolglos) durchgeführt. In Nordrhein-Westfalen bedarf aber vor der Erhebung einer Verpflichtungsklage – und damit auch vor Erhebung der Fortsetzungsfeststellungsklage – grundsätzlich nicht der Nachprüfung in einem Vorverfahren, § 110 I 2 i.V.m. 1 JustG NRW.

4. S hat die Klage in der Frist des § 78 I 2 VwGO erhoben.

5. Richtiger Klagegegner ist die Körperschaft, deren Behörde den begehrten Verwaltungsakt erlassen soll (§ 78 I Nr. 1 VwGO), also die Stadt Bonn.

6. Demnach liegen die speziellen Voraussetzungen vor.

IV. Am Vorliegen der sonstigen Voraussetzungen bestehen keine Zweifel.

V. Also ist die Klage zulässig.

Fazit

1. Oft werden Fälle wie dieser mit dem Terminus ***„doppelte Analogie"*** versehen. Warum das so ist, dürfte klar sein. § 113 I 4 VwGO regelt nur die Situation bei einer Anfechtungsklage, die sich nach Klageerhebung, aber vor dem Urteil erledigt hat. Zum einen habt ihr es aber nicht mit einer Anfechtungsklage, sondern mit einer ***Verpflichtungsklage*** zu tun (1. Analogie). Zum anderen hat sich die Sache schon ***vor Erhebung der Klage*** erledigt (2. Analogie). Macht in dieser Konstellation aber nicht den Fehler, in eure Ausarbeitung „analog analog" zu schreiben. Einmal „analog" reicht vollkommen aus. Und streng genommen gibt es auch immer nur eine analoge Anwendung einer Norm. Dann aber u.U. – wie hier aufgezeigt – in zwei Spielarten.

2. Ein ***Fortsetzungsfeststellungsinteresse*** ist bei Fällen der Vorbereitung eines Schadensersatzprozesses nur dann zu bejahen, wenn bereits Klage vor dem Verwaltungsgericht erhoben worden ist, bevor die Sache erledigt ist (a.A. vertretbar). In diesen Fällen ist es für die Gerichtsbarkeit wirtschaftlicher, den Prozess vor dem Verwaltungsgericht fortzuführen und dort über die Rechtmäßigkeit des VA zu entscheiden. Gegen die Beschränkung auf den Fall, dass das Verfahren bereits anhängig ist, spricht zwar, dass das Verwaltungsgericht im Bereich des Verwaltungsrechts mehr Erfahrung hat (Anspruch auf Entscheidung durch das sachnähere Gericht). Dem ist jedoch entgegenzuhalten, dass die Rechtsordnung in Art. 34 S. 3 GG i.V.m. § 40 II VwGO ausdrücklich bestimmt, dass allein die Zivilgerichte zuständig sind und hiervon nur eng begrenzte Ausnahmen zulässig sind.

3. In Bundesländern, in denen ein Vorverfahren (§§ 68 ff VwGO) durchzuführen ist, werdet ihr oft mit einem veränderten Sachverhalt geärgert. Die Sache hat sich dann gerne bereits vor Einlegung des erforderlichen Widerspruchs erledigt. In den folgenden Punkten ändert sich Lösung:

...

II. Statthafte Klageart = Fortsetzungsfeststellungsklage, § 113 I 4 VwGO

1. Statthaftigkeit der Fortsetzungsfeststellungsklage ?

HIER (+) → ... erhoben hat; ob der Betroffene vor Erhebung der Klage Widerspruch einlegen muss und gegebenenfalls auch eingelegt hat, ist unerheblich (a.A. vertretbar, aber klausurtaktisch nicht sinnvoll)

2. ...

3. Erledigung vor Einlegung des Widerspruchs ?

= Wegfall der beschwerenden Rechtswirkung durch Zeitablauf, Rücknahme oder Wegfall des Regelungsobjekts vor Einlegung des Widerspruchs

HIER (+) → das Volksfest hat vor der Einlegung des Widerspruchs stattgefunden

...

III. Spezielle Voraussetzungen der Fortsetzungsfeststellungsklage ?

...

3. (Erfolgloses) Vorverfahren, §§ 68 ff VwGO ?

a. Durchführung des Vorverfahrens ?

HIER (–) → S hat keinen Widerspruch eingelegt

b. Entbehrlichkeit des Vorverfahrens ?

HIER (+) → bei einer Erledigung der Sache vor Klageerhebung ist ein Vorverfahren grundsätzlich entbehrlich (a.A. vertretbar, aber klausurtaktisch nicht sinnvoll); dafür spricht, dass die Ausgangs- bzw. die Widerspruchsbehörde die Entscheidung nicht mehr rechtswirksam korrigieren, d.h. den VA nicht beseitigen kann; diese Form der Verwaltungsselbstkontrolle ist aber ein wesentlicher Zweck des Vorverfahrens; die Verwaltungsbehörde kann den VA nur noch kommentieren, ohne dass dies rechtliche Auswirkungen hat

c. also: Vorverfahren entbehrlich (+)

...

4. Und noch einmal: Seit der „Einführung" zur ***Fortsetzungsfeststellungsklage*** (Seite 244) wisst ihr, dass grundsätzlich ***mehrere Konstellationen*** möglich sind. Nur die erste der nun folgenden Konstellationen ist direkt in § 113 I 4 VwGO geregelt. Die anderen Konstellationen sind im Gesetz nicht geregelt. Ihr kommt allenfalls über eine analoge Anwendung der Norm zum Ergebnis.

- Erledigung einer Anfechtungsklage nach Klageerhebung / vor dem Urteil
- Erledigung einer Anfechtungsklage vor Klageerhebung / nach Widerspruch
- Erledigung einer Anfechtungsklage vor Klageerhebung / vor Widerspruch
- Erledigung einer Verpflichtungsklage nach Klageerhebung / vor dem Urteil
- Erledigung einer Verpflichtungsklage vor Klageerhebung / nach Widerspruch
- Erledigung einer Verpflichtungsklage vor Klageerhebung / vor Widerspruch

Diese ***sechs Konstellationen*** sind natürlich nur in Bundesländern denkbar, in denen nach wie vor ein Vorverfahren (Widerspruch) vorgesehen ist. In Bundesländern ohne Widerspruchsverfahren gibt es logischerweise lediglich ***vier Konstellationen***, nämlich

- Erledigung einer Anfechtungsklage nach Klageerhebung / vor dem Urteil
- Erledigung einer Anfechtungsklage vor Klageerhebung
- Erledigung einer Verpflichtungsklage nach Klageerhebung / vor dem Urteil
- Erledigung einer Verpflichtungsklage vor Klageerhebung

5. Mit den hier präsentierten drei Fällen zur Fortsetzungsfeststellungsklage solltet ihr in der Lage sein, alle Konstellationen zu lösen. Ihr müsst euch nur aus dem großen Baukasten bedienen und – wie immer – gut mischen.

6. Und jetzt folgen Fälle zum vorläufigen Rechtsschutz ...

Vorläufiger Rechtsschutz

- Eine kleine Einführung

1. Vorgeplänkel

Der vorläufige Rechtsschutz ist sicherlich ein Schmankerl der besonderen Art und kein Thema für Neulinge im Verwaltungsrecht. Aber das seid ihr ja nun nicht mehr. Zumindest dann nicht, wenn ihr das Buch bis hierhin im Schweiße eures Angesichts erarbeitet habt. Um den Rahmen des Buches nicht zu sprengen, werdet ihr wiederum nur mit den Grundkonstellationen traktiert.

2. Der Sinn des vorläufigen Rechtsschutzes

Ziel des vorläufigen Rechtsschutzes ist es ganz allgemein, dem Antragsteller (!) eine bestimmte Rechtsposition ***vorläufig*** zu sichern. Eine abschließende Regelung soll nicht getroffen werden. Denn zu einer Vorwegnahme der Hauptsache darf es grundsätzlich nicht kommen. Das Gericht nimmt lediglich eine summarische Prüfung der tatsächlichen Gegebenheiten vor (= der streitige Sachverhalt wird nur „oberflächlich" geprüft; Beweis wird nicht erhoben), um möglichst schnell zu einem vorläufigen Ergebnis zu gelangen. Eine Ausnahme ist allerdings zu machen, wenn die Vorwegnahme die einzige Möglichkeit ist, um effektiven Rechtsschutz zu gewähren. Dann müssen aber die Nachteile, die durch die Verfahrensdauer entstehen können, für einen der Beteiligten untragbar oder unzumutbar sein.

3. Die Unterscheidung

In der VwGO findet ihr zwei Arten des vorläufigen Rechtsschutzes, die besonders klausurrelevant sind: Die ***Wiederherstellung bzw.*** die ***Anordnung der aufschiebenden Wirkung nach § 80 V VwGO*** und die ***einstweilige Anordnung nach § 123 I VwGO***.

Und worin unterscheiden sich die genannten Antragsarten? Schaut doch einmal in § 80 und § 123 VwGO. Jetzt dürfte es klar sein. Der Antrag nach § 80 V VwGO ist grundsätzlich dann statthaft, wenn in der Hauptsache eine Anfechtungsklage statthaft ist und ein Widerspruch zumindest eingelegt wurde bzw. wird (natürlich nur in Bundesländern, in denen das Widerspruchsverfahren nach wie vor durchgeführt werden muss, d.h. nicht ausgeschlossen ist) oder bereits die Anfechtungsklage erhoben worden ist. Ansonsten ist § 123 I VwGO einschlägig.

4. Die Prüfung des Antrags nach § 80 V VwGO

Beim Antrag nach ***§ 80 V VwGO*** ist die ***Zulässigkeit*** im Prinzip wie bei einer Anfechtungsklage zu prüfen. Das werdet ihr gleich sehen. Achtet auf etwaig erforderliche analoge Anwendungen der bei der Anfechtungsklage einschlägigen Normen. Außerdem sind die klagetypischen Begriffe – wie z.B. Klage und Kläger – durch die für den Antrag typischen Termini – also Antrag und Antragsteller – zu ersetzen.

Hauptanwendungsfall des § 80 V VwGO in Klausuren ist die Wiederherstellung der aufschiebenden Wirkung. Die Wiederherstellung der aufschiebenden Wirkung ist geboten, wenn die den VA erlassende Behörde die aufschiebende Wirkung (§ 80 I VwGO) durch eine Anordnung nach § 80 II Nr. 4 VwGO aufhebt. Folglich prüft ihr in der ***Begründetheit*** § 80 II Nr. 4 VwGO als Ermächtigungsgrundlage. Was aber steht hinter der Formulierung „... im öffentlichen Interesse oder im überwiegenden Interesse eines Beteiligten ...“? Das zeigt der nun folgende erste Fall. Als Anhaltspunkt solltet ihr euch merken: Wie bei der Anfechtungsklage ist zu prüfen, ob der zugrunde liegende VA rechtmäßig oder rechtswidrig ist. Ihr prüft also an sich die Erfolgsaussichten in einer – noch durchzuführenden – Klage. Die überwiegende Meinung stellt sich dann auf folgenden Standpunkt: Wenn der VA rechtmäßig ist, liegt regelmäßig ein schutzwürdiges Interesse an der Durchsetzung vor, also ein überwiegendes öffentliches Interesse an der sofortigen Vollziehung. Das Gegenteil ist grundsätzlich anzunehmen, wenn der VA rechtswidrig ist. Dann überwiegt das Interesse des Antragstellers. Wenn ihr in der Prüfung nicht zu einem eindeutigen Ergebnis kommt, müsst ihr euch innerhalb einer Interessenabwägung entscheiden, wie die Sache ausgehen soll. Hierbei ist zu berücksichtigen, dass die aufschiebende Wirkung in § 80 I VwGO als „Regelfall“ normiert ist und die Anordnung der sofortigen Vollziehung in § 80 II Nr. 4 VwGO eben nicht den Regelfall darstellt.

Bedenkt bitte, dass es Bundesländer gibt, die entgegen § 68 I 1 VwGO ein Widerspruchsverfahren für entbehrlich halten (insbesondere Nordrhein-Westfalen, Niedersachsen und Bayern). Lest dazu gegebenenfalls noch einmal Fall 4, Fazit 5. In diesen Bundesländern gibt es mangels Widerspruchs keine Wiederherstellung der aufschiebenden Wirkung des Widerspruchs (vgl. § 80 I VwGO). Der folgende Fall 34 „spielt“ in einem solchen Land. Weil kein Widerspruch zu erheben ist, muss direkt Klage erhoben werden. Also kann das angerufene Gericht allenfalls die Wiederherstellung der aufschiebenden Wirkung der Klage feststellen.

5. Die Prüfung des Antrags nach § 123 I VwGO

Der Antrag nach ***§ 123 I VwGO*** ist statthaft bei allen anderen Klagearten (vgl. § 123 V VwGO), also immer dann, wenn in der Hauptsache keine Anfechtungsklage statthaft ist. Im Regelfall wird das eine Verpflichtungsklage sein. Und diese Konstellation werdet ihr im zweiten Fall zum vorläufigen Rechtsschutz kennenlernen.

Die ***Zulässigkeit*** ist – wer hätt’s gedacht – an die Zulässigkeitsvoraussetzungen der Klageart im Hauptsacheverfahren angelehnt.

Der Aufbau der ***Begründetheit*** gestaltet sich etwas komplizierter und ist im Übrigen umstritten. Stellt euch einfach auf einen Standpunkt. Ihr könnt in einer Klausur nicht erörtern, ob dieser oder jener Aufbau vorzugswürdig ist. Unstreitig muss der Anspruchsteller das Bestehen eines Anspruchs und das Bestehen eines Grundes für den Erlass der einstweiligen Anordnung glaubhaft machen.

Der ***Anordnungsanspruch*** kann als Sicherungsanordnung (§ 123 I 1 VwGO) oder als Regelungsanordnung (§ 123 I 2 VwGO) bestehen. Mit der Sicherungsanordnung begehrt der Antragsteller die Sicherung einer bereits bestehenden Rechtsposition, mit der Regelungsanordnung will er eine Erweiterung seiner Rechte erreichen. Die Differenzierung wird von Prüfern erwartet, ist aber eigentlich unwichtig, da die Art der Anordnung ohne Bedeutung für das eigentliche Ergebnis ist. Als Faustformel reicht es, wenn ihr euch merkt, dass die Sicherungsanordnung der Feststellungsklage und die Regelungsanordnung der Verpflichtungsklage und der Allgemeinen Leistungsklage zuzuordnen ist.

Konzentriert euch nun auf die Regelungsanordnung: Nachdem ihr in erfrischender Kürze festgestellt habt, welche Art der Anordnung der Antragsteller erstrebt, prüft ihr wie bei einer Klage, ob ein Anspruch besteht. Wenn er besteht, spricht das für eine einstweilige Anordnung. Und wenn nicht, dann nicht. Wenn ihr zu keinem eindeutigen Ergebnis kommt, müsst ihr wiederum eine Abwägung zwischen den privaten und den öffentlichen Interessen vornehmen.

Im Rahmen des ***Anordnungsgrund***es ist auf die besondere Eilbedürftigkeit einzugehen. Es muss erörtert werden, ob und warum die Anordnung nötig ist.

Wegen der schon vorgenommenen Interessenabwägung muss dann die Regelungsanordnung ergehen. Eine diesbezüglich (in der Hauptsache = Verpflichtungsklage vorzunehmende) Ermessensprüfung ist entbehrlich. Dem Antragsteller soll aber nicht mehr zugesprochen werden, als in der Hauptsache.

Anders als bei der Prüfung des Antrags gemäß § 80 V VwGO ist es recht unerheblich, ob der Fall hier in einem Bundesland „spielt“, das ein Widerspruchsverfahren für erforderlich hält oder gerade nicht. Denn im Rahmen der Prüfung des Antrags nach § 123 I VwGO geht es eben nicht darum, die aufschiebende Wirkung des Widerspruchs bzw. der Klage wiederherzustellen. Das werdet ihr in Fall 35 sehen.

Fall 34

Die seit Jahren gespannte Haushaltslage bei Bund und Ländern führt im Herbst zu weiteren Übereinkünften der sogenannten Volksparteien über einschneidende Reformen im Gesundheitswesen. Vor diesem Hintergrund will B in Bonn (Nordrhein-Westfalen) eine Großdemonstration veranstalten. Erwartet werden mehr als 500.000 Personen. Gemäß § 14 Versammlungsgesetz (VersG) meldet B die Demonstration an. Als die Demonstrationspläne publik werden, droht eine bekannte Untergrundorganisation mit massiven Gegenmaßnahmen, wenn die Versammlung stattfinden sollte. Daraufhin verbietet die Ordnungsbehörde nach vorheriger Anhörung des B die Demonstration nach § 15 VersG mit dem Hinweis auf mögliche Gefahren für Personen und Sachwerte und ordnet die sofortige Vollziehung an. B erhebt Anfechtungsklage und stellt einen Antrag auf Wiederherstellung der aufschiebenden Wirkung.

Frage: Hat der Antrag auf Erlass einer Anordnung auf Wiederherstellung der aufschiebenden Wirkung Erfolg ?

Hinweis: Es ist davon auszugehen, dass die Demonstration anders als durch ein Verbot nicht zu schützen ist.

Lösungsskizze Fall 34

Der Antrag hat Erfolg, wenn er zulässig und begründet ist.

A. Zulässigkeit des Antrags

I. Rechtsweg zum Verwaltungsgericht ?

1. Spezialzuweisung vorhanden ? (–)

2. Generalzuweisung des § 40 I VwGO ?

= öffentlich-rechtliche Streitigkeit nichtverfassungsrechtlicher Art und keine abdrängende Zuweisung

(***Vorüberlegung:*** Worum geht es im Kern? Die Beteiligten streiten über das von der Ordnungsbehörde ausgesprochene Versammlungsverbot.)

a. öffentlich-rechtliche Streitigkeit ?

= die streitentscheidenden Normen müssen öffentlich-rechtlicher Natur sein, d.h. einen Hoheitsträger als Berechtigten oder Verpflichteten benennen

HIER (+) → die streitentscheidende Norm ist dem Versammlungsgesetz (VersG) zu entnehmen; die Behörde ist als Berechtigte in § 15 I VersG benannt

b. nichtverfassungsrechtlicher Art ?

HIER (+) → weder Beteiligung von Verfassungsorganen oder ihnen gleichgestellten Personen an dem Streit noch Streit über Anwendung und Auslegung von Verfassungsrecht

c. keine Zuweisung zu einem anderen Gericht ?

HIER (+) → anderweitige Zuweisung nicht ersichtlich

***d. also: Generalzuweisung des § 40 I VwGO* (+)**

***3. also: Rechtsweg zum Verwaltungsgericht* (+)**

II. Statthafte Antragsart = Antrag nach § 80 V VwGO ?

*(**Vorüberlegung:*** Was will der Antragsteller? B will trotz des Verbots eine Demonstration in Bonn veranstalten. Dieses Ziel kann er möglicherweise durch eine Klage erreichen. Damit er sein Begehren aber kurzfristig durchsetzen kann, muss ihm neben einer Klage grundsätzlich auch die Möglichkeit offenstehen, sich vorläufigen Rechtsschutz zu verschaffen. Der Antragsteller erreicht mit dem Antrag nach § 80 V VwGO zwar nicht endgültig eine günstigere Rechtsposition. Ihm kann aber die Rechtsposition zumindest vorläufig – also bis zur Entscheidung in der Hauptsache, d.h. der Klage – eingeräumt werden.
Der Antragsteller begehrt Anordnung der Wiederherstellung der aufschiebenden Wirkung. Die Anordnung der Wiederherstellung der aufschiebenden Wirkung ist nur gegen einen belastenden VA möglich, da der Antrag nach § 80 V VwGO nur zulässig ist, wenn auch eine Anfechtungsklage zulässig wäre, § 80 I VwGO.*)*

1. Antragsziel wie bei einer Anfechtungsklage ?
= Antragsziel wäre die Aufhebung eines belastenden VA

a. Verwaltungsakt gemäß § 35 S. 1 VwVfG ?
= hoheitliche Maßnahme einer Behörde auf dem Gebiet des öffentlichen Rechts zur Regelung eines Einzelfalls mit unmittelbarer Außenwirkung

***aa. hoheitliche Maßnahme einer Behörde ?* (+)**

***bb. auf dem Gebiet des öffentlichen Rechts ?* (+)**

***cc. zur Regelung ?* (+)**

dd. eines Einzelfalls ?
= Maßnahme richtet sich an einen bestimmten Adressaten in einer konkreten Situation

HIER (+) → Adressat ist B als Organisator der Demonstration; das Verbot richtet sich nicht unmittelbar gegen die potenziellen Demonstranten; B steht aber stellvertretend Adressat für die Teilnehmer; die Regelung gilt damit auch gegenüber jedem Teilnehmer, der an der konkreten Demonstration teilnimmt; dies ergibt sich aus dem systematischen Zusammenhang zwischen § 14 und § 15 VersG (systematische Auslegung); konkrete Situation ist die geplante Demonstration in Bonn

***ee. mit Außenwirkung ?* (+)**

***ff. also: VA* (+)**

b. belastender VA ?

HIER (+) → durch das Versammlungsverbot wird B belastet

c. also: Antragsziel wie bei einer Anfechtungsklage (+)

2. also: Antrag nach § 80 V VwGO (+)

III. Allgemeine Voraussetzungen des Antrags nach § 80 V VwGO ?

1. Antragsbefugnis, analog § 42 II VwGO ?

= Kläger muss geltend machen, durch den VA in seinen Rechten verletzt zu sein

HIER (+) → § 42 II VwGO ist direkt nicht anwendbar, da es sich nicht um eine Anfechtungsklage handelt; die Norm ist aber analog anzuwenden, denn der einstweilige Rechtsschutz nach § 80 V VwGO ist nur zulässig, wenn in der Hauptsache die Anfechtungsklage zulässig wäre; B müsste also in seinen Rechten verletzt sein; eine Privatperson als Adressat eines belastenden VA ist stets klage- und antragsbefugt, da in ihre subjektiv-öffentlichen Rechte eingegriffen wird (Adressatentheorie); es ist zumindest ein Eingriff in die Rechte des Betroffenen aus Art. 8 GG (Versammlungsfreiheit) denkbar

2. (Erfolgloses) Vorverfahren, §§ 68 ff VwGO ?

HIER → § 68 VwGO ist direkt nicht anwendbar, da es sich nicht um eine Anfechtungsklage handelt (vor deren Erhebung es in Nordrhein-Westfalen gemäß § 110 I 1 JustG NRW einer Nachprüfung in einem Vorverfahren grundsätzlich nicht bedarf); die Norm ist auch nicht analog anzuwenden, da die Durchführung eines Vorverfahrens der Eilbedürftigkeit des einstweiligen Rechtsschutzes und damit dem Zweck des § 80 V VwGO entgegenstehen würde; damit aber die aufschiebende Wirkung wiederhergestellt werden kann, muss nach § 80 I VwGO Widerspruch eingelegt worden sein; dies kann jedoch nur in Bundesländern gelten, die vor Klageerhebung ein Vorverfahren vorsehen. In Nordrhein-Westfalen ist das Widerspruchsverfahren aber nach § 110 I 1 JustG NRW ausgeschlossen; B hat im Übrigen bereits die Anfechtungsklage erhoben, sodass es auf § 80 V 2 VwGO nicht ankommt

3. Richtiger Antragsgegner, analog § 78 VwGO ?

HIER (+) → § 78 VwGO ist direkt nicht anwendbar, da es sich nicht um eine Anfechtungsklage handelt; der Antrag nach § 80 V VwGO ist aber nur in solchen Fälle einschlägig, in denen die Anfechtungsklage zulässig ist; da eine Anwendbarkeit des § 78 VwGO dem Zweck des Antrags – eben der Eilbedürftigkeit – nicht entgegensteht, ist die Norm analog anwendbar; hier gemäß § 78 I Nr. 1 VwGO die Körperschaft, deren Behörde den angefochtenen VA erlassen hat, also die Stadt Bonn

4. also: allgemeine Voraussetzungen des Antrags nach § 80 V VwGO (+)

IV. Ergebnis:

Zulässigkeit des Antrags nach § 80 V VwGO (+)

B. Begründetheit des Antrags nach § 80 V VwGO

= Rechtswidrigkeit der Anordnung der sofortigen Vollziehung
= bei formeller und/oder materieller Rechtswidrigkeit der Anordnung der sofortigen Vollziehung; dies ist dann nicht der Fall, wenn die Anordnung der sofortigen Vollziehung aufgrund einer Ermächtigungsgrundlage formell und materiell rechtmäßig erlassen wurde

I. Ermächtigungsgrundlage für die Anordnung d. sofortigen Vollziehung ?

HIER → § 80 II Nr. 4 VwGO

II. Formelle Rechtmäßigkeit der Anordnung ?

1. *Zuständigkeit ?* (+)

2. *Verfahren ?*

HIER (+) → das Erfordernis der Anhörung ist bei einem Verfahren nach § 80 V VwGO umstritten; eine Anhörung hat stattgefunden, sodass der Streit nicht zu entscheiden ist

3. *Form ?*

HIER (+) → die Formvorschriften des § 80 III VwGO wurden eingehalten

4. *also: formelle Rechtmäßigkeit der Anordnung* (+)

III. Materielle Rechtmäßigkeit der Anordnung ?

= Voraussetzungen der Ermächtigungsgrundlage → § 80 II Nr. 4 VwGO
= die Anordnung der sofortigen Vollziehung muss im öffentlichen Interesse oder im überwiegenden Interesse eines Beteiligten liegen; das Interesse an der Vollziehung eines rechtswidrigen VA überwiegt jedoch nie das Interesse des Betroffenen an seiner Aussetzung; ein überwiegendes öffentliches Interesse liegt aber im Regelfall vor, wenn der VA (hier das Versammlungsverbot) rechtmäßig ist

1. *Rechtmäßigkeit des VA ?*

a. *Ermächtigungsgrundlage ?*

HIER → § 15 I VersG

b. *Formelle Rechtmäßigkeit des VA ?*

aa. *Zuständigkeit ?* (+)

bb. *Verfahren ?*

= allgemeine Verfahrensvorschriften, insbesondere die Anhörung nach § 28 I VwVfG NRW und ggf. Sondervorschriften der anwendbaren Gesetze des Besonderen Verwaltungsrechts

HIER (+) → Anhörung hat stattgefunden

cc. *Form ?*

= allgemeine Formvorschriften nach §§ 37 und 39 VwVfG NRW und ggf. Sondervorschriften der anwendbaren Gesetze des Besonderen Verwaltungsrechts

HIER (+) → alle Formvorschriften wurden eingehalten

dd. *also: formelle Rechtmäßigkeit des VA* (+)

c. Materielle Rechtmäßigkeit des VA ?
= Voraussetzungen der Ermächtigungsgrundlage für den VA → § 15 I VersG

aa. Versammlung im Sinne der §§ 15 i.V.m. 14 VersG ?
= Versammlung unter freiem Himmel

HIER (+) → B will eine Demonstration unter freiem Himmel veranstalten, um die geplante Änderung des Gesundheitswesens zu verhindern

bb. unmittelbare Gefährdung der öffentlichen Sicherheit ?
= Möglichkeit des zukünftigen Eintritts eines Schadens bei der öffentlichen Sicherheit – also bei der Gesamtheit der geschriebenen Rechtsordnung, beim Bestand des Staates und seinen Einrichtungen, bei persönlichen Rechtsgütern einzelner Personen und bei Rechtsgütern der Allgemeinheit – unmittelbar durch die Versammlung

HIER (+) → es besteht die Möglichkeit, dass Rechtsgüter einzelner Personen, wie Leben, Gesundheit und Eigentum geschädigt werden; Rechtsgüter einzelner Personen sind dann Teil der öffentlichen Sicherheit, wenn – wie dies hier der Fall ist – gerichtlicher Schutz nicht wirksam erlangt werden kann und die Gefährdung in die Öffentlichkeit ausstrahlt; auch besteht eine unmittelbarer Zusammenhang zwischen der Gefährdung der Rechtsgüter und der Demonstration

cc. Ermessen ?

HIER (+) → nach § 15 I VersG „kann" die Behörde Maßnahmen treffen (vgl. Wortlaut der Norm); also ist der Behörde ein Entscheidungsspielraum hinsichtlich der Frage, ob sie tätig wird (Entschließungsermessen) und hinsichtlich der Frage, wie sie tätig wird (Auswahlermessen) eingeräumt

dd. Rechtsfehlerfreie Ausübung des Ermessens ?
= Nichtvorliegen von Ermessensfehlern

(1) Beachtung des Verhältnismäßigkeitsgrundsatzes ?
= Geeignetheit, Erforderlichkeit und Angemessenheit der behördlichen Maßnahme

(a) Geeignetheit ?
= durch das Mittel kann der Zweck erreicht werden

HIER (+) → Zweck ist der Schutz von Rechtsgütern privater Personen; Mittel ist das Demonstrationsverbot

(b) Erforderlichkeit ?
= die Behörde muss das für den Adressaten und die Allgemeinheit mildeste Mittel einsetzen, um den angestrebten Zweck zu erreichen

HIER (+) → die Ordnungsbehörde konnte keine wirksame Sicherungsmaßnahmen zum Schutz der Demonstration ergreifen

(c) Angemessenheit
= das Mittel darf nicht zu einem Nachteil führen, der zu dem erstrebten Zweck außer Verhältnis steht

HIER (+) → das Mittel steht zu dem Zweck nicht außer Verhältnis, wenn die beeinträchtigten Rechtsgüter des Adressaten nicht höherwertiger sind als das öffentliche Interesse, das durch das Verbot geschützt wird; das öffentliche Interesse besteht im Schutz der Rechtsgüter Leben, Gesundheit und Eigentum der Demonstranten, der begleitenden Polizeibeamten und unbeteiligter dritter Personen; diesen fundamentalen Individualrechtsgütern steht das Recht, eine Demonstration zu veranstalten, gegenüber

***(d) also: Verhältnismäßigkeit* (+)**

***(2) also: rechtsfehlerfreie Ausübung des Ermessens* (+)**

***ee. also: materielle Rechtmäßigkeit des VA* (+)**

***d. also: Rechtmäßigkeit des VA* (+)**

***2. also: überwiegendes Interesse an der Anordnung der sofortigen Vollziehung* (+)**

IV. Ergebnis:

Begründetheit des Antrags nach § 80 V VwGO (–)

C. Ergebnis:

zwar Zulässigkeit (+), aber Begründetheit des Antrags (–); also Erfolg des Antrags (–)

Formulierungsvorschlag Fall 34

Der Antrag hat Erfolg, wenn er zulässig und begründet ist.

A. Der Antrag des B müsste zulässig sein.

I. Der Rechtsweg zum Verwaltungsgericht müsste eröffnet sein.

1. Eine gesetzliche Spezialzuweisung ist nicht ersichtlich.

2. Die Generalzuweisung des § 40 I VwGO wäre gegeben, wenn es sich bei dem Verbot der Demonstration um eine öffentlich-rechtliche Streitigkeit nichtverfassungsrechtlicher Art handelt und keine anderweitige Zuweisung vorliegt.

a. Die streitentscheidenden Normen müssten öffentlich-rechtlicher Natur sein, d.h. einen Hoheitsträger als Berechtigten oder als Verpflichteten benennen. Die Beteiligten streiten über das von der Ordnungsbehörde ausgesprochene Versammlungsverbot. Die streitentscheidende Norm ist dem VersG zu entnehmen. Die Behörde ist als Berechtigte in § 15 I VersG benannt. Die streitentscheidende Norm ist damit öffentlich-rechtlicher Natur.

b. Da weder Verfassungsorgane oder ihnen gleichgestellte Personen an dem Streit beteiligt sind noch Streit über Anwendung und Auslegung von Verfassungsrecht herrscht, ist die Streitigkeit nichtverfassungsrechtlicher Art.

c. Eine Zuweisung zu einem anderen Gericht ist nicht ersichtlich.

d. Demnach sind die Voraussetzungen der Generalzuweisung des § 40 I VwGO erfüllt.

3. Der Rechtsweg zum Verwaltungsgericht ist eröffnet.

II. Statthafte Antragsart könnte der Antrag nach § 80 V VwGO sein.

B will eine Demonstration in Bonn veranstalten. Dieses Ziel könnte er durch eine Klage erreichen, was jedoch mit einem langwierigen Prozess verbunden sein kann. Damit er sein Begehren auch kurzfristig durchsetzen kann, muss ihm neben einer Klage grundsätzlich auch die Möglichkeit offenstehen, sich vorläufigen Rechtsschutz zu verschaffen. Der Antragsteller erreicht mit dem Antrag nach § 80 V VwGO zwar nicht endgültig eine günstigere Rechtsposition. Ihm kann aber die Rechtsposition zumindest vorläufig – also bis zur Entscheidung in der Hauptsache, d.h. der Klage – eingeräumt werden.

1. Der Antragsteller begehrt Anordnung der Wiederherstellung der aufschiebenden Wirkung. Die Anordnung der Wiederherstellung der aufschiebenden Wirkung ist nur gegen einen belastenden Verwaltungsakt möglich, da der Antrag nach § 80 V VwGO nur zulässig ist, wenn auch eine Anfechtungsklage zulässig wäre, § 80 I VwGO. Der Antragsteller müsste also die Aufhebung eines belastenden Verwaltungsakts begehren.

a. Das Versammlungsverbot müsste einen Verwaltungsakt darstellen. Gemäß § 35 S. 1 VwVfG ist ein Verwaltungsakt eine hoheitliche Maßnahme einer Behörde auf dem Gebiet des öffentlichen Rechts zur Regelung eines Einzelfalls mit unmittelbarer Außenwirkung.

Bei dem Verbot handelt es sich um die hoheitliche Maßnahme einer Behörde auf dem Gebiet des öffentlichen Rechts mit Regelungsgehalt.

Zudem müsste ein Einzelfall geregelt sein. Dann müsste sich die Maßnahme an einen bestimmten Adressaten in einer konkreten Situation richten. Adressat ist B als Organisator der Demonstration. Das Verbot richtet sich nicht unmittelbar gegen die potenziellen Demonstranten. B ist aber stellvertretend Adressat für die potenziellen Teilnehmer. Die Regelung gilt damit auch gegenüber jedem Teilnehmer, der an der konkreten Demonstration teilnimmt. Dies ergibt sich aus dem systematischen Zusammenhang zwischen § 14 und § 15 VersG (systematische Auslegung). Konkrete Situation ist die geplante Demonstration in Bonn.

Die außerdem erforderliche Außenwirkung liegt vor.

Mithin stellt das Verbot einen Verwaltungsakt dar.

b. Das Verbot ist also ein belastender Verwaltungsakt.

c. Demnach verfolgt B mit seinem Antrag dasselbe Ziel wie mit einer Anfechtungsklage.

2. Also ist der Antrag nach § 80 V VwGO die statthafte Antragsart.

III. Außerdem müssten die weiteren allgemeinen Zulässigkeitsvoraussetzungen des Antrags vorliegen.

1. Zunächst müsste der Antragsteller antragsbefugt sein, § 42 II VwGO analog. § 42 II VwGO ist zwar nicht direkt anwendbar, da es sich nicht um eine Anfechtungsklage handelt. Die Norm ist aber analog anzuwenden, denn der einstweilige Rechtsschutz nach § 80 V VwGO ist nur zulässig, wenn in der Hauptsache die Anfechtungsklage zulässig ist. B müsste also geltend machen, in seinen Rechten verletzt zu sein. Eine Privatperson als Adressat eines belastenden Verwaltungsakts ist stets klage- und antragsbefugt, da in ihre subjektiv-öffentlichen Rechte eingegriffen wird (Adressatentheorie). Es ist zumindest ein Eingriff in die Rechte des Betroffenen aus Art. 8 GG (Versammlungsfreiheit) denkbar. Folglich ist er antragsbefugt.

2. § 68 VwGO (Vorverfahren) ist direkt nicht anwendbar, da es sich nicht um eine Anfechtungsklage handelt (vor deren Erhebung es in Nordrhein-Westfalen gemäß § 110 I 1 JustG NRW einer Nachprüfung in einem Vorverfahren jedoch grundsätzlich nicht bedarf). Die Norm ist auch nicht analog anzuwenden, da die Durchführung eines Vorverfahrens der Eilbedürftigkeit des einstweiligen Rechtsschutzes und damit dem Zweck des § 80 V VwGO entgegenstehen würde. Damit aber die aufschiebende Wirkung wiederhergestellt werden kann, muss nach § 80 I VwGO Widerspruch eingelegt worden sein. Dies kann jedoch nur in Bundesländern gelten, die vor Klageerhebung ein Vorverfahren vorsehen. In Nordrhein-Westfalen ist das Widerspruchsverfahren aber nach § 110 I 1 JustG NRW ausgeschlossen. B hat im Übrigen bereits die Anfechtungsklage erhoben, sodass es auf § 80 V 2 VwGO nicht ankommt.

3. Richtiger Antragsgegner ist die Stadt Bonn gemäß § 78 I Nr. 1 VwGO analog.

4. Demnach liegen die allgemeinen Voraussetzungen des Antrags nach § 80 V VwGO vor.

IV. Also ist der Antrag zulässig.

B. Der Antrag müsste auch begründet sein.

Begründet ist der Antrag nach § 80 V VwGO, wenn die Anordnung der sofortigen Vollziehung rechtswidrig ist.

Die Anordnung der Ordnungsbehörde müsste rechtswidrig sein. In Betracht kommt die formelle und/oder materielle Rechtswidrigkeit der Anordnung der sofortigen Vollziehung.

Dies ist jedoch dann nicht der Fall, wenn die Anordnung aufgrund einer Ermächtigungsgrundlage formell und materiell rechtmäßig erlassen wurde.

I. Als Ermächtigungsgrundlage für die Anordnung der sofortigen Vollziehung kommt § 80 II Nr. 4 VwGO in Betracht.

II. Zunächst müsste die Anordnung formell rechtmäßig sein.

1. Die Anordnung wurde von der zuständigen Ordnungsbehörde erlassen.

2. Das Erfordernis der Anhörung ist bei einem Verfahren nach § 80 V VwGO umstritten. Eine Anhörung hat jedoch stattgefunden, sodass der Streit nicht zu entscheiden ist.

3. Auch die Formvorschriften des § 80 III VwGO wurden beachtet.

4. Mithin ist die Anordnung formell rechtmäßig.

III. Weiterhin müsste die Anordnung materiell rechtmäßig sein. Dann müssten die Voraussetzungen des § 80 II Nr. 4 VwGO vorliegen, d.h. ein überwiegendes Interesse an der sofortigen Vollziehung der Anordnung bestehen. Bei der gebotenen Interessenabwägung sind die Nachteile, die dem Betroffenen durch den Vollzug eines möglicherweise rechtswidrigen Verwaltungsakts entstehen können, jenen Nachteilen gegenüberzustellen, die aus einem verspäteten Vollzug des angegriffenen Verwaltungsakts entstehen können. Dabei ist zu berücksichtigen, dass das Interesse des Betroffenen an vorläufigem Rechtsschutz nur gering ist, das Interesse an der Vollziehung also im Regelfall vorliegt, wenn der Verwaltungsakt rechtmäßig ist.

1. Das Verbot der Versammlung müsste rechtmäßig sein. Dies ist der Fall, wenn das Versammlungsverbot aufgrund einer Ermächtigungsgrundlage formell und materiell rechtmäßig ergangen ist.

a. Als Ermächtigungsgrundlage kommt § 15 I VersG in Betracht.

b. Zunächst müsste der Bescheid formell rechtmäßig sein.

Der Bescheid wurde von der zuständigen Ordnungsbehörde erlassen.

Verstöße gegen Verfahrensvorschriften sind nicht ersichtlich.

Auch die Formvorschriften wurden beachtet.

Mithin ist der Bescheid formell rechtmäßig.

c. Weiterhin müsste der Bescheid materiell rechtmäßig sein. Dann müssten die Voraussetzungen des § 15 I VersG vorliegen. Nach der genannten Norm kann die Ordnungsbehörde unter den aufgeführten Voraussetzungen Maßnahmen ergreifen.

B will eine Demonstration unter freiem Himmel veranstalten, um die geplante Änderung des Gesundheitswesens zu verhindern. Es handelt sich um eine Versammlung unter freiem Himmel im Sinne der §§ 15 i.V.m. 14 VersG.

Die öffentliche Sicherheit müsste durch diese Versammlung gefährdet sein. Die öffentliche Sicherheit umfasst die Gesamtheit der geschriebenen Rechtsordnung, den Bestand des Staates und seiner Einrichtungen, die persönlichen Rechtsgüter einzelner Personen und Rechtsgüter der Allgemeinheit. Eine Gefahr für die öffentliche Sicherheit liegt vor, wenn die Möglichkeit des zukünftigen Eintritts eines Schadens besteht. Es besteht die Möglichkeit des Eintritts von Schäden an Rechtsgütern einzelner Personen, wie Leben, Gesundheit und Eigentum, da die Versammlung durch eine Untergrundorganisation bedroht wird. Rechtsgüter einzelner Personen sind dann Teil der öffentlichen Sicherheit, wenn – wie dies hier der Fall ist – gerichtlicher Schutz nicht wirksam erlangt werden kann und die Gefährdung in die Öffentlichkeit ausstrahlt. Auch besteht ein unmittelbarer Zusammenhang zwischen der Gefährdung der Rechtsgüter und der Demonstration. Also ist die öffentliche Sicherheit gefährdet.

Gemäß § 15 I VersG kann die Behörde Maßnahmen ergreifen, die Vorschrift stellt also eine Ermessensvorschrift dar. Also müsste die Behörde das eingeräumte Ermessen rechtsfehlerfrei ausgeübt, d.h. ermessensfehlerfrei gehandelt haben. Sie müsste den Verhältnismäßigkeitsgrundsatz beachtet haben.

Dieser ist gewahrt, wenn die Maßnahme der Behörde geeignet, erforderlich und angemessen ist, um das erstrebte Ziel zu erreichen.

Geeignet ist das Mittel, wenn es den erstrebten Zweck erreicht. Zweck ist der Schutz von Rechtsgütern privater Personen. Mittel ist das Demonstrationsverbot. Die Rechtsgüter werden durch das Verbot geschützt. Somit ist das Mittel geeignet.

Erforderlich ist das Mittel, wenn die Behörde das für den Adressaten und die Allgemeinheit mildeste Mittel einsetzt, um den angestrebten Zweck zu erreichen. Die Ordnungsbehörde hätte keine anderen wirksamen Sicherungsmaßnahmen zum Schutz der Demonstration ergreifen können. Das eingesetzte Mittel war demnach erforderlich, um das erstrebte Ziel zu erreichen.

Angemessen ist das Mittel, wenn es nicht zu einem Nachteil führt, der zu dem erstrebten Erfolg außer Verhältnis steht. Das Mittel steht zu dem Zweck nicht außer Verhältnis, wenn die beeinträchtigten Rechtsgüter des Adressaten nicht höherwertiger sind als das öffentliche Interesse, das durch das Verbot geschützt wird. Das öffentliche Interesse besteht im Schutz der Rechtsgüter Leben, Gesundheit und Eigentum der Demonstranten, der begleitenden Polizeibeamten und unbeteiligter dritter Personen. Diesen höchsten Individualrechtsgütern steht das Recht, eine Demonstration zu veranstalten, gegenüber. Also erscheint das Mittel auch als angemessen.

Demnach ist der Verhältnismäßigkeitsgrundsatz gewahrt.

Also hat die Behörde ermessensfehlerfrei gehandelt.

Der Bescheid der Ordnungsbehörde ist demnach materiell rechtmäßig.

d. Somit ist der Verwaltungsakt rechtmäßig.

2. Mithin besteht ein überwiegendes Interesse an der Anordnung der sofortigen Vollziehung.

IV. Der Antrag nach § 80 V VwGO ist damit nicht begründet.

C. Der Antrag ist zwar zulässig, aber nicht begründet. Also hat er keinen Erfolg.

Fazit

1. Wenn ihr die Lösungsskizze zu § 80 V VwGO zum ersten Mal gelesen habt, ward ihr sicher ein wenig geschockt. Die Prüfung erscheint ziemlich kompliziert. Aber sie ist halb so schlimm. Ihr braucht euch nur vor Augen zu halten, dass ihr ***innerhalb der materiellen Rechtmäßigkeit*** der Anordnung der sofortigen Vollziehung den zugrunde liegenden VA überprüfen müsst. Ihr habt es also mit einer Inzidenterprüfung zu tun.

2. ***§ 80 II Nr. 4 VwGO*** wird immer gleich geprüft. Nur die konkrete Prüfung des angegriffenen VA in der materiellen Rechtmäßigkeit ist natürlich von Fall zu Fall unterschiedlich.

3. Möglicherweise habt ihr euch die grundsätzliche Frage gestellt, ob eine Prüfung im Bereich des ***einstweiligen Rechtsschutzes*** mit einem Anspruch nach § 123 I VwGO oder mit einem Antrag nach § 80 V VwGO beginnen soll. Es bestehen ***drei Möglichkeiten des Aufbaus***.

Wie ihr dem Gesetz entnehmen könnt, findet sich im 11. Abschnitt „Einstweilige Anordnung" der VwGO nur § 123. § 80 V dagegen taucht im 8. Abschnitt der VwGO auf, der mit „Besondere Vorschriften für Anfechtungs- und Verpflichtungsklagen" betitelt ist. § 123 V VwGO weist im Übrigen lapidar darauf hin, dass § 123 I bis III VwGO nicht für den Fall des § 80 VwGO gilt. Diese gesetzliche Wertung bietet folgenden Aufbau an: Erst ist der Antrag nach § 123 VwGO anzuprüfen, um innerhalb der Prüfung zu ergründen, ob nicht doch ein Antrag nach § 80 V VwGO statthaft ist. Wenn ja, geht's mit § 80 V VwGO weiter. Wenn nein, kommt ihr automatisch wieder ins § 123 I VwGO-Fahrwasser. Ihr führt also immer nur eine Prüfung durch, um dann zu diesem oder jenem Ergebnis zu kommen.

Andererseits besteht die klausurtaktische Möglichkeit, immer mit der Prüfung des Antrags zu beginnen, den ihr ablehnen wollt, um erst dann die Prüfung des statthaften Antrags vorzunehmen. Damit könnt ihr dem Korrektor zeigen, dass ihr beide Normen kennt. Ihr führt dann regelmäßig zwei Prüfungen durch.

Letztlich erscheint es legitim, regelmäßig nur den statthaften Antrag zu prüfen, also entweder § 80 V VwGO oder § 123 I VwGO. Das spart Zeit und entbindet euch von der schwierigen Aufgabe, eine noch verschachteltere Prüfung vornehmen zu müssen. Eine Ausnahme muss es natürlich auch hier geben: Im Bereich des Besonderen Verwaltungsrechts gibt es problematische Konstellationen, die geradezu nach einer Abgrenzung der Antragsarten schreien. Achtet darauf, wenn ihr euch mit dem Besonderen Verwaltungsrecht beschäftigt.

Wenn ihr auf die gerade beschriebene dritte Möglichkeit setzt, dürftet ihr keine Nachteile erleiden. Die zweite dargestellte Möglichkeit wird allerdings von einigen Prüfern bevorzugt. Die erste beschriebene Möglichkeit erscheint zwar wegen der aufgezeigten Systematik und wegen des Wortlauts des § 123 VwGO als wirklich logischer Aufbau. Diese Prüfungsreihenfolge wird jedoch – soweit nachvollziehbar – nie vermittelt.

Achtet also in der Vorlesung darauf, welche Aufbaumöglichkeit bevorzugt wird. Dann kann nix schief gehen.

4. In Bundesländern, in denen ein Vorverfahren (§§ 68 ff VwGO) durchzuführen ist, werdet ihr im Sachverhalt regelmäßig mit dem Hinweis bedacht, dass der Betroffene gegen den VA Widerspruch eingelegt hat. Die Lösung ändert sich geringfügig wie folgt:

...

III. Spezielle Voraussetzungen der Fortsetzungsfeststellungsklage ?

...

2. (Erfolgloses) Vorverfahren, §§ 68 ff VwGO ?

HIFR → ... entgegenstehen würde; damit aber die aufschiebende Wirkung wiederhergestellt werden kann, muss nach § 80 I VwGO Widerspruch eingelegt worden sein; B hat Widerspruch eingelegt

...

Fall 35

V ist Vorsitzender der Ortsgruppe Köln der konservativen, aber nicht rechtsextremen Partei „Der rechte Weg". In seinen Wahlveranstaltungen präsentiert er sich als strammer Vertreter des „law-and-order"-Staates und eines rigiden Kurses in der Ausländerpolitik. Vor sechs Jahren ist er wegen einer vorsätzlichen Tätlichkeit mit einem „Totschläger" gegen Punks zu einer Gefängnisstrafe von einem Jahr rechtskräftig verurteilt worden. Jetzt fühlt V sich wegen seiner politischen Funktion gefährdet und will zum Selbstschutz eine Schusswaffe tragen. Folglich beantragt er bei der zuständigen Behörde die Ausstellung eines Waffenscheins. Diese lehnt jedoch ab. V erhebt Verpflichtungsklage. Da er aber befürchtet, dass eine positive Entscheidung zu spät kommen wird, stellt er beim zuständigen Verwaltungsgericht einen Antrag auf Erlass einer einstweiligen Anordnung nach § 123 VwGO. Unter anderem weist er darauf hin, dass einige Bekannte, die ebenfalls mit dem Gesetz in einschlägiger Form in Konflikt geraten sind, mit der Erteilung ihrer Waffenscheine keine Probleme hatten.

Frage: Hat der Antrag auf Erlass einer einstweiligen Anordnung Erfolg ?

Lösungsskizze Fall 35

Der Antrag hat Erfolg, wenn er zulässig und begründet ist.

A. Zulässigkeit des Antrags

I. Rechtsweg zum Verwaltungsgericht ?

1. Spezialzuweisung vorhanden ? **(–)**

2. Generalzuweisung des § 40 I VwGO ?

= öffentlich-rechtliche Streitigkeit nichtverfassungsrechtlicher Art und keine abdrängende Zuweisung

(Vorüberlegung: Worum geht es im Kern? Die Beteiligten streiten darüber, ob die Ablehnung des Antrags des V auf Erteilung eines Waffenscheins rechtmäßig ist.***)***

a. öffentlich-rechtliche Streitigkeit ?

= die streitentscheidenden Normen müssen öffentlich-rechtlicher Natur sein, d.h. einen Hoheitsträger als Berechtigten oder Verpflichteten benennen

HIER (+) → die streitentscheidenden Normen sind dem Waffengesetz (WaffG) zu entnehmen; in § 10 IV 1, §§ 4 ff WaffG ist eine Behörde als Berechtigte benannt

b. nichtverfassungsrechtlicher Art ?

HIER (+) → weder Beteiligung von Verfassungsorganen oder ihnen gleichgestellten Personen an dem Streit noch Streit über Anwendung und Auslegung von Verfassungsrecht

c. keine Zuweisung zu einem anderen Gericht ?

HIER (+) → anderweitige Zuweisung nicht ersichtlich

d. also: Generalzuweisung des § 40 I VwGO (+)

3. also: Rechtsweg zum Verwaltungsgericht (+)

II. Statthafte Antragsart = Antrag nach § 123 I VwGO ?

(Vorüberlegung: Was will der Antragsteller? V will eine Schusswaffe tragen und benötigt hierzu einen Waffenschein. Dieses Ziel kann er möglicherweise durch eine Klage erreichen. Damit er sein Begehren aber kurzfristig durchsetzen kann, muss ihm neben einer Klage grundsätzlich auch die Möglichkeit offenstehen, sich vorläufigen Rechtsschutz zu verschaffen. Der Antragsteller erreicht mit dem Antrag zwar nicht endgültig eine günstigere Rechtsposition. Ihm kann aber die Rechtsposition zumindest vorläufig – also bis zur Entscheidung in der Hauptsache, d.h. der Klage – eingeräumt werden.
Der Antragsteller begehrt Erlass einer einstweiligen Anordnung. Eine einstweilige Anordnung ist zulässig, wenn sich das Antragsziel auch mit einer Verpflichtungs-, Feststellungs- oder Allgemeinen Leistungsklage erreichen ließe.*)*

1. Antragsziel wie bei einer Verpflichtungsklage ?
= Antragsziel wäre der Erlass eines begünstigenden VA

HIER (+) → V begehrt die Erteilung eines Waffenscheins, die hoheitliche Maßnahme einer Behörde auf dem Gebiet des öffentlichen Rechts zur Regelung eines Einzelfalls mit unmittelbarer Außenwirkung, also einen begünstigenden VA im Sinne einer Verpflichtungsklage

2. also: Antrag nach § 123 I VwGO (+)

III. Allgemeine Voraussetzungen des Antrags nach § 123 VwGO ?

1. Antragsbefugnis, analog § 42 II VwGO ?
= Antragsteller muss geltend machen, in einem subjektiv-öffentlichen Recht verletzt zu sein, wenn der VA nicht erlassen wird

HIER (+) → § 42 II VwGO ist direkt nicht anwendbar, da es sich nicht um eine Verpflichtungsklage handelt; die Norm ist aber analog anzuwenden, denn der einstweilige Rechtsschutz nach § 123 VwGO ist nur zulässig, wenn in der Hauptsache die Verpflichtungsklage zulässig wäre; in Betracht kommt ein Anspruch auf Erteilung eines Waffenscheins nach § 10 IV 1 WaffG; diese Norm gewährt – unter den Voraussetzungen der §§ 4 ff WaffG – einen Anspruch und damit ein Recht

2. (Erfolgloses) Vorverfahren, §§ 68 ff VwGO ?

HIER entbehrlich → § 68 VwGO ist direkt nicht anwendbar, da es sich nicht um eine Verpflichtungsklage handelt; die Norm ist auch nicht analog anzuwenden, da die Durchführung eines Vorverfahrens der Eilbedürftigkeit des einstweiligen Rechtsschutzes und damit dem Zweck des § 123 I VwGO entgegenstehen würde; ferner muss im Gegensatz zu § 80 V VwGO auch keine aufschiebende Wirkung wiederhergestellt werden, die (in Bundesländern, in denen ein Vorverfahren durchzuführen ist) zumindest die Einlegung eines Widerspruchs voraussetzen würde

3. Richtiger Antragsgegner, analog § 78 VwGO ?

HIER (+) → § 78 VwGO ist direkt nicht anwendbar, da es sich nicht um eine Verpflichtungsklage handelt; der Antrag nach § 123 I VwGO ist aber in solchen Fälle einschlägig, in denen auch die Verpflichtungsklage zulässig ist; da eine Anwendbarkeit des § 78 VwGO dem Zweck des Antrags – eben der Eilbedürftigkeit – nicht entgegensteht, ist die Norm analog anwendbar; hier gemäß § 78 I Nr. 1 VwGO die Körperschaft, deren Behörde den begehrten VA erlassen soll, also die Stadt Köln

***4. also: allgemeine Voraussetzungen des Antrags nach § 123 I VwGO* (+)**

IV. Ergebnis:
Zulässigkeit des Antrags nach § 123 I VwGO (+)

B. Begründetheit des Antrags nach § 123 I VwGO

= Bestehen eines Anspruchs und eines Grundes für den Erlass einer einstweiligen Anordnung

I. Anordnungsanspruch ?

= Bestehen eines Rechts zugunsten des Antragstellers (Sicherungsanordnung, § 123 I 1 VwGO) oder Bestehen eines streitigen Rechtsverhältnisses (Regelungsanordnung, § 123 I 2 VwGO)

1. Art der Anordnung ?

HIER → zur Abgrenzung zwischen Sicherungs- und Regelungsanordnung kommt es darauf an, ob der Antragsteller die Sicherung einer bestehenden Rechtsposition (dann Sicherungsanordnung) oder die Erweiterung seiner Rechte erreichen will (dann Regelungsanordnung); V will mit der Ausstellung eines Waffenscheins eine Erweiterung seiner Rechte erreichen; er begehrt also eine Regelungsanordnung

2. Voraussetzungen der Anordnung ?

a. Anspruch auf Erlass des begehrten VA ?

aa. Anspruchsgrundlage ?

HIER → § 10 IV 1 WaffG

bb. Formelle Voraussetzungen ?

***(1) Zuständigkeit ?* (+)**

***(2) Verfahren ?* (+)**

***(3) also: formelle Voraussetzungen* (+)**

cc. Materielle Voraussetzungen ?
= Voraussetzungen der Anspruchsgrundlage
→ § 10 IV 1 WaffG

(1) Voraussetzungen der §§ 4 ff WaffG ?

HIER (–) → die von V begehrte Erlaubnis setzt u.a. gemäß § 4 I Nr. 2 WaffG die erforderliche Zuverlässigkeit (§ 5 WaffG) voraus; nach § 5 I Nr. 1 b) WaffG fehlt die erforderliche Zuverlässigkeit, wenn eine Person wegen vorsätzlicher Straftaten zu einer Freiheitsstrafe von mindestens einem Jahr rechtskräftig verurteilt worden ist und seit dem Eintritt der Rechtskraft zehn Jahre noch nicht verstrichen sind. V ist erst vor sechs Jahren wegen einer vorsätzlichen Tätlichkeit zu einer Gefängnisstrafe von einem Jahr verurteilt worden; damit fehlt es an der erforderlichen Zuverlässigkeit;

der Versagung könnte jedoch der Einwand des V entgegenstehen, wonach Bekannte, die ebenfalls mit dem Gesetz in einschlägiger Form in Konflikt geraten seien, mit der Erteilung ihrer Waffenscheine keine Probleme hatten; mit dem Einwand weist V auf einen möglichen Verstoß gegen den allgemeinen Gleichheitssatz aus Art. 3 I GG hin; ein solcher Verstoß wäre jedoch nur dann zu prüfen, wenn die Entscheidung über die Ausstellung eines Waffenscheins im Ermessen der Behörde stünde; dies ist aber nach § 10 IV 1 WaffG nicht der Fall; darüber hinaus sind die von V vorgetragenen Entscheidungen bezüglich der Erteilung von Waffenscheinen an Bekannte wegen Verstoßes gegen §§ 10 IV 1, 4 I Nr. 2, 5 I Nr. 1 b WaffG rechtswidrig; wenn aber die bisherige Verwaltungspraxis rechtswidrig war, ist die Behörde nicht an die Fortführung der Praxis gebunden;

anderenfalls würde ein Grundprinzip der Verfassung, der Grundsatz des Art. 20 III GG (Bindung der Verwaltung an Gesetz und Recht) unterlaufen; der Grundsatz besagt, dass in die Rechtssphäre des Bürgers nur aufgrund eines formellen Gesetzes oder aufgrund einer auf einem Gesetz beruhenden Rechtsnorm (Rechtsverordnung, Satzung) eingegriffen werden darf; bei einer rechtsfehlerhaften, d.h. rechtswidrigen Praxis fehlt es aber gerade an einer gesetzlichen Grundlage für das Verwaltungshandeln

***(2) also: materielle Voraussetzungen* (–)**

***dd. also: Anspruch auf Erlass des begehrten VA* (–)**

***b. also: Voraussetzungen der Anordnung* (–)**

***3. also: Anordnungsanspruch* (–)**

II. Ergebnis:
Begründetheit des Antrags nach § 123 I VwGO (–)

C. Ergebnis:

zwar Zulässigkeit (+), aber Begründetheit des Antrags (–); also Erfolg des Antrags (–)

Formulierungsvorschlag Fall 35

Der Antrag hat Erfolg, wenn er zulässig und begründet ist.

A. Der Antrag des V müsste zulässig sein.

I. Der Rechtsweg zum Verwaltungsgericht müsste eröffnet sein.

1. Eine gesetzliche Spezialzuweisung ist nicht ersichtlich.

2. Die Generalzuweisung des § 40 I VwGO wäre gegeben, wenn es sich bei der Ablehnung der Erteilung des Waffenscheins um eine öffentlich-rechtliche Streitigkeit nichtverfassungsrechtlicher Art handelt und keine anderweitige Zuweisung vorliegt.

a. Die streitentscheidenden Normen müssten öffentlich-rechtlicher Natur sein, d.h. einen Hoheitsträger als Berechtigten oder als Verpflichteten benennen. Die Beteiligten streiten darüber, ob die Ablehnung des Antrags des V auf Erteilung eines Waffenscheins rechtmäßig ist. Die streitentscheidenden Normen sind dem Waffengesetz (WaffG) zu entnehmen. In § 10 IV 1, §§ 4 ff WaffG ist eine Behörde als Berechtigte benannt. Die streitentscheidende Norm ist damit öffentlich-rechtlicher Natur.

b. Da weder Verfassungsorgane oder ihnen gleichgestellte Personen an dem Streit beteiligt sind noch Streit über Anwendung und Auslegung von Verfassungsrecht herrscht, ist die Streitigkeit nichtverfassungsrechtlicher Art.

c. Eine Zuweisung zu einem anderen Gericht ist nicht ersichtlich.

d. Demnach sind die Voraussetzungen der Generalzuweisung des § 40 I VwGO erfüllt.

3. Der Rechtsweg zum Verwaltungsgericht ist eröffnet.

II. Statthafte Antragsart könnte der Antrag nach § 123 I VwGO sein.

V will eine Schusswaffe tragen und benötigt hierzu einen Waffenschein. Dieses Ziel kann er möglicherweise durch eine Klage erreichen. Damit er sein Begehren aber kurzfristig durchsetzen kann, muss ihm neben einer Klage grundsätzlich auch die Möglichkeit offenstehen, sich vorläufigen Rechtsschutz zu verschaffen. Der Antragsteller erreicht mit dem Antrag zwar nicht endgültig eine günstigere Rechtsposition. Ihm kann aber die Rechtsposition zumindest vorläufig – also bis zur Entscheidung in der Hauptsache, d.h. der Klage – eingeräumt werden.

1. Der Antragsteller begehrt Erlass einer einstweiligen Anordnung. Eine einstweilige Anordnung ist zulässig, wenn sich das Antragsziel auch mit einer Verpflichtungs-, Feststellungs- oder Allgemeinen Leistungsklage erreichen ließe. In Betracht kommt hier eine Verpflichtungsklage. Dann müsste der Antragsteller den Erlass eines begünstigenden Verwaltungsakts erstreben.

V begehrt die Erteilung eines Waffenscheins. Die Erteilung stellt die hoheitliche Maßnahme einer Behörde auf dem Gebiet des öffentlichen Rechts zur Regelung eines Einzelfalls mit unmittelbarer Außenwirkung dar, also einen begünstigenden Verwaltungsakt.

2. Mithin ist der Antrag nach § 123 I VwGO die statthafte Antragsart.

III. Außerdem müssten die weiteren allgemeinen Zulässigkeitsvoraussetzungen des Antrags vorliegen.

1. Möglicherweise muss der Antragsteller antragsbefugt sein, § 42 II VwGO analog. § 42 II VwGO ist direkt nicht anwendbar, da es sich nicht um eine Verpflichtungsklage handelt. Die Norm ist aber analog anzuwenden, denn der einstweilige Rechtsschutz nach § 123 VwGO ist nur zulässig, wenn auch die Klage der Hauptsache – hier die Verpflichtungsklage – zulässig wäre. V müsste also geltend machen, in einem subjektiv-öffentlichen Recht verletzt zu sein, wenn der Verwaltungsakt nicht erlassen wird. In Betracht kommt ein Anspruch auf Erteilung eines Waffenscheins nach § 10 IV 1 WaffG. Die Norm gewährt – unter den Voraussetzungen der §§ 4 ff WaffG – einen Anspruch und damit ein Recht. Folglich ist V antragsbefugt.

2. Da es sich bei dem Verfahren um keine Verpflichtungsklage handelt, ist § 68 VwGO direkt nicht anwendbar. Da die Durchführung eines Vorverfahrens der Eilbedürftigkeit des einstweiligen Rechtsschutzes und damit dem Zweck des § 123 I VwGO entgegenstehen würde, ist die Norm auch nicht analog anzuwenden. Ferner muss im Gegensatz zu § 80 V VwGO auch keine aufschiebende Wirkung wiederhergestellt werden, die (in Bundesländern, in denen ein Vorverfahren durchzuführen ist) zumindest die Einlegung des Widerspruchs voraussetzen würde.

3. Richtiger Antragsgegner ist die Stadt Köln gemäß § 78 I Nr. 1 VwGO analog.

4. Demnach liegen die allgemeinen Zulässigkeitsvoraussetzungen des Antrags nach § 123 I VwGO vor.

IV. Also ist der Antrag zulässig.

B. Der Antrag müsste auch begründet sein.

Begründet ist der Antrag nach § 123 I VwGO, wenn ein Anordnungsanspruch und ein Anordnungsgrund besteht.

I. Als Anordnungsanspruch kommt entweder das Bestehen eines Rechts zugunsten des Antragstellers (Sicherungsanordnung, § 123 I 1 VwGO) oder das Bestehen eines streitigen Rechtsverhältnisses (Regelungsanordnung, § 123 I 2 VwGO) in Betracht.

1. Zur Abgrenzung zwischen Sicherungs- und Regelungsanordnung kommt es darauf an, ob der Antragsteller die Sicherung einer bestehenden Rechtsposition (dann Sicherungsanordnung) oder die Erweiterung seiner Rechte erreichen will (dann Regelungsanordnung). V will mit der Ausstellung eines Waffenscheins eine Erweiterung seiner Rechte erreichen. Er begehrt also eine Regelungsanordnung im Sinne des § 123 I 2 VwGO.

2. Die Voraussetzungen der Anordnung müssten vorliegen.

a. Dies ist der Fall, wenn der Anspruchsteller einen Anspruch auf Erlass des begehrten Verwaltungsakts hat.

Als Anspruchsgrundlage kommt § 10 IV 1 WaffG in Betracht.

Am Vorliegen der formellen Anspruchsvoraussetzungen bestehen keine Zweifel.

In materieller Hinsicht müssten die Voraussetzungen des § 10 IV 1 WaffG erfüllt sein.

Nach der genannten Norm bedarf es einer Erlaubnis. Die Erlaubnis ist aber unter den Voraussetzungen der §§ 4 ff WaffG zu versagen. Fraglich ist also, ob ein Versagungsgrund vorliegt.

Die von V begehrte Erlaubnis setzt u.a. gemäß § 4 I Nr. 2 WaffG die erforderliche Zuverlässigkeit (§ 5 WaffG) voraus. Nach § 5 I Nr. 1 b) WaffG fehlt die erforderliche Zuverlässigkeit, wenn eine Person wegen vorsätzlicher Straftaten zu einer Freiheitsstrafe von mindestens einem Jahr rechtskräftig verurteilt worden ist und seit dem Eintritt der Rechtskraft zehn Jahre noch nicht verstrichen sind. V ist erst vor sechs Jahren wegen einer vorsätzlichen Tätlichkeit zu einer Gefängnisstrafe von einem Jahr verurteilt worden. Damit fehlt es an der erforderlichen Zuverlässigkeit.

Der Versagung könnte jedoch der Einwand des V entgegenstehen, wonach Bekannte, die ebenfalls mit dem Gesetz in einschlägiger Form in Konflikt geraten seien, mit der Erteilung ihrer Waffenscheine keine Probleme hatten. Mit dem Einwand weist V auf einen möglichen Verstoß gegen den allgemeinen Gleichheitssatz aus Art. 3 I GG hin. Ein solcher Verstoß wäre jedoch nur dann zu prüfen, wenn die Entscheidung über die Ausstellung eines Waffenscheins im Ermessen der Behörde stünde. Dies ist aber nach § 10 IV 1 WaffG gerade nicht der Fall. Darüber hinaus sind die von V vorgetragenen Entscheidungen bezüglich der Erteilung von Waffenscheinen an Bekannte wegen Verstoßes gegen §§ 10 IV 1, 4 I Nr. 2, 5 I Nr. 1 b WaffG rechtswidrig. Es besteht kein Anspruch aus Art. 3 GG im Hinblick auf eine Gleichbehandlung im Unrecht. Wenn aber die bisherige Verwaltungspraxis rechtswidrig war, ist die Behörde nicht an die Fortführung der Praxis gebunden. Anderenfalls würde ein Grundprinzip der Verfassung, der Grundsatz des Art. 20 III GG (Bindung der Verwaltung an Gesetz und Recht) unterlaufen. Der Grundsatz besagt, dass in die Rechtssphäre des Bürgers nur aufgrund eines formellen Gesetzes oder aufgrund einer auf einem Gesetz beruhenden Rechtsnorm (Rechtsverordnung, Satzung) eingegriffen werden darf. Bei einer rechtsfehlerhaften, d.h. rechtswidrigen Praxis, fehlt es aber gerade an einer gesetzlichen Grundlage für das Verwaltungshandeln.

Demnach liegen die materiellen Voraussetzungen der Anspruchsgrundlage nicht vor.

Der Antragsteller hat somit keinen Anspruch auf Erlass des begehrten Verwaltungsakts.

b. Die Voraussetzungen der Anordnung sind also nicht gegeben.

3. Mithin besteht kein Anordnungsanspruch.

II. Der Antrag nach § 123 I VwGO ist damit nicht begründet.

C. Der Antrag ist zwar zulässig, aber nicht begründet. Also hat er keinen Erfolg.

Fazit

1. Auch zum Antrag nach ***§ 123 I VwGO*** liefert dieses Buch nur einen Grundfall. Der Antrag nach § 123 I VwGO ist statthaft bei allen Klagearten, bei denen in der Hauptsache keine Anfechtungsklage statthaft ist (vgl. § 123 V VwGO). Im Regelfall wird das eine Verpflichtungsklage sein.

2. Die ***Zulässigkeit*** ist an die Zulässigkeitsvoraussetzungen der Klageart im Hauptsacheverfahren – hier der Verpflichtungsklage – angelehnt.

3. Der Aufbau der ***Begründetheit*** gestaltet sich komplizierter und ist im Übrigen umstritten. Stellt euch einfach auf einen Standpunkt. Ihr könnt in einer Klausur nicht erörtern, ob dieser oder jener Aufbau vorzugswürdig ist. Unstreitig muss der Anspruchsteller das Bestehen eines Anspruchs und das Bestehen eines Grundes für den Erlass der einstweiligen Anordnung glaubhaft machen.

   Ihr habt in der Begründetheit grundsätzlich zwei Oberpunkte zu prüfen, den Anordnungsanspruch und den Anordnungsgrund.

   Der ***Anordnungsanspruch*** kann als Sicherungsanordnung (§ 123 I 1 VwGO) oder als Regelungsanordnung (§ 123 I 2 VwGO) bestehen. Im ersten Fall begehrt der Antragsteller die Sicherung einer bereits bestehenden Rechtsposition, im zweiten Fall will er eine Erweiterung seiner Rechte erreichen. Die Sicherungsanordnung ist üblicherweise der Feststellungsklage, die Regelungsanordnung der Verpflichtungsklage und der Allgemeinen Leistungsklage zuzuordnen.

   Im Rahmen des ***Anordnungsgrund***es ist auf die besondere Eilbedürftigkeit einzugehen. Es muss erörtert werden, ob und warum die Anordnung nötig ist.

4. In Bundesländern, in denen ein Vorverfahren (§§ 68 ff VwGO) durchzuführen ist, werdet ihr im Sachverhalt gerne mit dem Hinweis bedacht, dass der Betroffene (nicht geklagt hat, sondern) Widerspruch eingelegt hat. Die Lösung ändert sich nicht. Potzblitz!

   Lest in diesem Zusammenhang noch einmal im vorigen Fall 34, Fazit 4. und vergleicht beide Fälle. Spätestens dann dürfte der Groschen fallen.

Widerspruchsverfahren

- Eine kleine Einführung

1. Vorgeplänkel

Über das Widerspruchsverfahren oder Vorverfahren (§ 68 VwGO) habt ihr in diesem Buch ja schon einiges gelesen. Bisher kennt ihr es aber nur als Zulässigkeitsvoraussetzung. Es kommt aber auch vor, dass in einer Klausur nach den Erfolgsaussichten eines Widerspruchs gefragt wird. Wenn ihr euch noch nie Gedanken über den Aufbau einer Widerspruchsprüfung gemacht habt, verliert ihr viel Zeit. Dabei ist die Sache ganz einfach.

Aber: Es gibt Bundesländer, in denen der Betroffene im Regelfall kein Widerspruchsverfahren durchführen muss. Solltet ihr Klausuren in den folgenden Bundesländern schreiben, werdet ihr mit Widerspruchsfragestellungen wohl nicht geärgert werden:

In ***Nordrhein-Westfalen*** ist ***§ 110 I 1 und 2 JustG NRW*** (bis Ende 2010: § 6 I 1 und 2 AG VwGO NW) zu beachten. Lest hierzu bitte nochmals Fall 4 Fazit 5.
In ***Niedersachsen*** findet sich in ***§ 8 a I und II Nds. AG VwGO*** eine solche Regelung.
In ***Bayern*** ist an ***Art. 15 I BayAGVwGO*** und ***Art. 15 II BayAGVwGO*** (Regelfall) zu denken.

Weitere Bundesländer können folgen. Macht euch aktuell schlau.

2. Der Sinn der Widerspruchsverfahrens

Eines dürfte mittlerweile schon bekannt sein: Wenn man sich gegen einen belastenden VA wehren will, kann man das mit einer Anfechtungsklage versuchen. Wird ein begünstigender VA begehrt, der von der Behörde abgelehnt wird, ist die Verpflichtungsklage die richtige Klageart. Nach § 68 I 1 VwGO bzw. § 68 II i.V.m. I 1 VwGO muss aber vor Klageerhebung ein erfolgloses Vorverfahren durchgeführt worden sein. Der Betroffene muss also gegen die Entscheidung der Behörde (erfolglos) Widerspruch eingelegt haben. Durch das Widerspruchsverfahren soll die Behörde die Möglichkeit erhalten, ihre Entscheidung zu überprüfen und gegebenenfalls zu korrigieren. Außerdem werden so die Gerichte entlastet. Und in diesem Zusammenhang kann die Frage gestellt werden, ob der Widerspruch Erfolg haben wird.

3. Die Prüfung

Im Grunde erfolgt die Prüfung der ***Zulässigkeit*** und der ***Begründetheit*** wie bei einer Anfechtungsklage oder bei einer Verpflichtungsklage. Es sind aber einige Besonderheiten zu beachten, die ihr gleich kennenlernen werdet.

Fall 36

Der schwerhörige, alleinstehende M hat vor Jahren eine Villa in einem Randbezirk von Potsdam (Brandenburg) erworben. Da er besonders naturverbunden ist und Seerosen sowie Schilf über alles liebt, hat er auf dem Grundstück einen durchaus beachtlichen Teich angelegt. Von einem Freund erhält er im Frühjahr als Geschenk einen Ochsenfrosch. Diese nordamerikanische Froschart zeichnet sich durch ihre tiefe und durchdringende Stimme aus, die grundsätzlich jeglichem Schallschutz trotzt. Besonders während der Paarungszeit im Frühjahr zeigt das Froschmännchen jede Nacht eine bemerkenswerte Ausdauer beim vergeblichen Rufen nach einer Partnerin. Bereits nach kurzer Zeit fühlt sich nicht nur die nähere Nachbarschaft in ihrer Nachtruhe massiv beeinträchtigt. Bei älteren Anwohnern treten Gesundheitsbeeinträchtigungen durch Schlafmangel auf. Daraufhin schreitet die zuständige Ordnungsbehörde ein und erlässt nach einer kurzfristig durchgeführten Anhörung eine Ordnungsverfügung, in der M aufgefordert wird, das Tier zu entfernen. M, der sich keiner Schuld bewusst ist, legt umgehend Widerspruch ein.

Frage: Hat der Widerspruch Erfolg ?

Hinweise: Geht davon aus, dass vorläufiger zivilrechtlicher Rechtsschutz gegen das Quaken nicht erreichbar ist.
§ 13 I OBG Bbg (Ordnungsbehördengesetz des Landes Brandenburg) lautet: „... Voraussetzungen des Eingreifens. (1) Die Ordnungsbehörden können die notwendigen Maßnahmen treffen, um eine im einzelnen Falle bestehende Gefahr für die öffentliche Sicherheit oder Ordnung (Gefahr) abzuwehren."

Lösungsskizze Fall 36

Der Widerspruch hat Erfolg, wenn er zulässig und begründet ist.

A. Zulässigkeit des Widerspruchs

I. Verwaltungsrechtliche Streitigkeit ?

= da es sich bei der Durchführung des Widerspruchsverfahrens um eine Sachurteilsvoraussetzung für den anschließenden Verwaltungsprozess handelt, muss es sich bei dem Verfahrensgegenstand entweder kraft Spezialregelung oder aufgrund der Generalklausel um eine verwaltungsrechtliche Streitigkeit handeln

1. Spezialzuweisung vorhanden ? **(–)**

2. Generalzuweisung des § 40 I VwGO ?

= öffentlich-rechtliche Streitigkeit nichtverfassungsrechtlicher Art und keine abdrängende Zuweisung

(***Vorüberlegung:*** Worum geht es im Kern? Die Prozessbeteiligten streiten über die Frage, ob die Anordnung der Ordnungsbehörde, den Frosch zu entfernen, rechtmäßig ist.)

a. öffentlich-rechtliche Streitigkeit ?
= die streitentscheidenden Normen müssen öffentlich-rechtlicher Natur sein, d.h. einen Hoheitsträger als Berechtigten oder Verpflichteten benennen

HIER (+) → die streitentscheidende Norm ist dem Ordnungsrecht zu entnehmen; die Behörde ist als Berechtigte in § 13 I OBG Bbg benannt

b. nichtverfassungsrechtlicher Art ?

HIER (+) → weder Beteiligung von Verfassungsorganen oder ihnen gleichgestellten Personen an dem Streit noch Streit über Anwendung und Auslegung von Verfassungsrecht

c. keine Zuweisung zu einem anderen Gericht ?

HIER (+) → anderweitige Zuweisung nicht ersichtlich

d. also: Generalzuweisung des § 40 I VwGO (+)

3. also: Verwaltungsrechtliche Streitigkeit (+)

II. Statthafter Rechtsbehelf = Widerspruch, § 68 VwGO ?

= die betroffene Person begehrt die Aufhebung oder den Erlass eines VA (wie bei der Anfechtungs- oder Verpflichtungsklage) oder sie begehrt ein hoheitliches Verhalten, bei dem die Anwendbarkeit des § 68 VwGO gesetzlich ausdrücklich gefordert wird (wie etwa in § 126 II BBG (Bundesbeamtengesetz) für alle Klagen, also auch für die Allgemeine Leistungsklage und für die Feststellungsklage)

(Vorüberlegung: Was will M? Er will, dass sein Frosch weiterhin im Teich leben darf. Dies kann er möglicherweise mit einem (Anfechtungs-)Widerspruch gemäß § 68 VwGO erreichen. Dieser Rechtsbehelf ist statthaft, wenn der Betroffene die Aufhebung eines Verwaltungsakts begehrt.*)*

1. Kläger begehrt die Aufhebung des VA ?
= wie bei der Anfechtungsklage

a. Verwaltungsakt gemäß § 35 S. 1 VwVfG ?

HIER (+) → hoheitliche Maßnahme einer Behörde auf dem Gebiet des öffentlichen Rechts zur Regelung eines Einzelfalls mit unmittelbarer Außenwirkung

b. also: Kläger begehrt die Aufhebung des VA (+)

2. Kein Ausschluss des Widerspruchsverfahrens ?
= (v.a.) in den Fällen des § 68 I 2 VwGO

HIER (+) → kein Ausschluss ersichtlich

3. also: Widerspruch (+)

III. Spezielle Voraussetzungen des Widerspruchs ?

1. Widerspruchsbefugnis, § 42 II VwGO analog ?
= Widerspruchsführer muss geltend machen, durch den VA in seinen Rechten verletzt zu sein

HIER (+) → eine ausdrückliche Regelung der Widerspruchsbefugnis fehlt; § 42 II VwGO ist aber analog anwendbar; dies ergibt sich aus § 70 I VwGO, wo der Widerspruchsführer als der Beschwerte bezeichnet wird;

eine Privatperson als Adressat eines belastenden Verwaltungsakts ist stets klage- und widerspruchsbefugt, da in ihre subjektiv-öffentlichen Rechte eingegriffen wird (Adressatentheorie); es ist zumindest ein Eingriff in die Rechte des Betroffenen aus Art. 14 I GG (Eigentumsrecht) denkbar

2. Einhaltung der Widerspruchsfrist, § 70 I VwGO ?

= Einlegung des Widerspruchs innerhalb eines Monats nach Zustellung der Verfügung

HIER (+) → mangels entgegenstehender Anhaltspunkte zu unterstellen

3. Einhaltung der Widerspruchsform § 70 I VwGO ? (+)

4. also: spezielle Voraussetzungen des Widerspruchs (+)

IV. Sonstige Zulässigkeitsvoraussetzungen ? (+)

V. Ergebnis:

Zulässigkeit des Widerspruchs (+)

B. Begründetheit des Widerspruchs

= Rechtswidrigkeit oder Unzweckmäßigkeit des angegriffenen VA und dadurch Verletzung des Widerspruchsführers in seinen Rechten, §§ 68 I 1, 113 I 1 VwGO analog

I. Rechtswidrigkeit des VA ?

= bei formeller und/oder materieller Rechtswidrigkeit des VA; der VA ist jedoch rechtmäßig, wenn er aufgrund einer Ermächtigungsgrundlage formell und materiell rechtmäßig erlassen wurde

1. Ermächtigungsgrundlage ?

HIER → § 13 I OBG Bbg

2. Formelle Rechtmäßigkeit ?

a. Zuständigkeit ? (+)

b. Verfahren ?

= allgemeine Verfahrensvorschriften, insbesondere Anhörung nach § 1 I 1 VwVfG Bbg i.V.m. § 28 I VwVfG und ggf. Sondervorschriften der anwendbaren Gesetze des Besonderen Verwaltungsrechts

HIER (+) → Anhörung hat stattgefunden

c. Form ?

= allgemeine Formvorschriften nach § 1 I ! VwVfG Bbg i.V.m. §§ 37 und 39 VwVfG Bbg ggf. Sondervorschriften der anwendbaren Gesetze des Besonderen Verwaltungsrechts

HIER (+) → alle Formvorschriften wurden eingehalten

d. also: formelle Rechtmäßigkeit (+)

3. *Materielle Rechtmäßigkeit ?*
= Voraussetzungen der Ermächtigungsgrundlage
→ §13 I OBG Bbg

a. Gefahr für die öffentliche Sicherheit oder Ordnung ?

aa. Öffentliche Sicherheit ?
= Gesamtheit der geschriebenen Rechtsordnung, Bestand des Staates und seiner Einrichtungen, persönliche Rechtsgüter einzelner Personen und Rechtsgüter der Allgemeinheit

HIER (+) → es besteht die Möglichkeit des Eintritts von Schäden am Rechtsgut „Gesundheit" der Nachbarn dadurch, dass das sehnsüchtige Quaken des einsamen Frosches die Nachtruhe stört; Rechtsgüter einzelner Personen sind aber nur dann Teil der öffentlichen Sicherheit, wenn anderweitiger Schutz über zivilrechtliche Maßnahmen nicht wirksam erlangt werden kann und die Gefährdung in die Öffentlichkeit ausstrahlt; nach dem Sachverhaltshinweis ist kurzfristiger zivilrechtlicher Rechtsschutz gegen das Quaken nicht erreichbar; auch besteht ein unmittelbarer Zusammenhang zwischen der Gefährdung des Rechtsgutes und der Ruhestörung

bb. Gefahr ?

HIER (+) → die im einzelnen Falle bestehende (= konkrete) Möglichkeit des zukünftigen Eintritts eines Schadens; hier ist der Schaden, nämlich die Gesundheitsbeeinträchtigung der Nachbarn, bereits eingetreten

cc. also: Gefahr für die öffentliche Sicherheit (+)

b. Störer ?
= Handlungsstörer, § 16 I OBG Bbg oder Zustandsstörer, § 17 I OBG Bbg

HIER (+) → die Ruhestörung geht von dem Frosch und damit von einem Tier aus, das im Eigentum des M steht; M ist somit Störer nach § 17 I OBG Bbg

c. Ermessen ?

HIER (+) → § 13 I OBG Bbg ist eine „Kann"-Vorschrift (vgl. Wortlaut der Norm); also ist der Behörde ein Entscheidungsspielraum hinsichtlich der Frage, ob sie tätig wird (Entschließungsermessen) und hinsichtlich der Frage, wie sie tätig wird (Auswahlermessen) eingeräumt

d. Rechtsfehlerfreie Ausübung des Ermessens ?
= Nichtvorliegen von Ermessensfehlern

HIER (+) → Ermessensfehler sind nicht ersichtlich

e. also: materielle Rechtmäßigkeit (+)

4. also: Rechtmäßigkeit des VA (+) → ***somit Rechtswidrigkeit des VA*** (–)

II. Unzweckmäßigkeit des VA ?

= wenn die Entscheidung der Ausgangsbehörde zwar rechtmäßig war, die Aufsichtsbehörde aber eine andere Entscheidung, die ebenfalls rechtmäßig ist, für sinnvoller hält

HIER (–) → eine andere Entscheidung ist nicht ersichtlich; insbesondere ist die Errichtung von Schallschutzeinrichtungen nicht geeignet, den durchdringenden Lockruf des Ochsenfroschmännchens wirksam zu dämpfen

III. Ergebnis:

Begründetheit des Widerspruchs (–)

C. Ergebnis:

zwar Zulässigkeit (+), aber Begründetheit des Widerspruchs (–); also Erfolg des Widerspruchs (–)

Formulierungsvorschlag Fall 36

Der Widerspruch hat Erfolg, wenn er zulässig und begründet ist.

A. Der Widerspruch des M müsste zulässig sein.

I. Zulässig ist ein Widerspruch nur, wenn es sich bei der Angelegenheit um eine verwaltungsrechtliche Streitigkeit im Sinne des § 40 I VwGO handelt, da der Widerspruch Sachurteilsvoraussetzung für den anschließenden Verwaltungsprozess ist.

1. Eine gesetzliche Spezialzuweisung ist nicht ersichtlich.

2. Die Generalzuweisung des § 40 I VwGO wäre gegeben, wenn es sich bei der Anordnung, den Frosch zu entfernen, um eine öffentlich-rechtliche Streitigkeit nichtverfassungsrechtlicher Art handelt und keine anderweitige Zuweisung vorliegt.

a. Die streitentscheidenden Normen müssten öffentlich-rechtlicher Natur sein, d.h. einen Hoheitsträger als Berechtigten oder als Verpflichteten benennen. Die Beteiligten streiten über die Frage, ob die Anordnung der Ordnungsbehörde, den Frosch zu entfernen, rechtmäßig ist. Ermächtigungsgrundlage für das Handeln durch die Behörde ist § 13 I OBG Bbg. Das OBG Bbg ist öffentlich-rechtlicher Natur.

b. Da weder Verfassungsorgane oder ihnen gleichgestellte Personen an dem Streit beteiligt sind noch Streit über Anwendung und Auslegung von Verfassungsrecht herrscht, ist die Streitigkeit nichtverfassungsrechtlicher Art.

c. Eine Zuweisung zu einem anderen Gericht ist nicht ersichtlich.

d. Demnach sind die Voraussetzungen der Generalzuweisung des § 40 I VwGO erfüllt.

3. Es handelt sich also um eine verwaltungsrechtliche Streitigkeit.

II. Statthafter Rechtsbehelf könnte der Widerspruch nach § 68 VwGO sein.

Er ist der statthafte Rechtsbehelf, wenn die betroffene Person die Aufhebung oder den Erlass eines Verwaltungsakts (wie bei der Anfechtungs- oder Verpflichtungsklage) oder ein hoheitliches Verhalten begehrt, bei dem die Anwendbarkeit des § 68 VwGO gesetzlich ausdrücklich gefordert wird (wie etwa in § 126 II BBG für alle Klagen, also auch für die Allgemeine Leistungsklage oder für die Feststellungsklage).

M will, dass der Frosch weiterhin in seinem Teich leben darf, was ihm durch die Ordnungsverfügung untersagt ist. Dies kann er möglicherweise mit einem Widerspruch gemäß § 68 VwGO erreichen. Der Rechtsbehelf ist u.a. statthaft, wenn der Betroffene die Aufhebung eines Verwaltungsakts begehrt.

1. Bei der Ordnungsverfügung handelt es sich um die hoheitliche Maßnahme einer Behörde auf dem Gebiet des öffentlichen Rechts zur Regelung eines Einzelfalls mit unmittelbarer Außenwirkung, also um einen Verwaltungsakt im Sinne des § 35 S. 1 VwVfG.

2. Ein Ausschluss des Widerspruchsverfahrens, insbesondere gemäß § 68 I 2 VwGO, ist nicht ersichtlich.

3. Der Betroffene begehrt die Aufhebung des Verwaltungsakts. Also ist der Widerspruch der statthafte Rechtsbehelf.

III. Außerdem müssten die weiteren speziellen Zulässigkeitsvoraussetzungen des Widerspruchs vorliegen.

1. Möglicherweise muss der Widerspruchsführer widerspruchsbefugt sein, § 42 II VwGO analog. Dann muss er geltend machen, durch den Verwaltungsakt in seinen Rechten verletzt zu sein. Eine ausdrückliche Regelung der Widerspruchsbefugnis fehlt. § 42 II VwGO ist aber analog anwendbar. Dies ergibt sich aus § 70 I VwGO, wo der Widerspruchsführer als der Beschwerte bezeichnet wird. Eine Privatperson als Adressat eines belastenden Verwaltungsakts ist stets klage- und widerspruchsbefugt, da in ihre subjektiv-öffentlichen Rechte eingegriffen wird (Adressatentheorie). Es ist zumindest ein Eingriff in die Rechte des Betroffenen aus Art. 14 I GG (Eigentumsrecht) denkbar. M ist Adressat eines belastenden Verwaltungsakts. Folglich ist er widerspruchsbefugt.

2. Die Einhaltung der Widerspruchsfrist (§ 70 I VwGO) ist mangels entgegenstehender Anhaltspunkte zu unterstellen.

3. Für eine Nichtbeachtung der erforderlichen Widerspruchsform (§ 70 I VwGO) bestehen keine Anhaltspunkte.

4. Demnach liegen die speziellen Voraussetzungen des Widerspruchs vor.

IV. Am Vorliegen der sonstigen Voraussetzungen bestehen keine Zweifel.

V. Also ist der Widerspruch zulässig.

B. Der Widerspruch müsste auch begründet sein.

Begründet ist der Widerspruch, wenn der angegriffene Verwaltungsakt rechtswidrig oder unzweckmäßig ist und der Widerspruchsführer in seinen Rechten verletzt ist, §§ 68 I 1, 113 I 1 VwGO analog.

I. Der Bescheid der Ordnungsbehörde könnte rechtswidrig sein. In Betracht kommt die formelle und/oder materielle Rechtswidrigkeit des Verwaltungsakts.

Der Verwaltungsakt ist jedoch rechtmäßig, wenn er aufgrund einer Ermächtigungsgrundlage formell und materiell rechtmäßig erlassen wurde.

1. Als Ermächtigungsgrundlage kommt § 13 I OBG Bbg in Betracht.

2. Zunächst müsste der Bescheid formell rechtmäßig sein.

a. Der Bescheid wurde von der zuständigen Ordnungsbehörde erlassen.

b. Verstöße gegen Verfahrensvorschriften sind nicht ersichtlich. Insbesondere hat eine Anhörung nach § 1 I 1 VwVfG Bbg i.V.m. § 28 I VwVfG stattgefunden.

c. Auch die Formvorschriften wurden beachtet.

d. Mithin ist der Bescheid formell rechtmäßig.

3. Weiterhin müsste der Bescheid materiell rechtmäßig sein. Dann müssten die Voraussetzungen des § 13 I OBG Bbg vorliegen. Nach der genannten Norm kann die Ordnungsbehörde unter bestimmten Voraussetzungen Maßnahmen ergreifen.

a. Es müsste eine im einzelnen Falle bestehende (konkrete) Gefahr für die öffentliche Sicherheit oder Ordnung gegeben sein.

Die öffentliche Sicherheit könnte tangiert sein. Sie umfasst die Gesamtheit der geschriebenen Rechtsordnung, den Bestand des Staates und seiner Einrichtungen, die persönlichen Rechtsgüter einzelner Personen und Rechtsgüter der Allgemeinheit. Eine Gefahr für die öffentliche Sicherheit läge vor, wenn die Möglichkeit des zukünftigen Eintritts eines Schadens bestünde.

Es besteht die Möglichkeit des Eintritts von Schäden am Rechtsgut Gesundheit der Nachbarn dadurch, dass das sehnsüchtige Quaken des einsamen Frosches die Nachtruhe stört. Rechtsgüter einzelner Personen sind aber nur dann Teil der öffentlichen Sicherheit, wenn anderweitiger Schutz über zivilrechtliche Maßnahmen nicht wirksam erlangt werden kann und die Gefährdung in die Öffentlichkeit ausstrahlt. Nach dem Sachverhaltshinweis ist kurzfristiger zivilrechtlicher Rechtsschutz gegen das Quaken nicht erreichbar. Auch besteht ein unmittelbarer Zusammenhang zwischen der Gefährdung des Rechtsgutes und der Ruhestörung.

Die im einzelnen Falle bestehende (konkrete) Möglichkeit des zukünftigen Schadenseintritts bei der öffentlichen Sicherheit besteht, solange der Frosch quakt.

Somit liegt auch eine Gefahr für die öffentliche Sicherheit vor.

b. Die Maßnahme müsste sich gegen den richtigen Störer wenden. Die Ruhestörung geht von dem Frosch und damit von einem Tier aus, das im Eigentum des M steht. M ist somit Störer nach § 17 I OBG Bbg.

c. Gemäß § 13 I OBG Bbg kann die Behörde Maßnahmen ergreifen, die Vorschrift stellt also eine Ermessensvorschrift dar.

d. Das eingeräumte Ermessen hat die Behörde rechtsfehlerfrei ausgeübt. Ermessensfehler sind nicht ersichtlich.

e. Der Bescheid der Ordnungsbehörde ist demnach materiell rechtmäßig.

4. Wegen der Rechtmäßigkeit ist der Verwaltungsakt nicht rechtswidrig.

II. Zudem müsste der Verwaltungsakt zweckmäßig sein. Laut Sachverhalt ist das mit dem Verwaltungsakt verfolgte Ziel, die Gesundheitsbeeinträchtigung zu verhindern, nicht anders zu erreichen. Insbesondere ist die Errichtung von Schallschutzeinrichtungen nicht geeignet, den durchdringenden Ruf des Ochsenfroschmännchens wirksam zu dämpfen. Der Verwaltungsakt ist damit auch zweckmäßig.

III. Der Widerspruch ist also nicht begründet.

C. Der Widerspruch ist zwar zulässig, aber nicht begründet. Also hat er keinen Erfolg.

Fazit

1. Ihr habt es gesehen: Die Prüfung eines Widerspruchs ist gar nicht so schwer. Wenn ihr den Aufbau der einschlägigen Klageart beherrscht, könnt ihr euch im Wesentlichen auf die materiell-rechtlichen Probleme konzentrieren.
2. Beachtet aber, dass der Widerspruch begründet sein kann, obwohl der VA rechtmäßig ist. Der VA kann nämlich unzweckmäßig sein.
3. So, ihr habt das Buch geschafft. Jetzt ist Feiern angesagt. Aber bitte nicht so laut. Sonst dürft ihr euch gegebenenfalls mit dem einschlägigen Polizei- und Ordnungsrecht auseinandersetzen.

Aufbauschema

Das folgende Aufbauschema beschäftigt sich (nur) mit der ***Anfechtungsklage***. Es soll euch helfen, in jeder Klausur oder Hausarbeit die wichtigsten Prüfungspunkte gedanklich schnell aufzufinden. Das Schema ist nicht vollständig! Zum einen solltet ihr es fortlaufend erweitern, zum anderen ist es ratsam, das Schema auswendig zu lernen. Am besten schreibt ihr es selbst noch einmal ab. Beim Abschreiben lernt man nämlich am besten.

Zu den folgenden Klagearten, zum Vorläufigen Rechtsschutz und zum Widerspruchsverfahren habe ich in diesem Buch auf gesonderte Schemata verzichtet.

Wenn ihr wissen wollt, wie eine ***Verpflichtungsklage*** funktioniert, solltet ihr auf den Seiten 176 bis 207 nacharbeiten.

Die ***Allgemeine Leistungsklage*** offenbart sich euch auf den Seiten 208 bis 225.

Mit der ***Feststellungsklage*** kommt ihr klar, wenn ihr euch den Seiten 226 bis 243 widmet.

Die unterschiedlichen Konstellationen der ***Fortsetzungsfeststellungsklage*** ereilen euch auf den Seiten 244 bis 267.

Der ***Vorläufige Rechtsschutz*** erschließt sich in unterschiedlichen Spielarten auf den Seiten 268 bis 289.

Schließlich runden Ausführungen zum ***Widerspruchsverfahren*** das Buch auf den Seiten 290 bis 298 ab.

Lerntechnisch dürfte es sich lohnen, zu den hier nicht in Schemata gepressten Klage- und Verfahrensarten eigene Schemata zu erstellen. Seid kreativ ...

Anfechtungsklage

A. Zulässigkeit der Anfechtungsklage

I. Rechtsweg zum Verwaltungsgericht ?

1. Spezialzuweisung vorhanden ?

→ etwa § 126 I BBG (Bundesbeamtengesetz), § 54 I BeamtStG (Beamtenstatusgesetz), § 25 JuSchG (Jugendschutzgesetz), § 72 b TierSG (Tierseuchengesetz), § 32 WPflG (Wehrpflichtgesetz), § 54 BAföG (Bundesausbildungsförderungsgesetz), § 8 IV und § 12 HwO (Handwerksordnung) ...

2. Generalzuweisung des § 40 I VwGO ?
= öffentlich-rechtliche Streitigkeit nichtverfassungsrechtlicher Art und keine abdrängende Zuweisung

(Vorüberlegung ist immer: Worum geht es im Kern? Worüber streiten die Prozessbeteiligten?***)***

a. öffentlich-rechtliche Streitigkeit ?
= die streitentscheidenden Normen müssen öffentlich-rechtlicher Natur sein, d.h. einen Hoheitsträger als Berechtigten oder Verpflichteten benennen

→ welchem Gesetz bzw. welchen Paragrafen sind die streitentscheidenden Normen zu entnehmen? / wo ist dort eine Behörde als Berechtigte benannt?

b. nichtverfassungsrechtlicher Art ?

→ weder Beteiligung von Verfassungsorganen oder ihnen gleichgestellten Personen an dem Streit noch Streit über Anwendung und Auslegung von Verfassungsrecht

c. keine Zuweisung zu einem anderen Gericht ?
= keine sogenannten abdrängenden Sonderzuweisung

→ etwa nach § 68 I 1 OWiG (Ordnungswidrigkeitengesetz) das Amtsgericht; nach § 33 FGO (Finanzgerichtsordnung) die Finanzgerichte, nach § 51 SGG (Sozialgerichtsgesetz) die Sozialgerichte , nach Art. 14 III 4 GG die ordentlichen Gerichte, nach § 40 II 1 VwGO die ordentlichen Gerichte, nach § 23 EGGVG (Einführungsgesetz zum Gerichtsverfassungsgesetz) die ordentlichen Gerichte ...

d. Ergebnis

3. Ergebnis

II. Statthafte Klageart = Anfechtungsklage, § 42 I VwGO ?

= Kläger begehrt Aufhebung eines Verwaltungsakts (VA)

(***Vorüberlegung:*** Was will der Kläger? Die Anfechtungsklage ist die statthafte Klageart, wenn der Betroffene die Aufhebung eines Verwaltungsakts (VA) begehrt. Also ist zu prüfen, ob sich der Kläger gegen einen bereits erlassenen VA wendet.)

1. Verwaltungsakt gemäß § 35 S. 1 VwVfG ?

= hoheitliche Maßnahme einer Behörde auf dem Gebiet des öffentlichen Rechts zur Regelung eines Einzelfalls mit unmittelbarer Außenwirkung

a. hoheitliche Maßnahme einer Behörde ?

= jede Handlung mit Erklärungsinhalt durch eine Stelle, die Aufgaben der öffentlichen Verwaltung wahrnimmt, § 1 IV VwVfG

→ kurz darstellen, z.B. „Zugangsverbot durch das städtische Ordnungsamt“

b. auf dem Gebiet des öffentlichen Rechts ?

→ kurz darstellen, z.B. „auf dem Gebiet des Ordnungsrechts“

c. zur Regelung ?

= Maßnahme ist auf das Setzen einer Rechtsfolge gerichtet

→ wenn unproblematisch, kurz darstellen, z.B. „Aufenthaltsverbot“

→ wenn problematisch, etwas mehr zu Papier bringen, z.B. bei (nur) schlichtem Verwaltungshandeln (Realakt)

d. eines Einzelfalls ?

= Maßnahme richtet sich an einen bestimmten Adressaten in einer konkreten Situation

→ problematisch etwa bei einem Verbot an einen noch nicht bestimmten Adressatenkreis; § 35 S. 2 VwVfG (Allgemeinverfügung) trifft aber eine Sonderregelung beim Tatbestandsmerkmal „Einzelfall“; ein nach allgemeinen Merkmalen bestimmter oder bestimmbarer Personenkreis reicht aus

→ problematisch auch bei Demonstrationsverbot; das Verbot richtet sich nicht unmittelbar gegen die potenziellen Demonstranten, sondern gegen den Veranstalter; dieser ist aber stellvertretend Adressat für die potenziellen Teilnehmer; die Regelung gilt damit auch gegenüber jedem Teilnehmer, der an der konkreten Demonstration teilnimmt; dies ergibt sich aus dem systematischen Zusammenhang zwischen § 14 und § 15 VersG (systematische Auslegung)

e. mit Außenwirkung ?

= Regelung muss dazu bestimmt sein, unmittelbar auf Rechte einer außerhalb der handelnden Verwaltung stehenden Person einzuwirken

→ problematisch etwa bei Weisungen gegenüber Beamten; im Bereich des Beamtenrechts sind zwei Konstellationen denkbar, bei denen eine Außenwirkung entweder zu bejahen oder zu verneinen ist (vgl. Fall 7 und auch Fall 28)

f. Ergebnis

2. Ergebnis

III. Spezielle Voraussetzungen der Anfechtungsklage ?

1. Klagebefugnis, § 42 II VwGO ?

= Kläger muss geltend machen, durch den VA in seinen Rechten verletzt zu sein

→ eine Privatperson als Adressat eines belastenden VA ist stets klagebefugt, da in ihre subjektiv-öffentlichen Rechte eingegriffen wird (Adressatentheorie); es ist zumindest ein Eingriff in die Rechte des Betroffenen aus Art. xy (benennen) GG denkbar

2. (Erfolgloses) Vorverfahren, §§ 68 ff VwGO ?

→ wenn kein Vorverfahren durchgeführt wurde, ist dies festzustellen; dann ist gegebenenfalls darauf hinzuweisen, dass das entsprechende Landesrecht generell (oder in bestimmten Konstellationen) kein Vorverfahren vorsieht; vgl. hierzu Fall 4, Fazit 5. zu den Regelungen in Nordrhein-Westfalen, in Niedersachsen und in Bayern

→ im Falle der Erforderlichkeit der Durchführung eines Vorverfahrens kann es problematisch sein, ob die Widerspruchsfrist beachtet wurde und ob die Nichtbeachtung „geheilt" werden kann; vgl. hierzu Fall 9 und Fall 10

3. Einhaltung der Klagefrist, § 74 I VwGO ?

= § 74 I 1 VwGO (wenn Vorverfahren erforderlich): Klageerhebung innerhalb eines Monats nach Zustellung des Widerspruchsbescheids oder
§ 74 I 2 VwGO (wenn kein Vorverfahren erforderlich): Klageerhebung innerhalb eines Monats nach Bekanntgabe des VA

→ problematisch kann die Fristberechnung sein; vgl. hierzu Fall 9 und Fall 10

4. Richtiger Klagegegner, § 78 VwGO ?

→ grundsätzlich gemäß § 78 I Nr. 1 VwGO die Körperschaft, deren Behörde (Ordnungsbehörde) den angefochtenen VA erlassen hat; aber nach § 78 I Nr. 2 VwGO i.V.m. besonderen landesrechtlichen Vorschriften (z.B. Brandenburg, Mecklenburg-Vorpommern) die Behörde selbst, die den VA erlassen hat

5. Ergebnis

IV. Sonstige Zulässigkeitsvoraussetzungen ?

→ problematisch ist etwa die Beteiligtenfähigkeit, § 61 VwGO von Firmen

V. Ergebnis

B. Begründetheit der Anfechtungsklage

= Rechtswidrigkeit des VA und dadurch Verletzung des Klägers in seinen Rechten, § 113 I 1 VwGO

I. Rechtswidrigkeit des VA ?

= bei formeller und/oder materieller Rechtswidrigkeit des VA; der VA ist jedoch rechtmäßig, wenn er aufgrund einer Ermächtigungsgrundlage formell und materiell rechtmäßig erlassen wurde

1. Ermächtigungsgrundlage ?

→ ist kurz zu benennen

2. Formelle Rechtmäßigkeit ?

a. Zuständigkeit ?

b. Verfahren ?

= allgemeine Verfahrensvorschriften, insbesondere Anhörung und ggf. Sondervorschriften der anwendbaren Gesetze des Besonderen Verwaltungsrechts

c. Form ?

= allgemeine Formvorschriften und ggf. Sondervorschriften der anwendbaren Gesetze des Besonderen Verwaltungsrechts

d. Ergebnis

3. Materielle Rechtmäßigkeit ?

= Voraussetzungen der Ermächtigungsgrundlage

→ auf jeden Fall prüfen, ob die Voraussetzungen vorliegen

→ wenn es sich bei der Ermächtigungsgrundlage um eine „Kann"- oder eine „Darf"-Vorschrift (vgl. Wortlaut der Norm) handelt, ist der Behörde ein Entscheidungsspielraum hinsichtlich der Frage, ob sie tätig wird (Entschließungsermessen) und hinsichtlich der Frage, wie sie tätig wird (Auswahlermessen) eingeräumt; dann ist gegebenenfalls wie folgt zu prüfen:

- Ermessen ?

→ kurz feststellen, dass es sich bei der Norm um eine Ermessensvorschrift handelt

- Rechtsfehlerfreie Ausübung des Ermessens ?

= Nichtvorliegen von Ermessensfehlern, etwa ...

- ***Ermessensnichtgebrauch*** = wenn die Verwaltung überhaupt keine Ermessensentscheidung trifft, sondern irrtümlich oder bewusst nur von einer richtigen Entscheidungsmöglichkeit ausgeht
- ***Ermessensüberschreitung*** = wenn das Gesetz einen Rahmen für die Rechtsfolge festlegt und die Verwaltung diesen nicht beachtet (Beispiel:

Höhe des Zwangsgeldes im Vollstreckungsrecht, § 11 III VwVg (Verwaltungsvollstreckungsgesetz)

- ***Ermessensfehlgebrauch*** = wenn das Ermessen nicht im Sinne des Gesetzes gebraucht wird, das das Ermessen einräumt
- Verstoß gegen den ***Verhältnismäßigkeitsgrundsatz*** zulasten des Bürgers

Der Verhältnismäßigkeitsgrundsatz ist ein Verfassungsgrundsatz, der in manchen Gesetzen, wie z.B. in § 15 OBG NRW oder in den Verwaltungsvollstreckungsgesetzen von Bund und Ländern, ausdrücklich normiert ist. Aber auch wenn einem Gesetz eine Legaldefinition fehlt, ist der Verhältnismäßigkeitsgrundsatz uneingeschränkt zu beachten.

Der Verhältnismäßigkeitsgrundsatz wird in drei Schritten geprüft: Die behördliche Maßnahme muss geeignet, erforderlich und angemessen sein

- ***Geeignetheit ?***
  = durch das Mittel kann der Zweck erreicht werden

  → Zweck darstellen, Mittel darstellen und feststellen, dass durch das Mittel der Zweck erreicht werden kann

- ***Erforderlichkeit ?***
  = die Behörde muss das für den Adressaten und die Allgemeinheit mildeste Mittel einsetzen, um den angestrebten Zweck zu erreichen

  → überlegen, ob es ein milderes Mittel gibt; wenn nicht:

- ***Angemessenheit ?***
  = das Mittel darf nicht zu einem Nachteil führen, der zu dem erstrebten Zweck außer Verhältnis steht

  → das Mittel steht zu dem Zweck nicht außer Verhältnis, wenn die beeinträchtigten Rechtsgüter des Adressaten nicht höherwertiger sind als das öffentliche Interesse, das durch die Maßnahme der Behörde geschützt wird; öffentliche Interesse darstellen und dann Individualrechtsgüter des Klägers benennen; anschließend entscheiden

4. Ergebnis

II. Verletzung der Rechte des Klägers durch den VA ?

→ Recht des Klägers aus Art. xy (s.o. unter A.III.1.) benennen, das verletzt ist

III. Ergebnis

C. Ergebnis

Gesetzesverzeichnis

Das Verzeichnis bezieht sich auf Fallziffern !!!

Das Verzeichnis bezieht sich auf Fallziffern !!!

Das Verzeichnis bezieht sich auf Fallziffern !!!

Das Verzeichnis bezieht sich auf Fallziffern !!!

Das Verzeichnis bezieht sich auf Fallziffern !!!

VwVG
Verwaltungsvollstreckungsgesetz

VwZG
Verwaltungszustellungsgesetz des Bundes

WaffG
Waffengesetz

WPflG
Wehrpflichtgesetz

ZPO
Zivilprozessordnung

Das Verzeichnis bezieht sich auf die jeweiligen Seitenzahlen !!!

A

B

Sachverzeichnis

Das Verzeichnis bezieht sich auf die jeweiligen Seitenzahlen !!!

D

E

F

G

Das Verzeichnis bezieht sich auf die jeweiligen Seitenzahlen !!!

H

I

J

K

L

M

N

Sachverzeichnis

Das Verzeichnis bezieht sich auf die jeweiligen Seitenzahlen !!!

O

P

R

S

Das Verzeichnis bezieht sich auf die jeweiligen Seitenzahlen !!!

Das Verzeichnis bezieht sich auf die jeweiligen Seitenzahlen !!!

Z